U0542987

● 本书获中国社会科学院出版基金资助

SSCI、A&HCI和ISSHP收录中国论文统计分析

(1995—2004)

CHINA PAPERS INDEXED BY SSCI, A&HCI AND ISSHP (1995—2004): A STATISTICAL ANALYSIS

郑海燕等　著

中国社会科学出版社

图书在版编目(CIP)数据

SSCI、A&HCI和ISSHP收录中国论文统计分析(1995—2004)/郑海燕等著.—北京:中国社会科学出版社,2008.10

ISBN 978-7-5004-7492-0

Ⅰ.S…　Ⅱ.郑…　Ⅲ.社会科学—论文—统计分析—中国—1995～2004　Ⅳ.C53

中国版本图书馆CIP数据核字(2008)第149251号

责任编辑　田　文
责任校对　王兰馨
封面设计　孙元明
版式设计　木　子

出版发行　中国社会科学出版社
社　　址　北京鼓楼西大街甲158号　　邮　编　100720
电　　话　010—84029450(邮购)
网　　址　http://www.csspw.cn
经　　销　新华书店
印刷装订　北京一二零一印刷厂
版　　次　2008年10月第1版　　印　次　2008年10月第1次印刷
开　　本　710×1000　1/16
印　　张　32.5　　插　页　2
字　　数　526千字
定　　价　55.00元

凡购买中国社会科学出版社图书，如有质量问题请与本社发行部联系调换

前　言

科学研究是科学可持续发展的源泉。科学研究不仅包括自然科学和工程技术研究，也包括人文社会科学研究，对于社会的进步和发展而言，这两方面的研究缺一不可。随着我国改革开放的不断深入，我国人文社会科学研究取得了长足的发展，对国家经济和社会发展的作用日益明显；而随着国内外学术交流活动的逐渐增多和信息通信技术的迅猛发展，我国人文社会科学研究在国际社会的影响也在逐步扩大。了解这方面的发展动向，对于我国人文社会科学的进一步繁荣发展和国家科学创新体系的建设具有重要意义。但是到目前为止，这方面可资利用的数据比较少，基于数据统计分析的研究成果更为匮乏。

科学论文是科学研究的重要产出形式，其数量和质量是衡量国家、地区、机构，乃至个人科研实力和水平的一个重要标志。对一个国家的科学论文进行多角度和多层面的统计分析，可以在一定程度上揭示这个国家科学研究的发展动向。由原美国科学情报研究所（现汤姆森科技信息集团）编辑出版的文献检索工具“社会科学引文索引”（SSCI）、“艺术与人文引文索引”（A&HCI）和“社会科学与人文会议录索引”（ISSHP）主要收录国际人文社会科学论文数据，可以为获取不同国家人文社会科学论文数据提供某种便利。

SSCI、A&HCI 和 ISSHP 与其同类文献检索工具“科学引文索引”（SCI）和“科学技术会议录索引”（ISTP），实际上共同组成了一个国际范围的大型综合性文献检索系统。由于这个文献检索系统涵盖的学科领域多，涉及的国家地区广，尤其是能提供独特的文献引证关系，因而在国际上受到广泛重视，许多国家将其作为文献检索和文献计量分析的重要工具。目前，这些文献检索工具不仅有印刷版、光盘版和联机数据库版，而且发展了网络数据库版，可以在 Web of Science 上实现数据整合，提供多种在线服务。

我国科技界早在 20 世纪 80 年代就开始了对 SCl 的利用。相比之下，我国人文社会科学界对这类国际文献检索工具的利用比较滞后，其中的一个重要原因是这些检索工具收录我国人文社会科学论文的数量比较少。应该说，这是一个不争的事实，但是少与多是可以发生变化的。这些国际文献检索工具所收录的是一些比较客观的论文数据，如果将其目前所收录的我国论文数据比作一只麻雀，那么，这只麻雀尽管体积很小，但“五脏俱全”，“解剖”一下这只麻雀仍具有一定意义。

《SSCI、A&HCI 和 ISSHP 收录中国论文统计分析（1995—2004）》是中国社会科学院 A 类重大课题“人文社会科学领域文献计量学的理论与应用”的子课题研究成果，也是中国社会科学院“重点学科建设工程”项目——社会科学文献计量学的成果之一。

本项研究是用文献计量学的方法，对 SSCI 和 A&HCI 以及 ISSHP 三大国际检索工具在 1995—2004 年期间收录我国（包括我国香港和台湾地区）论文的情况，进行综合性统计分析，内容包括论文的数量、国际排名、学科分布、地区分布、机构分布、文种分布、国内外合著以及被引用和引用等情况，从一个方面揭示我国人文社会科学在走向世界的进程中面临的机遇和挑战，尤其是我国人文社会科学的国际地位和影响，为我国学术研究和科研管理部门提供一些可资参考的数据。本项研究从 2005 年初开始进行，到 2007 年底结束，历时 3 年。

这一步的迈出可以说不太容易。20 世纪 90 年代中，在科技界同行对 SCI 收录我国论文情况进行逐年统计分析的启发和影响下，曾产生对 SSCI 和 A&HCI 收录我国论文情况进行统计分析的想法，并完成过一个对其 1996 年收录我国论文情况的比较简单的年度统计分析。之后，很想继续做下去，但是由于各种原因，一直未获得适当的机会。直到 21 世纪初，中国社会科学院将文献计量研究作为院的重点学科建设工程之一，从事这项统计分析的愿望才有了实现的可能。为了尽可能弥补因时间贻误造成的损失，故在课题立项时决定从事这项为期十年的统计分析。

本项研究成果包括 22 个统计分析报告，即两个十年总报告和 20 个十年年度报告，两个总报告是：“1995—2004 年 SSCI、A&HCI 和 ISSHP 收录中国论文统计分析总报告”和“1995—2004 年 SSCI、A&HCI 和 ISSHP 收录中国香港和台湾地区论文统计分析总报告”，它们分别是在 10 个年度报告的基础上形成的。

需要说明的是，本项统计中的中国论文实际上是指中国内地的论文，不包括中国香港和台湾地区的论文，对中国香港和台湾地区的论文是单独统计的。

有关三大国际检索工具收录中国论文情况的总报告是本项研究的核心内容。该报告包括11个部分，除了开头的“导言”和结尾的“问题与讨论”部分外，中间的9个部分为统计分析部分。“导言”部分主要介绍本项研究的背景、内容和有关统计分析的说明；各统计分析部分展示从不同角度和层面的统计分析结果，每部分结尾有一个“小结”；最后的“问题与讨论”部分从6个方面对统计分析所反映的一些问题进行讨论。

本项研究成果有以下几个特点：各统计分析报告之间互为补充，并在此基础上形成一个整体；结论完全基于对相关数据的统计分析；研究的重点放在对三大国际检索工具收录我国论文情况的发展趋势和特点的分析上；在统计分析的过程中对这三大国际检索工具本身存在的一些不足有适当说明。由于本项统计分析的内容比较丰富，所涉及的方面比较多，不可能逐一进行分析和讨论，因此本项研究成果也为在此基础上的进一步研究提供了较大空间。

各统计分析报告的分工：关于1995—2004年SSCI、A&HCI和ISSHP收录中国论文统计分析的总报告由郑海燕撰写；关于1995—2004年SSCI、A&HCI和ISSHP收录中国香港和台湾地区论文统计分析的总报告由郑海燕和郝若扬撰写；关于1995—2004年SSCI、A&HCI和ISSHP收录中国论文统计分析的10个年度报告由郑海燕撰写；关于1995—2004年SSCI、A&HCI和ISSHP收录中国香港和台湾地区论文统计分析的10个年度报告分别由郝若扬、梁俊兰、高媛、祝伟伟、王文娥、陈涛、杨雁斌、鲁丽娜、杨丹、张清菊撰写。统计分析中的各种程序编制由郝若扬负责。

本项研究的最终完成除了有赖于课题组成员的共同努力外，还要感谢一些组织机构所给予的弥足珍贵的支持和帮助，尤其要感谢：中国社会科学院为本项研究及成果出版提供了必要的经费资助，中国科学技术信息研究所的同行在科技论文方面的多年统计分析实践为本项研究提供了有益的启示和借鉴，汤姆森科技信息集团和北京大学图书馆为我们获取本项研究所需的数据提供了方便，中国社会科学院文献信息中心为本项研究提供了必要的设备和条件。另外，还要感谢一些同事和朋友，尤其是文献信息中心主任杨沛超、副主任蒋颖、科研处处长刘振喜和数据库部主任姜晓辉等，他们对本项研究给予了多方面的关心、支持和帮助。

尽管课题组全体成员为完成本项研究尽了最大的努力，但是由于首次进行这样为期10年的统计分析，仍可能存在一些不足甚至错误，欢迎同行和朋友批评指正。

如果本项研究成果能够对读者了解我国人文社会科学在走向世界的过程中面临的机遇和挑战有所裨益，我们将感到十分欣慰。愿它像一片叶，为我国人文社会科学研究的百花园增添一抹新绿。祝愿我国人文社会科学研究的百花园更加花繁叶茂，更好地向世人展示其绚丽多姿的风采！

郑海燕

2007年12月

目　　录

十年总报告

十年年度报告

十 年 总 报 告

1995—2004 年
SSCI、A&HCI 和 ISSHP 收录中国论文
统计分析总报告

1 导言

本项研究是用文献计量学的方法，对 SSCI、A&HCI 和 ISSHP 三大国际检索工具（简称三大检索工具）在 1995—2004 年期间收录我国（包括我国香港和台湾地区）论文的情况进行综合性统计分析。本报告是其中有关三大检索工具收录我国（内地）论文情况的十年统计分析总报告。这里将对本项统计分析的背景、主要内容以及一些有关统计分析的问题进行简要说明，其中的主要内容也适用于后面的年度报告。

1.1 研究背景

1.1.1 三大国际检索工具的由来

三大国际检索工具在这里是指由原美国科学情报研究所（现汤姆森科技信息集团，简称汤姆森科技）[①] 编辑出版的"社会科学引文索引"（Social Sciences Citation Index，简称 SSCI），"艺术与人文引文索引"（Arts & Humanities Citation Index，简称 A&HCI）和"社会科学与人文会议录索引"

---

① 美国科学情报研究所（ISI）从 1992 年起成为汤姆森公司（The Thomson Corporation）所属的汤姆森科技（Thomson Scientific）的组成部分，美国科学情报研究所不再是一个独立的机构。——作者

(Index to Social Sciences & Humanities Proceedings，简称 ISSHP)。它们与该研究所编辑出版的“科学引文索引”（Science Citation Index，简称 SCl）和“科学技术会议录索引”（Index to Scientific & Technical Proceedings，简称 ISTP）共同组成了一个国际范围的大型综合性文献检索系统。美国情报学家 E. 加菲尔德（Eugene Garfied）对这个文献检索系统的产生和发展作出了重要贡献。

加菲尔德于 1958 年创立美国科学情报研究所，该情报所于 1963 年编辑出版 SCl。以加菲尔德为首的原美国科学情报所创建科学引文索引的初衷，是突破传统的主题科学索引只能在单一学科范围内进行检索的局限，利用引文索引对科学文献进行跨学科检索，使研究者可以获得更多的与其特定研究课题或研究领域相关的信息，从而加快研究进程。但是令加菲尔德始料未及的是，引文索引的问世极大地促进了文献计量学和科学计量学的发展。因为引文索引可以显示论文间相互引证的关系和特定研究领域发展的来龙去脉，不仅具有文献检索功能，还具有主题索引所没有的科学评价、分析和预测功能。通过引文分析可以进行科学能力和水平的定量评价，也可以进行学科领域发展前沿和发展趋势等问题的研究。SCI 的可值得尊重之处正是在于它展示了引文索引的这种诱人发展前景。

继 SCI 之后，原美国科学情报研究所又相继推出了几种同类引文索引，例如，于 1973 年推出“社会科学引文索引”（Social Sciences Citation Index，简称 SSCI)，于 1978 年推出“艺术与人文引文索引”（Arts & Humanities Citation Index，简称 A&HCI)，于 1994 年推出“社会科学与人文会议录索引”(Index to Social Sciences & Humanities Proceedings，简称 ISSHP)。目前，这些引文索引不仅有印刷版、光盘版和联机数据库版，而且发展了网络数据库版，可以在 Web of Science 上实现数据整合，提供多种在线服务。

与 SCI 主要收录国际重要科学技术类学术期刊的论文和引文数据不同的是，SSCI、A&HCI 和 ISSHP 主要收录国际重要社会科学和艺术与人文类学术期刊的论文和引文数据，但是也收录一定数量的科学技术类学术期刊中的相关论文和引文数据，这部分数据与 SCI 收录的数据有重复。

目前，SSCI 共收录近 2000 种国际重要的社会科学类期刊中的论文和引文，内容涵盖约 50 个学科领域。A&HCI 共收录 1100 余种国际重要的艺术与人文类期刊的论文和引文，内容涵盖约 40 个学科领域。这两个引文索引同时还收录 SCI 扩展版的3000 余种科学技术类期刊中的相关论文和引文。ISSHP 每年收录近 3000 个国际会议已出版的会议论文，内容涵盖社会科学、艺术与人文各学科领域。

由于这些检索工具收录的论文涵盖的学科领域多，涉及的国家地区广，尤其是能提供独特的文献引证关系，因而在国际上受到广泛重视。许多国家将其作为文献检索和引文分析的重要工具，并在此基础上进一步发展起本国的引文检索工具和检索系统。

1.1.2 SCI 在中国的利用及产生的影响

20 世纪 80 年代，我国科技界开始对 SCI 的利用问题引起重视。一个颇具代表性的事件是：1987 年，中国科学技术信息研究所受原国家科委的委托，开始对 SCI 收录我国科技论文的情况进行统计分析，并且向社会公布其统计分析结果。这项工作的开展，标志着我国在科学研究和科研管理中开始重视对国际重要文献检索工具 SCI 相对客观的定量指标的利用。

20 年来，这项统计分析工作受到我国科技界的广泛重视，每年的统计分析结果为我国的科学研究和科研管理提供了一定可供参考的数据，对我国科技论文数量的增加和质量的提高，科技期刊学术规范的增强，以及我国科技研究与国际的接轨产生了积极影响。

与此同时，由于一些机构在对 SCI 利用的过程中存在一些偏向，例如将 SCI 定量指标绝对化，因此 SCI 进入我国后也引起一些争议。一些人对 SCI 的准确性提出质疑，一些人则围绕着如何从重论文数量转向重论文质量的问题展开讨论。这些争议从不同方面促使人们对如何合理利用 SCI 问题的思考。目前，这方面的争议还在继续，SCI 在我国的利用也未停止。越来越多的人已倾向于认为，对待 SCI 既不能轻视，也不能滥用。

事实上，自从将 SCI 引入我国后，我国科研绩效评估的方法已开始发生变化，从以往主要采用同行评议的定性方法，逐渐转向重视定性和定量相结合的方法。与此同时，我国国内的各种科学引文数据库也迅速发展起来。

1.1.3 SSCI、A&HCI 和 ISSHP 在中国的利用所面临的问题

与我国科技界对 SCI 和 ISTP 的利用相比，我国人文社会科学界对同类国际文献检索工具 SSCI 和 A&HCI 以及 ISSHP 的利用比较滞后，面临较多问题。到目前为止，对这三大检索工具的利用还处于比较分散的状态，更缺少对其收录我国论文的情况进行长期的跟踪分析研究。

形成这种状况的原因有多种，其中最主要的是长期以来，我国人文社会科学的发展受到诸多复杂因素的影响，对人文社会科学的评价远比对科学技术的评价复杂，因此在许多人看来，定量评价的指标是难以接受的；另外，SSCI 等国际文献检索工具收录我国论文的数量很少，不能全面反映我国人文社会科学研究的实际情况，因此对这类国际检索工具的利用一直没有引起更多重视。

应该说，上述两种看法都有一定的合理性，但是我国人文社会科学研究的大环境正在发生显著变化。随着我国改革开放的日益深入，人文社会科学研究对国家政治、经济和社会的影响日益增强，而随着对外学术交流活动的日益增多，我国人文社会科学研究在国际学术界的地位及影响也令人关注。然而目前，要了解这方面的发展情况，可资利用的客观数据较少，相关的客观评价指标更为缺乏。

SSCI、A&HCI 和 ISSHP 是目前世界上少有的可以用来对不同国家（地区）人文社会科学论文进行统计分析的大型综合性检索工具，由于受各种因素的限制，目前这些检索工具还存在一些明显不足。例如，这些检索工具主要收录英文论文，收录我国论文的数量很少，而且在少数年度收录我国论文的数量存在不合情理的骤升或锐减现象，这种现象在 ISSHP 表现得比较明显。另外，这些检索工具所确定的收录论文的学科领域范围，与我国通常意义上的人文社会科学概念及学科分类有明显差异，这种差异对统计分析结果有直接影响（后面将陆续涉及）。

这些国际性检索工具还处于不断发展的过程中，对其提出过多或苛刻的要求显然是不现实的，对其“一味排斥”或将其绝对化也不是科学的、实事求是的态度。了解这些检索工具的优势和不足，对其适当、谨慎地加以利用，可以有助于我们把自己的事情做得更好，实际上，任何工具和方法都有其长处和短处，都存在从不完善到逐步完善的发展过程，关键在于如何利用。在科学研究和科研管理中引入一种相对客观的定量评价指标，即使是一种有缺陷的指标，与没有这类指标相比也是一种进步，多种方法的采用可以起到相互参照和互为补充的作用。从这个意义上来说，我国应适当加强对 SSCI、A&HCI 和 ISSHP 三大国际检索工具的利用。

1.2 研究内容

本报告的主要内容是对 SSCI、A&HCI 和 ISSHP 三大国际检索工具在

1995—2004 年期间收录我国论文的情况进行多角度的统计分析，从一个方面揭示我国人文社会科学在走向世界的过程中出现的一些值得关注的动向，包括我国人文社会科学的国际地位和影响，存在的优势与不足等，以便为我国学术研究和管理部门提供一些可资参考的数据。由于这三大检索工具收录我国论文的数量较少，本项统计分析结果所反映的情况具有宏观性和相对性。

与 ISSHP 相比，SSCI 和 A&HCI 收录我国论文的情况比较稳定，涵盖的学科比较均衡，因此是本项统计分析的重点。本报告共包括以下 11 个部分：

- 导言；
- SSCI、A&HCI 和 ISSHP 收录中国论文概况；
- SSCI 和 A&HCI 收录中国论文的学科分布；
- SSCI、A&HCI 和 ISSHP 收录中国论文的地区分布；
- SSCI、A&HCI 和 ISSHP 收录中国论文的机构分布；
- SSCI 和 A&HCI 收录中国论文的期刊和文种分布；
- ISSHP 收录发表中国论文的国际会议分布；
- SSCI 和 A&HCI 收录中国论文的合著情况；
- SSCI 和 A&HCI 收录中国论文被引用情况；
- SSCI 和 A&HCI 收录中国论文引用文献情况；
- 问题与讨论。

除第一部分“导言”和最后一部分“问题与讨论”外，中间 9 个部分为统计分析部分，每部分的结尾均有一个“小结”，对该部分统计分析的核心内容进行简要总结。

1.3 需要说明的问题

1.3.1 数据来源和选取原则

本项统计分析的数据均来自汤姆森科技的 SSCI、A&HCI 和 ISSHP 网络版数据库，数据采集时间为 2005 年。

统计分析中有关我国论文的数据是以“Peoples R China”为检索词从 SSCI 和 A&HCI 以及 ISSHP 网络版数据库获得的，其中 SSCI 和 A&HCI 是合在一起检索的。所获得的我国论文数据不包括我国香港和台湾地区论文数据，有关这两个地区论文的数据是单独检索的。为了进行国家（地区）

间论文数量的比较，各国家（地区）的论文数据均以各自的检索词，用同样方法从 SSCI 和 A&HCI 以及 ISSHP 网络版数据库获得的。

这里需要说明的是，本项统计分析中用于国家（地区）间比较的我国论文数量（第 2.1 部分）与用于具体统计分析的我国论文数量（第 2.2—10 部分）不完全一致，后者少于前者。因为对我国论文情况进行多角度的具体统计分析，需要有关于我国作者的详细地址及相关信息，但是以“Peoples R China”为检索词而获得的我国论文数据中，有一部分数据的相关信息不完整，因此在进行具体统计分析时必须将这部分数据剔除。

1.3.2 论文的概念和归属

三大检索工具收录的绝大多数文献是论文，此外也有少量“书评”和“书信”等，由于后者的数量很少，在本项统计分析中忽略不计，即全部按论文统计分析。

三大检索工具收录的我国论文实际上包括我国第一作者和他国第一作者，我国为参与者（简称我国为参与者）的两类论文。按照国际文献计量统计的惯例，第一作者论文具有唯一性和可比性，因此本项研究将我国第一作者论文作为统计分析的重点。为了避免论述的累赘，在本报告的第 3—10 部分，“我国论文”在没有特指的情况下，均指我国第一作者论文。

论文的归属以其第一作者在论文发表时所在的国家（地区）和机构为准。例如，一位外国研究人员在中国学习或研究期间以中国机构的名义发表论文，则该论文归属中国机构，反之亦然。

一些机构，尤其是一些高等院校，存在因各种原因的名称变更问题，由于本项统计分析所涉及的时间跨度较大，论文的归属基本以论文数据中所显示的机构名称为准，统计结果（如机构的排名）可能会因此有一些小误差，但不影响对总体情况的分析比较。

少数机构，例如中国科学院的所属机构较多，有关论文数据如果标明了作者所在机构所属的上一级机构，则论文归属其上一级机构（如中国科学院)。

1.3.3 论文的学科分类

学科的发展及其相互交叉渗透使学科的分类变得日益复杂，不同国家（地区）对学科的界定和分类存在差异，这个问题在人文社会科学领域可能更为突出。因此，对 SSCI 和 A&HCI 论文的学科分类不可避免地会由于这方面的差异以及分类者的主观认识而使分类结果存在相对性和模糊性。

SSCI、A&HCI 和 ISSHP 收录的论文有其特定的学科领域范围。其中，SSCI 主要收录社会科学领域的论文，内容涵盖人类学、区域研究、商业金融、犯罪学与刑罚学、人口统计、经济学、教育和教育研究、环境研究、伦理学、民族研究、家庭研究、地理学、老年医学和老年病学、卫生政策与服务、历史、工业关系与劳工问题、图书馆学与情报学、语言与语言学、国际关系、法律、管理、护理学、计划与发展、政治学、精神病学、心理学、公共卫生、康复、药物滥用、公共环境与职业健康、社会科学—跨学科、社会科学—数学方法、社会问题、社会工作、社会学、运输、城市研究、女性研究等约 50 个学科领域。A&HCI 主要收录人文科学领域的论文，内容涵盖考古学、艺术、亚洲研究、哲学、语言学、文学评论、文学、古典文学艺术、音乐、诗歌、宗教、戏剧、建筑、舞蹈、电影/广播/电视、民俗、历史、科学史与科学哲学、人文科学—跨学科等约 40 个学科领域。

但是从我国学科分类的角度看，这些学科领域中非一级学科占多数，应用性领域和跨学科领域较多，而且有一部分应属于科学技术领域。在本项统计分析中，存在着难以将一部分论文归入人文社会科学领域的问题，这个问题对于 ISSHP 收录的会议论文来说更为突出。

为了尊重这些论文数据所反映的客观现实，同时使本项统计分析中的论文所属学科符合我国的学科分类习惯，因此对本项统计分析的论文数据全部进行重新学科分类。所采取的具体做法是：依照中国国家技术监督局颁布的国家标准《学科分类与代码》，根据论文数据中包含的论文标题、来源刊、关键词、所属学科领域（原）等方面的信息，确定这些论文大体上涵盖的 28 个学科领域；然后就这 28 个学科领域，对全部论文进行学科分类。

重新确定的 28 个领域包括 17 个人文社会科学领域和 11 个科学技术领域。17 个人文社会科学领域包括：经济学、社会学、教育学、语言学、管理学、哲学、政治学、法学、图书馆情报与文献学、新闻学与传播学、统计学、民族学与人类学、历史学、文学、考古学、艺术学和宗教学。11 个科学技术领域包括：医药卫生、心理学、数学、计算机科学、环境科学、物理学、地理学、生物学、交通运输、建筑学和安全科学。

1.3.4 统计中的误差

在本项统计分析中，非整数的数字只保留小数点后一位数，由于四舍五入的问题，有少数统计结果可能存在微小误差，例如一个整体的各部分所占比例相加可能略大于或小于 1。

2 SSCI、A&HCI 和 ISSHP 收录中国论文概况

论文是科学研究的重要产出形式，论文的数量是反映科研实力的一个重要指标。论文通常包括期刊论文和会议论文。期刊论文是论文最基本的组成部分，会议论文是期刊论文的重要补充，一些新的概念、观点和解决方案往往最先出现在会议论文中。在国际重要学术期刊上发表论文和参加国际重要学术会议并提交论文，是研究人员进行国际学术交流的重要途径。一个国家的论文被国际重要检索工具收录的数量及其国际排名，从一个方面反映这个国家的科研实力及其在国际上所处的地位。这里将对 SSCI、A&HCI 和 ISSHP 三大检索工具在 1995—2004 年期间收录我国论文的数量，包括收录我国期刊论文和会议论文的数量和国家（地区）排名进行统计分析。

2.1 SSCI、A&HCI 和 ISSHP 收录中国论文数量和排名

1995—2004 年，SSCI、A&HCI 和 ISSHP 三大检索工具收录的我国论文从 797 篇增至 1888 篇，年均增长 109 篇，在总体上呈增长态势；论文数量的国家（地区）排名从第 24 位升至第 13 位，排名提升了 11 位（见表 1）。

表 1　1995—2004 年 SSCI、A&HCI 和 ISSHP 收录中国论文数量和排名

年度	论文（篇）	增加（篇）	增长（%）	排名
1995	797	/	/	24
1996	453	-344	-43.2	27
1997	343	-110	-24.3	29
1998	522	179	52.2	27
1999	349	-173	-33.1	31
2000	355	6	1.7	32
2001	640	285	80.3	27
2002	745	105	16.4	26
2003	1883	1138	152.8	13
2004	1888	5	0.3	13

但是10年中，这种增长不是稳步的和渐进式的，而是经历了两个发展阶段。在1995—1999年，论文数量从797篇减至349篇，论文数量的国家（地区）排名也从第24位降至第31位；而在2000—2004年，论文数量从355篇增至1888篇，论文数量的国家（地区）排名也从第32位升至第13位。论文数量的增长在2003—2004年表现得尤为明显，2003年的论文数量从以往多年的3位数猛增至4位数，而2003年和2004年论文的合计几乎相当于前8年论文的总和（见表1）。

10年中，三大检索工具收录的论文数量始终排在我国之前的国家（地区）共有12个。其中，排在前7位的是美国、英国、加拿大、德国、澳大利亚、法国和荷兰7个国家，其排名顺序也未曾发生过变化。这从一个方面反映这7个国家的人文社会科学研究实力比较强。而排在第8—12位的是日本、以色列、意大利、瑞典和西班牙，但是其排名顺序在不同年度有所变化。这从一个方面反映这5个国家的人文社会科学研究实力相当，而且各具特色。

2.2 SSCI和A&HCI收录中国论文数量

SSCI和A&HCI主要收录国际重要学术期刊论文。1995—2004年，SSCI和A&HCI共收录我国第一作者论文2032篇，我国为参与者的论文1279篇，前者占61.4%，后者占38.6%。这两类论文数量大体形成6:4的比例，我国第一作者论文占多数。

10年中，SSCI和A&HCI收录的我国第一作者论文从86篇增至336篇，基本呈稳步的缓慢增长态势。2004年的论文数量约相当于1995年的4倍，但这部分论文数量所占比例基本保持在60%左右（见表2、图1）。

2.3 ISSHP收录中国论文数量

ISSHP主要收录国际重要学术会议论文。1995—2004年，ISSHP共收录我国第一作者论文4117篇，我国为参与者论文84篇，前者占98%，后者仅占2%。这两类论文数量形成98:2的比例，我国第一作者ISSHP论文占绝大多数（见表2）。我国第一作者ISSHP论文所占比例也明显高于我国第一作者SSCI和A&HCI论文所占比例。

10年中，ISSHP收录的我国第一作者论文数量大体经历两个发展阶段。在1995—1999年，论文数量从529篇减至22篇，其间起伏较大，尤其是1999年论文数量锐减，从上一年的246篇减至22篇。在2000—2004年，论文数量从36篇增至1304篇，增长的趋势很明显，尤其是2003年，论文数量从上一年的336篇增至1341篇，几乎增加了3倍。尽管如此，在10年中的大多数年度，我国第一作者ISSHP论文所占比例都在95%以上(见表2、图1)。

表2　1995—2004年SSCI、A&HCI和ISSHP收录中国第一作者论文数量

年度	中国第一作者SSCI和A&HCI论文			中国第一作者ISSHP论文		
	(篇)	(%)	增长(%)	(篇)	(%)	增长(%)
1995	86	66.2	/	529	99.4	/
1996	118	70.2	37.2	151	99.3	-71.5
1997	78	58.6	-33.9	45	95.7	-70.2
1998	163	61.0	109.0	246	97.6	446.7
1999	193	61.7	18.4	22	62.9	-91.1
2000	179	57.0	-7.3	36	87.8	63.6
2001	360	68.6	101.1	107	95.5	197.2
2002	223	57.2	-38.1	336	96.3	214.0
2003	296	57.6	32.7	1341	99.0	299.0
2004	336	60.3	13.5	1304	98.3	-2.8
总计	2032	61.4	/	4117	98.0	/

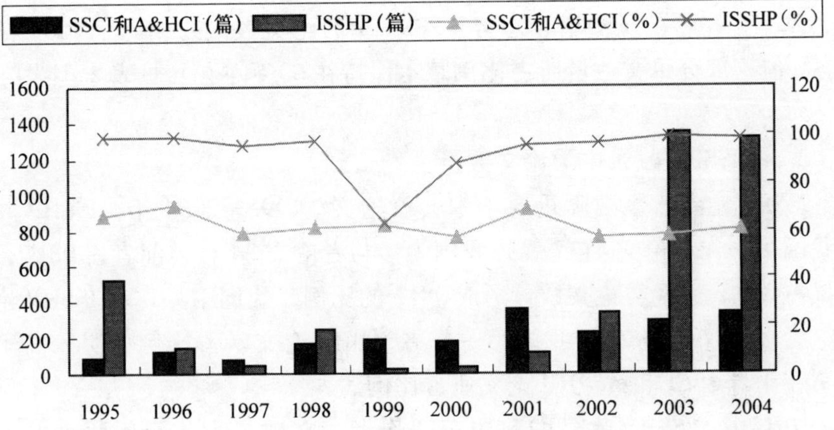

图1　1995—2004年SSCI、A&HCI和ISSHP收录中国第一作者论文数量

2.4 小结

统计结果显示，1995—2004 年，三大检索工具收录我国论文的数量在总体上呈增长态势，论文数量的国家（地区）排名有了明显提升。到 2004 年，我国的排名从 1995 年的第 24 位升至第 13 位，排在我国之前的 12 个国家均是经济比较发达、科研实力比较强的国家。这从一个方面反映，我国人文社会科学研究的实力在不断增强，国际学术地位在不断提高。

进入 21 世纪后，尤其是在 2003—2004 年，三大检索工具收录我国论文的数量增长较快，但是值得注意的是，这种增长在很大程度上是由于我国 ISSHP 会议论文而不是 SSCI 和 A&HCI 期刊论文数量的迅速增长，而 ISSHP 收录我国会议论文的数量不太稳定。

从三大检索工具收录的我国第一作者论文与我国为参与者论文所占比例来看，前者均高于后者。其中，SSCI 和 A&HCI 收录的我国第一作者论文约占 60%，ISSHP 收录的我国第一作者论文高达 98%。这从一个方面反映，我国研究人员在国际重要学术会议上绝大多数是以第一作者身份发表论文的，相比之下，在国际重要学术期刊上以第一作者身份发表论文的比例要低得多。

需要说明的是，以下统计分析主要以三大检索工具收录我国第一作者论文的情况为重点。在没有特指的情况下，我国论文均指我国第一作者论文。

3 SSCI 和 A&HCI 收录中国论文的学科分布

学科的发展是科学发展的基础，学科发展的动力主要来自科学自身发展的需要以及外部环境，包括政治、经济和社会变化的影响。学科间的相互交叉渗透是当今科学发展的一个重要动向。一个国家论文的学科分布在一定程度上反映这个国家学科发展的情况。这里将对 SSCI 和 A&HCI 在 1995—2004 年中收录我国论文的学科分布，包括论文比较集中的学科领域、跨学科领域以及科学技术领域的论文数量进行统计分析。

3.1 SSCI 和 A&HCI 收录中国论文比较集中的学科领域

1995—2004 年，SSCI 和 A&HCI 共收录我国各领域论文 2032 篇，论文比较集中的学科领域是：社会学、经济学、心理学、医药卫生、教育学、语言学、管理学、哲学、图书馆情报与文献学、民族学与人类学。这10个学科领域的SSCI和A&HCI论文合计1634篇，占我国同类论文总数的80.4%。其中，社会学、经济学、心理学和医药卫生4个学科领域论文的数量更多一些，年均超过20篇（见表3）。

表3　1995—2004年SSCI和A&HCI收录中国论文比较集中的学科领域

年度	SSCI和A&HCI论文（篇）									
	社会学	经济学	心理学	医药卫生	教育学	语言学	管理学	哲学	图书馆情报与文献学	民族学与人类学
1995	16	12	5	17	4	1	4	1	3	7
1996	22	11	35	8	8	10	10	0	1	1
1997	28	8	3	14	1	0	6	1	3	4
1998	7	17	1	10	12	9	13	21	7	3
1999	25	24	10	32	4	20	11	10	5	2
2000	18	23	8	19	18	12	17	12	9	7
2001	45	22	126	18	48	10	26	9	5	13
2002	27	40	9	29	16	15	14	5	14	8
2003	30	35	15	42	20	39	22	10	17	19
2004	34	53	20	30	36	25	14	18	21	5
总计	252	245	232	219	167	141	137	87	85	69

10年中，我国SSCI和A&HCI论文涵盖的学科领域从19个增至26个，呈增长态势。到1999年，所涵盖的学科领域已增至24个，而且在此后年的4年中一直稳定在24个，到2004年增至26个。

3.2　SSCI和A&HCI收录中国跨学科领域论文数量

跨学科领域是一个比较模糊的概念，在论文的学科分类中对属于跨学科领域的论文也很难有一个明确的界定。但是在SSCI和A&HCI来源刊和论文的学科分类中，“跨学科”属于其中一类。一些论文数据在其“学科类别”（Subject Category）项中标有“跨学科”（MULTIDISCIPLINARY或INTERDISCIPLINARY）的字样，这类论文与其他类论文有一定交叉。

这样的学科分类是否准确姑且不议，仅按标有“跨学科”字样的论文统计，1995—2004 年 SSCI 和 A&HCI 收录的我国论文中，属于“跨学科”论文的有 427 篇，约占总数的 20%。10 年中，我国的这类“跨学科”论文数量从 8 篇增至 49 篇；所占比例从 9.3% 升至 14.6%，基本呈增长态势，但其间有波动。2001 年，我国的“跨学科”论文数量曾一度达到 200 篇，所占比例为 55.6%（见表 4）。

表 4　1995—2004 年 SSCI 和 A&HCI 收录中国跨学科和科技领域论文数量

年度	论文（篇）	跨学科论文		科技论文	
		（篇）	（%）	（篇）	（%）
1995	86	8	9.3	30	34.9
1996	118	49	41.5	47	39.8
1997	78	3	3.8	21	26.9
1998	163	14	8.6	23	14.1
1999	193	14	7.3	64	33.2
2000	179	21	11.7	37	20.7
2001	360	200	55.6	157	43.6
2002	223	25	11.2	51	22.9
2003	296	44	14.9	78	26.4
2004	336	49	14.6	85	25.3
总计	2032	427	21.0	593	29.2

实际上，在 SSCI 和 A&HCI 收录的我国论文中，学科交叉渗透的现象远比这些数字所显示的广泛和复杂，许多已归入单一学科领域的论文也存在不同程度的跨学科现象。

3.3　SSCI 和 A&HCI 收录中国科学技术领域论文数量

SSCI 和 A&HCI 也对部分国际重要科学技术类期刊的论文进行选择性收录，尽管这部分论文有可能涉及人文社会科学，但是按我国的学科分类，有相当一部分论文很难归入人文社会科学领域，因此只能将其归入科学技术领域。

1995—2004 年，SSCI 和 A&HCI 共收录我国科学技术领域论文 593 篇，占我国 SSCI 和 A&HCI 论文总数的 29.2%（见表 4）。

3.4 小结

统计结果显示，1995—2004 年，SSCI 和 A&HCI 收录我国论文的学科涵盖面逐渐扩大。到 20 世纪末，所涵盖的学科领域已比较广泛，而且此后的发展也比较稳定。论文比较集中的学科领域是社会学、经济学、心理学和医药卫生。这从一个方面反映，我国这些学科领域的研究受到国际学术界较多的关注。

SSCI 和 A&HCI 收录的我国论文中，跨学科和科学技术领域的论文合计约占半数。这或许从一个方面反映学科交叉渗透的现象，这种交叉渗透不仅表现在人文社会科学各学科领域之间，也表现在人文社会科学与自然科学和工程技术领域之间。

4 SSCI、A&HCI 和 ISSHP 收录中国论文的地区分布

国家整体研究实力的提高离不开各地区研究实力的增强。各地区论文的产出情况在一定程度上反映其研究实力。这里将对三大检索工具在 1995—2004 年期间收录我国各地区，包括东、中、西部地区和各省（自治区、直辖市）论文的数量和学科分布情况进行统计分析。

4.1 SSCI 和 A&HCI 收录中国论文的地区分布

4.1.1 SSCI 和 A&HCI 收录中国论文的东中西部地区分布

1995—2004 年，SSCI 和 A&HCI 共收录我国东、中、西部地区论文 2032 篇，其中东部地区 1651 篇，占总数的 81.3%；中部地区 208 篇，占 10.2%；西部地区 173 篇，占 8.5%（见表 5）。中部和西部地区的 SSCI 和 A&HCI 论文合计 381 篇，仅占总数的 18.8%。

10 年中，东部地区的 SSCI 和 A&HCI 论文从 61 篇增至 277 篇，10 年增长了 3 倍；中部地区的论文从 13 篇增至 37 篇，10 年增长了 2 倍；西部地区的论文从 12 篇增至 22 篇，10 年增长了 1 倍（见表 5、图 2）。

表5 1995—2004年SSCI和A&HCI收录中国论文的东中西部地区分布

地区	SSCI和A&HCI论文（篇）										
	1995	1996	1997	1998	1999	2000	2001	2002	2003	2004	总计
东部	61	103	59	118	164	135	313	181	240	277	1651
中部	13	7	10	14	22	27	21	32	25	37	208
西部	12	8	9	31	7	17	26	10	31	22	173

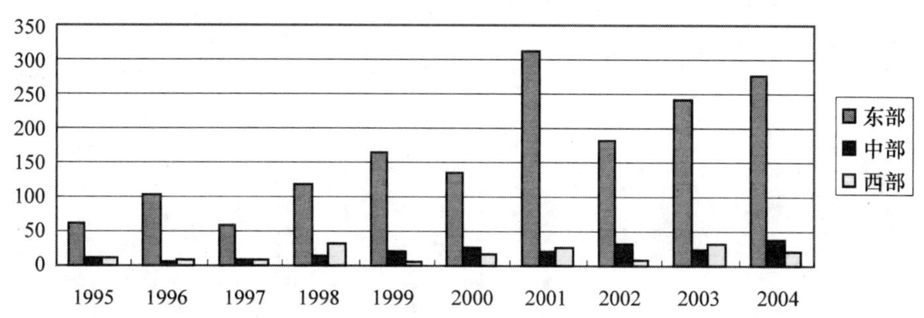

图2 1995—2004年SSCI和A&HCI收录中国论文的东中西部地区分布

4.1.2 SSCI和A&HCI收录中国论文的省（自治区、直辖市）分布

1995—2004年，SSCI和A&HCI收录的我国论文每年平均覆盖20个省（自治区、直辖市），约占我国省（自治区、直辖市）总数的65%。换言之，我国每年有约35%的省（自治区）没有论文（第一作者论文）被SSCI和A&HCI收录。

我国SSCI和A&HCI论文所覆盖的省（自治区、直辖市）数量从1995年的18个，增至2004年的21个，10年中略有增长。其间，在2000年曾达到25个，2001年达到26个。

10年中，SSCI和A&HCI论文数量排名居前的10个省（直辖市）是：北京、上海、江苏、广东、湖北、福建、陕西、浙江、天津和安徽，其SSCI和A&HCI论文合计1745篇，占我国同类论文总数的85.9%。这10个省（直辖市）中，有7个属于东部地区，2个属于中部地区，1个属于西部地区（见表6）。

北京市的SSCI和A&HCI论文数量高居榜首，为1050篇，占我国同类论文总数的51.7%；上海市次之，为219篇，占10.8%。湖北作为一个中部省份，以68篇排名第5位；陕西作为一个西部省份，以52篇与福建省并列第6位（见表6）。10年中，我国有8个省（自治区）的SSCI和A&HCI论文不足5篇。

表6 1995—2004年SSCI和A&HCI收录中国论文数量比较集中的省（直辖市）

地区		SSCI和A&HCI论文（篇）										
		1995	1996	1997	1998	1999	2000	2001	2002	2003	2004	总计
北京	东部	36	69	39	91	95	77	220	111	139	173	1050
上海	东部	13	12	9	6	26	19	25	22	36	51	219
江苏	东部	2	6	2	3	13	6	18	13	14	12	89
广东	东部	4	4	3	5	16	4	26	4	9	12	87
湖北	中部	5	3	5	6	5	6	5	8	8	17	68
福建	东部	0	0	0	0	2	6	4	11	19	10	52
陕西	西部	2	4	2	6	2	5	2	3	16	10	52
浙江	东部	1	6	1	2	4	4	2	7	10	10	47
天津	东部	0	2	0	7	2	9	8	5	7	2	42
安徽	中部	1	0	1	3	5	5	6	7	6	5	39

4.2 ISSHP收录中国论文的地区分布

4.2.1 ISSHP收录中国论文的东中西部地区分布

1995—2004年，ISSHP共收录我国东、中、西部地区论文4117篇，其中东部地区2456篇，占总数的59.7%；中部地区1154篇，占28%；西部地区506篇，占12.3%（见表7）。中西部地区的ISSHP论文合计1660篇，占总数的40.3%，这个比例明显高于其SSCI和A&HCI论文所占的18.8%的比例。

10年中，我国东、中、西部地区的ISSHP论文数量经历了两个发展阶段。在1995—1999年，各地区ISSHP论文数量起伏较大。而在2000—2004年，各地区ISSHP论文数量呈明显增长态势，其中东部地区从33篇增至795篇，中部地区从2篇增至346篇，西部地区从1篇增至163篇。尤其是在2003年，各地区ISSHP论文的数量均有较大幅度的增长（见表7、图3）。

表7 1995—2004年ISSHP收录中国论文的东中西部地区分布

地区	ISSHP论文（篇）										
	1995	1996	1997	1998	1999	2000	2001	2002	2003	2004	总计
东部	346	68	34	139	20	33	75	222	724	795	2456
中部	116	70	4	87	0	2	27	52	450	346	1154
西部	67	13	7	20	2	1	5	61	167	163	506

注：2002年有1篇论文无法确定其所属地区。

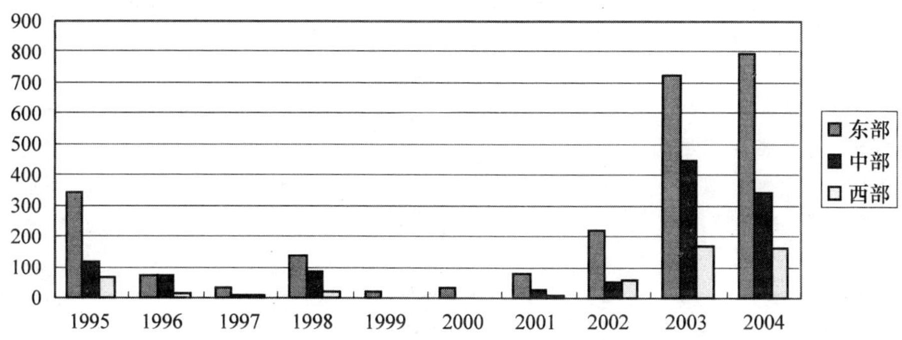

图3 1995—2004年ISSHP收录中国论文的东中西部地区分布

4.2.2 ISSHP收录中国论文的省（自治区、直辖市）分布

1995—2004年，ISSHP收录的我国论文每年平均覆盖近18个省（自治区、直辖市），约占我国省（自治区、直辖市）总数的58%。换言之，我国每年有约42%的省（自治区、直辖市）没有论文（第一作者论文）被ISSHP收录。

10年中，我国ISSHP论文覆盖的省（自治区、直辖市）数量可分为两个发展阶段。在1995—1999年，从24个减至7个，呈逐年减少态势；而在2000—2004年，从7个增至26个，呈逐年增长态势。

其中，ISSHP论文数量排名居前的10个省（直辖市）是：北京、黑龙江、湖北、辽宁、上海、陕西、江苏、浙江、山东和广东，其ISSHP论文数量合计3304篇，占总数的80.3%。其中，北京市以947篇高居榜首，黑龙江省和湖北省分别以454篇和419篇排名第2和第3位；辽宁省和上海市分别以360篇和247篇排名第4和第5位；陕西省以238篇排名第6位（见表8）。但是有5个省（自治区）的ISSHP论文不足5篇，有4个省

(自治区)的 ISSHP 论文为 0。

表 8　1995—2004 年 ISSHP 收录中国论文数量比较集中的省(直辖市)

地区		ISSHP 论文(篇)										
		1995	1996	1997	1998	1999	2000	2001	2002	2003	2004	总计
北京	东部	162	41	24	61	16	24	52	119	180	268	947
黑龙江	中部	71	35	0	42	0	0	2	8	181	115	454
湖北	中部	23	27	3	29	0	0	19	21	141	156	419
辽宁	东部	17	15	1	17	0	0	1	35	164	110	360
上海	东部	48	1	0	14	1	7	8	14	74	80	247
陕西	西部	46	6	1	5	1	0	2	21	80	76	238
江苏	东部	59	1	1	7	0	1	5	12	40	70	196
浙江	东部	19	3	1	7	1	0	1	13	44	99	188
山东	东部	21	2	1	6	0	0	3	7	62	31	133
广东	东部	8	3	1	11	1	0	3	13	40	42	122

4.3 SSCI 和 A&HCI 收录中国各地区论文的学科分布

4.3.1 SSCI 和 A&HCI 收录中国东部地区论文的学科分布

1995—2004 年,SSCI 和 A&HCI 共收录我国东部地区论文 1651 篇,论文比较集中的 10 个学科领域是:经济学、心理学、社会学、医药卫生、管理学、语言学、教育学、哲学、图书馆情报与文献学、民族学与人类学,其论文合计 1342 篇,占东部地区论文总数的 81.3%(见表 9)。

表 9　1995—2004 年 SSCI 和 A&HCI 收录中国东部地区论文数量比较集中的学科领域

学科领域	东部地区 SSCI 和 A&HCI 论文(篇)										
	1995	1996	1997	1998	1999	2000	2001	2002	2003	2004	总计
经济学	10	7	6	16	20	17	18	35	30	50	209
心理学	5	31	3	1	8	6	115	7	12	19	207
社会学	12	21	20	5	22	13	40	23	23	25	204
医药卫生	13	7	9	9	27	15	15	24	38	23	180
管理学	4	9	6	11	11	14	24	13	19	14	125

续表

学科领域	东部地区 SSCI 和 A&HCI 论文（篇）										
	1995	1996	1997	1998	1999	2000	2001	2002	2003	2004	总计
语言学	1	9	0	7	16	12	10	13	32	17	117
教育学	3	5	1	7	4	8	38	8	15	27	116
哲学	1	0	0	10	9	12	8	4	8	16	68
图书馆情报与文献学	2	1	3	7	5	5	4	10	14	15	66
民族学与人类学	4	1	3	0	2	5	12	6	12	5	50

10 年中，我国东部地区 SSCI 和 A&HCI 论文的学科涵盖面呈稳步扩大态势，1995 年为 14 个，到 2004 年增至 26 个，每年平均 20.5 个，这种发展在 2000—2004 年趋于稳定。

4.3.2 SSCI 和 A&HCI 收录中国中部地区论文的学科分布

1995—2004 年，SSCI 和 A&HCI 共收录我国中部地区论文 208 篇，论文比较集中的 10 个学科领域是：教育学、医药卫生、社会学、经济学、图书馆情报与文献学、心理学、语言学、历史学、管理学和哲学，其论文合计 170 篇，占中部地区论文总数的 81.7%（见表 10）。

表 10　1995—2004 年 SSCI 和 A&HCI 收录中国中部地区论文数量比较集中的学科领域

学科领域	中部地区 SSCI 和 A&HCI 论文（篇）										
	1995	1996	1997	1998	1999	2000	2001	2002	2003	2004	总计
教育学	1	1	0	1	0	7	3	5	4	7	29
医药卫生	3	0	3	1	5	3	1	5	0	4	25
社会学	2	1	5	1	2	2	1	2	2	6	24
经济学	2	2	1	0	1	5	2	4	3	2	22
图书馆情报与文献学	1	0	0	0	0	3	1	4	3	6	18
心理学	0	3	0	0	2	2	6	2	1	1	17
语言学	0	0	0	2	4	0	0	2	2	0	10
历史学	0	0	0	1	2	1	1	1	1	2	9
管理学	0	0	0	2	0	2	2	1	2	0	9
哲学	0	0	0	3	1	0	1	1	1	0	7

10 年中，我国中部地区 SSCI 和 A&HCI 论文涵盖的学科领域比东部地区少，但是呈缓慢增长态势，1995 年为 9 个，到 2004 年增至 16 个，每年平均 10.5 个。

4.3.3 SSCI 和 A&HCI 收录中国西部地区论文的学科分布

1995—2004 年，SSCI 和 A&HCI 共收录我国西部地区论文 173 篇，论文比较集中的 10 个学科领域是：社会学、教育学、文学、民族学与人类学、语言学、医药卫生、经济学、哲学、心理学和数学，其论文合计 149 篇，占西部地区论文总数的 86.1% （见表 11）。

表 11　　1995—2004 年 SSCI 和 A&HCI 收录中国西部地区论文数量比较集中的学科领域

学科领域	西部地区 SSCI 和 A&HCI 论文（篇）										
	1995	1996	1997	1998	1999	2000	2001	2002	2003	2004	总计
社会学	2	0	3	1	1	3	4	2	5	3	24
教育学	0	2	0	4	0	3	7	2	1	2	21
文学	1	0	1	9	1	5	1	0	0	0	18
民族学与人类学	2	0	0	3	0	1	1	2	6	0	15
语言学	0	1	0	0	0	0	0	1	5	8	15
医药卫生	1	1	2	0	0	1	2	0	4	3	14
经济学	0	2	1	1	3	1	2	1	2	1	14
哲学	0	0	1	8	0	0	0	0	1	2	12
心理学	0	1	0	0	0	0	5	0	2	0	8
数学	2	0	0	3	1	0	0	0	2	0	8

10 年中，我国西部地区 SSCI 和 A&HCI 论文涵盖的学科领域在大多数年度不足 10 个，增长的趋势也不明显。其中，以 2003 年的最多，为 12 个；以 1999 年的最少，为 5 个；每年平均 8.2 个。

4.4 小结

统计结果显示，1995—2004 年三大检索工具收录我国各地区的论文中，东部地区的论文数量占明显优势，而且增长较快，论文的学科涵盖面也比较广。中部和西部地区在论文数量及其增长以及论文的学科涵盖面方面都与东部地区有较明显的差距。

从三大检索工具收录我国论文覆盖的省（自治区、直辖市）数量来看，每年均超过半数，其中 SSCI 和 A&HCI 论文覆盖的数量呈缓慢增长态势，ISSHP 论文覆盖的数量在进入 21 世纪后出现明显增长。

北京市作为我国的首都，其 SSCI 和 A&HCI 论文和 ISSHP 论文数量一直遥遥领先，上海市以及江苏、广东、湖北、陕西和浙江 5 省的这两类论文数量均在前 10 个省（直辖市）之列。这从一个方面反映，这些地区的人才资源比较集中，研究实力比较强。但是值得注意的是，黑龙江和辽宁等少数省份，其 ISSHP 论文数量的排名很靠前，这与其 SSCI 和 A&HCI 论文数量的排名有较大差异。导致这一结果的原因可能与 ISSHP 收录我国论文的学科分布不太均衡有关。

总的来看，三大检索工具收录我国各地区论文的数量分布呈现出一种自东向西倾斜的梯形分布态势，这与我国各地区的经济发展和人才资源分布的现实情况基本一致。但是，中西部地区的 ISSHP 论文所占比例明显高于其 SSCI 和 A&HCI 论文所占比例，西部地区的文学、民族学与人类学和语言学等人文学科领域论文的数量排名比较靠前。这从一个方面反映，我国东部地区有发展人文社会科学的明显优势，但是中西部地区，尤其是一些西部地区，有发展某些学科领域研究的独特地理、历史和文化条件，可以在我国人文社会科学的发展中发挥更大作用。

5 SSCI、A&HCI 和 ISSHP 收录中国论文的机构分布

机构通常是从事研究的基本单位，不同机构论文的产出情况在一定程度上反映其研究实力。这里将对三大检索工具在 1995—2004 年期间收录我国各类机构，尤其是高等院校和研究机构论文的数量进行统计分析。

5.1 SSCI 和 A&HCI 收录中国论文的机构分布

5.1.1 SSCI 和 A&HCI 收录中国各类机构论文数量

1995—2004 年，SSCI 和 A&HCI 共收录我国各类机构论文 2032 篇，其中高等院校 1346 篇，占 66.2%；研究机构 451 篇，占 22.2%；医疗机构 48 篇，占 2.4%；政府部门 37 篇，占 1.8%；公司企业 15 篇，占 0.7%；其他机构 135 篇，占 6.6%（见表 12）。

表 12　　1995—2004 年 SSCI 和 A&HCI 收录中国各类机构论文数量

机构类型	SSCI 和 A&HCI 论文（篇）										
	1995	1996	1997	1998	1999	2000	2001	2002	2003	2004	总计
高等院校	48	78	46	103	122	133	206	145	230	235	1346
研究机构	28	32	22	43	42	31	100	47	41	65	451
医疗机构	3	4	1	3	10	4	5	7	7	4	48
政府部门	4	0	4	1	3	4	4	6	4	7	37
公司企业	2	0	2	1	3	0	3	2	0	2	15
其他机构	1	4	3	12	13	7	42	16	14	23	135

其中，高等院校的 SSCI 和 A&HCI 论文不仅在数量上一直占绝对优势，而且呈逐年增长态势，其次是研究机构。这两类机构的 SSCI 和 A&HCI 论文合计 1797 篇，占我国同类论文总数的 88.4%。

5.1.2　SSCI 和 A&HCI 收录中国高等院校论文数量

1995—2004 年，SSCI 和 A&HCI 收录我国高等院校论文 1346 篇，这些论文共来自我国 224 所高等院校（剔除了年度累计中重复的部分），其中仅有 1 篇论文的高等院校 105 所，占 46.9%；有 2 篇论文的高等院校 34 所，占 15.2%；有 3 篇（含）以上论文的高等院校 85 所，占 37.9%。

10 年中，我国有 SSCI 和 A&HCI 论文的高等院校从 34 所增至 66 所。其中，有 1 篇论文的高等院校从 25 所增至 34 所；有 2 篇论文的从 5 所增至 11 所；有 3 篇（含）以上论文的从 4 所增至 21 所，增长了 4 倍（见表 13）。

有 1 篇、2 篇和 3 篇（含）以上 SSCI 和 A&HCI 论文的高等院校数量均呈稳步增长态势，但是所占比例的发展却不相同。其中，有 1 篇论文的高等院校所占比例从 1995 年的 73.5%，降至 2004 年的 51.5%，仍在半数以上；有 3 篇（含）以上论文的高等院校所占比例从 1995 年的 11.8%，升至 2004 年的 31.8%，接近 1/3；相比之下，有 2 篇论文的高等院校所占比例变化不太明显。换言之，我国有 1—2 篇 SSCI 和 A&HCI 论文的高等院校占绝大多数的情况已开始发生变化，其主要原因是有 1 篇论文的高等院校所占比例逐渐下降，有 3 篇（含）以上论文的高等院校所占比例逐渐上升。

而从有 3 篇（含）以上 SSCI 和 A&HCI 论文的高等院校的论文数量所占比例来看，1995 年为 27.1%，1999 年增至 55.7%，到 2004 年达到 76.2%，呈明显上升态势。

表 13　1995—2004 年 SSCI 和 A&HCI 以及 ISSHP 收录中国高等院校论文的数量分布

年度	SSCI 和 A&HCI 论文				ISSHP 论文			
	高等院校（所）	1 篇（所）	2 篇（所）	3 篇以上（所）	高等院校（所）	1 篇（所）	2 篇（所）	3 篇以上（所）
1995	34	25	5	4	90	54	12	24
1996	43	30	7	6	40	26	4	10
1997	29	21	4	4	17	13	1	3
1998	47	31	5	11	84	51	13	20
1999	56	38	8	10	5	4	0	1
2000	69	49	8	12	9	7	0	2
2001	76	50	11	15	43	28	9	6
2002	67	43	12	12	98	60	14	24
2003	79	48	14	17	200	93	32	75
2004	66	34	11	21	188	89	24	75

1995—2004 年，在我国有 SSCI 和 A&HCI 论文的 224 所高等院校中，论文数量排名前 10 位的 11 所高等院校是：北京大学、清华大学、北京师范大学、复旦大学、北京医科大学、中山大学、中国科学技术大学、南京大学、武汉大学、厦门大学和浙江大学，其 SSCI 和 A&HCI 论文合计 632 篇，占我国高等院校同类论文总数的 47%。其中，北京大学以 218 篇高居榜首，清华大学以 86 篇排名第二，北京师范大学以 79 篇排名第三（见表 14）。

表 14　1995—2004 年 SSCI 和 A&HCI 论文数量排名居前的中国高等院校

高等院校	SSCI 和 A&HCI 论文（篇）										
	1995	1996	1997	1998	1999	2000	2001	2002	2003	2004	总计
北京大学	3	10	3	20	19	21	44	27	36	35	218
清华大学	0	3	1	4	6	3	9	10	23	27	86
北京师范大学	3	12	1	1	1	5	24	1	12	19	79
复旦大学	2	1	0	0	6	8	7	4	9	11	48
中山大学	3	2	1	4	3	0	8	3	4	8	36
中国科学技术大学	1	0	2	4	7	3	5	2	4	3	31

续表

高等院校	SSCI 和 A&HCI 论文（篇）										
	1995	1996	1997	1998	1999	2000	2001	2002	2003	2004	总计
北京医科大学	2	2	5	3	8	6	3	1	0	0	30
南京大学	1	3	1	2	8	2	2	3	3	2	27
武汉大学	4	1	2	4	0	4	2	2	2	6	27
厦门大学	0	0	0	0	1	4	4	8	4	4	25
浙江大学	0	1	0	1	1	2	2	2	8	8	25

10 年中，北京大学的 SSCI 和 A&HCI 论文数量较多，而且稳步增长。在 1998—2004 年的 7 年中，北京大学的论文数量一直排名第一，而在 1995—1997 年的 3 年中，武汉大学、北京师范大学和上海医科大学的论文数量分别排名第一。

5.1.3 SSCI 和 A&HCI 收录中国研究机构论文数量

1995—2004 年，SSCI 和 A&HCI 收录的我国研究机构论文 451 篇，这些论文共来自我国 111 个研究机构（剔除了年度累计中重复的部分）。其中，仅有 1 篇论文的研究机构 89 个，占 80.1%；有 2 篇论文的研究机构 6 个，占 5.4%；有 3 篇（含）以上论文的研究机构 16 个，占 14.4%。

10 年中，我国有 SSCI 和 A&HCI 论文的研究机构从 9 个增至 23 个。其中，有 1 篇论文的研究机构从 6 个增至 16 个；有 2 篇论文的研究机构数量基本上是在 0—5 个之间变化；而有 3 篇以上论文的研究机构在多数年度为 2 个，仅在少数年度略有增加（见表 15）。

表 15　1995—2004 年 SSCI 和 A&HCI 以及 ISSHP 收录中国研究机构论文的数量分布

年度	SSCI 和 A&HCI 论文				ISSHP 论文			
	研究机构（个）	1 篇（个）	2 篇（个）	3 篇以上（个）	研究机构（个）	1 篇（个）	2 篇（个）	3 篇以上（个）
1995	9	6	0	3	42	33	3	6
1996	9	7	0	2	6	4	1	1
1997	12	7	3	2	9	7	1	1
1998	13	10	1	2	12	9	2	1
1999	19	14	3	2	4	4	0	0

续表

年度	SSCI 和 A&HCI 论文				ISSHP 论文			
	研究机构（个）	1 篇（个）	2 篇（个）	3 篇以上（个）	研究机构（个）	1 篇（个）	2 篇（个）	3 篇以上（个）
2000	17	15	0	2	7	5	1	1
2001	23	16	3	4	5	3	1	1
2002	17	14	0	3	5	3	0	2
2003	9	7	0	2	19	12	4	3
2004	23	16	5	2	12	7	2	3

1995—2004 年，在我国有 SSCI 和 A&HCI 论文的研究机构中，中国科学院以 235 篇高居榜首，中国社会科学院以 54 篇排名第二，这两个研究机构的 SSCI 和 A&HCI 论文合计 289 篇，占我国研究机构同类论文总数的 64.1%（见表 16）。其他研究机构的 SSCI 和 A&HCI 论文数量均比较少。

表 16　1995—2004 年 SSCI 和 A&HCI 论文数量排名居前的中国研究机构

研究机构	SSCI 和 A&HCI 论文（篇）										
	1995	1996	1997	1998	1999	2000	2001	2002	2003	2004	总计
中国科学院	11	22	6	22	17	10	61	25	30	31	235
中国社会科学院	5	3	3	9	5	6	6	5	4	8	54

5.2　ISSHP 收录中国论文的机构分布

5.2.1　ISSHP 收录中国各类机构论文数量

1995—2004 年，ISSHP 共收录我国各类机构论文 4117 篇，其中高等院校 3620 篇，占 87.9%；研究机构 335 篇，占 8.1%；医疗机构 16 篇，占 0.4%；政府部门 54 篇，占 1.3%；公司企业 34 篇，占 0.8%；其他机构 58 篇，占 1.4%（见表 17）。

其中，高等院校的 ISSHP 论文不仅在数量上占绝对优势，而且在进入 21 世纪后，增长较快，尤其是在 2003 年，论文数量从三位数猛增至 4 位数，比上一年增加 3 倍。其次是研究机构，其 ISSHP 论文数量尽管与高等院校有较大差距，但明显高于其他类机构（见表 17）。这两类机构的 ISSHP 论文合计 3955 篇，占我国同类论文总数的 96.1%。

表 17　　1995—2004 年 ISSHP 收录中国各类机构论文数量

机构类型	ISSHP 论文（篇）										
	1995	1996	1997	1998	1999	2000	2001	2002	2003	2004	总计
高等院校	336	120	25	218	14	16	88	305	1275	1223	3620
研究机构	152	12	12	17	4	11	10	14	50	53	335
医疗机构	9	0	0	1	0	4	0	0	1	1	16
政府部门	12	7	4	2	0	1	7	4	7	10	54
公司企业	9	2	0	5	1	1	1	5	2	8	34
其他机构	11	10	4	3	3	3	1	8	6	9	58

5.2.2　ISSHP 收录中国高等院校论文数量

1995—2004 年，ISSHP 共收录我国高等院校论文 3620 篇。这些论文来自我国 392 所高等院校（剔除了年度累计中重复的部分），比有 SSCI 和 A&HCI 论文的高等院校多 168 所。其中，仅有 1 篇论文的高等院校 186 所，占 47.4%；有 2 篇论文的高等院校 55 所，占 14%；有 3 篇（含）以上论文的高等院校 151 所，占 38.5%（见表 15）。

10 年中，我国 ISSHP 论文数量排名居前的 10 所高等院校是：哈尔滨工业大学、华中科技大学、西安交通大学、清华大学、北京交通大学、大连理工大学、浙江大学、武汉理工大学、北京大学和沈阳工业大学，其 ISSHP 论文合计 1387 篇，占我国高等院校同类论文总数的 38.3%。其中，哈尔滨工业大学的 ISSHP 论文数量高居榜首，为 375 篇，华中科技大学排名第二，为 154 篇；西安交通大学排名第三，为 132 篇。北京交通大学和大连理工大学均以 121 篇排名第五（见表 18）。

值得注意的是，这 10 所 ISSHP 论文数量排名居前的高等院校中，理工科大学占相当比例，而且只有北京大学、清华大学和浙江大学的同期 SSCI 和 A&HCI 论文数量排名也在前 10 所高等院校之列，其余 7 所高等院校的同期 SSCI 和 A&HCI 论文数量排名均比较靠后。

10 年中，我国有 ISSHP 论文的高等院校数量经历了两个发展阶段，在 1995—1999 年，从 90 所减至 5 所；而在 2000—2004 年，从 9 所增至 188 所，尤其 2003—2004 两年增加得比较明显。其中，有 1 篇、2 篇或 3 篇（含）以上 ISSHP 论文的高等院校数量均呈现类似的不同发展趋势。

表 18 1995—2004 年 ISSHP 论文数量排名居前的中国高等院校

高等院校	ISSHP 论文（篇）										
	1995	1996	1997	1998	1999	2000	2001	2002	2003	2004	总计
哈尔滨工业大学	52	32	0	36	0	0	0	2	158	95	375
华中科技大学	7	20	1	12	0	0	10	5	48	51	154
西安交通大学	8	6	0	4	1	0	0	13	45	55	132
清华大学	17	3	3	9	0	0	10	12	19	52	125
北京交通大学	7	4	0	10	0	0	2	7	49	42	121
大连理工大学	2	6	1	8	0	0	0	5	51	48	121
浙江大学	7	2	1	4	0	0	0	10	19	76	119
武汉理工大学	2	0	0	1	0	0	0	4	45	34	86
北京大学	10	3	4	8	10	5	3	9	9	17	78
沈阳工业大学	0	1	0	2	0	0	0	18	35	20	76

5.2.3 ISSHP 收录中国研究机构论文数量

1995—2004 年，ISSHP 共收录我国研究机构论文 334 篇，这些论文来自我国 100 个研究机构（剔除了年度累计中重复的部分），其中仅有 1 篇论文的研究机构 80 个，占 80%；有 2 篇论文的研究机构 8 个，占 8%；有 3 篇（含）以上论文的研究机构 12 个，占 12%。

10 年中，ISSHP 论文数量排名居前的研究机构是中国科学院和中国社会科学院。中国科学院以 161 篇高居榜首，占我国研究机构 ISSHP 论文总数的 48.2%；中国社会科学院以 38 篇排名第二，占总数的 11.4%；两者合计 199 篇，占总数的 59.6%（见表 19）。其他研究机构的 ISSHP 论文数量均比较少。

表 19 1995—2004 年 ISSHP 论文数量排名居前的中国研究机构

研究机构	ISSHP 论文（篇）										
	1995	1996	1997	1998	1999	2000	2001	2002	2003	2004	总计
中国科学院	98	2	0	4	0	4	5	7	19	22	161
中国社会科学院	3	6	1	2	1	2	2	4	5	12	38

1995—2004 年，有 ISSHP 论文的研究机构数量经历了两个发展阶段。

在 1995—1999 年，从 42 个减至 4 个；而在 2000—2004 年，从 7 个增至 12 个。其中有 1 篇、2 篇或 3 篇（含）以上 ISSHP 论文的研究机构数量均呈现类似的不同发展态势。

相比之下，中国科学院和中国社会科学院的 ISSHP 论文不仅数量较多，而且年度分布较均衡，其他研究机构只是在个别年度有 ISSHP 论文。

5.3　小结

统计结果显示，1995—2004 年三大检索工具收录我国各类机构的论文中，高等院校的论文数量占绝对优势，其次是研究机构。这从一个方面反映，我国高等院校和研究机构人才荟萃，有较强的进行国际学术交流的实力，是我国人文社会科学研究的主要基地。

10 年中，我国有 SSCI 和 A&HCI 论文的高等院校和研究机构数量逐年增多，而有 ISSHP 论文的高等院校和研究机构数量在进入 21 世纪后明显增多。这从一个方面反映，我国人文社会科学走向世界的步伐在逐步加快。但是这些论文的数量分布不太均匀，比较集中于少数高等院校和研究机构。

另外，我国有 SSCI 和 A&HCI 论文的高等院校与有 ISSHP 论文的高等院校的数量及其排名之间有明显差异，后者比前者多 100 余所。而且有 SSCI 和 A&HCI 论文的排名居前的高等院校大多是一些综合性大学，排名前 3 位的是北京大学、清华大学和北京师范大学；而有 ISSHP 论文的排名居前的高等院校大多是一些理工科大学，排名前 3 位的是哈尔滨工业大学、华中科技大学和西安交通大学。形成这种差异的原因可能与 ISSHP 收录我国科技领域论文所占的比例较高有关。

相比之下，有 SSCI 和 A&HCI 论文与 ISSHP 论文的研究机构数量及其排名之间没有显示出明显差异，有这两类论文的研究机构数量仅有 1 个之差。有这两类论文排名居前的研究机构均是中国科学院和中国社会科学院，其他研究机构的论文数量明显偏少。值得注意的是，三大检索工具主要收录社会科学和人文科学领域的论文，而中国科学院是我国科学技术方面的最高学术机构，其 SSCI 和 A&HCI 以及 ISSHP 论文的数量在我国研究机构的排名中高居榜首，其原因可能与中国科学院的机构比较庞大，所属机构较多以及开展某些跨学科领域研究有关，但是更主要的可能是由于这三大检索工具收录了相当数量的科学技术领域论文。

6 SSCI和A&HCI收录中国论文的期刊和文种分布

在当今知识和信息交流日益频繁的国际环境中，在国际重要学术期刊上发表论文，是进行国际学术交流的一个重要途径。一个国家的研究人员在国际重要学术期刊上发表论文的情况，从一个方面反映了这个国家学术研究的国际化程度。这里将对SSCI和A&HCI在1995—2004年期间收录我国论文的期刊和文种分布，包括论文的期刊分布、期刊的国家（地区）分布以及论文的文种分布进行统计分析。

6.1 SSCI和A&HCI收录中国论文的期刊分布

6.1.1 SSCI和A&HCI收录发表中国论文的期刊数量

1995—2004年，SSCI和A&HCI共收录发表我国论文的期刊695种（剔除了年度累计中重复的部分），其中发表我国1篇论文的期刊有387种，占55.7%；发表2篇的有127种，占18.3%；发表3篇（含）以上的有181种，占26%。

10年中，SSCI和A&HCI收录发表我国论文的期刊从78种增至127种，到2004年达到210种，呈逐年增长趋势。其中，发表我国2篇和3篇（含）以上论文的期刊数量增长幅度较大，分别从1995年的3种和2种，增至2004年的33种和16种，分别增长10倍和7倍。尽管如此，发表我国1篇论文的期刊一直占绝大多数（见表20）。

表20 1995—2004年SSCI和A&HCI收录发表中国论文的期刊数量分布

年度	期刊（种）	期刊数量分布（种）		
		1篇	2篇	3篇以上
1995	78	73	3	2
1996	60	49	7	4
1997	58	52	4	2
1998	91	68	12	11
1999	127	99	15	13
2000	121	97	15	9
2001	127	103	16	8

续表

年度	期刊（种）	期刊数量分布（种）		
		1 篇	2 篇	3 篇以上
2002	158	123	25	10
2003	188	145	24	19
2004	210	161	33	16

6.1.2 SSCI 和 A&HCI 收录发表中国论文数量较多的期刊

1995—2004 年，SSCI 和 A&HCI 共收录发表我国论文的期刊 695 种，其中发表我国论文数量较多的 10 种期刊是：英国的 *International Journal of Psychology*，美国的 *Chinese Education and Society*，英国的 *Perspectives-studies in Translatology*，美国的 *Contemporary Chinese Thought* 和 *Chinese Sociology and Anthropology*，荷兰的 *Scientometrics* 和 *Schizophrenia Research*，加拿大的 *META*，中国台湾的 *Bulletin of the Institute of History and Philology Academia Sinica* 和美国的 *Word-journal of the International Linguistic Association*。这 10 种期刊共发表我国论文 552 篇，占我国 SSCI 和 A&HCI 论文总数的 27.2%（见表 21）。

表 21　1995—2004 年 SSCI 和 A&HCI 收录发表中国论文较多的期刊

期刊名称	SSCI 和 A&HCI 论文（篇）									
	1995	1996	1997	1998	1999	2000	2001	2002	2003	2004
International Journal of Psychology	1	43	0	0	0	0	178	2	0	7
Chinese Education and Society	0	0	0	11	0	19	20	10	14	29
Perspectives-studies in Translatology	0	6	0	2	2	4	3	3	17	9
Contemporary Chinese Thought	0	0	0	14	5	1	7	0	3	10
Chinese Sociology and Anthropology	1	1	0	0	1	1	8	8	6	2
Scientometrics	0	1	1	2	1	0	1	6	7	9
Schizophrenia Research	0	0	0	0	4	2	1	2	6	6
META	0	0	0	0	16	0	0	0	0	4
Bulletin of the Institute of History and Philology Academia Sinica	0	2	0	8	4	2	0	1	0	1
Word-journal of the International Linguistic Association	0	1	0	0	1	4	2	5	3	1

其中，英国 *International Journal of Psychology* 发表我国论文的数量最多，为231篇；其次是美国的 *Chinese Education and Society*，为106篇；其他8种期刊发表我国论文的数量均在100篇以下。而英国的 *Perspectives-studies in Translatology*，美国的 *Chinese Sociology and Anthropology* 和荷兰的 *Scientometrics*3种期刊发表我国论文的年度频次最多，10年中有8年发表了我国论文（见表21）。相比之下，其他的大多数期刊只在个别年度发表了我国论文。

6.2 SSCI和A&HCI收录中国论文的国家（地区）期刊分布

6.2.1 SSCI和A&HCI收录中国论文的国家（地区）期刊数量

1995—2004年，SSCI和A&HCI共收录发表我国论文的期刊695种，这些期刊分别来自28个国家（地区）。其中，发表我国论文的期刊数量较多的10个国家是：美国、英国、荷兰、德国、中国、瑞士、加拿大、澳大利亚、爱尔兰和法国。美国的期刊最多，为291种，占41.9%；其次是英国，为210种，占30.2%；第三是荷兰，为79种，占11.4%。这3个国家发表我国论文的期刊合计580种，占总数的83.5%。

从发展的情况来看，美国、英国和荷兰3国发表我国论文的期刊数量不仅较多，而且呈稳步增长态势。相比之下，其他国家（地区）发表我国论文的期刊数量增长不明显（见表22）。

表22　1995—2004年SSCI和A&HCI收录发表中国论文的部分国家（地区）期刊数量

国家（地区）	SSCI和A&HCI论文的期刊（种）									
	1995	1996	1997	1998	1999	2000	2001	2002	2003	2004
美国	42	27	28	34	48	44	53	59	70	87
英国	16	18	20	32	39	35	42	52	62	68
荷兰	5	6	6	7	17	14	12	20	27	23
德国	4	2	0	5	2	4	1	5	3	6
中国	1	1	0	2	6	3	3	6	9	4
瑞士	2	0	2	2	1	4	2	2	2	3
加拿大	0	0	0	1	2	1	0	1	4	5
澳大利亚	1	1	0	1	1	2	2	1	2	1
爱尔兰	3	1	0	1	3	1	3	3	2	2
法国	0	0	0	0	1	1	1	1	0	2

除了上述10个国家外，10年中，SSCI和A&HCI收录的发表我国论文的期刊还来自：日本、新加坡、中国台湾、韩国、斯洛伐克、丹麦、新西兰、中国香港、印度、捷克、克罗地亚、比利时、瑞典、奥地利、波兰、俄罗斯、斯洛文尼亚和西班牙18个国家（地区）。其中，有14个国家（地区）均仅有1种期刊发表了我国论文。

6.2.2　SSCI和A&HCI收录发表中国论文的中国期刊

10年中，SSCI和A&HCI收录发表我国论文的期刊中属于中国的期刊共有19种，占总数的2.7%。但是其中的18种属于中国科学技术类期刊，真正属于中国人文社会科学类期刊的只有1种，即 *Chinese Literature*（《中国文学》英文版）。*Chinese Literature* 在1998年首次被A&HCI收录，也是A&HCI在1995—2004年期间收录中国（内地）唯一的人文社会科学类期刊。

需要说明的是，SSCI和A&HCI收录的一些英文期刊，主要翻译或登载中国报刊和书籍中的有关文章，例如 *Chinese Education and Society*（《中国教育与社会》）、*Chinese Sociology and Anthropology*（《中国社会学与人类学》）、*Contemporary Chinese Thought*（《中国当代思潮》），原 *Chinese Studies in Philosophy*、*Chinese Law and Government*（《中国法律与政府》）和 *Chinese Studies in History*（《中国历史研究》）等，但是这些期刊均由美国的出版社出版，不属于中国的出版物，因此本项研究未将其作为中国的期刊进行统计分析。

SSCI和A&HCI收录发表我国论文的中国18种科学技术类期刊包括：

- *Chinese Medical Journal*（《中华医学杂志》英文版）；
- *Science in China Series A—Mathematics*（《中国科学A辑——数学》英文版）；
- *Science in China Series C—Life Sciences*（《中国科学C辑——生命科学》英文版）；
- *Science in China Series D—Earth Sciences*（《中国科学D辑——地球科学》英文版）；
- *Science in China Series E—Technological Sciences*（《中国科学E辑——技术科学》英文版）；
- *Science in China Series E—Engineering & Materials Science*（《中国科学E辑——工程科学与材料科学》英文版）；

- *Science in China Series F*（《中国科学 F 辑》英文版）；
- *Science in China Series G—physics Astronomy*（《中国科学 G 辑——物理天文学》英文版）；
- *High Energy Physics and Nuclear Physics*（《高能物理与核物理》中文版）；
- *Applied Mathematics and Mechanics*（《应用数学与力学》英文版）；
- *Chinese Science Bulletin*（《科学通报》英文版）；
- *Chinese Physics Letters*（《中国物理快报》英文版）；
- *Chinese Annals of Mathematics Series B*（《数学年刊 B 辑》英文版）；
- *Episodes*（《地质幕》英文版）；
- *Journal of Environmental Sciences-China*（《环境科学学报》英文版）；
- *Journal of Inorganic Materials*（《无机材料学报》中文版）；
- *Journal of Computer Science and Technology*（《计算机科学与技术学报》英文版）；
- *Acta Physica Sinica*（《物理学报》中文版）。

这些期刊大部分由中国科学院或所属机构主办，这对中国科学院的 SSCI 和 A&HCI 论文数量有直接影响。

另外，在 1995—2004 年期间，SSCI 和 A&HCI 收录发表我国论文的期刊还包括中国香港和台湾地区的几个期刊，其中有中国香港的 *Arts of Asia*，中国台湾的 *Bulletin of the Institute of History and Philology Academia Sinica*、*Statistica Sinica*、*Taiwanese Journal of Mathematics* 和 *Issues & Studies*。

6.3 SSCI 和 A&HCI 收录中国论文的文种分布

1995—2004 年，SSCI 和 A&HCI 收录的我国 2032 篇论文共包含 7 个文种，它们是英文、中文、德文、法文、俄文、芬兰文和捷克文。其中，英文论文 1983 篇，占 97.6%；中文论文 21 篇，占 1%；德文和法文论文各 12 篇，分别占 0.6%；俄文、芬兰文和捷克文论文分别仅有 1—2 篇。英文论文显然占绝对优势，其他文种论文合计所占的比例不到 3%（见表 23）。

10 年中，SSCI 和 A&HCI 收录我国英文论文的数量从 1995 年的 85 篇，增至 2004 年的 331 篇；相比之下，收录我国其他文种论文的数量增长不明显。

表 23　　1995—2004 年 SSCI 和 A&HCI 收录中国论文的文种分布

文种	SSCI 和 A&HCI 论文（篇）										
	1995	1996	1997	1998	1999	2000	2001	2002	2003	2004	总计
英文	85	114	78	156	179	174	358	216	292	331	1983
中文	1	2	0	6	5	2	0	3	1	1	21
德文	0	1	0	0	1	2	1	3	2	2	12
法文	0	0	0	1	8	1	1	0	1	0	12
俄文	0	1	0	0	0	0	0	1	0	0	2
芬兰文	0	0	0	0	0	0	0	0	0	1	1
捷克文	0	0	0	0	0	0	0	0	0	1	1

6.4　小结

统计结果显示，1995—2004 年，SSCI 和 A&HCI 收录发表我国论文的期刊数量呈逐年增长态势，但是其中大多数仅发表了我国 1 篇论文，而且这些期刊仅占 SSCI 和 A&HCI 所收录的期刊中的一小部分。

这些发表我国论文的期刊共来自 28 个国家（地区），其中来自美国、英国和荷兰 3 个国家的期刊占绝大多数。这从一个方面反映，发表我国人文社会科学论文的国际学术期刊的数量尽管在逐渐增多，但是这些论文的期刊分布以及期刊的国家（地区）分布很不均衡，大多数论文发表在少数期刊上，而这些期刊主要来自少数国家。导致这一结果的原因是多方面的，但是 SSCI 和 A&HCI 收录的期刊比较偏重于少数几个国家是其中的一个重要原因。

Chinese Literature(《中国文学》英文版）是 SSCI 和 A&HCI 收录的我国唯一人文社会科学类期刊。这从一个方面反映，我国人文社会科学类期刊的国际影响力比较弱。这种现状与我国人文社会科学类期刊的发展规模和水平很不相称。进一步提高我国人文社会科学类期刊的质量和扩大其在国际学术界的影响，已成为一个需要引起高度重视的问题。

SSCI 和 A&HCI 收录的我国论文绝大多数是英文论文，收录其他文种论文的数量很少。这从一个方面反映，这类国际文献检索工具主要收录英文论文，语言偏向很明显。但是从另一个角度来看，目前在国际学术界，英文期刊和英文论文拥有更广泛的读者群，这是我国在加快人文社会科学研究与国际接轨的过程中需要认真面对的一个问题。

7 ISSHP 收录发表中国论文的国际会议分布

在当今知识和信息交流日益频繁的国际环境中，参加国际重要学术会议并发表会议论文，与在国际重要学术期刊上发表论文一样，是进行国际学术交流的一个重要途径。一个国家的研究人员在国际重要学术会议上发表论文的情况，也从一个方面反映这个国家学术研究的国际化程度。这里将对 ISSHP 在 1995—2004 年期间收录的我国会议论文数量及其会议分布等进行统计分析。

7.1 ISSHP 收录发表中国论文的国际会议数量

1995—2004 年，ISSHP 共收录发表我国论文的国际会议 298 个，其中在我国召开的国际会议 58 个，占 19.5%；在其他国家（地区）召开的会议 240 个，占 80.5%。这两类国际会议数量大体形成 2:8 的比例，在其他国家（地区）召开的国际会议占绝大多数。

10 年中，ISSHP 收录的发表我国论文的国际会议数量，包括在我国和在其他国家（地区）召开的两类国际会议数量，基本均呈缓慢增长态势，这种发展在进入 21 世纪以后表现得比较明显。但是发表我国论文的这两类国际会议所占的比例没有形成明显的上升或下降趋势，尽管其间有一些起伏，两者大体形成 2:8 的比例，在其他国家（地区）召开的国际会议占绝大多数（见表 24、图 4）。

表 24　1995—2004 年 ISSHP 收录发表中国论文的国际会议数量

年度	国际会议总数（个）	国内国际会议		国外国际会议	
		（个）	（%）	（个）	（%）
1995	37	5	13.5	32	86.5
1996	14	4	28.6	10	71.4
1997	19	4	21.1	15	78.9
1998	23	5	21.7	18	78.3
1999	15	0	0.0	15	100.0
2000	20	1	5.0	19	95.0
2001	26	6	23.1	20	76.9

续表

年度	国际会议总数（个）	国内国际会议		国外国际会议	
		（个）	（%）	（个）	（%）
2002	38	7	18.4	31	81.6
2003	45	7	15.6	38	84.4
2004	61	19	31.1	42	68.9
总计	298	58	19.5	240	80.5

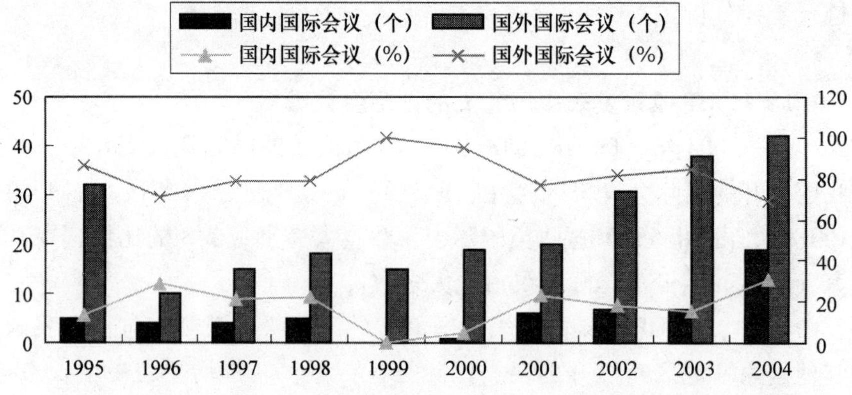

图4　1995—2004年ISSHP收录发表中国论文的国际会议数量

7.2　ISSHP收录中国国际会议论文数量

7.2.1　ISSHP收录中国国际会议论文数量

1995—2004年，ISSHP共收录我国研究人员在国际会议上发表的论文4117篇。其中，在我国国内召开的会议上发表的论文2609篇，占63.4%，每个会议平均发表论文45篇；在其他国家（地区）召开的会议上发表的论文1508篇，占36.6%，每个会议平均发表论文6.3篇。这两类国际会议论文数量大体形成6:4的比例，在我国国内召开的会议论文占多数（见表25、图5）。

7.2.2　ISSHP收录中国国内召开的国际会议论文数量

1995—2004年，ISSHP收录我国在国内召开的国际会议论文数量大体经历两个发展阶段。在1995—1999年，论文数量从473篇减至0篇，论文所占比例从89.4%降至0，每个会议平均发表的我国论文从94.6篇减至0篇。ISSHP在这段期间收录我国在国内召开的会议论文数量很不稳定，例如在 1997 年，从上一年的 141 篇减至 13 篇；而在 1999 年，从上一年的 221 篇减至 0 篇。

而在 2000—2004 年，论文数量从 4 篇增至 1208 篇，所占比例从 11.1%升至92.6%，每个会议平均发表的我国论文从 4 篇增至 63.6 篇。ISSHP 在这段期间收录我国在国内召开的会议论文数量增长十分迅速，从 1 位数增至 4 位数（见表 25、图 5）。

表 25　　1995—2004 年 ISSHP 收录中国国际会议论文数量

年度	会议论文	国内国际会议论文			国外国际会议论文		
	（篇）	（篇）	（%）	平均（篇）	（篇）	（%）	平均（篇）
1995	529	473	89.4	94.6	56	10.6	1.8
1996	151	141	93.4	35.3	10	6.6	1.0
1997	45	13	28.9	3.3	32	71.1	2.1
1998	246	221	89.8	44.2	25	10.2	1.4
1999	22	0	0.0	0.0	22	100.0	1.5
2000	36	4	11.1	4.0	32	88.9	1.7
2001	107	74	69.2	12.3	33	30.8	1.7
2002	336	144	42.9	20.6	192	57.1	6.2
2003	1341	331	24.7	47.3	1010	75.3	26.6
2004	1304	1208	92.6	63.6	96	7.4	2.3
总计	4117	2609	63.4	45.0	1508	36.6	6.3

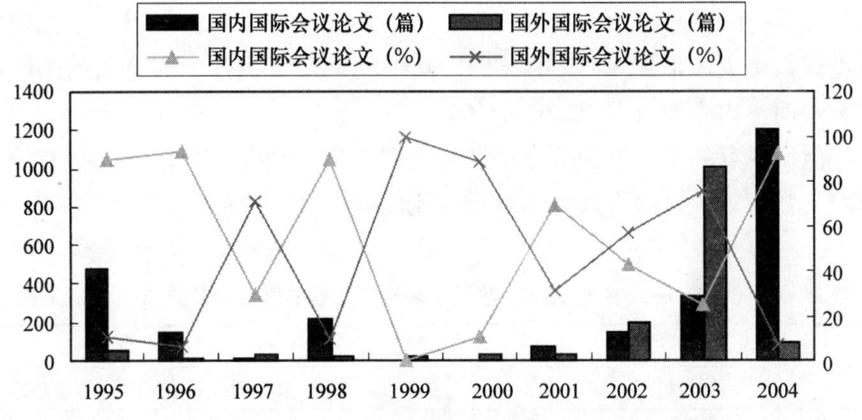

图 5　1995—2004 年 ISSHP 收录中国国际会议论文数量

7.2.3　ISSHP 收录中国国外召开的国际会议论文数量

1995—2004 年，ISSHP 收录我国在其他国家（地区）召开的国际会议论文数量也大体经历两个发展阶段。在 1995—1999 年，论文数量从 56 篇减至 22 篇，但是所占比例从 10.6% 升至 100%，其间有明显起伏，每个会议平均发表的我国论文从 1.8 篇减至 1.5 篇（见表 26、图 6）。

而在 2000—2004 年，论文数量从 2000 年的 32 篇增至 2003 年的 1010 篇，但是到 2004 年又减至 96 篇，所占比例从 88.9% 降至 7.4%，每个会议平均发表的我国论文从 1.7 篇增至 2.3 篇。ISSHP 在 2004 年收录我国在其他国家（地区）召开的会议论文数量锐减，也值得关注（见表 25、图 5）。

7.3　ISSHP 收录中国论文数量的国际会议分布

1995—2004 年，ISSHP 共收录发表我国论文的国际会议 298 个，其中仅发表我国 1 篇论文的国际会议 187 个，占 62.8%；发表我国 2 篇论文的国际会议 30 个，占 10%；发表我国 3 篇（含）以上论文的国际会议 81 个，占 27.2%，三者大体形成 6:1:3 的比例。其中，发表我国 100 篇以上论文的国际会议有 10 个（见表 26）。

10 年中，发表我国 1 篇 ISSHP 论文的国际会议数量略有增加，所占比例却略有下降，而我国发表 3 篇（含）以上论文的国际会议数量及所占比例均略有增加。这种发展趋势在进入 21 世纪后更为明显。相比之下，发表我国 2 篇论文的国际会议数量及所占比例的发展有一些起伏，但变化不明显（见表 26、图 6）。

10 年中，ISSHP 收录发表我国 1 篇、2 篇和 3 篇（含）以上论文的国际会议数量大体形成 6:1:3 的比例，其中收录发表我国 1 篇论文的国际会议数量明显占多数（见表 26、图 6）。

值得注意的是，有少数会议发表我国论文的数量超过 100 篇，有的甚至高达数百篇，这些会议大多数是在我国国内召开的。

表 26　　1995—2004 年 ISSHP 收录中国论文数量的国际会议分布

年度	国际会议（个）				
	总数量	1 篇（%）	2 篇（%）	3 篇以上（%）	100 篇以上
1995	37	23（62.2）	3（8.1）	11（29.7）	1
1996	14	10（71.4）	0（0.0）	4（28.6）	1

续表

年度	国际会议（个）				
	总数量	1篇（%）	2篇（%）	3篇以上（%）	100篇以上
1997	19	13（68.4）	4（21.1）	2（10.5）	0
1998	23	18（78.3）	2（8.7）	3（13.0）	1
1999	15	11（73.3）	3（20.0）	1（6.7）	0
2000	20	15（75.0）	1（5.0）	4（20.0）	0
2001	26	16（61.5）	5（19.2）	5（19.2）	0
2002	38	22（57.9）	2（5.3）	14（36.8）	1
2003	45	23（51.1）	8（17.8）	14（31.1）	3
2004	61	36（59.0）	2（3.3）	23（37.7）	3
总计	298	187（62.8）	30（10.1）	81（27.2）	10

注：括号内的数字为会议数量所占比例。

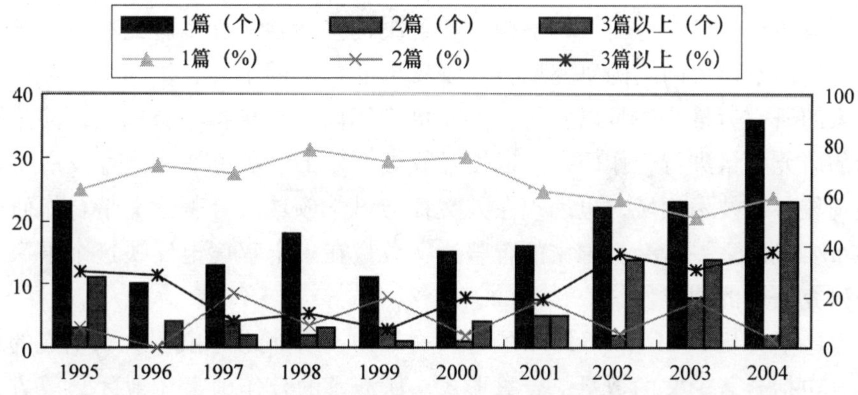

图6　1995—2004年ISSHP收录中国论文数量的国际会议分布

7.4　小结

统计结果显示，1995—2004年ISSHP收录的发表我国论文的国际会议中，80%的会议是在其他国家（地区）召开的，20%的会议是在我国国内召开的，在其他国家（地区）召开的国际会议数量占绝大多数。但是在ISSHP收录的我国论文中，60%的论文是在我国国内召开的国际会议上发表的，40%的论文是在其他国家（地区）召开的国际会议上发表的，在我国国内召开的国际会议平均发表我国论文的数量占明显优势。

进入21世纪后，ISSHP收录的发表我国论文的国际会议数量呈明显增长态势，但是其中发表我国1—2篇论文的国际会议仍占大多数，发表我国3篇（含）以上论文的国际会议约占30%。值得注意的是，有少数在我国国内召开的国际会议发表我国论文的数量比较集中，个别的甚至高达数百篇，这对我国当年ISSHP论文数量及其学科分布有直接影响。这在一定程度上说明，ISSHP收录的我国论文数量不太稳定，存在一定的或然性。但是这种现象也从一个方面反映，在我国国内召开的国际会议为我国研究人员提供了更多发表论文的机会，这些会议论文有可能通过国际文献检索工具的收录而在国际学术界产生更大影响。

8 SSCI和A&HCI收录中国论文的合著情况

合作研究是增强研究实力，实现研究资源优势互补和进行知识交流与共享的重要方式。当今人类面临的许多问题已超越机构、地区和国家的界限以及传统学科的范畴，为了探讨和解决这些问题，许多研究项目，尤其是一些涉及重大问题的研究项目，仅仅依靠单一的个人、机构，乃至单一国家的研究力量往往难以胜任，需要借助团队、跨机构、跨地区，甚至跨国的研究力量进行合作研究，以便寻找更有效的解决办法。这种发展不仅表现在科学技术领域，也表现在人文社会科学领域。合著论文是合作研究的重要成果之一，一个国家的合著论文数量在一定程度上反映这个国家合作研究开展的情况。

这里将从SSCI和A&HCI在1995—2004年期间收录我国合著论文的情况，包括合著论文的数量、合著形式、所涉及的合作国家（地区）等方面的情况进行统计分析。

需要说明的是，国内合著在这里是指我国（内地）范围内研究人员的合著，国际合著是指我国与其他国家（地区），包括我国香港和台湾地区研究人员的合著。

8.1 SSCI和A&HCI收录中国合著论文数量

8.1.1 SSCI和A&HCI收录中国合著与独著论文数量

1995—2004年，SSCI和A&HCI共收录我国论文2032篇，其中合著论文1145篇，占56.3%；独著论文887篇，占43.7%。

10 年中，合著论文数量从 69 篇增至 182 篇，但所占比例从 80.2% 降至 54.2%；独著论文数量从 17 篇增至 154 篇，所占比例从 19.8% 升至 45.8%。合著与独著论文数量之比在 1995 年约为 8:2，到 2004 年已逐渐接近，独著论文增长的速度较快，但合著论文仍略占多数（见表 27、图 7）。

表 27　1995—2004 年 SSCI 和 A&HCI 收录中国合著与独著论文数量

年度	论文总数（篇）	合著论文		独著论文	
		（篇）	（%）	（篇）	（%）
1995	86	69	80.2	17	19.8
1996	118	82	69.5	36	30.5
1997	78	69	88.5	9	11.5
1998	163	59	36.2	104	63.8
1999	193	87	45.1	106	54.9
2000	179	89	49.7	90	50.3
2001	360	207	57.5	153	42.5
2002	223	129	57.8	94	42.2
2003	296	172	58.1	124	41.9
2004	336	182	54.2	154	45.8
总计	2032	1145	56.3	887	43.7

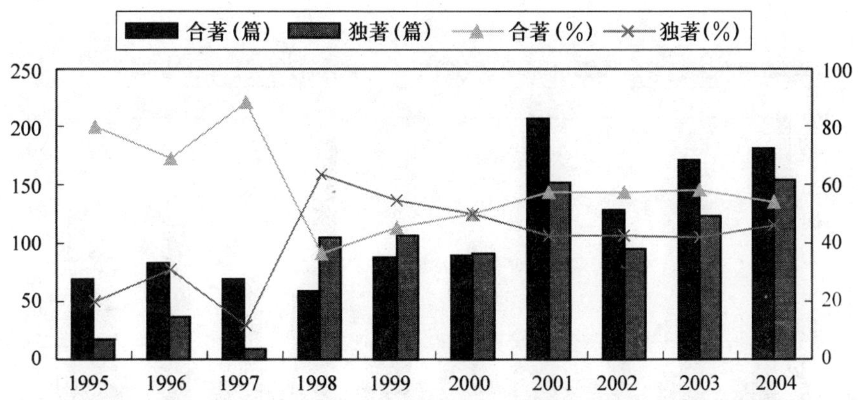

图 7　1995—2004 年 SSCI 和 A&HCI 收录中国合著与独著论文数量

8.1.2　SSCI 和 A&HCI 收录中国国内与国际合著论文数量

1995—2004 年，SSCI 和 A&HCI 收录我国合著论文 1145 篇，其中国内合著论文 752 篇，占 65.7%；国际合著论文 393 篇，占 34.3%（见表 28）。

10 年中，国内合著论文数量从 56 篇增至 98 篇，但所占比例从 81.2% 降至 53.8%；国际合著论文数量从 13 篇增至 84 篇，所占比例从 18.8% 升至 46.2%。国内和国际合著论文的数量之比在 1995 年约为 8:2，到 2004 年已逐渐接近，国际合著论文增长的速度较快，但国内合著论文仍占多数（见表 28、图 8）。

表 28　1995—2004 年 SSCI 和 A&HCI 收录中国国内与国际合著论文数量

年度	合著论文（篇）	国内合著论文		国际合著论文	
		（篇）	（%）	（篇）	（%）
1995	69	56	81.2	13	18.8
1996	82	66	80.5	16	19.5
1997	69	57	82.6	12	17.4
1998	59	37	62.7	22	37.3
1999	87	62	71.3	25	28.7
2000	89	56	62.9	33	37.1
2001	207	148	71.5	59	28.5
2002	129	71	55.0	58	45.0
2003	172	101	58.7	71	41.3
2004	182	98	53.8	84	46.2
总计	1145	752	65.7	393	34.3

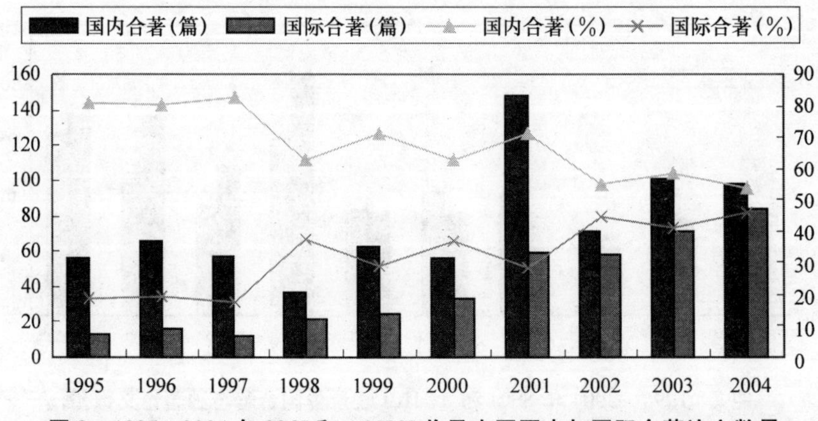

图 8　1995—2004 年 SSCI 和 A&HCI 收录中国国内与国际合著论文数量

8.2 SSCI 和 A&HCI 收录中国合著论文的合著形式

8.2.1 SSCI 和 A&HCI 收录中国国内合著论文的合著形式

1995—2004 年，SSCI 和 A&HCI 收录我国国内合著论文 752 篇，其中同机构合著论文 538 篇，占 71.5%；同省合著论文 117 篇，占 15.6%；省际合著论文 97 篇，占 12.9%（见表 29）。

10 年中，除个别年份外，同机构合著论文数量的变化不明显，但是所占比例却从 85.7% 降至 68.4%；同省合著论文数量从 3 篇增至 17 篇，所占比例从 5.4% 升至 17.3%；省际合著论文数量从 5 篇增至 14 篇，所占比例从 8.9% 升至 14.3%。同省和省际合著论文均略有增长，而且发展轨迹很接近，但同机构合著论文仍占多数（见表 29、图 9）。

表 29　1995—2004 年 SSCI 和 A&HCI 收录中国国内合著论文的合著形式

年度	国内合著	同机构合著		同省合著		省际合著	
	（篇）	（篇）	（%）	（篇）	（%）	（篇）	（%）
1995	56	48	85.7	3	5.4	5	8.9
1996	66	55	83.3	7	10.6	4	6.1
1997	57	53	93.0	3	5.3	1	1.7
1998	37	26	70.3	7	18.9	4	10.8
1999	62	44	71.0	10	16.1	8	12.9
2000	56	36	64.3	11	19.6	9	16.1
2001	148	108	73.0	22	14.9	18	12.1
2002	71	43	60.6	14	19.7	14	19.7
2003	101	58	57.4	23	22.8	20	19.8
2004	98	67	68.4	17	17.3	14	14.3
总计	752	538	71.5	117	15.6	97	12.9

8.2.2 SSCI 和 A&HCI 收录中国第一作者与中国为参与者国际合著论文数量

上述国际合著论文均指我国第一作者国际合著论文，但是 SSCI 和 A&HCI 除了收录我国第一作者国际合著论文外，还收录了相当数量的他国第一作者，我国为参与者国际合著论文（简称我国为参与者国际合著论文）。这里将对 SSCI 和 A&HCI 收录的我国这两类国际合著论文数量进行统计分析和比较。

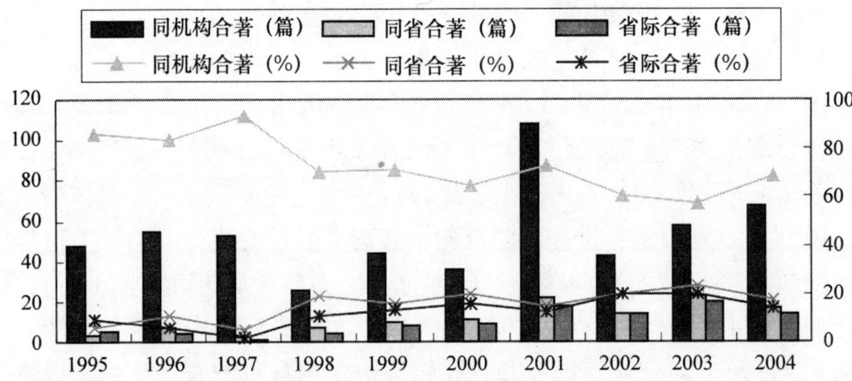

图9　1995—2004 年 SSCI 和 A&HCI 收录中国国内合著论文的合著形式

1995—2004 年，SSCI 和 A&HCI 收录我国第一作者国际合著论文 393 篇，我国为参与者国际合著论文 1209 篇，两者合计 1602 篇。我国第一作者国际合著论文所占比例为 24.5%，我国为参与者国际合著论文所占比例为 75.5%，两者大体形成 1:3 的比例。

10 年中，我国第一作者国际合著论文的数量从 13 篇增至 84 篇，我国为参与者国际合著论文的数量从 40 篇增至 206 篇，两者均呈增长态势，而且所占比例的变化也不明显。进入 21 世纪后，我国第一作者国际合著论文所占的比例略有上升，我国为参与者国际合著论文所占的比例略有下降，但是仍未突破 1:3 的比例（见表 30、图 10）。

表 30　1995—2004 年 SSCI 和 A&HCI 收录中国第一作者和中国为参与者国际合著论文数量

年度	国际合著	中国第一作者		中国为参与者	
	（篇）	（篇）	（%）	（篇）	（%）
1995	53	13	24.5	40	75.5
1996	65	16	24.6	49	75.4
1997	65	12	18.5	53	81.5
1998	122	22	18.0	100	82.0
1999	141	25	17.7	116	82.3
2000	162	33	20.4	129	79.6
2001	213	59	27.7	154	72.3

续表

年度	国际合著（篇）	中国第一作者		中国为参与者	
		（篇）	（%）	（篇）	（%）
2002	216	58	26.9	158	73.1
2003	275	71	25.8	204	74.2
2004	290	84	29.0	206	71.0
总计	1602	393	24.5	1209	75.5

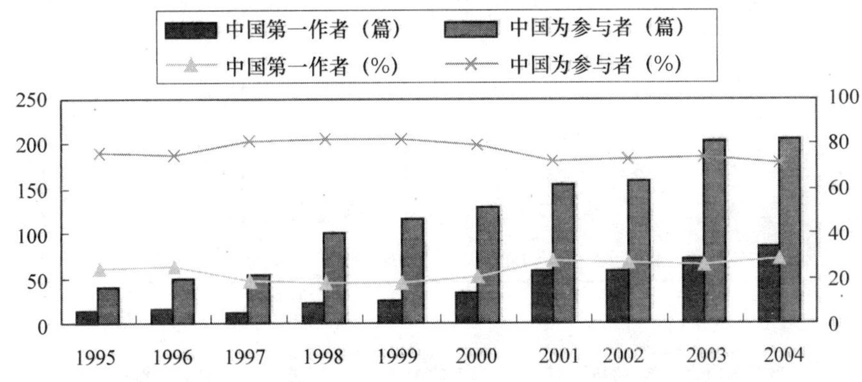

图 10　1995—2004 年 SSCI 和 A&HCI 收录中国第一作者和中国为参与者国际合著论文数量

8.2.3　SSCI 和 A&HCI 收录中国国际合著论文的合著形式

这里将对 SSCI 和 A&HCI 收录的我国第一作者和我国为参与者两类国际合著论文的合著形式进行统计分析和比较。

1995—2004 年，SSCI 和 A&HCI 共收录我国第一作者国际合著论文 393 篇，其中双方合著论文 344 篇，占 87.5%；三方合著论文 47 篇，占 12%；多方合著论文仅为 2 篇，占 0.5%。双方合著论文的数量明显占绝对优势，三方和多方合著论文的数量合计所占比例不足 13%。

10 年中，双方合著论文从 12 篇增至 71 篇，但所占比例从 92.3% 降至 84.5%；三方合著论文从 1 篇增至 12 篇，所占比例从 7.7% 升至 14.3%；多方合著论文在大多数年度一直为 0，只是到 2003 年和 2004 年才各有 1 篇。进入 21 世纪后，双方和三方合著论文所占比例的变化趋于平缓（见表 31、图 11）。

表 31　1995—2004 年 SSCI 和 A&HCI 收录中国第一作者国际合著论文的合著形式

年度	国际合著	双方合著		三方合著		多方合著	
	(篇)	(篇)	(%)	(篇)	(%)	(篇)	(%)
1995	13	12	92.3	1	7.7	0	0.0
1996	16	15	93.7	1	6.3	0	0.0
1997	12	10	83.3	2	16.7	0	0.0
1998	22	22	100.0	0	0.0	0	0.0
1999	25	21	84.0	4	16.0	0	0.0
2000	33	28	84.8	5	15.2	0	0.0
2001	59	52	88.1	7	11.9	0	0.0
2002	58	54	93.1	4	6.9	0	0.0
2003	71	59	83.1	11	15.5	1	1.4
2004	84	71	84.5	12	14.3	1	1.2
总计	393	344	87.5	47	12.0	2	0.5

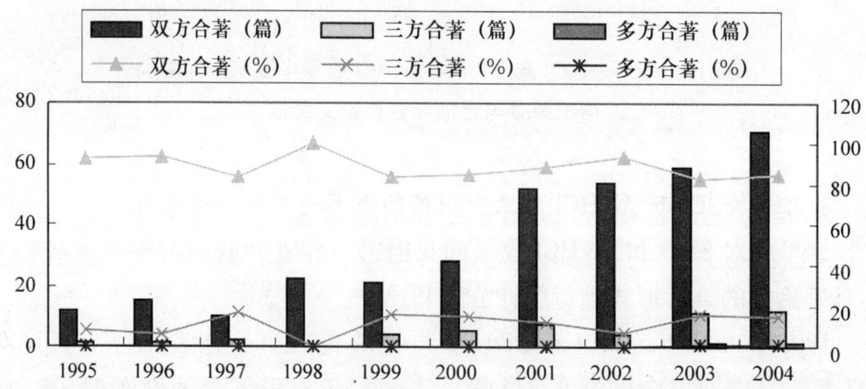

图 11　1995—2004 年 SSCI 和 A&HCI 收录中国第一作者国际合著论文的合著形式

相比之下，1995—2004 年，SSCI 和 A&HCI 共收录我国为参与者的国际合著论文 1209 篇，其中双方合著论文 951 篇，占 78.7%；三方合著论文 186 篇，占 15.4 %；多方合著论文 72 篇，占 5.9%。三类合著论文的数量基本形成 80:15:5 的比例，双方合著论文的数量占绝对优势，三方和多方合著论文的数量合计超过 20%。

10 年中，这三类合著论文的数量均呈增长态势，所占比例的变化也不明显，只是在进入 21 世纪后，双方合著论文所占比例略有下降，三方合著论文所占比例略有上升（见表 32）。

表 32　1995—2004 年 SSCI 和 A&HCI 收录中国为参与者国际合著论文的合著形式

年度	国际合著（篇）	双方合著		三方合著		多方合著	
		（篇）	（%）	（篇）	（%）	（篇）	（%）
1995	40	30	75.0	2	5.0	8	20.0
1996	49	38	77.6	8	16.3	3	6.1
1997	53	44	83.0	5	9.4	4	7.6
1998	100	78	78.0	18	18.0	4	4.0
1999	116	92	79.3	14	12.1	10	8.6
2000	129	111	86.1	11	8.5	7	5.4
2001	154	124	80.5	20	13.0	10	6.5
2002	158	118	74.7	32	20.2	8	5.1
2003	204	160	78.4	36	17.7	8	3.9
2004	206	156	75.7	40	19.4	10	4.9
总计	1209	951	78.6	186	15.4	72	6.0

8.3 SSCI 和 A&HCI 收录中国国际合著论文涉及的合作国家（地区）

8.3.1 SSCI 和 A&HCI 收录中国国际合著论文涉及的合作国家（地区）数量

这里将对 SSCI 和 A&HCI 收录的我国第一作者和我国为参与者两类国际合著论文所涉及的合作国家（地区）数量进行统计分析和比较。

1995—2004 年，SSCI 和 A&HCI 收录我国第一作者国际合著论文 393 篇，这些论文的合作伙伴来自 24 个国家（地区）。同期，SSCI 和 A&HCI 收录我国为参与者的国际合著论文 1209 篇，这些论文的合作伙伴来自 80 个国家（地区）。这两类国际合著论文所涉及的国家（地区）数量大体形成 2:8 的比例。

10 年中，我国第一作者国际合著论文所涉及的合作国家（地区）从 5 个增至 13 个，年均约 8 个；而我国为参与者国际合著论文所涉及的合作国家（地区）从23个增至49个，年均约30个。这两类国际合著论文所涉及的合作国家（地区）数量均呈逐渐增长态势，但是前者增长的趋势比较平缓，而后者的增长有一些起伏（见表33、图12）。

表33　1995—2004年SSCI和A&HCI收录中国国际合著论文涉及的合作国家（地区）数量

年度	合作国家（地区）（个）	
	中国第一作者	中国为参与者
1995	5	23
1996	8	15
1997	4	22
1998	7	28
1999	7	27
2000	10	26
2001	14	45
2002	12	32
2003	14	26
2004	13	49

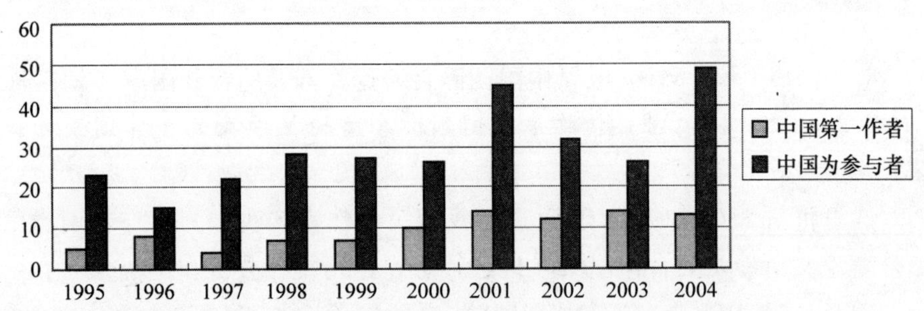

图12　1995—2004年SSCI和A&HCI收录中国国际合著论文涉及的合作国家（地区）数量

8.3.2　SSCI和A&HCI收录中国国际合著论文涉及的主要合作国家（地区）

这里将对SSCI和A&HCI收录的我国第一作者和我国为参与者两类国际合著论文所涉及的主要合作国家（地区）情况进行统计分析和比较。

1995—2004 年，SSCI 和 A&HCI 收录我国第一作者国际合著论文所涉及的 24 个合作国家（地区）中，排名居前的 11 个国家（地区）是美国、中国香港、英国、日本、澳大利亚、加拿大、瑞典、荷兰、比利时、瑞士和德国。其中，涉及美国的国际合著论文数量最多，为 184 篇；其次是我国香港，为 86 篇；第三是英国，为 51 篇（见表 34）。

10 年中，合作伙伴涉及美国、中国香港和英国的我国第一作者国际合著论文不仅数量较多，而且呈稳步增长态势。值得注意的是，1997 年我国香港回归祖国后，合作伙伴涉及我国香港的合著论文数量增长明显。

表 34　1995—2004 年 SSCI 和 A&HCI 收录中国第一作者国际合著论文涉及的主要国家（地区）

涉及国家（地区）	中国第一作者国际合著论文（篇）										
	1995	1996	1997	1998	1999	2000	2001	2002	2003	2004	总计
美国	5	8	8	10	9	16	33	27	30	38	184
中国香港	3	0	0	3	6	7	15	8	17	27	86
英国	0	2	4	3	7	3	2	9	9	12	51
日本	0	0	0	3	1	7	5	3	5	2	26
澳大利亚	1	2	1	0	0	1	1	2	4	5	17
加拿大	4	1	0	1	2	1	1	1	3	3	17
瑞典	0	0	0	0	3	3	1	0	1	3	11
荷兰	0	1	0	0	0	0	1	3	3	1	9
比利时	0	0	0	0	1	1	1	4	0	2	9
瑞士	0	0	0	0	0	0	1	1	3	1	6
德国	0	0	0	0	0	0	0	1	4	1	6

相比之下，1995—2004 年，SSCI 和 A&HCI 收录我国为参与者国际合著论文所涉及的 80 个合作国家（地区）中，排名居前的 11 国家（地区）是美国、中国香港、英国、日本、加拿大、澳大利亚、德国、荷兰、瑞典、新加坡和中国台湾。其中，涉及美国的国际合著论文数量最多，为 655 篇；其次是中国香港，为 250 篇；第三是英国，为 121 篇（见表 35）。

10 年中，合作伙伴涉及美国、中国香港和英国的我国为参与者的国际合著论文数量稳步增长。值得注意的是，1997 年后，合作伙伴涉及中国香港的合著论文数量增长明显。

比较我国第一作者和我国为参与者两类国际合著论文所涉及的合作国家（地区）可以发现，后者所涉及的国家（地区）更为广泛，其中不仅有发达国家，也有许多发展中国家，包括印度、泰国、菲律宾、印度尼西亚、柬埔寨、老挝、蒙古国、孟加拉国、尼泊尔、斯里兰卡、以色列、巴基斯坦、爱沙尼亚、格鲁吉亚、哈萨克斯坦、乌兹别克斯坦、墨西哥、阿根廷、智利、玻利维亚、巴西、古巴、多米尼加、埃及、苏丹、沙特阿拉伯、坦桑尼亚、埃塞俄比亚、津巴布韦、科特迪瓦、肯尼亚和摩洛哥等。涉及这些国家的合著论文数量尽管比较少，但已陆续出现。

表 35　1995—2004 年 SSCI 和 A&HCI 收录中国为参与者国际合著论文涉及的主要国家（地区）

涉及国家（地区）	中国为参与者国际合著论文（篇）										
	1995	1996	1997	1998	1999	2000	2001	2002	2003	2004	总计
美国	26	32	32	54	60	67	83	85	109	107	655
中国香港	5	2	4	16	23	26	36	34	52	52	250
英国	0	9	5	9	21	10	16	17	19	15	121
日本	5	7	10	12	5	15	13	11	11	14	103
加拿大	6	5	1	9	7	8	16	13	16	17	98
澳大利亚	5	4	2	8	10	2	10	4	8	6	59
德国	0	2	2	2	1	4	7	9	5	8	40
荷兰	0	1	0	1	0	4	7	3	6	5	27
瑞典	0	1	0	1	2	3	3	7	6	2	25
新加坡	0	0	0	1	3	0	3	3	5	4	19
中国台湾	0	0	2	3	4	1	2	4	1	2	19

8.4 SSCI 和 A&HCI 收录中国涉及较多合作国家（地区）的国际合著论文情况

8.4.1 SSCI 和 A&HCI 收录中国国际合著论文涉及最多的合作国家（地区）数量

表 36 显示，1995—2004 年，SSCI 和 A&HCI 收录的我国国际合著论文涉及最多的合作国家（地区）、机构和合作者数量。其中，我国第一作者

国际合著论文最多涉及3个合作国家，10个机构，16位合作者；而我国为参与者的国际合著论文最多涉及25个合作国家（地区），35个机构，69位合作者。

表36　1995—2004年SSCI和A&HCI收录中国国际合著论文涉及最多的合作国家（地区）数量

年度	中国第一作者			中国为参与者		
	合作国家（地区）	合作机构	合作者	合作国家（地区）	合作机构	合作者
1995	3	10	16	8	10	20
1996	3	5	5	7	10	12
1997	3	5	6	11	17	18
1998	2	4	4	12	13	15
1999	3	4	6	7	8	12
2000	3	5	8	8	12	20
2001	3	4	5	18	21	30
2002	3	3	5	14	25	26
2003	4	4	5	5	8	7
2004	3	7	6	25	35	69

8.4.2　SSCI和A&HCI收录中国涉及合作国家（地区）最多的国际合著论文

1995—2004年，SSCI和A&HCI收录涉及合作国家（地区）最多的我国第一作者的国际合著论文是：1995年收录的题为Planning China coal and electricity delivery system的论文，1995年发表于美国的*Interfaces*期刊，共涉及3个国家，10个机构的16位合作者。

同期，SSCI和A&HCI收录涉及合作国家（地区）最多的我国为参与者的国际合著论文是：2004年收录的题为Culture-level dimensions of social axioms and their correlates across 41 cultures的论文，2004年发表于美国的*Journal of Cross-cultural Psychology*期刊，共涉及25个国家（地区），35个机构的69位合作者。

8.5　小结

统计结果显示，1995—2004 年，SSCI 和 A&HCI 收录的我国合著论文数量一直比独著论文数量占优势，但是由于我国独著论文的数量增长较快，这两类论文所占比例已逐渐接近。这从一个方面反映，合作研究的成果通常比较容易引起国际学术界的关注，但是在我国人文社会科学研究中，由研究者个人单独进行研究的发展势头较强。

从 SSCI 和 A&HCI 收录我国合著论文的合著形式来看，国内合著论文一直占多数，但是所占比例在下降，国际合著论文所占比例在上升，两类论文所占比例逐渐接近。而在国内合著论文中，同机构合著论文一直占多数，但是所占比例略有下降，同省合著论文和省际合著论文所占比例略有上升。这从一个方面反映，在我国人文社会科学合作研究中，国内合作一直是主要的合作形式，但是随着国际学术交流的增多和国际合作研究的发展，这种情况正在发生变化。在国内合作研究中，同机构合作一直是普遍采用的合作形式，但是随着跨机构和跨省市合作研究的逐渐增多，国内合作研究的规模和范围在逐渐扩大。

从 SSCI 和 A&HCI 收录我国第一作者国际合著论文与我国为参与者国际合著论文的比较来看，这两类论文的数量大体形成 1∶3 的比例，我国第一作者国际合著论文占少数。我国第一作者国际合著论文所涉及的国家（地区）数量也明显少于我国为参与者国际合著论文所涉及的。但是这两类国际合著论文所涉及的主要合作国家（地区）均是美国、中国香港、英国、日本、澳大利亚和加拿大。这些都从一个方面反映，我国人文社会科学领域的国际合作研究正在发展，这方面的合著论文主要是与科研实力较强的国家（地区）合作的产物。但是我国研究人员在大多数国际合作研究中尚未起主导作用，由我国研究人员主导的国际合作研究通常规模较小，合作伙伴所涉及的国家（地区）较少。

1997 年后，我国内地与香港地区的合著论文数量明显增多显示，两地在人文社会科学领域的合作有良好的发展前景。

9　SSCI 和 A&HCI 收录中国论文被引用情况

论文被引用情况是评价论文内在价值和社会影响的一个重要指标，论文在国际学术界被引用情况，在一定程度上反映论文的国际影响。这里将对 SSCI 和 A&HCI 在 1995—2004 年期间收录我国论文被引用的情况，包括学科领域、地区和机构论文被引用情况进行统计分析。

但是需要说明的是，论文被引用情况是一个变量。对不同年度论文被引用情况的统计分析，需要有关论文在其发表后的相同时间段，例如 3 年或 5 年内被引用情况的数据。而本项研究中有关 SSCI 和 A&HCI 在 1995—2004 年期间收录我国论文被引用情况的数据，是一次性采集的 10 年回溯性数据，不同年度论文被引用的时间段不等，因此不适宜用来对年度论文被引用情况的比较。但是利用这些数据，从不同角度对论文被引用总体情况进行统计分析，仍可以在一定程度上反映一些问题。这也适用于本项研究中有关我国香港和台湾地区论文被引用情况的统计分析。论文被引用数量的统计单位在这里为“次”。

9.1 SSCI 和 A&HCI 收录中国论文被引用数量

1995—2004 年，SSCI 和 A&HCI 共收录我国论文 2032 篇，其中有 647 篇论文被引用，占总数的 31.8%；这些论文共被引用 3164 次，篇均被引 1.6 次，被引论文篇均被引 4.9 次。

9.2 SSCI 和 A&HCI 收录中国部分学科领域论文被引用数量

9.2.1 SSCI 和 A&HCI 收录中国部分学科领域被引用论文数量

表 37 显示 1995—2004 年 SSCI 和 A&HCI 收录我国论文比较集中的 10 个学科领域的被引用论文数量。这 10 个学科领域的被引用论文合计 538 篇，占总数的 83.2%。其中，经济学、医药卫生和社会学 3 个学科领域的被引用论文数量较多，年均超过 10 篇。

表 37　1995—2004 年 SSCI 和 A&HCI 收录中国部分学科领域论文被引用数量

学科领域	被引论文（篇）										
	1995	1996	1997	1998	1999	2000	2001	2002	2003	2004	总计
经济学	7	10	7	11	12	14	12	24	10	6	113
医药卫生	13	8	9	6	19	10	11	17	16	4	113
社会学	15	14	20	5	14	7	13	7	10	6	111
管理学	2	3	6	8	7	10	5	3	6	1	51

续表

学科领域	被引论文（篇）										
	1995	1996	1997	1998	1999	2000	2001	2002	2003	2004	总计
心理学	3	3	2	1	5	3	9	5	6	4	41
图书馆情报与文献学	1	1	2	4	1	4	4	7	6	1	31
哲学	1	0	1	3	6	6	2	1	1	1	22
教育学	2	3	0	1	2	2	4	4	2	0	20
语言学	0	1	0	2	7	0	2	1	5	1	19
民族学与人类学	4	0	3	1	0	2	4	3	0	0	17

9.2.2 SSCI 和 A&HCI 收录中国部分学科领域被引用论文比例

表 38 显示 1995—2004 年 SSCI 和 A&HCI 收录我国论文比较集中的 10 个学科领域被引用论文所占比例，从中可以看出，医药卫生、经济学和社会学 3 个学科领域被引用论文所占比例较高，年均在 50% 以上。

表 38　　1995—2004 年 SSCI 和 A&HCI 收录中国部分学科领域被引用论文比例

学科领域	被引论文比例（%）										
	1995	1996	1997	1998	1999	2000	2001	2002	2003	2004	年均
医药卫生	76.5	100.0	64.3	60.0	59.4	52.6	61.1	58.6	38.1	13.3	58.4
经济学	58.3	90.9	87.5	64.7	50.0	60.9	54.5	60.0	28.6	11.3	56.7
社会学	93.8	63.6	71.4	71.4	56.0	38.9	28.9	25.9	33.3	17.6	50.1
图书馆情报与文献学	33.3	100.0	66.7	57.1	20.0	44.4	80.0	50.0	31.6	4.8	48.8
心理学	60.0	8.6	66.7	100.0	50.0	37.5	7.1	55.0	40.0	20.0	44.5
管理学	50.0	30.0	100.0	61.5	63.6	58.8	19.2	21.4	27.3	7.1	43.9
哲学	100.0	0.0	100.0	14.3	60.0	50.0	22.2	20.0	10.0	5.6	38.2
民族学与人类学	57.1	0.0	75.0	33.3	0.0	28.6	30.8	37.5	0.0	0.0	26.2
教育学	50.0	37.5	0.0	8.3	50.0	11.1	8.3	25.0	10.0	0.0	20.0
语言学	0.0	10.0	0.0	22.2	35.0	0.0	20.0	6.7	12.8	4.0	11.1

9.2.3 SSCI 和 A&HCI 收录中国部分学科领域论文篇均被引次数

表 39 显示 1995—2004 年 SSCI 和 A&HCI 收录我国论文比较集中的 10 个学科领域论文篇均被引次数，从中可以看出，医药卫生、心理学和社会学 3 个学科领域论文篇均被引次数较多，年均超过 3 次。

表 39　1995—2004 年 SSCI 和 A&HCI 收录中国部分学科领域论文篇均被引次数

学科领域	论文篇均被引（次）										
	1995	1996	1997	1998	1999	2000	2001	2002	2003	2004	年均
医药卫生	22.6	7.4	5.9	1.7	3.5	3.9	3.9	2.3	1.1	0.1	5.2
心理学	19.8	0.2	2.7	4.0	6.4	1.3	0.3	1.3	0.9	0.3	3.7
社会学	9.5	6.2	4.5	5.6	4.1	1.9	1.0	2.4	0.6	0.3	3.6
经济学	4.5	4.5	3.4	4.8	3.2	3.0	1.3	1.3	0.4	0.1	2.7
民族学与人类学	3.4	0.0	7.0	1.3	0.0	1.4	0.3	4.1	0.0	0.0	1.8
哲学	7.0	0.0	8.0	0.2	0.8	0.7	0.2	0.2	0.1	0.1	1.7
管理学	2.0	4.3	3.8	1.5	3.1	1.5	0.4	0.2	0.3	0.1	1.7
图书馆情报与文献学	0.3	2.0	1.0	0.9	3.2	0.7	1.6	1.9	0.7	0.1	1.2
教育学	1.5	1.4	0.0	0.1	1.5	0.2	0.1	0.4	0.3	0.0	0.6
语言学	0.0	0.1	0.0	0.2	0.6	0.0	0.3	0.1	0.2	0.0	0.2

9.3 SSCI 和 A&HCI 收录中国部分地区论文被引用数量

9.3.1 SSCI 和 A&HCI 收录中国部分地区被引用论文数量

表 40 显示 1995—2004 年 SSCI 和 A&HCI 收录我国论文比较集中的 10 个省（直辖市）被引用论文数量，其被引用论文合计 557 篇，占总数的 86.1%。从中可以看出，北京市被引用论文数量高居榜首，年均 35 篇；上海市其次，年均 6 篇；江苏省第三，年均 3 篇。

9.3.2 SSCI 和 A&HCI 收录中国部分地区被引用论文比例

表 41 显示 1995—2004 年 SSCI 和 A&HCI 收录我国论文比较集中的 10 个省（直辖市）被引用论文所占比例，从中可以看出，安徽、江苏、湖北和北京 4 个省（直辖市）被引用论文所占比例较高，年均 40% 以上，其中安徽省被引用论文所占比例最高，年均在 50% 以上。

表 40　1995—2004 年 SSCI 和 A&HCI 收录中国部分地区被引用论文数量

地区	被引论文（篇）										
	1995	1996	1997	1998	1999	2000	2001	2002	2003	2004	总计
北京	26	22	29	33	42	37	44	53	44	22	352
上海	9	10	8	2	13	4	7	2	5	1	61
江苏	2	3	2	1	4	3	5	4	3	3	30
湖北	5	2	4	2	3	1	3	3	1	0	24
安徽	1	0	1	1	4	4	4	5	2	1	23
广东	2	2	1	2	8	3	2	2	1	0	23
天津	0	0	0	4	2	4	1	2	1	0	14
浙江	0	1	1	1	0	3	0	3	3	0	12
陕西	1	1	1	0	1	1	0	1	5	1	12
福建	0	0	0	0	2	0	0	1	2	1	6

表 41　1995—2004 年 SSCI 和 A&HCI 收录中国部分地区被引用论文比例

地区	被引论文比例（%）										
	1995	1996	1997	1998	1999	2000	2001	2002	2003	2004	年均
安徽	100.0	0.0	100.0	33.3	80.0	0.0	66.7	71.4	33.3	20.0	50.5
江苏	100.0	50.0	100.0	33.3	30.8	50.0	27.8	30.8	21.4	25.0	46.9
湖北	100.0	66.7	80.0	33.3	60.0	16.7	60.0	37.5	12.5	0.0	46.7
北京	72.2	31.9	74.4	36.4	44.2	48.1	20.0	47.7	31.7	12.7	41.9
上海	69.2	83.3	88.9	33.3	50.0	21.1	28.0	9.1	13.9	2.0	39.9
广东	50.0	50.0	33.3	40.0	50.0	75.0	7.7	50.0	11.1	0.0	36.7
浙江	0.0	16.7	100.0	50.0	0.0	75.0	0.0	42.9	30.0	0.0	31.5
陕西	50.0	25.0	50.0	0.0	50.0	20.0	0.0	33.3	31.3	10.0	27.0
天津	0.0	0.0	0.0	57.1	100.0	44.4	12.5	40.0	14.2	0.0	26.8
福建	0.0	0.0	0.0	0.0	100.0	80.0	0.0	9.1	10.5	10.0	21.0

9.3.3　SSCI 和 A&HCI 收录中国部分地区论文篇均被引次数

表 42 显示 1995—2004 年 SSCI 和 A&HCI 收录我国论文比较集中的 10 个省（直辖市）论文的篇均被引次数，从中可以看出，安徽省论文的篇均被引次数高居榜首，其次是上海市和北京市。

表42 1995—2004年SSCI和A&HCI收录中国部分地区论文篇均被引次数

地区	论文篇均被引（次）										
	1995	1996	1997	1998	1999	2000	2001	2002	2003	2004	年均
安徽	80.0	0.0	17.0	1.3	8.0	4.4	2.0	2.3	0.7	0.2	11.6
上海	9.7	3.9	8.1	0.8	2.0	0.5	1.2	0.8	0.2	0.02	2.7
北京	9.3	2.8	3.4	1.8	2.8	1.9	0.7	1.9	0.7	0.2	2.6
陕西	12.5	2.0	0.5	0.0	6.0	1.0	0.0	1.3	0.4	0.1	2.4
江苏	4.0	6.7	7.0	0.3	0.4	1.8	0.8	0.8	0.3	0.3	2.2
湖北	6.8	3.7	3.4	0.3	2.2	0.2	0.6	0.4	0.2	0.0	1.8
浙江	0.0	0.5	7.0	2.5	0.0	2.3	0.0	1.0	0.4	0.0	1.4
广东	0.8	2.5	0.3	0.4	2.2	3.0	0.1	1.0	0.2	0.0	1.0
天津	0.0	0.0	0.0	2.0	3.5	2.0	0.3	2.0	0.2	0.0	1.0
福建	0.0	0.0	0.0	0.0	1.0	0.0	0.0	0.1	0.1	0.1	0.1

9.4 SSCI和A&HCI收录中国各类机构论文被引用数量

9.4.1 SSCI和A&HCI收录中国各类机构被引用论文数量

1995—2004年，SSCI和A&HCI共收录我国各类机构被引用论文647篇。其中，高等院校被引用论文数量高居榜首，为416篇，占64.3%；其次是研究机构，为173篇，占26.7%；第三是医疗机构，为22篇，占3.4%。高等院校和研究机构的被引用论文合计589篇，占总数的91%（见表43）。

表43 1995—2004年SSCI和A&HCI收录中国各类机构被引用论文数量

机构类型	被引论文（篇）										
	1995	1996	1997	1998	1999	2000	2001	2002	2003	2004	总计
高等院校	30	36	32	35	58	46	58	50	53	18	416
研究机构	23	10	19	15	20	17	17	25	15	12	173
医疗机构	2	0	1	2	6	4	1	5	1	0	22
政府部门	1	0	3	0	1	2	1	3	1	1	13
公司企业	1	0	0	1	1	0	1	2	0	0	6
其他机构	1	2	3	0	3	2	0	5	1	0	17

9.4.2 SSCI 和 A&HCI 收录中国各类机构被引用论文比例

1995—2004 年，从 SSCI 和 A&HCI 收录我国各类机构被引用论文所占比例看，医疗机构的最高，为 49.9%；研究机构的次之，为 46.2%；高等院校的第三，为 38.8%。值得注意的是，高等院校被引用论文数量排名居首，但被引用论文所占比例排名第三（见表 44）。

表 44　1995—2004 年 SSCI 和 A&HCI 收录中国各类机构被引用论文比例

机构类型	被引论文比例（%）										
	1995	1996	1997	1998	1999	2000	2001	2002	2003	2004	年均
医疗机构	66.7	0.0	100.0	66.7	60.0	100.0	20.0	71.4	14.3	0.0	49.9
研究机构	82.1	31.3	86.4	34.9	47.6	54.8	17.0	53.2	36.6	17.6	46.2
高等院校	62.5	46.2	69.6	34.0	47.5	34.6	28.2	34.5	23.0	7.8	38.8
其他机构	100.0	50.0	100.0	0.0	23.1	28.6	0.0	31.3	7.1	0.0	34.0
公司企业	50.0	0.0	0.0	100.0	33.3	0.0	33.3	100.0	0.0	0.0	31.7
政府部门	25.0	0.0	75.0	0.0	33.3	50.0	25.0	50.0	25.0	14.3	29.8

9.4.3 SSCI 和 A&HCI 收录中国各类机构论文篇均被引次数

1995—2004 年，从 SSCI 和 A&HCI 收录我国各类机构论文的篇均被引次数来看，医疗机构最多，年均 3.8 次；研究机构次之，年均 3 次；高等院校第三，年均 2.3 次（见表 45）。

表 45　1995—2004 年中国各类机构 SSCI 和 A&HCI 论文篇均被引次数

机构类型	论文篇均被引（次）										
	1995	1996	1997	1998	1999	2000	2001	2002	2003	2004	年均
医疗机构	4.3	0.0	6.0	3.3	7.8	6.8	0.2	8.4	1.3	0.0	3.8
研究机构	14.2	1.2	4.3	1.7	1.9	2.2	0.5	2.2	1.1	0.2	3.0
高等院校	7.2	3.6	4.9	1.4	2.5	1.2	0.9	1.0	0.3	0.1	2.3
其他机构	6.0	3.5	3.0	0.0	0.9	0.4	0.0	1.0	0.5	0.0	1.5
公司企业	3.5	0.0	0.0	8.0	0.3	0.0	0.7	2.0	0.0	0.0	1.5
政府部门	0.5	0.0	2.3	0.0	1.3	0.5	0.3	0.7	0.5	0.1	0.6

9.5 SSCI 和 A&HCI 收录中国高等院校论文被引用数量

9.5.1 SSCI 和 A&HCI 收录中国有被引用论文的高等院校数量

1995—2004 年，SSCI 和 A&HCI 共收录我国高等院校论文 1346 篇，其中有 416 篇论文被引用，占总数的 30.9%。这些被引用论文来自我国 103 所高等院校（剔除了年度累计中重复的部分），其中有 1 篇被引用论文的高等院校 49 所，占 47.6%；有 2 篇的 18 所，占 17.5%；有 3 篇（含）以上的 36 所，占 34.9%。有 1—2 篇被引用论文的高等院校合计 67 所，占总数的 65%（见表 46）。

表 46　1995—2004 年 SSCI 和 A&HCI 收录中国有被引用论文的高等院校数量

年度	高等院校（所）			
	总数	有 1 篇	有 2 篇	有 3 篇以上
1995	21	14	6	1
1996	26	19	5	2
1997	23	19	1	3
1998	22	16	4	2
1999	34	25	5	4
2000	28	21	3	4
2001	30	21	5	4
2002	32	26	4	2
2003	26	16	5	5
2004	13	11	1	1

9.5.2 SSCI 和 A&HCI 收录中国被引用论文较多的高等院校

1995—2004 年，SSCI 和 A&HCI 收录我国有被引用论文的高等院校 103 所，排名居前的 11 所高等院校是：北京大学、清华大学、北京师范大学、中国科学技术大学、北京医科大学、上海医科大学、武汉大学、西安交通大学、中山大学、北京航空航天大学和复旦大学，其被引用论文合计 217 篇，占高等院校 SSCI 和 A&HCI 被引用论文总数的 52.2%。其中，北京大学以 79 篇高居榜首，清华大学以 24 篇排名第二，北京师范大学以 18

篇排名第三（见表47）。

值得注意的是，在我国高等院校中，北京大学、清华大学和北京师范大学的SSCI和A&HCI论文数量和被引用论文数量均排名前3位。中国科学技术大学、北京医科大学、武汉大学、中山大学和复旦大学5所高等院校的SSCI和A&HCI论文数量和被引用论文数量均在排名前10位之列。

表47 1995—2004年SSCI和A&HCI收录中国被引用论文较多的高等院校

高等院校	被引论文（篇）										
	1995	1996	1997	1998	1999	2000	2001	2002	2003	2004	总计
北京大学	2	2	3	8	11	10	16	13	9	5	79
清华大学	0	1	1	3	3	1	4	3	7	1	24
北京师范大学	2	4	0	1	1	2	2	1	4	1	18
中国科学技术大学	1	0	1	1	5	3	4	1	0	1	17
北京医科大学	2	2	3	2	1	1	3	1	0	0	15
上海医科大学	1	3	5	0	4	1	1	0	0	0	15
武汉大学	4	1	1	2	0	1	1	1	0	0	11
西安交通大学	1	0	1	0	1	1	0	1	4	1	10
中山大学	2	2	0	1	2	0	1	1	1	0	10
北京航空航天大学	0	1	0	2	0	3	0	1	1	1	9
复旦大学	0	1	0	0	2	1	2	1	2	0	9

9.6 SSCI和A&HCI收录中国研究机构论文被引用数量

9.6.1 SSCI和A&HCI收录中国研究机构被引用论文数量

1995—2004年，SSCI和A&HCI共收录我国研究机构论文451篇，其中有173篇论文被引用，占总数的38.4%。这些被引用论文来自我国56个研究机构（剔除了年度累计中重复的部分），其中有1篇被引用论文的研究机构48个，占85.7%；有2篇的5个，占8.9%；有3篇（含）以上的3个，占5.4%。有1—2篇被引用论文的研究机构合计53个，占总数的94.6%（见表48）。

表 48 1995—2004 年 SSCI 和 A&HCI 收录中国有被引用论文的研究机构数量

年度	研究机构（个）			
	总数	有 1 篇	有 2 篇	有 3 篇以上
1995	7	4	0	3
1996	6	4	0	2
1997	11	8	1	2
1998	9	7	1	1
1999	11	9	1	1
2000	11	10	0	1
2001	10	9	0	1
2002	9	7	1	1
2003	2	1	0	1
2004	3	1	1	1

9.6.2 SSCI 和 A&HCI 收录中国被引用论文较多的研究机构

1995—2004 年，SSCI 和 A&HCI 收录我国被引用论文数量排名居前的 3 个研究机构是中国科学院、中国社会科学院和中国预防医学科学院。其 SSCI 和 A&HCI 被引用论文合计 115 篇，占我国研究机构同类论文总数的 66.5%（见表 49）。相比之下，其他研究机构的同类被引用论文均未超过 2 篇。

在我国研究机构中，中国科学院和中国社会科学院的 SSCI 和 A&HCI 论文数量和被引用论文数量均排名前两位。尤其是中国科学院，其 SSCI 和 A&HCI 论文数量和被引用论文数量明显高于其他研究机构。

表 49 1995—2004 年 SSCI 和 A&HCI 被引用论文较多的中国研究机构

研究机构	被引论文（篇）										
	1995	1996	1997	1998	1999	2000	2001	2002	2003	2004	总计
中国科学院	9	3	6	6	9	7	8	16	14	9	87
中国社会科学院	4	3	3	2	1	0	0	1	0	2	16
中国预防医学科学院	6	0	2	1	2	0	1	0	0	0	12

9.7 小结

统计结果显示，1995—2004 年 SSCI 和 A&HCI 收录的我国论文中，有约 30% 的论文被引用，每篇论文平均被引 1.6 次，被引用论文每篇平均被引 4.9 次。

从 SSCI 和 A&HCI 收录我国学科领域论文的被引用情况来看，经济学、社会学、医药卫生和心理学 4 个学科领域的论文数量不仅排名靠前，被引用论文数量、被引用论文所占比例以及论文篇均被引次数也排名靠前。这一结果与 SSCI 和 A&HCI 本身收录论文的特定学科领域有关，但是也从一个方面反映，这些与我国经济和社会发展以及人的身心健康关系密切的学科领域研究受到国际学术界较多关注。

从 SSCI 和 A&HCI 收录我国各地区论文的被引用情况来看，北京、上海和江苏等东部地区的省（直辖市）被引用论文的数量、所占比例以及论文篇均被引次数均排名靠前，湖北、安徽和陕西等中西部地区的省份被引用论文所占比例以及论文篇均被引次数的排名也比较靠前。这一结果可能与这些地区拥有一些研究实力较强的高等院校和研究机构有关。

从 SSCI 和 A&HCI 收录我国各类机构论文的被引用情况来看，高等院校和研究机构的被引用论文数量明显高于其他类机构的，其中北京大学和清华大学以及中国科学院和中国社会科学院的被引用论文数量排名居前。这从一个方面反映，高等院校和研究机构是我国人文社会科学研究的主力，其研究成果在国际学术界产生了一定影响，少数高等院校和研究机构在其中发挥了骨干和核心作用。

10 SSCI 和 A&HCI 收录中国论文引用文献情况

论文引用的文献简称引文。学术研究成果之间的联系主要是通过引文来表现的。论文的引文情况是论文吸收外部信息能力的一个重要依据，并从一个方面反映论文的研究背景和水平。这里将对 SSCI 和 A&HCI 在 1995—2004 年期间收录我国论文的引文情况，包括不同学科领域、地区和机构论文的引文情况进行统计分析。引文数量的统计单位在这里为“次”。

10.1 SSCI 和 A&HCI 收录中国有引文的论文数量

1995—2004 年，SSCI 和 A&HCI 共收录我国论文 2032 篇，其中有引文的论文1553篇，占总数的76.4%，这些论文共引用文献32766次，篇均引用16.1次，有引文的论文篇均引用21.1次（见表50）。

10年中，SSCI和A&HCI收录我国有引文的论文数量呈缓慢的增长态势，但是有引文的论文所占比例除少数年度外基本在80%左右，论文篇均引用文献次数和有引文的论文篇均引用文献次数也没有形成明显的增长或减少趋势，尽管其间有一些起伏（见表50、图13）。

表50　1995—2004年SSCI和A&HCI收录中国有引文的论文数量

年度	论文（篇）	总引用			篇均引用（次）	有引文的论文篇均引用（次）
		（篇）	（%）	（次）		
1995	86	79	91.9	2076	24.1	26.3
1996	118	68	57.6	1753	14.9	25.8
1997	78	65	83.3	1662	21.3	25.6
1998	163	120	73.6	1818	11.2	15.2
1999	193	168	87.1	3137	16.3	18.7
2000	179	139	77.7	2430	13.6	17.5
2001	360	159	44.2	2987	8.3	18.8
2002	223	200	89.7	4128	18.5	20.6
2003	296	262	88.5	5834	19.7	22.3
2004	336	293	87.2	6941	20.7	23.7
总计	2032	1553	76.4	32766	16.1	21.1

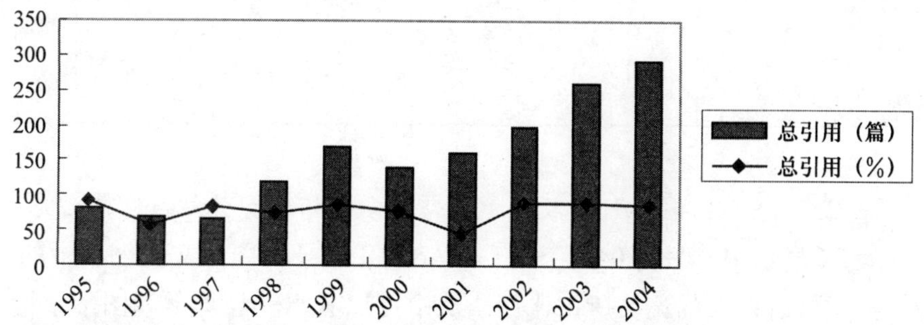

图13　1995—2004年SSCI和A&HCI收录中国有引文的论文数量

10.2 SSCI 和 A&HCI 收录中国部分学科领域有引文的论文数量

10.2.1 SSCI 和 A&HCI 收录中国部分学科领域有引文的论文数量

表 51 显示 1995—2004 年 SSCI 和 A&HCI 收录我国论文比较集中的 10 个学科领域有引文的论文数量，其合计 1206 篇，占总数的 77.7%。其中，经济学和社会学有引文的论文数量较多，年均超过 20 篇；医药卫生次之，年均 17.4 篇。

10 年中，这 10 个学科领域有引文的论文数量基本上均呈增长态势。

表 51　　1995—2004 年 SSCI 和 A&HCI 收录中国部分学科领域有引文的论文数量

学科	有引文的论文（篇）										
	1995	1996	1997	1998	1999	2000	2001	2002	2003	2004	总计
经济学	11	11	8	16	23	21	20	39	34	52	235
社会学	15	15	22	7	19	16	25	24	25	32	200
医药卫生	14	8	8	8	27	13	14	25	34	23	174
语言学	1	8	0	9	18	12	10	14	38	24	134
管理学	4	6	6	12	11	17	13	12	21	13	115
图书馆情报与文献学	2	1	3	6	5	8	5	14	17	21	82
哲学	1	0	1	13	10	10	9	4	10	16	74
教育学	4	5	1	2	3	3	11	13	17	13	72
心理学	5	4	3	1	6	4	7	5	11	19	65
民族学与人类学	7	1	3	3	2	4	11	8	11	5	55

10.2.2 SSCI 和 A&HCI 收录中国部分学科领域有引文的论文比例

表 52 显示 1995—2004 年 SSCI 和 A&HCI 收录我国论文比较集中的 10 个学科领域有引文的论文所占比例，从中可以看出，经济学和图书馆情报与文献学有引文的论文所占比例较高，年均在 90% 以上；其后是民族学与人类学，该学科有引文的论文所占比例年均 88.1%。

表 52　　1995—2004 年 SSCI 和 A&HCI 收录中国部分学科领域有引文的论文比例

学科	有引文的论文比例（%）										
	1995	1996	1997	1998	1999	2000	2001	2002	2003	2004	年均
经济学	91.7	100.0	100.0	94.1	95.8	91.3	90.9	97.5	97.1	98.1	95.7
图书馆情报与文献学	66.7	100.0	100.0	85.7	100.0	88.9	100.0	100.0	89.5	100.0	93.1
民族学与人类学	100.0	100.0	75.0	100.0	100.0	57.1	84.6	100.0	64.7	100.0	88.1
管理学	100.0	60.0	100.0	92.3	100.0	100.0	50.0	85.8	95.5	92.9	87.7
语言学	100.0	80.0	0.0	100.0	90.0	100.0	100.0	93.4	97.4	96.0	85.7
社会学	93.8	68.2	78.6	100.0	76.0	88.9	55.6	88.9	83.3	94.1	82.7
哲学	100.0	0.0	100.0	61.9	100.0	83.3	100.0	80.0	100.0	88.9	81.4
医药卫生	82.4	100.0	57.1	80.0	84.4	68.4	77.8	86.2	81.0	76.7	79.4
心理学	100.0	11.4	100.0	100.0	60.0	50.0	5.6	55.6	73.3	95.0	65.1
教育学	100.0	62.5	100.0	16.7	75.0	16.7	22.9	81.3	85.0	36.1	59.6

10.2.3 SSCI 和 A&HCI 收录中国部分学科领域论文篇均引用文献数量

表 53 显示 1995—2004 年 SSCI 和 A&HCI 收录我国论文比较集中的 10 个学科领域论文的篇均引用文献数量，从中可以看出，经济学、医药卫生、社会学和民族学与人类学 4 个学科领域论文的篇均引用文献较多，年均超过 20 次。

10 年中，这 10 个学科领域论文的篇均引用文献数量没有形成明显的上升或下降趋势，尽管其间有明显起伏。

表 53　　1995—2004 年 SSCI 和 A&HCI 收录中国部分学科领域论文篇均引用文献数量

学科	论文篇均引用文献（次）										
	1995	1996	1997	1998	1999	2000	2001	2002	2003	2004	年均
经济学	25.1	17.4	23.8	14.8	15.4	20.2	17.8	20.9	35.3	21.6	21.2
医药卫生	37.9	24.6	13.1	9.1	16.7	15.0	18.9	26.9	21.0	24.2	20.7
社会学	30.1	25.1	18.6	27.1	21.6	11.6	9.6	16.0	15.9	25.4	20.1
民族学与人类学	19.7	28.0	30.8	20.3	1.5	16.4	19.7	37.0	10.1	16.8	20.0

续表

学科	论文篇均引用文献（次）										
	1995	1996	1997	1998	1999	2000	2001	2002	2003	2004	年均
心理学	31.2	3.7	16.3	14.0	19.3	17.6	1.8	13.0	23.9	49.0	19.0
管理学	8.3	9.8	19.8	19.2	17.1	21.2	9.8	15.6	30.2	28.1	17.9
哲学	15.0	0.0	38.0	3.5	11.6	9.6	8.2	11.4	16.8	14.2	12.8
图书馆情报与文献学	4.0	8.0	25.0	6.4	10.0	9.2	12.2	16.9	9.4	15.5	11.7
语言学	1.0	12.0	0.0	13.8	19.4	8.5	14.7	4.2	7.6	12.4	9.4
教育学	18.3	12.5	12.0	0.6	6.0	1.8	3.4	10.4	17.6	5.6	8.8

10.3 SSCI 和 A&HCI 收录中国部分地区有引文的论文数量

10.3.1 SSCI 和 A&HCI 收录中国部分地区有引文的论文数量

表 54 显示 1995—2004 年 SSCI 和 A&HCI 收录我国论文比较集中的 10 个省（直辖市）有引文的论文数量，其有引文的论文合计 1347 篇，占总数的 86.7%。其中，北京市有引文的论文数量高居榜首，年均 78 篇；上海市次之，年均 18.6 篇；江苏省第三，年均 7.2 篇。

10 年中，这 10 个省（直辖市）有引文的论文数量大多呈增长态势。

表 54 1995—2004 年 SSCI 和 A&HCI 收录中国部分地区有引文的论文数量

地区	有引文的论文（篇）										
	1995	1996	1997	1998	1999	2000	2001	2002	2003	2004	总计
北京	34	34	33	71	85	59	82	101	123	158	780
上海	13	11	8	4	23	17	18	20	27	45	186
江苏	2	5	2	2	11	6	10	12	13	9	72
湖北	5	3	5	4	4	5	4	5	7	14	56
广东	3	2	1	3	13	3	8	4	9	9	55
福建	0	0	0	0	2	6	4	11	19	10	52
陕西	2	3	2	1	2	4	1	2	16	10	43
安徽	1	0	1	3	5	4	6	7	6	4	37
浙江	1	1	1	2	3	2	0	5	10	8	33
天津	0	0	0	5	2	8	5	5	6	2	33

10.3.2 SSCI 和 A&HCI 收录中国部分地区有引文的论文比例

表 55 显示 1995—2004 年 SSCI 和 A&HCI 收录我国论文比较集中的 10 个省（直辖市）有引文的论文所占比例，从中可以看出，安徽、上海、江苏和湖北 4 个省（直辖市）有引文的论文所占比例较高，年均在 80%以上。

表 55　　1995—2004 年 SSCI 和 A&HCI 收录中国部分地区有引文的论文所占比例

地区	有引文的论文比例（%）										
	1995	1996	1997	1998	1999	2000	2001	2002	2003	2004	年均
安徽	100.0	0.0	100.0	100.0	100.0	80.0	100.0	100.0	100.0	80.0	86.0
上海	100.0	91.7	88.9	66.7	88.5	89.5	72.0	90.9	75.0	88.2	85.1
江苏	100.0	83.3	100.0	66.7	84.6	100.0	55.6	92.3	92.9	75.0	85.0
湖北	100.0	100.0	100.0	66.7	80.0	83.3	80.0	62.5	87.5	82.4	84.2
陕西	100.0	75.0	100.0	16.7	100.0	80.0	50.0	66.7	100.0	100.0	78.8
北京	94.4	49.3	84.6	78.9	89.5	76.6	37.3	91.0	88.5	91.3	78.1
浙江	100.0	16.7	100.0	100.0	75.0	50.0	0.0	71.4	100.0	80.0	69.3
广东	75.0	50.0	33.3	60.0	81.3	75.0	30.8	100.0	100.0	75.0	68.0
天津	0.0	0.0	0.0	71.4	100.0	88.9	62.5	100.0	85.7	100.0	60.9
福建	0.0	0.0	0.0	0.0	100.0	100.0	100.0	100.0	100.0	100.0	60.0

10.3.3 SSCI 和 A&HCI 收录中国部分地区论文篇均引用文献数量

表 56 显示 1995—2004 年 SSCI 和 A&HCI 收录我国论文比较集中的 10 个省（直辖市）论文的篇均引用文献数量，从中可以看出，安徽省论文的篇均引用文献数量最多，年均超过 20 次；上海市和北京市分别排名第二和第三。有趣的是，这一排名恰好与这 3 个省（直辖市）同期 SSCI 和 A&HCI 论文的篇均被引数量排名相同。

10 年中，这 10 个省（直辖市）SSCI 和 A&HCI 论文的篇均引用文献数量发展起伏较大，其中几个排名靠前的省（直辖市），如安徽、上海、北京、江苏和湖北，其论文的篇均引用文献数量有所减少；而另外几个排名靠后的省（直辖市），如广东、浙江、天津和福建，其论文的篇均引用文献数量有所增加。

表 56　　1995—2004 年 SSCI 和 A&HCI 收录中国部分地区论文篇均引用文献数量

地区	论文篇均引用文献（次）										
	1995	1996	1997	1998	1999	2000	2001	2002	2003	2004	年均
安徽	46.0	0.0	50.0	12.0	44.2	16.0	15.0	29.7	36.2	16.2	26.5
上海	29.7	19.9	17.1	22.0	14.9	15.9	10.3	16.2	22.8	22.2	19.1
北京	30.6	12.3	24.9	12.6	16.9	15.3	8.1	21.4	21.8	23.5	18.7
江苏	21.0	30.5	10.5	2.3	9.5	25.8	5.7	11.3	25.9	17.3	16.0
湖北	21.8	14.3	29.6	7.7	16.2	12.3	18.6	12.3	7.2	14.0	15.4
广东	6.3	54.7	2.3	3.0	18.4	8.5	6.3	12.8	16.4	20.7	14.9
陕西	16.0	15.5	15.5	1.7	49.5	12.2	2.5	8.3	16.4	11.0	14.9
浙江	4.5	2.5	30.0	20.5	9.3	11.8	0.0	11.0	27.5	14.9	13.2
天津	0.0	0.0	0.0	5.8	10.0	9.1	8.6	10.0	11.3	29.5	8.4
福建	0.0	0.0	0.0	0.0	7.0	1.8	5.5	7.8	5.9	14.3	4.2

10.4　SSCI 和 A&HCI 收录中国各类机构有引文的论文数量

10.4.1　SSCI 和 A&HCI 收录中国各类机构有引文的论文数量

1995—2004 年，SSCI 和 A&HCI 共收录我国各类机构有引文的论文 1553 篇，其中高等院校有引文的论文数量遥遥领先，为 1032 篇，占 66.5%；其次是研究机构，为 316 篇，占 20.3%（见表 57）。这两类机构有引文的论文合计 1348 篇，占总数的 86.8%。

10 年中，高等院校和研究机构有引文的论文数量不仅占优势，而且呈增长态势。高等院校有引文的论文从 1995 年的 43 篇，增至 2004 年的 213 篇；研究机构有引文的论文从 1995 年的 28 篇，增至 2004 年的 61 篇。相比之下，其他类机构有引文的论文数量增长不明显（见表 57）。

表 57　1995—2004 年 SSCI 和 A&HCI 收录中国各类机构有引文的论文数量

机构类型	有引文的论文（篇）										
	1995	1996	1997	1998	1999	2000	2001	2002	2003	2004	总计
高等院校	43	49	35	76	58	100	114	133	211	213	1032
研究机构	28	16	20	33	20	26	33	43	36	61	316
医疗机构	2	1	1	2	6	4	2	5	3	4	30

续表

机构类型	有引文的论文（篇）										
	1995	1996	1997	1998	1999	2000	2001	2002	2003	2004	总计
政府部门	3	0	4	0	1	3	1	4	3	5	24
公司企业	2	0	2	0	1	0	2	2	0	2	11
其他机构	1	2	3	9	3	6	7	13	9	8	61

10.4.2 SSCI 和 A&HCI 收录中国各类机构有引文的论文比例

从 SSCI 和 A&HCI 收录我国各类机构有引文的论文所占比例来看，高等院校的最高，年均 85.9%；其次是研究机构，年均 78.5%。10 年中，这两类机构有引文的论文所占比例的发展也比较稳定（见表 58）。

表 58 1995—2004 年 SSCI 和 A&HCI 收录中国各类机构有引文的论文比例

机构类型	有引文的论文比例（%）										
	1995	1996	1997	1998	1999	2000	2001	2002	2003	2004	年均
高等院校	89.6	62.8	76.1	73.8	91.8	75.2	114.0	91.7	91.7	91.8	85.9
研究机构	100.0	50.0	90.9	76.7	81.0	83.9	33.0	91.5	87.8	89.7	78.5
其他机构	100.0	50.0	100.0	75.0	92.3	85.7	7.0	81.3	64.3	34.8	69.0
医疗机构	50.0	25.0	100.0	66.7	60.0	100.0	2.0	71.4	42.9	100.0	61.8
政府部门	100.0	0.0	100.0	0.0	33.3	75.0	1.0	66.7	75.0	71.4	52.2
公司企业	100.0	0.0	100.0	0.0	100.0	0.0	2.0	100.0	0	100.0	50.2

10.4.3 SSCI 和 A&HCI 收录中国各类机构论文篇均引用文献数量

1995—2004 年，从 SSCI 和 A&HCI 收录我国各类机构论文的篇均引用文献数量来看，研究机构的最多，年均 19.4 次；其次是医疗机构，为 17.7 次；第三是高等院校，为 16.6 次（见表 59）。

10 年中，我国各类机构 SSCI 和 A&HCI 论文的篇均引用文献数量发展均有起伏。但是相比之下，高等院校论文的篇均引用文献数量发展起伏较小，发展较稳定，其次是研究机构，其他类机构论文的篇均引用文献数量发展起伏较大。

表 59　1995—2004 年 SSCI 和 A&HCI 收录中国各类机构论文篇均引用文献数量

机构类型	论文篇均引用文献（次）										
	1995	1996	1997	1998	1999	2000	2001	2002	2003	2004	年均
研究机构	37.7	8.2	28.2	12.3	11.5	13.4	6.2	20.7	30.3	25.9	19.4
医疗机构	13.0	0.8	18.0	31.0	26.0	15.5	8.0	24.7	10.0	29.5	17.7
高等院校	18.1	18.3	17.5	11.3	17.5	13.8	10.7	18.8	18.8	20.7	16.6
公司企业	10.0	0.0	53.0	0.0	6.7	0.0	13.3	19.0	0.0	9.5	11.2
政府部门	22.3	0.0	20.0	0.0	1.0	21.3	6.3	6.7	11.5	9.4	9.9
其他机构	3.0	16.0	11.3	2.6	17.9	5.6	1.5	11.1	10.4	8.0	8.7

10.5　小结

统计结果显示，1995—2004 年 SSCI 和 A&HCI 收录的我国论文中，有引文的论文所占比例在大多数年度在 80% 左右，每篇论文平均引用文献约 16 次，有引文的论文每篇平均引用文献约 21 次。10 年中，随着我国 SSCI 和 A&HCI 论文数量的不断增长，有引文的论文数量也呈增长态势；但是有引文的论文所占比例、论文篇均引用次数和有引文的论文篇均引用次数的发展均比较稳定，没有形成明显的上升或下降趋势。这从一个方面反映，我国人文社会科学领域论文吸收外部信息的能力一直保持在一种相对稳定的状态。需要引起注意的是，每年仍有一定数量的论文没有引文。

从 SSCI 和 A&HCI 收录我国学科领域论文引用文献的情况来看，经济学、社会学和医药卫生 3 个学科领域有引文的论文数量和论文篇均引用次数排名居前，而经济学、图书馆情报与文献学和民族学与人类学 3 个学科领域有引文的论文所占比例排名居前。这在一定程度上说明，这些学科领域论文吸收外部信息的能力较强。

从 SSCI 和 A&HCI 收录我国各地区论文引用文献的情况来看，北京市、上海市和江苏省有引文的论文和论文篇均引用次数均排名居前，而安徽省、上海市和江苏省有引文的论文所占比例排名居前。尤其值得注意的是，安徽作为我国的一个中部省份，其有引文的论文所占比例和论文篇均引用次数均排名居首。这从一个方面反映，这些省（直辖市）人文社会科学论文吸收外部信息的能力较强。

从 SSCI 和 A&HCI 收录我国各类机构论文引用文献的情况来看，高等院校有引文的论文数量及所占比例一直居领先地位，其次是研究机构；这两类机构有引文的论文数量呈稳步增长态势，有引文的论文所占比例的发展也比较稳定；但高等院校论文的篇均引用次数低于研究机构和医疗机构。这从一个方面反映，我国高等院校、研究机构和医疗机构的人文社会科学领域论文吸收外部信息的能力较强。

11　问题与讨论

本项统计分析结果所包含的内容很多，尽管不能全面准确地反映我国人文社会科学的发展情况，但是仍可以从一个方面反映我国人文社会科学在走向世界的过程中出现的一些值得关注的动向，可进行讨论的方面很多。这里仅就其中几个需要引起重视的问题进行讨论。

11.1　加快我国人文社会科学走向世界的步伐

从 SSCI、A&HCI 和 ISSHP 三大检索工具收录我国论文的数量来看，呈逐年增长态势。这从一个方面反映，我国人文社会科学正在悄然走向世界，国际地位和国际影响力在逐渐提高。但是与一些发达国家的人文社会科学相比，我国人文社会科学在这方面的发展仍很有限，即使与我国科学技术方面的发展相比，也存在明显差距。这种状况与我国人文社会科学的实际研究规模和研究成果产出量相比也很不相称。

我国拥有数量庞大的人文社会科学研究队伍，仅每年产生的人文社会科学期刊论文就高达 20 万—30 万篇，但是这些论文的影响力基本仅限于国内，很难影响到国外。到目前为止，我国只有极少数人能够在国际学术论坛上发出自己的声音，因此在国际人文社会科学论坛上，来自中国的声音非常微弱。了解和正视这个现实，有助于我们采取相应的对策和措施，加快我国人文社会科学走向世界的步伐。

在当今全球化和网络化时代，国家间的相互影响日益增强，任何文化都难以拒绝与外界的交往。我国人文社会科学界需要进一步更新观念和思维模式，拓宽研究视角和研究领域；加强与国内外同行的交流与对话，更多参与国家迫切需要和人类共同面临问题的研究；在保留传统优势和特点的同时突破原有部门和地域的局限，不断扩大合作研究的规模和范围；最终使我国人文社会科学研究的实力不断增强，在国际学术界的影响不断扩大。

11.2　提升中国人文社会科学学术期刊的国际影响力

一个国家的学术期刊可以成为向世界展示这个国家学术研究成果和研究动向的重要窗口。从国际学术界的角度来看，我国人文社会科学类期刊的这种窗口作用较弱。到目前为止，我国（不包括我国香港和台湾地区）仅有一种人文社会科学类期刊被 A&HCI 收录，这无疑会在很大程度上成为影响我国人文社会科学走向世界的一个“瓶颈”。

要改变这种状况可以考虑从两方面努力，其一是提高学术期刊的质量，其二是适当增加英文版学术期刊的数量。提高学术期刊的质量是最根本的，它包括使期刊形成鲜明的学术特色和在相关领域的学术领先地位，吸引更多的优秀论文投稿。另外，使期刊的编辑和出版符合国际通行的学术规范也是一个不可忽视的方面。SSCI 和 A&HCI 等国际著名检索工具有其特定的选刊标准，期刊编辑和出版的学术规范是其中的一个重要标准。

我国期刊编辑的规范有待进一步加强，但是这种规范所涉及的不仅仅是期刊编辑和出版部门，与广大作者及其所属机构也有很大关系。例如，本项统计分析中发现的一些不规范问题便需要引起多方面的关注，这些问题往往不容易被国际检索工具发现，但是给统计分析带来了很多麻烦。其中，最突出的是地址不详或有明显错误，机构译名不统一或不准确，随意使用难以辨认的机构简称或缩写，机构隶属关系不清，机构英文译名无从查询和核对，以及第一作者所属机构过多。另外，有相当数量的论文没有关键词，有一定数量的论文没有引文。

在当今国际学术界，英文期刊和论文拥有更广泛的读者群，这是我国人文社会科学类期刊的编辑出版工作中需要面对的一个现实。适当增加我国英文版人文社会科学类期刊的数量，提高英文期刊和论文的英文水平，有助于扩大我国人文社会科学类期刊的国际影响。我国人文社会科学是国际人文社会科学的组成部分，而我国人文社会科学期刊是展示我国人文社会科学研究的重要“窗口”。如何通过这个“窗口”使世界更好地了解我国人文社会科学研究成果，如何在国际社会通用的语境下与国际学术同行对话，是我国人文社会科学界需要认真考虑的一个问题，在这方面我国科技界已明显地走在了前面。

11.3　扩大中国人文社会科学合作研究的规模和范围

从 SSCI 和 A&HCI 收录我国论文的合著情况来看，我国人文社会科学领域的合作研究规模和范围在逐渐扩大，但发展较缓慢。这种发展主要表现在以下几个方面：

- SSCI 和 A&HCI 收录的我国合著论文数量在大多数年度一直明显超过独著论文数量，但是由于独著论文数量增长得较快，致使这两类论文所占的比例逐渐接近。这从一个方面反映，合作研究的成果可能比较容易引起国际学术界同行的关注，但是我国人文社会科学领域中由研究者个人单独进行研究的发展势头较强。
- 同机构合作一直是国内合作研究中采用最多的合作形式，而双方合作一直是国际合作研究中采用最多的合作形式。这从一个方面反映，我国人文社会科学领域合作研究的规模和范围还比较小。
- 在国际合著论文中，我国第一作者论文所占比例与我国为参与者论文所占比例大体为3:7，两者的差距比较明显。这从一个方面反映，我国研究人员在国际合作研究中尚未起主导作用。
- 我国第一作者国际合著论文所涉及的国家（地区）数量尽管有所增加，但仍明显低于我国为参与者国际合著论文所涉及的国家（地区）数量。这从一个方面反映，我国研究人员起主导作用的国际合作研究所涉及的国际范围较窄。

因此，需要探讨如何逐渐减少影响我国人文社会科学领域开展合作研究的各种有形和无形樊篱的方法，增加研究人员参与国内外学术交流的机会，拓宽学术研究经费资助的渠道，减少实际存在的大量重复性研究，提高资金和人才使用的社会效益，从而使我国人文社会科学领域的合作研究规模和范围不断扩大，整体研究实力不断增强。

11.4 加强以问题为核心的研究和跨学科研究

从 SSCI 和 A&HCI 收录我国论文的学科分布来看，跨学科论文占有相当比例，而且其中许多是以问题为核心的研究，这是一个需要引起重视的问题。

实际上，加强以问题为核心的研究和跨学科研究已成为当今国际人文社会科学发展中的一个重要动向。导致这种发展的一个重要原因是人类面临的问题日益增多和复杂，而这些问题的解决往往无法仅靠单一学科的研究，于是打破传统的学科界限，进行以问题为核心的跨学科研究便成了一个采用得越来越多的做法。

当前，我国的改革开放正处在深入发展的关键时期，政治、经济和社会生活正在发生深刻变化，许多重大的理论和现实问题都离不开人文社会科学的研究。我国人文社会科学界既应关注学科发展前沿性问题的研究，也应关心我国改革开放发展中出现的各种现实性和前瞻性问题以及人类共同面临的问题的研究。这方面的研究成果不仅可以为政府、企业和社会各界所利用，对国家和民族的发展作出贡献，也容易引起国际学术同行的关注，在国际学术界产生影响。

11.5 利用现代化研究手段促进中国人文社会科学发展

以现代通信技术和信息网络技术为代表的现代化研究手段可以极大地改善研究条件，使任何人在任何时间和地点有效获取与利用其研究所需的丰富资料和信息，开展各种学术交流与合作，从而使研究获得更多的便利和更广阔的发展空间。

从 SSCI 和 A&HCI 收录我国论文的地区和机构分布来看，我国人文社会科学的发展存在明显的地区和机构差距，造成这种差距的一个重要原因是研究条件的不同，尤其是存在“数字鸿沟”。因此加快缩小不同地区和机构研究条件差距的一个重要途径是缩小其间的“数字鸿沟”，使我国研究人员能够普遍获得利用现代化手段从事研究的机会，这无疑是增强我国人文社会科学研究整体实力的一个有效途径。

11.6 利用国际检索工具的平台展示和传播中国人文社会科学研究成果

SSCI、A&HCI 和 ISSHP 是目前世界上少有的可以用来检索世界各国人文社会科学论文和引文的大型综合性检索工具，在国际学术界享有较高声誉。尽管这些检索工具还存在一些明显的缺陷，尤其是其语言偏向，主要收录英文论文，致使许多非英语国家的论文较少被收录。但是如果换一种角度考虑问题，对这样一种国际性检索工具提出苛刻的要求是不现实的，因为世界各国所使用的语言十分丰富，而英文论文在国际学术界拥有最广泛的读者群。

因此，在国际人文社会科学领域还未出现其他更为完善的权威性国际检索工具的情况下，仅仅因为 SSCI、A&HCI 和 ISSHP 等国际检索工具存在的一些缺陷而对其采取轻视和排斥的态度，其结果只能是使我国失去利用这些国际文献检索工具的平台展示和传播我国人文社会科学研究成果的机会，或者说在这方面被边缘化。而争取我国有更多的期刊和论文被这些检索工具收录，不失为一个明智的举措，这与我国加入各种国际组织有异曲同工的道理。

总之，中国需要了解世界，世界也需要了解中国。中国人文社会科学在这方面是可以有所作为的。

1995—2004 年
SSCI、A&HCI 和 ISSHP 收录中国香港和台湾地区
论文统计分析总报告

1 导言

我国香港特区（简称我国香港）和台湾地区（简称我国台湾）是我国的重要组成部分，两地论文被 SSCI、A&HCI 和 ISSHP 三大国际检索工具（简称三大检索工具）收录的情况也是本项统计分析的重要内容。在三大检索工具中，我国香港和我国台湾可以作为两个单独的统计单位，这里也对三大检索工具收录两地论文的情况进行单独的统计分析。

以下将对统计分析的背景、内容以及有关问题进行简要说明，其中的主要内容也适用于后面的年度报告。

1.1 研究内容

本项统计分析的主要内容是对三大检索工具在 1995—2004 年间收录我国香港和台湾地区论文的情况进行统计分析，统计分析的重点是三大检索工具收录我国香港和台湾地区论文的数量、学科分布、机构分布、期刊和文种分布、合著情况以及被引用和引用文献情况，并适当与我国（内地）的同类情况进行比较。

本项统计分析包括以下 8 个部分：

- 导言；

- 三大检索工具收录中国香港和台湾地区论文概况；
- SSCI 和 A&HCI 收录中国香港和台湾地区论文的学科分布；
- SSCI 和 A&HCI 收录中国香港和台湾地区论文的机构分布；
- SSCI 和 A&HCI 收录中国香港和台湾地区论文的期刊分布；
- SSCI 和 A&HCI 收录中国香港和台湾地区论文的合著情况；
- SSCI 和 A&HCI 收录中国香港和台湾地区论文的被引用情况；
- SSCI 和 A&HCI 收录中国香港和台湾地区论文的引用文献情况。

除“导言”外，每个统计分析部分的结尾均有一个“小结”，对该部分统计分析的结果进行简要总结。

1.2　数据来源和统计说明

1.2.1　数据来源

本项统计分析中有关我国香港和台湾地区论文的数据均来自汤姆森科技的 SSCI、A&HCI 和 ISSHP 三大检索工具网络版数据库，数据采集的时间为 2005 年。

1.2.2　论文选取原则

有关我国香港和台湾地区论文的数据是分别以“Hong Kong”和“Taiwan”为检索词从三大检索工具网络版数据库获得的，其中的 SSCI 和 A&HCI 是合在一起检索的。为了进行国家（地区）论文的比较，不同国家（地区）的论文数据均以各自名称为检索词用同样的方法从三大检索工具网络版数据库获得。

但是需要说明的是，本项统计中用于国家（地区）间比较的我国香港和台湾地区论文数量（第 2.1 部分）与用于具体统计分析的我国香港和台湾地区论文数量（第 2.2—8 部分）是不一致的，后者少于前者。因为对我国香港和台湾地区论文情况进行多方面的具体统计分析，需要有关两地作者和合作者的详细地址以及一些相关情况的信息，但是以“Hong Kong”和“Taiwan”为检索词所获得的两地论文数据中，有一部分数据的相关信息不全，因此在进行具体统计分析时必须将这部分数据剔除。

1.2.3　论文的概念和归属

三大检索工具收录的我国香港论文实际上包括我国香港第一作者和我国香港为参与者两类论文，收录的我国台湾论文亦如此。按照国际文献计量统计惯例，第一作者论文具有唯一性和可比性，因此本项研究将两地第一作者论文数量作为统计分析的重点。为了避免论述的累赘，在本报告的第3—8部分，“我国香港论文”和“我国台湾论文”在没有特指的情况下，均指其第一作者论文。

1.2.4 论文的学科分类

我国香港和台湾地区论文的学科分类原则与我国（内地）的相同，即依照中国国家技术监督局颁布的国家标准《学科分类与代码》，确定本项统计分析中我国（包括我国香港和台湾地区）论文所涵盖的28个学科领域，然后就这28个学科领域对论文重新进行分类。

这28个学科领域包括17个人文社会科学领域和11个科学技术领域。17个人文社会科学领域包括：经济学、社会学、教育学、语言学、管理学、哲学、政治学、法学、图书馆情报与文献学、新闻学与传播学、统计学、民族学与人类学、历史学、文学、考古学、艺术学和宗教学。11个科学技术领域包括：医药卫生、心理学、数学、计算机科学、环境科学、物理学、地理学、生物学、交通运输、建筑学和安全科学。

2 三大检索工具收录中国香港和台湾地区论文概况

2.1 三大检索工具收录中国香港和台湾地区论文数量和排名

2.1.1 三大检索工具收录中国香港论文数量和排名

1995—2004年，SSCI、A&HCI 和 ISSHP 三大检索工具收录的我国香港论文从591篇增至1216篇，年均增长62.5篇，呈稳步增长态势；论文数量的国家（地区）排名从第26位升至第18位，排名提升了8位（见表1）。

表1 1995—2004年三大检索工具收录中国香港论文数量和排名

年度	中国香港论文			
	（篇）	增加（篇）	增长（%）	排名
1995	591	/	/	26
1996	664	73	12.4	25
1997	800	136	20.5	22
1998	876	76	9.5	22
1999	876	0	0.0	22
2000	955	79	9.0	21

续表

年度	中国香港论文			
	（篇）	增加（篇）	增长（%）	排名
2001	1208	253	26.5	19
2002	1088	-120	-9.9	19
2003	1269	181	16.6	17
2004	1216	-53	-4.2	18

2.1.2 三大检索工具收录中国台湾论文数量和排名

1995—2004 年，SSCI、A&HCI 和 ISSHP 三大检索工具收录的我国台湾论文从 367 篇增至 865 篇，年均增长 49.8 篇，呈稳步增长态势；论文数量的国家（地区）排名从第 30 位升至第 24 位，排名提升了 6 位（见表 2）。

表 2　1995—2004 年三大检索工具收录中国台湾论文数量和排名

年度	中国台湾论文			
	（篇）	增加（篇）	增长（%）	排名
1995	367	/	/	30
1996	378	11	3.0	28
1997	367	-11	-2.9	28
1998	387	20	5.4	28
1999	475	88	22.7	27
2000	508	33	6.9	27
2001	592	84	16.5	27
2002	686	94	15.9	27
2003	892	206	30.0	25
2004	865	-27	-3.0	24

比较我国香港和台湾地区以及我国（内地）论文数量的发展情况可以发现，我国香港和台湾地区论文数量的发展比较平稳，而我国（内地）论文数量在进入 21 世纪后增长较快，尤其是 2003 年，增幅较大（见图 1）。

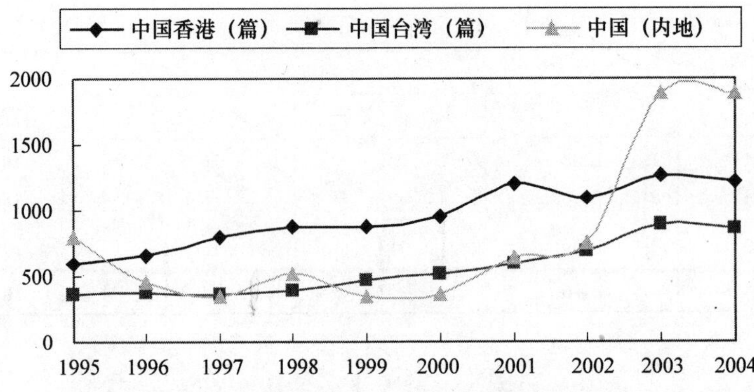

图 1　1995—2004 年三大检索工具收录中国香港、中国台湾和中国（内地）论文数量

2. 2　SSCI 和 A&HCI 收录中国香港和台湾地区论文数量

2. 2. 1　SSCI 和 A&HCI 收录中国香港论文数量

1995—2004 年，SSCI 和 A&HCI 共收录我国香港第一作者论文 5910 篇，我国香港为参与者论文 1307 篇，前者占 82%，后者占 18%。两者大体形成 8:2 的比例，我国香港第一作者论文占明显优势。

10 年中，SSCI 和 A&HCI 收录的我国香港第一作者论文从 130 篇增至 875 篇，呈逐年增长态势。尤其是在 1998 年，论文数量增长幅度较大，从上一年的 184 篇增至 627 篇，增长 240. 8%，而且此后一直在这个基础上稳步增长。到 2004 年，SSCI 和 A&HCI 收录的我国香港第一作者论文数量已相当于 1995 年的 6. 7 倍（见表 3、图 2）。

表 3　　1995—2004 年 SSCI 和 A&HCI 收录中国香港和台湾地区第一作者论文数量

年度	中国香港 SSCI 和 A&HCI 论文			中国台湾 SSCI 和 A&HCI 论文		
	（篇）	（%）	增长（%）	（篇）	（%）	增长（%）
1995	130	76. 5	/	102	81. 6	/
1996	189	78. 4	45. 4	117	77. 0	14. 7
1997	184	77. 0	－2. 6	119	81. 0	1. 7
1998	627	83. 5	240. 8	245	80. 6	105. 9

续表

年度	中国香港 SSCI 和 A&HCI 论文			中国台湾 SSCI 和 A&HCI 论文		
	（篇）	（%）	增长（%）	（篇）	（%）	增长（%）
1999	674	83.9	7.5	337	81.8	37.6
2000	692	81.9	2.7	385	86.7	14.2
2001	894	82.8	29.2	464	84.4	20.5
2002	805	82.1	-10.0	456	84.1	-1.7
2003	840	81.6	4.3	653	87.5	43.2
2004	875	81.2	4.2	632	88.9	-3.2
总计	5910	80.9	/	3510	83.4	/

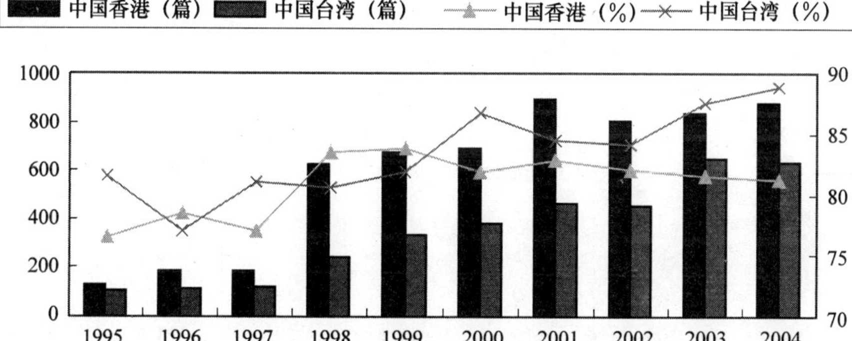

图2 1995—2004 年 SSCI 和 A&HCI 收录中国香港和台湾地区论文数量

2.2.2 SSCI 和 A&HCI 收录中国台湾论文数量

1995—2004 年，SSCI 和 A&HCI 共收录我国台湾第一作者论文 3510 篇，收录我国台湾为参与者论文 623 篇，前者占 84.9%，后者占 15.1%。两者大体形成 8:2 的比例，我国台湾第一作者论文占明显优势，这一情况与我国香港的类似。相比之下，SSCI 和 A&HCI 收录我国（内地）第一作者论文所占比例为 61.4%。

10 年中，SSCI 和 A&HCI 收录的我国台湾第一作者论文从 1995 年的 102 篇，增至 2004 年的 632 篇，呈稳步增长态势。到 2004 年，我国台湾第一作者论文数量约相当于 1995 年的 6 倍（见表 3）。

2.3 ISSHP 收录中国香港和台湾地区论文数量

2.3.1 ISSHP 收录中国香港论文数量

1995—2004 年，ISSHP 共收录我国香港第一作者论文 779 篇，我国香港为参与者论文 87 篇，前者占 90%，后者占 10%。两者形成 9:1 的比例，我国香港第一作者论文占绝大多数。

10 年中，ISSHP 收录的我国香港第一作者论文从 1995 年的 58 篇，增至 2004 年的 109 篇，基本呈增长态势，但其间有起伏（见表 4、图 3）。

表 4　1995—2004 年 ISSHP 收录中国香港和台湾地区第一作者论文数量

年度	中国香港 ISSHP 论文			中国台湾 ISSHP 论文		
	（篇）	（%）	增长（%）	（篇）	（%）	增长（%）
1995	58	98.3	/	40	100.0	/
1996	36	94.7	-37.9	23	95.8	-42.5
1997	39	92.9	8.3	16	94.1	-30.4
1998	92	89.3	135.9	68	93.2	325.0
1999	51	89.5	-44.6	53	86.9	-22.1
2000	86	86.9	68.6	56	94.9	5.7
2001	91	87.5	5.8	34	87.2	-39.3
2002	86	91.5	-5.5	84	95.5	147.1
2003	131	91.0	52.3	130	97.7	54.8
2004	109	86.5	-16.8	139	93.9	6.9
总计	779	90.8	/	643	93.9	/

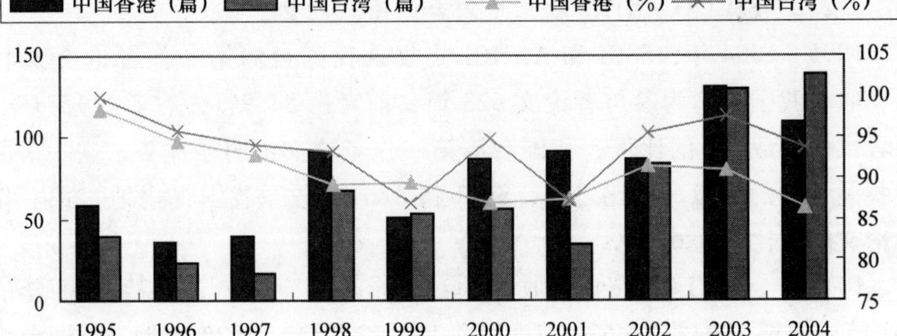

图 3　1995—2004 年 ISSHP 收录中国香港和台湾地区第一作者论文数量

2.3.2 ISSHP 收录中国台湾论文数量

1995—2004 年，ISSHP 共收录我国台湾第一作者论文 643 篇，我国台湾为参与者论文 39 篇，前者占 94.3%，后者占 5.7%。两者大体形成 9:1 的比例，我国台湾第一作者论文占绝大多数，这一情况与我国香港的类似。相比之下，ISSHP 收录我国（内地）第一作者论文所占比例为 98%。

10 年中，ISSHP 收录我国台湾第一作者论文从 1995 年的 40 篇，增至 2004 年的 139 篇，基本呈增长态势（见表 4、图 3）。

2.4 小结

统计结果显示，1995—2004 年中，三大检索工具收录我国香港和台湾地区的论文数量均呈稳步增长态势。而且在论文数量的国家（地区）排名中，我国香港提升了 8 位，我国台湾提升了 6 位。相比之下，我国（内地）提升了 11 位。这从一个方面反映，我国香港和台湾地区与我国（内地）一样，人文社会科学研究实力在不断增强，国际学术地位有明显提高。

但是从 SSCI 和 A&HCI 收录的两地期刊论文数量来看，我国香港为 5910 篇，我国台湾为 3510 篇，均明显多于我国（内地）的 2032 篇；而从 ISSHP 收录的两地会议论文数量来看，我国香港为 779 篇，我国台湾为 643 篇，均明显少于我国（内地）的 4117 篇。这表明，三大检索工具收录的我国香港和台湾地区论文中，SSCI 和 A&HCI 期刊论文均占绝大多数，而收录的我国（内地）论文情况相反，ISSHP 会议论文占多数。

从 SSCI 和 A&HCI 收录的两地第一作者论文所占比例来看，我国香港为 82%，我国台湾为 84.9%，均高于我国（内地）的 61.4%。而从 ISSHP 收录的两地第一作者论文所占比例来看，我国香港为 90%，我国台湾为 94.3%，均低于我国（内地）的 98%。这从一个方面反映，我国香港和台湾地区的研究人员以第一作者身份在国际学术期刊上发表论文的比例，均明显高于我国（内地）的，而以第一作者论文身份在学术会议上发表论文的比例均略低于我国（内地）的。

需要说明的是，以下各部分的统计分析主要以三大检索工具收录的我国香港和台湾地区第一作者论文情况为重点。在没有特指的情况下，我国香港和台湾地区论文均指其第一作者论文。

3 SSCI 和 A&HCI 收录中国香港和台湾地区论文的学科分布

3.1 SSCI 和 A&HCI 收录中国香港和台湾地区论文比较集中的学科领域

3.1.1 SSCI 和 A&HCI 收录中国香港论文比较集中的学科领域

1995—2004 年，SSCI 和 A&HCI 共收录我国香港各学科领域论文 5910 篇，论文比较集中的学科领域是：经济学、社会学、管理学、医药卫生、教育学、心理学、政治学、语言学、哲学和文学。这 10 个学科领域论文合计 5190 篇，占总数的 87.8%。其中，经济学、社会学、管理学和医药卫生 4 个学科领域论文的数量更多一些，年均超过 80 篇（见表 5）。

10 年中，我国香港 SSCI 和 A&HCI 论文涵盖的学科领域从 1995 年的 15 个，增至 2004 年的 27 个，呈增长态势。

表 5 1995—2004 年 SSCI 和 A&HCI 收录中国香港论文比较集中的学科领域

年度	中国香港 SSCI 和 A&HCI 论文（篇）									
	经济学	社会学	管理学	医药卫生	教育学	心理学	政治学	语言学	哲学	文学
1995	40	10	17	20	9	14	3	5	0	1
1996	43	44	15	29	14	20	3	2	3	0
1997	42	34	20	31	9	22	2	7	2	0
1998	75	115	102	66	41	34	38	25	16	11
1999	74	114	148	78	45	38	36	32	12	17
2000	95	117	144	63	51	64	39	25	13	8
2001	165	166	130	122	76	55	34	25	10	15
2002	160	146	130	113	43	31	26	24	14	21
2003	141	87	110	149	63	87	39	30	13	11
2004	179	149	91	157	54	23	26	43	19	16
总计	1014	982	907	828	405	388	246	218	102	100

3.1.2 SSCI 和 A&HCI 收录中国台湾论文比较集中的学科领域

1995—2004 年，SSCI 和 A&HCI 共收录我国台湾各学科领域论文 3510

篇，论文比较集中的学科领域是：医药卫生、管理学、经济学、社会学、教育学、心理学、图书馆情报与文献学、政治学、历史学和语言学。这10个学科领域的论文合计3202篇，占总数的91.2%。其中，医药卫生、管理学和经济学3个学科领域论文的数量更多一些，年均超过60篇（见表6）。

10年中，我国台湾SSCI和A&HCI论文涵盖的学科领域从1995年的16个，增至2004年的27个，呈增长态势。

表6 1995—2004年SSCI和A&HCI收录中国台湾论文比较集中的学科领域

年度	中国台湾SSCI和A&HCI论文（篇）									
	医药卫生	管理学	经济学	社会学	教育学	心理学	图书馆情报与文献学	政治学	历史学	语言学
1995	20	11	25	13	5	10	1	4	0	2
1996	29	13	26	11	5	19	3	2	0	1
1997	31	23	14	16	6	10	5	5	0	0
1998	49	44	44	19	8	20	6	6	11	7
1999	66	79	55	15	22	14	6	10	15	15
2000	72	86	63	31	28	17	16	21	9	5
2001	85	108	71	33	43	31	8	16	12	12
2002	87	100	75	44	35	27	13	15	16	3
2003	143	84	122	54	51	52	46	16	23	18
2004	139	106	117	77	58	18	22	13	19	21
总计	721	654	612	313	261	218	126	108	105	84

3.2 SSCI和A&HCI收录中国香港和台湾地区跨学科论文数量

3.2.1 SSCI和A&HCI收录中国香港跨学科论文数量

在SSCI和A&HCI来源刊和论文的学科分类中，“跨学科”属于其中一类。按照这个原始学科分类，1995—2004年SSCI和A&HCI收录的我国香港论文中，属于“跨学科”论文的有718篇，占我国香港同类论文总数的12.1%（见表7）。

10年中，我国香港的这类“跨学科”论文数量从13篇增至74篇，但是所占比例在大多数年度为10%—12%，没有形成明显的上升或下降趋势。

表7 1995—2004 年 SSCI 和 A&HCI 收录中国香港和台湾地区跨学科论文数量

年度	中国香港论文		中国台湾论文	
	(篇)	(%)	(篇)	(%)
1995	13	10.0	4	3.9
1996	54	28.6	25	21.4
1997	22	12.0	14	11.8
1998	80	12.8	24	9.8
1999	73	10.8	27	8.0
2000	81	11.7	28	7.3
2001	144	16.1	61	13.1
2002	69	8.6	44	9.6
2003	108	12.9	51	7.8
2004	74	8.5	72	11.4
总计	718	12.1	350	10.0

3.2.2 SSCI 和 A&HCI 收录中国台湾跨学科论文数量

按照 SSCI 和 A&HCI 来源刊和论文的原始学科分类，1995—2004 年 SSCI 和 A&HCI 收录的我国台湾论文中，属于“跨学科”论文的有 350 篇，占我国台湾同类论文总数的 10%（见表 7）。

10 年中，我国台湾的这类“跨学科”论文数量从 4 篇增至 72 篇，所占比例在大多数年度在 10% 左右，没有形成明显的上升或下降趋势。

3.3 小结

统计结果显示，1995—2004 年中，SSCI 和 A&HCI 收录我国香港和台湾地区论文的学科涵盖面均不断扩大，两地论文比较集中的前 4 个学科领域大体相同，均是医药卫生、管理学、经济学和社会学，只是在排序上略有差别。而其中的经济学、社会学和医药卫生在我国（内地）同类论文数量的学科领域排序中也位居前 4 位。这从一个方面反映，我国香港和台湾地区的这几个学科领域研究与我国（内地）的一样，都受到国际学术界较多的关注。

从 SSCI 和 A&HCI 收录的两地论文中跨学科论文所占比例来看，我国香港为 12.1%，我国台湾为 10%，我国香港的略高一些，但均比我国（内地）的 21% 低。

4 SSCI 和 A&HCI 收录中国香港和台湾地区论文的机构分布

4.1 SSCI 和 A&HCI 收录中国香港和台湾地区各类机构论文数量

4.1.1 SSCI 和 A&HCI 收录中国香港各类机构论文数量

1995—2004 年，SSCI 和 A&HCI 共收录我国香港各类机构论文 5910 篇，其中高等院校 5598 篇，占 94.7%；研究机构 80 篇，占 1.4%；医疗机构 146 篇，占 2.5%；其他机构 86 篇，占 1.5%（见表 8）。

10 年中，我国香港高等院校的 SSCI 和 A&HCI 论文数量一直占绝对优势，而且逐年增长，10 年增长了近 6 倍。相比之下，其他三类机构的 SSCI 和 A&HCI 论文数量一直较少（见表 8）。

表 8　1995—2004 年 SSCI 和 A&HCI 收录中国香港各类机构论文数量

机构类型	中国香港 SSCI 和 A&HCI 论文（篇）										
	1995	1996	1997	1998	1999	2000	2001	2002	2003	2004	总计
高等院校	118	167	167	593	646	662	854	773	798	820	5598
研究机构	3	9	2	11	4	11	13	3	11	13	80
医疗机构	2	6	10	11	16	13	16	22	21	29	146
其他机构	7	7	5	12	8	6	11	7	10	13	86

4.1.2 SSCI 和 A&HCI 收录中国台湾各类机构论文数量

1995—2004 年，SSCI 和 A&HCI 共收录我国台湾各类机构论文 3510 篇，其中高等院校 2862 篇，占 81.5%；研究机构 370 篇，占 10.5%；医疗机构 226 篇，占 6.4%；其他机构 52 篇，占 1.5%（见表 9）。

10 年中，我国台湾高等院校的 SSCI 和 A&HCI 论文数量一直占明显优势，而且逐年增长，10 年增长了 5.6 倍；其次是研究机构，其 SSCI 和 A&HCI 论文数量与高等院校的相比尽管有明显差距，但高于其他两类机构，而且呈增长态势。高等院校和研究机构的 SSCI 和 A&HCI 论文合计 3232 篇，占我国台湾同类论文总数的 92.1%。

表 9　1995—2004 年 SSCI 和 A&HCI 收录中国台湾各类机构论文数量

机构类型	中国台湾 SSCI 和 A&HCI 论文（篇）										
	1995	1996	1997	1998	1999	2000	2001	2002	2003	2004	总计
高等院校	77	91	89	195	274	302	389	379	554	512	2862
研究机构	14	17	15	31	33	55	42	45	51	67	370
医疗机构	7	5	12	17	22	25	25	27	42	44	226
其他机构	4	4	3	2	8	3	8	5	6	9	52

4.2　SSCI 和 A&HCI 论文数量排名居前的中国香港和台湾地区高等院校

4.2.1　SSCI 和 A&HCI 论文数量排名居前的中国香港高等院校

1995—2004 年，SSCI 和 A&HCI 收录我国香港高等院校论文 5598 篇，这些论文共来自 38 所高等院校。论文数量较多的前 6 所高等院校是：香港中文大学、香港大学、香港城市大学、香港理工大学、香港科技大学和香港浸会大学，其论文合计 5267 篇，占我国香港高等院校同类论文总数的 94.1%。其中，香港中文大学为 1569 篇，香港大学为 1370 篇，两者合计 2939 篇，占总数的 52.5%（见表 10）。

表 10　1995—2004 年 SSCI 和 A&HCI 论文数量排名居前的中国香港高等院校

高等院校	中国香港 SSCI 和 A&HCI 论文（篇）										
	1995	1996	1997	1998	1999	2000	2001	2002	2003	2004	总计
香港中文大学	33	64	56	190	190	178	236	191	216	215	1569
香港大学	43	45	39	138	143	159	216	191	206	190	1370
香港城市大学	8	16	14	75	81	95	113	111	107	105	725
香港理工大学	7	10	13	52	80	74	109	106	113	120	684
香港科技大学	18	18	29	71	83	73	83	79	66	84	604
香港浸会大学	5	4	7	32	37	42	55	42	43	48	315

4.2.2　SSCI 和 A&HCI 论文数量排名居前的中国台湾高等院校

1995—2004 年，SSCI 和 A&HCI 收录我国台湾高等院校论文 2862 篇，这些论文共来自 161 所高等院校。论文数量较多的前 10 所高等院校是：台湾大学、台湾交通大学、成功大学、中正大学、台湾清华大学、政治大学、淡江大学、“中央”大学、台湾中山大学和台湾师范大学，其论文合计1603篇，占我国台湾高等院校同类论文总数的56%。其中，台湾大学为466篇，台湾交通大学为212篇，两者合计678篇，占总数的23.7%（见表11）。

表11 1995—2004年SSCI和A&HCI论文数量排名居前的中国台湾高等院校

高等院校	中国台湾SSCI和A&HCI论文（篇）										
	1995	1996	1997	1998	1999	2000	2001	2002	2003	2004	总计
台湾大学	23	28	14	46	53	43	55	47	88	69	466
台湾交通大学	1	8	9	18	19	21	31	33	46	26	212
成功大学	9	6	5	16	18	22	41	23	26	31	197
中正大学	2	6	2	7	17	12	30	16	15	25	132
台湾清华大学	4	3	6	15	18	10	14	12	30	13	125
政治大学	1	1	0	10	13	15	12	17	18	30	117
淡江大学	2	2	1	8	13	17	12	13	14	19	101
“中央”大学	5	3	3	6	6	17	16	12	14	13	95
台湾中山大学	4	3	1	4	5	8	15	10	15	18	83
台湾师范大学	2	1	0	3	9	7	5	14	21	13	75

4.3 小结

统计结果显示，1995—2004年中，SSCI和A&HCI收录的我国香港和台湾地区各类机构论文中，高等院校论文所占比例分别为94.7%和81.5%，均占明显优势，我国香港高等院校论文所占比例的优势尤为突出。两地高等院校论文所占比例均明显高于我国内地高等院校论文所占66.2%的比例。两地研究机构论文所占比例分别为1.4%和10.5%，我国台湾研究机构论文所占比例明显高于我国香港的，但明显低于我国内地22.2%的比例。

从SSCI和A&HCI收录两地排名居前的高等院校论文数量来看，我国香港高等院校的论文数量明显高于我国台湾的。例如，我国香港的香港中文大学和香港大学分别为1569篇和1370篇，而我国台湾的台湾大学和交通大学分别为466篇和212篇。相比之下，我国内地的北京大学和清华大学分别为218篇和86篇。这从一个方面反映，我国香港高等院校人文社会科学研究的国际化程度明显高于我国台湾和我国内地的。

5 SSCI 和 A&HCI 收录发表中国香港和台湾地区论文的期刊分布

5.1 SSCI 和 A&HCI 收录发表中国香港和台湾地区论文的国家（地区）期刊分布

5.1.1 SSCI 和 A&HCI 收录发表中国香港论文的国家（地区）期刊数量

1995—2004 年，SSCI 和 A&HCI 共收录发表我国香港论文的期刊 1312 种（剔除了年度累计中重复的部分），这些期刊分别来自 26 个国家（地区）。发表我国香港论文的期刊数量较多的 10 个国家是：美国、英国、荷兰、加拿大、德国、瑞士、爱尔兰、澳大利亚、法国和日本。其中，美国、英国和荷兰 3 个国家发表我国香港论文的期刊数量最多，美国为 637 种，占 48.6%；英国为 447 种，占 34.1%；荷兰为 104 种，占 7.9%；3 国合计 1188 种，占总数的 90.5%。相比之下，其他国家（地区）发表我国香港论文的期刊数量较少。

从发展的情况来看，美国、英国和荷兰 3 国发表我国香港论文的期刊不仅数量较多，而且呈稳步增长态势。此外，加拿大发表我国香港论文的期刊数量也在缓慢增长。相比之下，其他国家（地区）发表我国香港论文的期刊数量增长不明显（见表 12）。

表 12　1995—2004 年 SSCI 和 A&HCI 收录发表中国香港论文的部分国家（地区）期刊数量

国家（地区）	发表中国香港论文的期刊（种）									
	1995	1996	1997	1998	1999	2000	2001	2002	2003	2004
美国	45	56	60	144	157	191	195	207	205	207
英国	36	43	47	135	139	143	171	156	175	187
荷兰	13	13	22	34	35	40	48	35	33	40
加拿大	1	2	3	8	9	3	5	8	9	10
德国	1	2	0	6	2	5	5	4	5	4
瑞士	3	6	4	3	4	6	4	5	7	5
爱尔兰	0	0	0	2	3	5	5	4	4	3
澳大利亚	1	2	2	2	4	3	4	5	2	2
法国	0	0	1	1	0	1	2	1	1	2
日本	0	1	3	1	2	1	1	4	3	1

除上述10个国家外，发表我国香港论文的期刊还来自：新西兰、意大利、新加坡、中国台湾、丹麦、韩国、挪威、斯洛伐克、奥地利、中国香港、印度、菲律宾、中国、俄罗斯、南非和瑞典。其中，后8个国家（地区）在10年中均仅有1种期刊发表了我国香港论文。

10年中，SSCI和A&HCI收录发表我国香港论文的香港期刊只有*Arst of Asia*一种。

5.1.2 SSCI和A&HCI收录发表中国台湾论文的国家（地区）期刊数量

1995—2004年，SSCI和A&HCI共收录发表我国台湾论文的期刊945种（剔除了年度累计中重复的部分），这些期刊分别来自25个国家（地区）。发表我国台湾论文的期刊数量较多的11个国家（地区）是：美国、英国、荷兰、加拿大、德国、爱尔兰、瑞士、日本、中国台湾、澳大利亚和新加坡。其中，美国、英国和荷兰3个国家发表我国台湾论文的期刊数量最多，美国为462种，占48.9%；英国为270种，占28.6%；荷兰为99种，占10.5%；3者合计831种，占总数的87.9%。

从发展的情况来看，美国、英国和荷兰3国发表我国台湾论文的期刊不仅数量多，而且呈稳步增长态势。相比之下，其他国家（地区）发表我国台湾论文的期刊数量增长不明显（见表13）。

表13　1995—2004年SSCI和A&HCI收录发表中国台湾论文的部分国家（地区）期刊数量

国家（地区）	发表中国台湾论文的期刊（种）									
	1995	1996	1997	1998	1999	2000	2001	2002	2003	2004
美国	47	43	56	64	93	97	108	114	141	146
英国	20	21	19	53	59	75	90	79	105	107
荷兰	9	13	6	24	24	32	31	29	37	37
加拿大	1	1	1	4	3	2	3	3	3	4
德国	0	0	2	2	2	2	3	5	5	4
爱尔兰	2	2	3	1	2	3	1	3	6	5
瑞士	3	3	2	5	4	6	5	5	8	6
日本	0	0	0	0	2	4	4	5	5	1
中国台湾	1	2	2	4	4	4	7	6	4	4
澳大利亚	0	1	1	2	4	1	1	1	2	3
新加坡	1	0	0	1	1	3	1	1	2	4

除上述11个国家外，发表我国台湾论文的期刊还来自：法国、韩国、新西兰、挪威、印度、奥地利、丹麦、菲律宾、芬兰、克罗地亚、瑞典、斯洛文尼亚、中国（内地）和中国香港。其中，后9个国家（地区）10年中均仅有1种期刊发表了我国台湾论文。

10年中，SSCI和A&HCI收录发表我国台湾论文的台湾期刊共有9种，包括：*Issues & Studies*，*Journal of the Formosan Medical Association*，*Bulletin of the Institute of History and Philology Academia Sinica*，*Statistica Sinica*，*Journal of the Chinese Institute of Engineers*，*Chinese Journal of Mechanics-Series A*，*Asian Journal of Control*，*Journal of Food and Drug Analysis* 和 *Journal of Biomedical Science*。

5.2 SSCI 和 A&HCI 收录发表中国香港和台湾地区论文较多的期刊

5.2.1 SSCI 和 A&HCI 收录发表中国香港论文较多的期刊

1995—2004年，SSCI和A&HCI共收录发表我国香港论文的期刊有1312种，其中发表我国香港论文数量较多的期刊是：*International Journal of Psychology*，*China Quarterly*，*Journal of Advanced Nursing*，*Schizophrenia Research*，*China Journal*，*Journal of Contemporary Asia*，*International Journal of Human Resource Management*，*Journal of the Operational Research Society*，*Psychologia*，*Journal of the American Geriatrics Society* 和 *Transportation Research Part B-Methodological*，这11种期刊发表的我国香港论文合计668篇，占我国香港SSCI和A&HCI论文总数的11.3%（见表14）。

表14 1995—2004年SSCI和A&HCI收录发表中国香港论文较多的期刊

期刊名称	发表中国香港论文（篇）									
	1995	1996	1997	1998	1999	2000	2001	2002	2003	2004
International Journal of Psychology	2	35	1	4	2	3	54	1	2	2
China Quarterly	2	2	2	12	12	8	10	13	14	18
Journal of Advanced Nursing	2	1	3	12	15	5	12	13	12	9
Schizophrenia Research	0	0	2	5	4	9	5	10	6	14
China Journal	1	0	0	5	5	6	10	11	10	7
Journal of Contemporary Asia	0	0	0	3	7	2	4	11	15	10
International Journal of Human Resource Management	0	0	0	0	0	8	9	18	8	9

续表

期刊名称	发表中国香港论文（篇）									
	1995	1996	1997	1998	1999	2000	2001	2002	2003	2004
Journal of the Operational Research Society	1	2	3	4	3	8	9	5	6	3
Psychologia	0	0	2	9	12	4	5	6	2	3
Journal of the American Geriatrics Society	1	1	1	0	3	0	3	6	9	18
Transportation Research Part B-Methodological	0	2	2	6	4	5	6	5	4	8

其中，英国的期刊 *International Journal of Psychology* 发表我国香港论文的数量最多，为 106 篇；其次是美国的 *China Quarterly*，为 93 篇。而 *International Journal of Psychology*，*China Quarterly*，*Journal of Advanced Nursing*，*Journal of the Operational Research Society*，*Journal of Business Ethics* 和 *European Journal of Operational Research* 6 种期刊发表我国香港论文的年度次数最多，10 年中每年均发表了我国香港论文。

5.2.2 SSCI 和 A&HCI 收录发表中国台湾论文较多的期刊

1995—2004 年，SSCI 和 A&HCI 共收录发表我国台湾论文的期刊有 945 种，其中发表我国台湾论文数量较多的期刊是：*Bulletin of the Institute of History and Philology Academia Sinica*，*International Journal of Industrial Ergonomics*，*Issues & Studies*，*Journal of the Operational Research Society*，*Journal of Advanced Nursing*，*Applied Economics Letters*，*Journal of Sport & Exercise Psychology*，*Journal of Computer Assisted Learning*，*Applied Economics* 和 *International Journal of Psychology*，这 10 种期刊发表的我国台湾论文合计 485 篇，占我国台湾 SSCI 和 A&HCI 论文总数的 13.8%（见表 15）。

其中，中国台湾的期刊 *Bulletin of the Institute of History and Philology Academia Sinica* 发表我国台湾论文的数量最多，为 90 篇；其次是荷兰的期刊 *International Journal of Industrial Ergonomics*，为 66 篇。而 *Bulletin of the Institute of History and Philology Academia Sinica*，*International Journal of Industrial Ergonomics*，*Issues & Studies* 和 *Applied Economics* 4 种期刊发表我国台湾论文的年度次数最多，10 年中每年均发表了我国台湾论文。

表 15　1995—2004 年发表中国台湾 SSCI 和 A&HCI 论文较多的期刊

期刊名称	发表中国台湾论文（篇）									
	1995	1996	1997	1998	1999	2000	2001	2002	2003	2004
Bulletin of the Institute of History and Philology Academia Sinica	0	0	0	9	17	9	12	13	16	14
International Journal of Industrial Ergonomics	0	2	3	2	15	13	5	4	11	11
Issues & Studies	3	1	1	3	5	10	8	10	10	4
Journal of the Operational Research Society	0	1	1	2	7	6	7	8	7	8
Journal of Advanced Nursing	0	0	1	1	4	5	8	8	4	10
Applied Economics Letters	0	2	0	2	3	3	8	9	5	8
Journal of Sport & Exercise Psychology	0	0	0	0	0	0	0	16	18	5
Journal of Computer Assisted Learning	0	0	1	0	0	1	8	8	11	9
Applied Economics	4	1	0	3	3	6	6	4	3	5
International Journal of Psychology	0	15	0	0	0	0	17	0	1	1

5.3　小结

统计结果显示，1995—2004 年，SSCI 和 A&HCI 收录的发表我国香港论文的期刊来自 26 个国家（地区），收录的发表我国台湾论文的期刊来自 25 个国家（地区），其中来自美国、英国和荷兰 3 国的期刊均占绝大多数，这一情况与我国（内地）的很相似。其中的原因可能与 SSCI 和 A&HCI 收录这几个国家的期刊较多有关，但是也从一个方面反映，SSCI 和 A&HCI 收录的期刊中，英文期刊占有明显的优势。

从 SSCI 和 A&HCI 收录发表两地论文的期刊数量来看，我国香港为 1312 种，我国台湾为 945 种，发表我国香港论文的期刊数量明显多于发表我国台湾论文的。相比之下，发表我国（内地）论文的期刊仅为 695 种。这从一个方面反映，我国香港人文社会科学研究的国际化程度较高。

但是从 SSCI 和 A&HCI 收录的发表两地论文最多的期刊来看，发表我国香港论文最多的期刊是英国的 *International Journal of Psychology*，而发表我国台湾论文最多的期刊是中国台湾的 *Bulletin of the Institute of History and*

Philology Academia Sinica。而且 SSCI 和 A&HCI 收录发表我国香港论文的香港期刊仅有 1 种，而收录发表我国台湾论文的台湾期刊共有 9 种。这从一个方面反映，我国台湾有一定数量的论文是通过台湾编辑出版的期刊在国际学术界产生影响的，尽管这部分论文的数量还比较有限。

从我国学科分类的角度来看，SSCI 和 A&HCI 收录的发表我国香港和台湾地区论文较多的期刊大多是科学技术类期刊。这从一个方面反映，SSCI 和 A&HCI 收录期刊的学科范围，与我国传统意义上的人文社会科学学科范围之间存在差异。

6 SSCI 和 A&HCI 收录中国香港和台湾地区论文的合著情况

6.1 SSCI 和 A&HCI 收录中国香港和台湾地区合著论文数量

6.1.1 SSCI 和 A&HCI 收录中国香港合著与独著论文数量

1995—2004 年，SSCI 和 A&HCI 共收录我国香港论文 5910 篇，其中合著论文 3431 篇，占 58.1%；独著论文 2479 篇，占 41.9%（见表 16）。

10 年中，SSCI 和 A&HCI 收录我国香港的合著论文从 104 篇增至 547 篇，但所占比例从 80% 降至 62.5%；独著论文从 26 篇增至 328 篇，所占比例从 20% 升至 37.5%。我国香港的合著与独著论文的数量之比在 1995 年为 8:2，到 2004 年约为 6:4，合著论文仍占多数，但独著论文增长的速度较快（见表 16）。

表 16 1995—2004 年 SSCI 和 A&HCI 收录中国香港合著与独著论文数量

年度	论文总数（篇）	合著		独著	
		（篇）	（%）	（篇）	（%）
1995	130	104	80.0	26	20.0
1996	189	144	76.2	45	23.8
1997	184	156	84.8	28	15.2
1998	627	270	43.1	357	56.9
1999	674	344	51.0	330	49.0
2000	692	398	57.5	294	42.5

续表

年度	论文总数（篇）	合著		独著	
		（篇）	（%）	（篇）	（%）
2001	894	493	55.1	401	44.9
2002	805	473	58.8	332	41.2
2003	840	502	59.8	338	40.2
2004	875	547	62.5	328	37.5
总计	5910	3431	58.1	2479	41.9

6.1.2 SSCI 和 A&HCI 收录中国台湾合著与独著论文数量

1995—2004 年，SSCI 和 A&HCI 共收录我国台湾论文 3510 篇，其中合著论文 2299 篇，占 65.5%；独著论文 1211 篇，占 34.5%（见表 17）。

10 年中，SSCI 和 A&HCI 收录我国台湾的合著论文从 95 篇增至 426 篇，但所占比例从 93.1% 降至 67.4%；独著论文从 7 篇增至 206 篇，所占比例从 6.9% 升至 32.6%。我国台湾的合著与独著论文的数量之比在 1995 年约为 9:1，到 2004 年约为 7:3，合著论文仍占多数，但独著论文增长的速度较快（见表 17）。

表 17　1995—2004 年 SSCI 和 A&HCI 收录中国台湾合著与独著论文数量

年度	论文总数（篇）	合著		独著	
		（篇）	（%）	（篇）	（%）
1995	102	95	93.1	7	6.9
1996	117	103	88.0	14	12.0
1997	119	107	89.9	12	10.1
1998	245	144	58.8	101	41.2
1999	337	203	60.2	134	39.8
2000	385	225	58.4	160	41.6
2001	464	278	59.9	186	40.1
2002	456	293	64.3	163	35.7
2003	653	425	65.1	228	34.9
2004	632	426	67.4	206	32.6
总计	3510	2299	65.5	1211	34.5

6.2 SSCI 和 A&HCI 收录中国香港和台湾地区内以及与其他国家（地区）间合著论文数量

6.2.1 SSCI 和 A&HCI 收录中国香港地区内以及与其他国家（地区）间合著论文数量

1995—2004 年，SSCI 和 A&HCI 共收录我国香港合著论文 3431 篇，其中地区内合著论文 2280 篇，占 66.5%；与其他国家（地区）间合著论文 1151 篇，占 33.5%（见表 18）。

10 年中，SSCI 和 A&HCI 收录我国香港地区内合著论文从 79 篇增至 336 篇，但所占比例从 76% 降至 61.4%；与其他国家（地区）间合著论文从 25 篇增至 211 篇，所占比例从 24% 升至 38.6%。两类论文数量之比在 1995 年约为 8:2，到 2004 年约为 6:4，地区内合著论文仍占多数，但国家（地区）间合著论文增长的速度较快（见表 18）。

表 18　1995—2004 年 SSCI 和 A&HCI 收录中国香港地区内以及与其他国家（地区）间合著论文数量

年度	合著总数（篇）	地区内合著		国家（地区）间合著	
		（篇）	（%）	（篇）	（%）
1995	104	79	76.0	25	24.0
1996	144	112	77.8	32	22.2
1997	156	124	79.5	32	20.5
1998	270	158	58.5	112	41.5
1999	344	221	64.2	123	35.8
2000	398	259	65.1	139	34.9
2001	493	341	69.2	152	30.8
2002	473	301	63.6	172	36.4
2003	502	349	69.5	153	30.5
2004	547	336	61.4	211	38.6
总计	3431	2280	66.5	1151	33.5

6.2.2 SSCI 和 A&HCI 收录中国台湾地区内以及与其他国家（地区）间合著论文数量

1995—2004 年，SSCI 和 A&HCI 共收录我国台湾合著论文 2299 篇，其中地区内合著论文 1819 篇，占 79.1%；与其他国家（地区）间合著论文 480 篇，占 20.9%（见表 19）。

10 年中，SSCI 和 A&HCI 收录我国台湾地区内合著论文从 70 篇增至 348 篇，所占比例从 73.7% 升至 81.7%；与其他国家（地区）间合著论文从 25 篇增至 78 篇，但所占比例从 26.3% 降至 18.3%。两类论文数量之比在 1995 年约为 7:3，到 2004 年约为 8:2，地区内合著论文一直占绝大多数，而且增长的速度比国家（地区）间合著论文的略快（见表 19）。

表 19　1995—2004 年 SSCI 和 A&HCI 收录中国台湾地区内以及与其他国家（地区）间合著论文数量

年度	合著总数（篇）	地区内合著		国家（地区）间合著	
		（篇）	（%）	（篇）	（%）
1995	95	70	73.7	25	26.3
1996	103	79	76.7	24	23.3
1997	107	80	74.8	27	25.2
1998	144	117	81.3	27	18.8
1999	203	157	77.3	46	22.7
2000	225	171	76.0	54	24.0
2001	278	220	79.1	58	20.9
2002	293	227	77.5	66	22.5
2003	425	350	82.4	75	17.6
2004	426	348	81.7	78	18.3
总计	2299	1819	79.1	480	20.9

6.3 SSCI 和 A&HCI 收录中国香港和台湾地区内以及与其他国家（地区）间合著论文的合著形式

6.3.1 SSCI 和 A&HCI 收录中国香港地区内以及与其他国家（地区）间合著论文的合著形式

1995—2004 年，SSCI 和 A&HCI 共收录我国香港地区内以及与其他国家（地区）间合著论文 1151 篇，其中双方合著论文 1009 篇，占 87.7%；三方合著论文 126 篇，占 10.9%；多方合著论文 16 篇，占 1.4%。双方合著论文占绝大多数（见表 20）。

10年中，SSCI和A&HCI收录我国香港的双方合著论文从24篇增至180篇，但所占比例从96%降至85.3%；三方合著论文从1篇增至27篇，所占比例从4%升至12.8%；多方合著论文从0篇增至4篇，所占比例从0升至1.9%。相比之下，双方合著论文一直占绝大多数，但是所占比例略有下降；三方合著论文所占比例略有上升；多方合著论文没有明显变化（见表20）。

表20　1995—2004年SSCI和A&HCI收录中国香港地区内以及与其他国家（地区）间合著论文的合著形式

年度	国家（地区）间合著（篇）	双方合著		三方合著		多方合著	
		（篇）	（%）	（篇）	（%）	（篇）	（%）
1995	25	24	96.0	1	4.0	0	0.0
1996	32	27	84.4	4	12.5	1	3.1
1997	32	26	81.3	3	9.4	3	9.4
1998	112	104	92.9	6	5.4	2	1.8
1999	123	111	90.2	10	8.1	2	1.6
2000	139	121	87.1	18	12.9	0	0.0
2001	152	137	90.1	14	9.2	1	0.7
2002	172	152	88.4	18	10.5	2	1.2
2003	153	127	83.0	25	16.3	1	0.7
2004	211	180	85.3	27	12.8	4	1.9
总计	1151	1009	87.7	126	10.9	16	1.4

6.3.2　SSCI和A&HCI收录中国台湾地区内以及与其他国家（地区）间合著论文的合著形式

1995—2004年，SSCI和A&HCI共收录我国台湾地区内以及与其他国家（地区）间合著论文480篇，其中双方合著论文459篇，占95.6%；三方合著论文16篇，占3.3%；多方合著论文5篇，占1%。双方合著论文显然占绝对优势（见表21）。

10年中，SSCI和A&HCI收录我国台湾的双方合著论文从24篇增至71篇，但所占比例从96%降至91%；三方合著论文从0篇增至6篇，所占比例从0升至7.7%；多方合著论文在多数年度为0，没有明显变化

(见表21)。显然，双方合著论文一直占绝大多数，但所占比例略有下降，三方合著论文所占比例略有上升。

表21　1995—2004 年 SSCI 和 A&HCI 收录中国台湾地区内以及与其他国家（地区）间合著论文的合著形式

年度	国家（地区）间合著（篇）	双方合著		三方合著		多方合著	
		（篇）	（%）	（篇）	（%）	（篇）	（%）
1995	25	24	96.0	0	0.0	1	4.0
1996	24	24	100.0	0	0.0	0	0.0
1997	27	26	96.3	1	3.7	0	0.0
1998	27	27	100.0	0	0.0	0	0.0
1999	46	44	95.7	1	2.2	1	2.2
2000	54	53	98.1	1	1.9	0	0.0
2001	58	55	94.8	3	5.2	0	0.0
2002	66	62	93.9	2	3.0	2	3.0
2003	75	73	97.3	2	2.7	0	0.0
2004	78	71	91.0	6	7.7	1	1.3
总计	480	459	95.6	16	3.3	5	1.1

6.4　小结

统计结果显示，1995—2004 年，SSCI 和 A&HCI 收录我国香港和台湾地区的合著论文与独著论文数量均呈增长态势，但是合著论文所占比例逐渐下降，独著论文所占比例逐渐上升。这从一个方面反映，我国香港和台湾地区的人文社会科学研究中，由研究者个人单独进行研究的发展势头较强。这方面的情况与我国（内地）的有相同之处。

从 SSCI 和 A&HCI 收录两地的地区内以及与其他国家（地区）间合著论文的数量来看，两地的地区内合著论文均占多数，但是所占比例的发展却不相同。我国香港的地区内合著论文所占比例逐渐下降，与其他国家（地区）间合著论文所占比例逐渐上升，两者所占比例从 1995 年的 8:2，发展到 2004 年的 6:4。而我国台湾的地区内合著论文所占比例有所上升，与其他国家（地区）间合著论文所占比例有所下降，两者所占比例从 1995 年的 7:3，发展到 2004 年的 8:2。这从一个方面反映，我国香港人文社会科学研究的国际化趋势比较明显。

从SSCI和A&HCI收录两地的国家（地区）间合著论文的合著形式来看，两地的双方合著论文均占绝大多数，但是所占比例均略有下降，三方合著论文所占比例均略有上升。所不同的是，我国香港的双方合著论文所占比例低于我国台湾的，而三方合著论文所占比例高于我国台湾的。

7 SSCI和A&HCI收录中国香港和台湾地区论文被引用情况

7.1 SSCI和A&HCI收录中国香港和台湾地区论文被引用数量

7.1.1 SSCI和A&HCI收录中国香港论文被引用数量

1995—2004年，SSCI和A&HCI共收录我国香港论文5910篇，其中有2744篇论文被引用，被引用论文所占比例为46.4%；这些论文共被引用13070次，篇均被引2.2次，被引用论文篇均被引4.8次。

7.1.2 SSCI和A&HCI收录中国台湾论文被引用数量

1995—2004年，SSCI和A&HCI共收录我国台湾论文3510篇，其中有1533篇论文被引用，被引用论文所占比例为43.7%；这些论文共被引用6758次，篇均被引1.9次，被引用论文篇均被引4.4次。

7.2 SSCI和A&HCI收录中国香港和台湾地区部分学科领域论文被引用数量

7.2.1 SSCI和A&HCI收录中国香港部分学科领域被引用论文数量

表22显示1995—2004年SSCI和A&HCI收录我国香港论文比较集中的10个学科领域论文的被引用数量，其被引用论文合计2449篇，占总数的89.2%。其中，管理学、社会学、经济学和医药卫生的被引用论文年均超过40篇。

表22　1995—2004年SSCI和A&HCI收录中国香港部分学科领域被引用论文数量

学科	中国香港被引用论文（篇）										
	1995	1996	1997	1998	1999	2000	2001	2002	2003	2004	总计
管理学	16	10	15	68	108	106	79	73	24	6	505
社会学	9	26	26	85	74	79	79	71	17	19	485

续表

学科	中国香港被引用论文（篇）										
	1995	1996	1997	1998	1999	2000	2001	2002	2003	2004	总计
经济学	29	33	35	56	44	69	95	71	33	14	479
医药卫生	18	26	24	52	58	49	89	62	52	10	440
心理学	12	7	16	29	29	42	27	20	31	5	218
教育学	9	6	6	22	30	31	31	23	10	2	170
语言学	4	1	6	4	14	9	8	15	4	1	66
政治学	3	3	0	5	12	10	7	3	3	0	46
哲学	0	1	2	6	5	9	3	3	4	2	35
文学	0	0	0	0	3	2	0	0	0	0	5

7.2.2 SSCI 和 A&HCI 收录中国台湾部分学科领域被引用论文数量

表 23 显示 1995—2004 年 SSCI 和 A&HCI 收录我国台湾论文比较集中的 10 个学科领域论文的被引用数量，其被引用论文合计 1432 篇，占总数的 93.4%。其中，医药卫生、管理学和经济学的被引用论文年均超过 20 篇。

表 23　　1995—2004 年 SSCI 和 A&HCI 收录中国台湾部分学科领域被引用论文数量

学科领域	中国台湾被引用论文（篇）										
	1995	1996	1997	1998	1999	2000	2001	2002	2003	2004	总计
医药卫生	20	25	28	41	55	58	56	59	69	16	427
管理学	8	10	20	35	56	51	54	46	25	4	309
经济学	17	14	6	29	33	32	33	28	28	3	223
社会学	13	7	11	13	10	22	16	22	20	7	141
教育学	4	4	6	7	14	19	29	16	16	3	118
心理学	10	3	9	15	9	12	14	9	12	2	95
图书馆情报与文献学	1	2	2	5	6	12	6	8	11	1	54
政治学	2	2	4	1	2	11	7	2	2	4	37
语言学	1	0	0	4	5	2	5	2	2	1	22
历史学	0	0	0	1	1	0	2	2	0	0	6

7.3 SSCI 和 A&HCI 收录中国香港和台湾地区部分学科领域被引用论文比例

7.3.1 SSCI 和 A&HCI 收录中国香港部分学科领域被引用论文比例

表 24 显示 1995—2004 年 SSCI 和 A&HCI 收录我国香港论文比较集中的 10 个学科领域被引用论文所占比例，其中前 6 个学科领域被引用论文所占比例年均在 50% 以上。

表 24　1995—2004 年 SSCI 和 A&HCI 收录中国香港部分学科领域被引用论文比例

学科领域	中国香港被引用论文比例（%）										
	1995	1996	1997	1998	1999	2000	2001	2002	2003	2004	年均
医药卫生	90.0	89.7	77.4	78.8	74.4	77.8	73.0	54.9	34.9	6.4	65.7
管理学	94.1	66.7	75.0	66.7	73.0	73.6	60.8	56.2	21.8	6.6	59.5
心理学	85.7	35.0	72.7	85.3	76.3	65.6	49.1	64.5	35.6	21.7	59.2
经济学	72.5	76.7	83.3	74.7	59.5	72.6	57.6	44.4	23.4	7.8	57.3
社会学	90.0	59.1	76.5	73.9	64.9	67.5	47.6	48.6	19.5	12.8	56.0
教育学	100.0	42.9	66.7	53.7	66.7	60.8	40.8	53.5	15.9	3.7	50.5
语言学	80.0	50.0	85.7	16.0	43.8	36.0	32.0	62.5	13.3	2.3	42.2
哲学	0.0	33.3	100.0	37.5	41.7	69.2	30.0	21.4	30.8	10.5	37.4
政治学	100.0	100.0	0.0	13.2	33.3	25.6	20.6	11.5	7.7	0.0	31.2
文学	0.0	0.0	0.0	0.0	17.6	25.0	0.0	0.0	0.0	0.0	4.3

7.3.2 SSCI 和 A&HCI 收录中国台湾部分学科领域被引用论文比例

表 25 显示 1995—2004 年 SSCI 和 A&HCI 收录我国台湾论文比较集中的 10 个学科领域被引用论文所占比例，其中前 6 个学科领域被引用论文所占比例年均在 50% 以上。

表 25　1995—2004 年 SSCI 和 A&HCI 收录中国台湾部分学科领域被引用论文比例

学科领域	中国台湾被引用论文比例（%）										
	1995	1996	1997	1998	1999	2000	2001	2002	2003	2004	年均
医药卫生	100.0	86.2	90.3	83.7	83.3	80.6	65.9	67.8	48.3	11.5	71.8
图书馆情报与文献学	100.0	66.7	40.0	83.3	100.0	75.0	75.0	61.5	23.9	4.5	63.0

续表

学科领域	中国台湾被引用论文比例（%）										
	1995	1996	1997	1998	1999	2000	2001	2002	2003	2004	年均
教育学	80.0	80.0	100.0	87.5	63.6	67.9	67.4	45.7	31.4	5.2	62.9
社会学	100.0	63.6	68.8	68.4	66.7	71.0	48.5	50.0	37.0	9.1	58.3
管理学	72.7	76.9	87.0	79.5	70.9	59.3	50.0	46.0	29.8	3.8	57.6
心理学	100.0	15.8	90.0	75.0	64.3	70.6	45.2	33.3	23.1	11.1	52.8
经济学	68.0	53.8	42.9	65.9	60.0	50.8	46.5	37.3	23.0	2.6	45.1
政治学	50.0	100.0	80.0	16.7	20.0	52.4	43.8	13.3	12.5	30.8	42.0
语言学	50.0	0.0	0.0	57.1	33.3	40.0	41.7	66.7	11.1	4.8	30.5
历史学	0.0	0.0	0.0	9.1	6.7	0.0	16.7	12.5	0.0	0.0	4.5

7.4 小结

统计结果显示，1995—2004 年，SSCI 和 A&HCI 收录我国香港和台湾地区的论文中，我国香港的被引用论文所占比例比我国台湾的高，前者为46.4%，后者为43.7%；我国香港的论文篇均被引次数和被引用论文篇均被引次数也比我国台湾的多，前者为2.2 次和4.8 次，后者为1.9 次和4.4 次。

从 SSCI 和 A&HCI 收录两地的学科领域论文被引用情况来看，两地均有6 个学科领域被引用论文所占比例年均超过50%。我国香港的这6 个学科领域是医药卫生、管理学、心理学、经济学、社会学和教育学，我国台湾的是医药卫生、图书馆情报与文献学、教育学、社会学、管理学和心理学，其中有5 个学科领域是相同的。这从一个方面反映，我国香港和台湾地区的这些学科领域研究受到国际学术界较多的关注。

8 SSCI 和 A&HCI 收录中国香港和台湾地区论文引用文献情况

8.1 SSCI 和 A&HCI 收录中国香港和台湾地区有引文的论文数量

8.1.1 SSCI 和 A&HCI 收录中国香港有引文的论文数量

论文引用的文献简称引文。1995—2004 年，SSCI 和 A&HCI 共收录我国香港论文5910 篇，其中有引文的论文5521 篇，占总数的93.4%；这些论文共引用文献172111次，篇均引用29.1次，有引文的论文篇均引用31.2次。

10年中，SSCI和A&HCI收录我国香港的论文中有引文的论文数量不断增长，但有引文的论文所占比例、论文篇均引用次数和有引文的论文篇均引用次数的发展均比较稳定，没有形成明显的上升或下降趋势（见表26、图4）。

表26　1995—2004年SSCI和A&HCI收录中国香港有引文的论文数量

年度	论文	总引用			篇均引用	有引文的论文
	（篇）	（篇）	（%）	（次）	（次）	篇均引用（次）
1995	130	124	95.4	3304	25.4	26.6
1996	189	148	78.3	4471	23.7	30.2
1997	184	174	94.6	5453	29.6	31.3
1998	627	601	95.9	16018	25.5	26.7
1999	674	650	96.4	18388	27.3	28.3
2000	692	657	94.9	19962	28.8	30.4
2001	894	810	90.6	27005	30.2	33.3
2002	805	776	96.4	24515	30.5	31.6
2003	840	769	91.5	24579	29.3	32.0
2004	875	812	92.8	28416	32.5	35.0
总计	5910	5521	93.4	172111	29.1	31.2

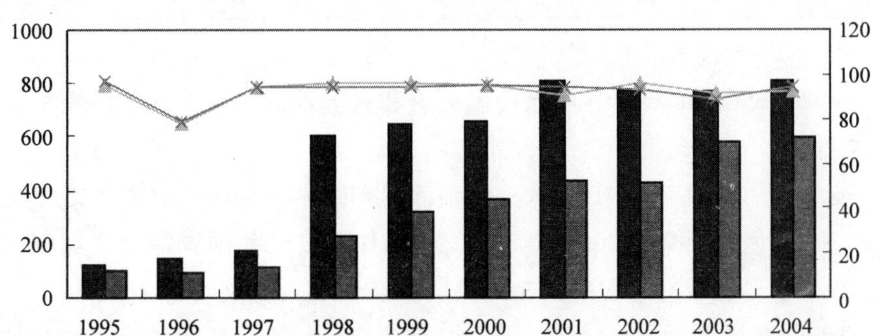

图4　1995—2004年SSCI和A&HCI收录中国香港和台湾地区有引文的论文数量

8.1.2 SSCI 和 A&HCI 收录中国台湾有引文的论文数量

1995—2004 年，SSCI 和 A&HCI 共收录我国台湾论文 3510 篇，其中有引文的论文 3259 篇，占总数的 92.8%；这些论文共引用文献 90302 次，篇均引用 25.7 次，有引文的论文篇均引用 27.7 次。

10 年中，SSCI 和 A&HCI 收录我国台湾的论文中有引文的论文数量不断增长，但有引文的论文所占比例、论文篇均引用次数和有引文的论文篇均引用次数的发展均比较稳定，没有形成明显的上升或下降趋势（见表 27、图 4）。我国台湾有引文的论文发展情况与我国香港的很相似。

表 27　1995—2004 年 SSCI 和 A&HCI 收录中国台湾有引文的论文数量

年度	论文（篇）	总引用			篇均引文（次）	有引文的论文篇均引文（次）
		（篇）	（%）	（次）		
1995	102	99	97.1	2758	27.0	27.9
1996	117	92	78.6	2317	19.8	25.2
1997	119	112	94.1	3034	25.5	27.1
1998	245	231	94.3	5180	21.1	22.4
1999	337	319	94.7	8115	24.1	25.4
2000	385	366	95.1	9455	24.6	25.8
2001	464	436	94.0	11872	25.6	27.2
2002	456	427	93.6	12831	28.1	30.0
2003	653	580	88.8	16288	24.9	28.1
2004	632	597	94.5	18452	29.2	30.9
总计	3510	3259	92.8	90302	25.7	27.7

8.2 SSCI 和 A&HCI 收录中国香港和台湾地区部分学科领域有引文的论文数量

8.2.1 SSCI 和 A&HCI 收录中国香港部分学科领域有引文的论文数量

表 28 显示 1995—2004 年 SSCI 和 A&HCI 收录我国香港论文比较集中的 10 个学科领域有引文的论文数量，其有引文的论文合计 4835 篇，占总数的 87.6%。其中，经济学、社会学和管理学 3 个学科领域有引文的论文数量较多，年均超过 80 篇。

10年中，我国香港这10个学科领域有引文的论文数量普遍呈增长态势。

表28　　1995—2004年SSCI和A&HCI收录中国香港部分学科领域有引文的论文数量

学科领域	中国香港有引文的论文（篇）										
	1995	1996	1997	1998	1999	2000	2001	2002	2003	2004	总计
经济学	38	42	41	74	73	95	161	156	138	174	992
社会学	10	28	32	113	107	115	135	144	81	139	904
管理学	17	13	20	97	147	140	130	130	103	90	887
医药卫生	20	27	30	57	70	54	110	99	121	122	710
教育学	9	8	9	41	45	50	69	42	61	53	387
心理学	12	7	17	34	38	54	34	30	69	23	318
政治学	3	3	1	34	34	37	33	24	38	26	233
语言学	5	2	7	24	31	24	25	23	30	41	212
哲学	0	3	2	16	12	12	10	14	12	19	100
文学	1	0	0	11	17	8	12	18	11	14	92

8.2.2　SSCI和A&HCI收录中国台湾部分学科领域有引文的论文数量

表29显示1995—2004年SSCI和A&HCI收录我国台湾论文比较集中的10个学科领域有引文的论文数量，其有引文的论文合计2969篇，占总数的91.1%。其中，医药卫生、管理学和经济学3个学科领域有引文的论文数量较多，年均超过50篇。

10年中，我国台湾的这10个学科领域有引文的论文数量基本呈增长态势。

表29　　1995—2004年SSCI和A&HCI收录中国台湾部分学科领域有引文的论文数量

学科领域	中国台湾有引文的论文（篇）										
	1995	1996	1997	1998	1999	2000	2001	2002	2003	2004	总计
医药卫生	20	27	29	47	65	67	82	83	126	132	678
管理学	11	12	23	44	77	85	106	100	83	106	647

续表

学科领域	中国台湾有引文的论文（篇）										
	1995	1996	1997	1998	1999	2000	2001	2002	2003	2004	总计
经济学	24	21	11	40	50	61	71	75	120	115	588
社会学	13	9	15	19	14	26	32	44	45	70	287
教育学	5	5	6	7	22	27	43	32	47	51	245
心理学	9	5	10	20	14	16	16	14	24	13	141
图书馆情报与文献学	1	2	4	6	6	16	8	12	46	21	122
政治学	3	2	5	6	10	21	16	15	15	13	106
语言学	2	1	0	6	13	5	12	3	18	21	81
历史学	0	0	0	10	13	8	5	11	14	13	74

8.3 SSCI 和 A&HCI 收录中国香港和台湾地区部分学科领域有引文的论文比例

8.3.1 SSCI 和 A&HCI 收录中国香港部分学科领域有引文的论文比例

表 30 显示 1995—2004 年 SSCI 和 A&HCI 收录我国香港论文比较集中的 10 个学科领域有引文的论文所占比例。其中，语言学、经济学、管理学、教育学、政治学和社会学有引文的论文所占比例较高，年均在 90%以上。

10 年中，我国香港这 10 个学科领域有引文的论文所占比例的发展比较稳定，没有形成明显的上升或下降趋势。

表 30　1995—2004 年 SSCI 和 A&HCI 收录中国香港部分学科领域有引文的论文比例

学科领域	中国香港有引文的论文比例（%）										
	1995	1996	1997	1998	1999	2000	2001	2002	2003	2004	年均
语言学	100.0	100.0	100.0	96.0	96.9	96.0	100.0	95.8	100.0	95.3	98.0
经济学	95.0	97.7	97.6	98.7	98.6	100.0	97.6	97.5	97.9	97.2	97.8
管理学	100.0	86.7	100.0	95.1	99.3	97.2	100.0	100.0	93.6	98.9	97.1
教育学	100.0	57.1	100.0	100.0	100.0	98.0	90.8	97.7	96.8	98.1	93.9
政治学	100.0	100.0	50.0	89.5	94.4	94.9	97.1	92.3	97.4	100.0	91.6

续表

学科领域	中国香港有引文的论文比例（%）										
	1995	1996	1997	1998	1999	2000	2001	2002	2003	2004	年均
社会学	100.0	63.6	94.1	98.3	93.9	98.3	81.3	98.6	93.1	93.3	91.5
医药卫生	100.0	93.1	96.8	86.4	89.7	85.7	90.2	87.6	81.2	77.7	88.8
哲学	0.0	100.0	100.0	100.0	100.0	92.3	100.0	100.0	92.3	100.0	88.5
心理学	85.7	35.0	77.3	100.0	100.0	84.4	61.8	96.8	79.3	100.0	82.0
文学	100.0	0.0	0.0	100.0	100.0	100.0	80.0	85.7	100.0	87.5	75.3

8.3.2 SSCI 和 A&HCI 收录中国台湾部分学科领域有引文的论文比例

表 31 显示 1995—2004 年 SSCI 和 A&HCI 收录我国台湾论文比较集中的 10 个学科领域有引文的论文所占比例。其中，管理学、政治学、教育学、医药卫生、图书馆情报与文献学、经济学和社会学有引文的论文所占比例较高，年均在 90% 以上。

10 年中，我国台湾这 10 个学科领域有引文的论文所占比例的发展比较稳定，没有形成明显的上升或下降趋势。

表 31　　1995—2004 年 SSCI 和 A&HCI 收录中国台湾部分学科领域有引文的论文比例

学科领域	中国台湾有引文的论文比例（%）										
	1995	1996	1997	1998	1999	2000	2001	2002	2003	2004	年均
管理学	100.0	92.3	100.0	100.0	97.5	98.8	98.1	100.0	98.8	100.0	98.6
政治学	75.0	100.0	100.0	100.0	100.0	100.0	100.0	100.0	93.8	100.0	96.9
教育学	100.0	100.0	100.0	87.5	100.0	96.4	100.0	91.4	92.2	87.9	95.5
医药卫生	100.0	93.1	93.5	95.9	98.5	93.1	96.5	95.4	88.1	95.0	94.9
图书馆情报与文献学	100.0	66.7	80.0	100.0	100.0	100.0	100.0	92.3	100.0	95.5	93.5
经济学	96.0	80.8	78.6	90.9	90.9	96.8	100.0	100.0	98.4	98.3	93.1
社会学	100.0	81.8	93.8	100.0	93.3	83.9	97.0	100.0	83.3	90.9	92.4
语言学	100.0	100.0	0.0	85.7	86.7	100.0	100.0	100.0	100.0	100.0	87.2
心理学	90.0	26.3	100.0	100.0	100.0	94.1	51.6	51.9	46.2	72.2	73.2
历史学	0.0	0.0	0.0	90.9	86.7	88.9	41.7	68.8	60.9	68.4	50.6

8.4　小结

统计结果显示，1995—2004 年，SSCI 和 A&HCI 收录我国香港和台湾地区论文的引文情况基本上比较稳定，没有形成明显的上升或下降趋势。这一情况与我国（内地）的相似。

但是我国香港有引文的论文所占比例为 93.4%，论文篇均引用文献 29.1 次，有引文的论文篇均引用文献 31.2 次；我国台湾有引文的论文所占比例为 92.8%，论文篇均引用文献 25.7 次，有引文的论文篇均引用文献 27.7 次。相比之下，我国（内地）有引文的论文所占比例为 76.4%，论文篇均引用文献 16.1 次，有引文的论文篇均引用文献 21.1 次，三者均低于我国香港和台湾地区的。这从一个方面反映，我国香港和台湾地区人文社会科学领域论文有较强的吸收外部信息能力。相比之下，我国（内地）在这方面存在明显差距。

从 SSCI 和 A&HCI 收录两地论文比较集中的 10 个学科领域有引文的论文所占比例来看，我国香港有 6 个学科领域有引文的论文所占比例年均在 90% 以上，我国台湾有 7 个学科领域有引文的论文所占比例年均在 90% 以上。相比之下，我国内地仅有 2 个学科领域有引文的论文所占比例年均在 90% 以上。这也从一个方面反映，我国香港和台湾地区的一些人文社会科学领域论文有较强的吸收外部信息能力。

十年年度报告

中国(内地)部分

1995年
SSCI、A&HCI和ISSHP收录中国论文
统计分析年度报告

1　三大检索工具收录中国论文概况

1.1　三大检索工具收录中国论文数量和排名

1995年，SSCI、A&HCI和ISSHP三大国际检索工具（简称三大检索工具）共收录我国论文797篇。按三大检索工具收录论文数量的国家（地区）排名，我国位居第24位。

排在我国之前的23个国家（地区）是：美国、英国、加拿大、德国、澳大利亚、法国、荷兰、日本、以色列、意大利、瑞典、西班牙、爱尔兰、瑞士、俄罗斯、新西兰、比利时、墨西哥、挪威、芬兰、丹麦、印度和南非（见表1）。

表1　1995年三大检索工具收录部分国家（地区）论文数量和排名

国家（地区）	论文（篇）	排名	国家（地区）	论文（篇）	排名
美国	104891	1	芬兰	866	20
英国	26814	2	丹麦	840	21
加拿大	11869	3	印度	835	22
德国	6432	4	南非	806	23
澳大利亚	5588	5	中国	797	24

续表

国家(地区)	论文(篇)	排名	国家(地区)	论文(篇)	排名
法国	4160	6	奥地利	677	25
荷兰	3117	7	中国香港	591	26
日本	2083	8	巴西	484	27
以色列	1969	9	波兰	392	28
意大利	1859	10	捷克	373	29
瑞典	1582	11	中国台湾	367	30
西班牙	1291	12	斯洛伐克	339	31
爱尔兰	1150	13	匈牙利	339	31
瑞士	1084	14	希腊	314	33
俄罗斯	1073	15	新加坡	261	34
新西兰	1064	16	韩国	241	35
比利时	1023	17	土耳其	146	36
墨西哥	973	18	葡萄牙	142	37
挪威	967	19	克罗地亚	141	38

1.2 SSCI 和 A&HCI 收录中国论文数量

1995 年,SSCI 和 A&HCI 共收录我国论文(作者机构栏中有“Peoples R China”的论文)130 篇,其中我国第一作者论文 86 篇,占总数的 66.2%。

1.3 ISSHP 收录中国论文数量

1995 年,ISSHP 共收录我国论文(作者机构栏中有“Peoples R China”的论文)532 篇,其中我国第一作者论文 529 篇,占总数的 99.4%。

需要说明的是,以下将以三大检索工具收录我国第一作者论文情况作为统计分析的重点。在没有特指的情况下,我国论文均指我国第一作者论文。

2　三大检索工具收录中国论文的学科分布

2.1　三大检索工具收录中国论文数量比较集中的学科领域

2.1.1　SSCI 和 A&HCI 收录中国论文数量比较集中的学科领域

1995 年，SSCI 和 A&HCI 共收录我国各学科领域论文 86 篇，这些论文涵盖 19 个学科领域。论文数量比较集中的学科领域是：医药卫生、社会学、经济学、民族学与人类学、心理学、管理学、教育学、政治学、图书馆情报与文献学和数学，这 10 个学科领域论文合计 75 篇，占总数的 87.2%。其中，医药卫生、社会学和经济学 3 个学科领域的论文合计 45 篇，占总数的 52.3%（见表 2）。

表 2　　1995 年 SSCI 和 A&HCI 收录中国论文数量比较集中的学科领域

学科领域	SSCI 和 A&HCI 论文	
	（篇）	（%）
医药卫生	17	19.7
社会学	16	18.6
经济学	12	14.0
民族学与人类学	7	8.1
心理学	5	5.8
管理学	4	4.6
教育学	4	4.6
政治学	4	4.6
图书馆情报与文献学	3	3.5
数学	3	3.5

2.1.2　ISSHP 收录中国论文数量比较集中的学科领域

1995 年，ISSHP 共收录我国各学科领域论文 529 篇，这些论文涵盖 13 个学科领域。论文数量比较集中的学科领域是：物理学、经济学、管理学、语言学、生物学、医药卫生、环境科学、社会学、教育学和艺术学，这 10 个学科领域论文合计 523 篇，占总数的 98.9%。其中，物理学、经济学和管理学 3 个学科领域论文合计 440 篇，占总数的 83.2%（见表 3）。

表3　　1995 年 ISSHP 收录中国论文数量比较集中的学科领域

学科领域	ISSHP 论文	
	(篇)	(%)
物理学	303	57.2
经济学	76	14.4
管理学	61	11.5
语言学	26	4.9
生物学	16	3.0
医药卫生	15	2.8
环境科学	12	2.3
社会学	8	1.5
教育学	3	0.6
艺术学	3	0.6

2.2　SSCI 和 A&HCI 收录中国跨学科和科技领域论文数量

2.2.1　SSCI 和 A&HCI 收录中国跨学科领域论文数量

按照 SSCI 和 A&HCI 收录论文的原始学科领域分类，有一部分论文属于跨学科领域论文。1995 年，SSCI 和 A&HCI 收录的我国论文中，属于这类跨学科领域的论文有 8 篇，占 9.3%。

2.2.2　SSCI 和 A&HCI 收录中国科技领域论文数量

按照我国的学科分类，SSCI 和 A&HCI 收录的论文中，有一部分属于数学、计算机科学、环境科学、地理学、医药卫生、生物学、心理学、交通运输、物理学、建筑学和安全科学等科技领域。1995 年，SSCI 和 A&HCI 收录的我国论文中，属于这类的论文有 30 篇，占 34.9%。

3　三大检索工具收录中国论文的地区分布

3.1　三大检索工具收录中国论文的地区分布

3.1.1　SSCI 和 A&HCI 收录中国论文的地区分布

1995 年，SSCI 和 A&HCI 共收录我国论文 86 篇，这些论文来自我国 18 个省（自治区、直辖市），其中有 3 篇（含）以上论文的省（自治区、直辖市）有 9 个，有 2 篇的有 4 个，有 1 篇的有 5 个。另外，有 13 个省

（自治区、直辖市）没有论文被 SSCI 和 A&HCI 收录。

SSCI 和 A&HCI 收录我国论文的地区分布是：东部地区 61 篇，占 70.9%；中部地区 13 篇，占 15.1%；西部地区 12 篇，占 14%。

3.1.2　ISSHP 收录中国论文的地区分布

1995 年，ISSHP 共收录我国论文 529 篇，这些论文来自我国 24 个省（自治区、直辖市），其中有 3 篇（含）以上论文的省（自治区、直辖市）有 17 个，有 2 篇的有 4 个，有 1 篇的有 3 个。另外，有 7 个省（自治区、直辖市）没有论文被 ISSHP 收录。

ISSHP 收录我国论文的地区分布是：东部地区 346 篇，占 65.4%；中部地区 116 篇，占 21.9%；西部地区 67 篇，占 12.7%。

本年度，我国有 SSCI 和 A&HCI 论文的省（自治区、直辖市）比有 ISSHP 论文的少 6 个，其中有 3 篇（含）以上 SSCI 和 A&HCI 论文的省（自治区、直辖市）比有 3 篇（含）以上 ISSHP 论文的少 8 个。

3.2　三大检索工具收录中国论文数量较多的地区

1995 年，SSCI 和 A&HCI 收录我国论文数量排名前 4 位的省（直辖市）是北京、上海、湖北和广东，其中 3 个属于东部地区，1 个属于中部地区。这 4 个省（直辖市）的 SSCI 和 A&HCI 论文合计 58 篇，占我国同类论文总数的 67.4%。北京市排名第一，为 36 篇，占 41.9%；上海市排名第二，为 13 篇，占 15.1%（见表 4）。

表 4　　1995 年 SSCI 和 A&HCI 收录中国论文数量较多的地区

地区		SSCI 和 A&HCI 论文	
		（篇）	（%）
北京	东部	36	41.8
上海	东部	13	15.1
湖北	中部	5	5.8
广东	东部	4	4.6
黑龙江	中部	3	3.5
山东	东部	3	3.5
云南	西部	3	3.5
贵州	西部	3	3.5
青海	西部	3	3.5

同年，ISSHP 收录我国论文数量排名前 5 位的省（直辖市）是：北京、黑龙江、江苏、上海和陕西，其中 3 个属于东部地区，1 个属于中部地区，1 个属于西部地区。这 5 个省（直辖市）的 ISSHP 论文合计 386 篇，占我国同类论文总数的 73%。北京市的 ISSHP 论文数量高居榜首，为 162 篇，占 30.6%；黑龙江省排名第二，为 71 篇，占 13.4%（见表 5）。

表 5　1995 年 ISSHP 收录中国论文数量较多的地区

地区		ISSHP 论文	
		（篇）	（%）
北京	东部	162	30.6
黑龙江	中部	71	13.4
江苏	东部	59	11.1
上海	东部	48	9.1
陕西	西部	46	8.7
湖北	中部	23	4.3
山东	东部	21	3.9
浙江	东部	19	3.6
辽宁	东部	17	3.2
四川	西部	13	2.5

3.3 SSCI 和 A&HCI 收录中国各地区论文的学科分布

从 1995 年 SSCI 和 A&HCI 收录中国各地区论文的学科领域分布来看，东部地区论文涵盖 14 个学科领域，论文数量比较集中的是医药卫生、社会学和经济学；中部地区论文涵盖 9 个学科领域，论文数量略多的也是医药卫生、社会学和经济学，但论文数量比东部地区的少得多；西部地区论文涵盖 9 个学科领域，各学科领域的论文仅为 1—2 篇（见表 6）。

表 6　1995 年 SSCI 和 A&HCI 收录中国各地区论文数量比较集中的学科领域

学科领域	论文总数（篇）	论文（篇）		
		东 部	中 部	西 部
医药卫生	17	13	3	1
社会学	16	12	2	2

续表

学科领域	论文总数（篇）	论文（篇）		
		东部	中部	西部
经济学	12	10	2	0
民族学与人类学	7	4	1	2
心理学	5	5	0	0
管理学	4	4	0	0
教育学	4	3	1	0
政治学	4	3	1	0
图书馆情报与文献学	3	2	1	0
数学	3	1	0	2

4 三大检索工具收录中国论文的机构分布

4.1 三大检索工具收录中国各类机构论文数量

4.1.1 SSCI 和 A&HCI 收录中国各类机构论文数量

1995 年，SSCI 和 A&HCI 共收录我国论文 86 篇，其中高等院校 48 篇，占 55.8%；研究机构 28 篇，占 32.5%；医疗机构 3 篇，占 3.5%；政府部门 4 篇，占 4.7%；公司企业 2 篇，占 2.3%；其他机构 1 篇，占 1.2%（见表 7）。

表 7 1995 年 SSCI 和 A&HCI 收录中国各类机构论文数量

机构类型	SSCI 和 A&HCI 论文	
	（篇）	（%）
高等院校	48	55.8
研究机构	28	32.5
医疗机构	3	3.5
政府部门	4	4.7
公司企业	2	2.3
其他机构	1	1.2

4.1.2 ISSHP 收录中国各类机构论文数量

1995 年，ISSHP 共收录我国论文 529 篇，其中高等院校 336 篇，占 63.5%；研究机构 152 篇，占 28.7%；医疗机构 9 篇，占 1.7%；政府部门 12 篇，占 2.3%；公司企业 9 篇，占 1.7%；其他机构 11 篇，占 2.1%（见表 8）。

表 8　　1995 年 ISSHP 收录中国各类机构论文数量

机构类型	ISSHP 论文	
	（篇）	（%）
高等院校	336	63.5
研究机构	152	28.7
医疗机构	9	1.7
政府部门	12	2.3
公司企业	9	1.7
其他机构	11	2.1

4.2 三大检索工具收录论文数量较多的中国高等院校和研究机构

4.2.1 三大检索工具收录论文数量较多的中国高等院校

1995 年，SSCI 和 A&HCI 收录我国论文的高等院校有 34 所，其中仅收录 1 篇论文的高等院校有 25 所，收录 2 篇论文的有 5 所，收录 3 篇（含）以上论文的有 4 所。

SSCI 和 A&HCI 论文在 3 篇（含）以上的 4 所高等院校是武汉大学、北京大学、北京师范大学和中山大学，其 SSCI 和 A&HCI 论文合计 13 篇，占我国高等院校同类论文总数的 27.1%（见表 9）。

表 9　　1995 年 SSCI 和 A&HCI 收录论文较多的中国高等院校

高等院校	SSCI 和 A&HCI 论文（篇）
武汉大学	4
北京大学	3
北京师范大学	3
中山大学	3

同年，ISSHP 收录我国论文的高等院校有 90 所，其中仅收录 1 篇论文的高等院校有 54 所，收录 2 篇论文的有 12 所。ISSHP 论文在 3 篇（含）以上的有 24 所，其论文合计 258 篇，占我国高等院校同类论文总数的 76.8%。

ISSHP 论文数量排名居前的我国 11 所高等院校是：哈尔滨工业大学、南京大学、清华大学、哈尔滨船舶工程学院、上海交通大学、同济大学、陕西师范大学、东北理工大学、北京大学、东南大学和西安交通大学，其 ISSHP 论文合计 193 篇，占我国高等院校同类论文总数的 57.4%（见表 10）。

表 10　　1995 年 ISSHP 收录论文较多的中国高等院校

高等院校	ISSHP 论文（篇）
哈尔滨工业大学	52
南京大学	32
清华大学	17
哈尔滨船舶工程学院	16
上海交通大学	13
同济大学	13
陕西师范大学	13
东北理工大学	11
北京大学	10
东南大学	8
西安交通大学	8

4.2.2　三大检索工具收录论文数量较多的中国研究机构

1995 年，SSCI 和 A&HCI 收录我国论文的研究机构有 9 个，其中仅收录 1 篇论文的研究机构有 6 个，收录 3 篇（含）以上论文的有 3 个。SSCI 和 A&HCI 论文在 3 篇（含）以上的研究机构是：中国科学院、中国预防医学科学院和中国社会科学院，其 SSCI 和 A&HCI 论文合计 22 篇，占我国研究机构同类论文总数的 78.6%。

同年，ISSHP 收录我国论文的研究机构有 42 个，其中仅收录 1 篇论文的研究机构有 33 个，收录 2 篇论文的有 3 个，收录 3 篇（含）以上论文的有 6 个。这 6 个研究机构的 ISSHP 论文合计 113 篇，占我国研究机构同类论文总数的 74.3%。其中，中国科学院的 ISSHP 论文为 98 篇，其余 5 个均为 3 篇。

5 SSCI 和 A&HCI 收录中国论文的期刊和文种分布

5.1 SSCI 和 A&HCI 收录中国论文的国家（地区）期刊分布

1995 年，SSCI 和 A&HCI 共收录我国论文 86 篇，这些论文分别发表在 11 个国家的 78 种期刊上。其中，有 45 篇论文发表在美国的 42 种期刊上，20 篇论文发表在英国的 16 种期刊上，6 篇论文发表在荷兰的 5 种期刊上，4 篇发表在德国的 4 种期刊上，3 篇发表在爱尔兰的 3 种期刊上（见表 11）。

本年度，我国只有 1 篇 SSCI 和 A&HCI 论文发表在中国的期刊 *Chinese Medical Journal*（《中华医学杂志》英文版）上。

表 11　1995 年 SSCI 和 A&HCI 收录中国论文的国家（地区）期刊分布

国家（地区）	期刊（种）	论文（篇）	国家（地区）	期刊（种）	论文（篇）
美国	42	45	日本	2	2
英国	16	20	韩国	1	1
荷兰	5	6	新加坡	1	1
德国	4	4	澳大利亚	1	1
爱尔兰	3	3	中国	1	1
瑞士	2	2			

5.2 SSCI 和 A&HCI 收录发表中国论文较多的期刊

1995 年，SSCI 和 A&HCI 收录的发表我国 1 篇论文的期刊有 73 种，发表 2 篇的有 3 种，发表 3 篇（含）以上的有 2 种。

表 12 显示 1995 年 SSCI 和 A&HCI 收录的发表我国论文数量较多的期刊，其中发表我国论文最多的期刊是英国的 *Social Science & Medicine*，有 4 篇论文在该期刊上发表。

表 12 1995 年 SSCI 和 A&HCI 收录发表中国论文较多的期刊

国家（地区）	期刊名称	论文（篇）
英国	*Social Science & Medicine*	4
美国	*Journal of Neuroscience*	3
美国	*American Journal of Human Biology*	2
英国	*Computers & Industrial Engineering*	2
荷兰	*Behavioural Brain Research*	2

5.3 SSCI 和 A&HCI 收录中国论文的文种分布

5.3.1 SSCI 和 A&HCI 收录中国论文的文种

1995 年，SSCI 和 A&HCI 收录的我国 86 篇论文包含英文和中文 2 个文种。其中，英文论文 85 篇，占 98.8%；中文论文 1 篇，占 1.2%（见表 13）。1 篇中文论文发表在美国的期刊 *Journal of Chinese Linguistics*（《中国语言学报》）上。

表 13 1995 年 SSCI 和 A&HCI 收录中国论文的文种

论文			期刊		
文种	（篇）	（%）	文种	（种）	（%）
英文	85	98.8	英文	77	98.7
中文	1	1.2	中英文	1	1.3

5.3.2 SSCI 和 A&HCI 收录发表中国论文的期刊文种

1995 年，SSCI 和 A&HCI 收录发表我国论文的期刊有 78 种。其中，英文期刊 77 种，占 98.7%；中英文（混合）期刊 1 种，占 1.3%（见表 13）。

6 ISSHP 收录发表中国论文的国际会议分布

6.1 ISSHP 收录中国国际会议论文数量

1995 年，ISSHP 共收录我国国际会议论文 529 篇。在我国国内召开的会议论文 473 篇，占 89.4%，每个会议平均发表我国论文 94.6 篇；在其他国家（地区）召开的会议论文 56 篇，占 10.6%，每个会议平均发表我国论文

1.8 篇（见表 14）。在我国国内召开的会议论文数量显然占绝大多数。

表 14　　1995 年 ISSHP 收录中国论文数量及发表中国论文的会议数量

会议类型	论文			会议	
	（篇）	（%）	平均（篇）	（个）	（%）
国际会议	529	/	14.3	37	/
国内国际会议	473	89.4	94.6	5	13.5
国外国际会议	56	10.6	1.8	32	86.5

6.2　ISSHP 收录发表中国论文的国际会议数量

1995 年，ISSHP 共收录发表我国论文的国际会议 37 个，其中有 5 个是在我国国内召开的，占总数的 13.5%；有 32 个是在其他国家（地区）召开的，占总数的 86.5%（见表 14）。在其他国家（地区）召开的会议数量显然占绝大多数。

在其他国家（地区）召开的 32 个国际会议主要涉及 13 个国家（地区），包括美国、中国香港、日本、英国、荷兰、新加坡、澳大利亚、印度、法国、芬兰、俄罗斯、以色列和尼日利亚。

6.3　ISSHP 收录中国论文数量的国际会议分布

1995 年，ISSHP 收录发表我国论文的 37 个国际会议中，发表我国 1 篇论文的会议有 23 个，占总数的 62.2%；发表 2 篇论文的有 3 个，占总数的 8.1%；发表 3 篇（含）以上论文的有 11 个，占总数的 29.7%。发表我国 1 篇论文的国际会议显然占多数。

值得注意的是，本年度 ISSHP 收录的 2 个发表我国论文较多的国际会议，其一是 1992 年在中国北京召开的 14th International Congress on Acoustics（ICA 14）会议，发表我国论文 364 篇；其二是 1993 年在中国哈尔滨召开的 1st Sino-Russian International Symposium on Management 会议，共发表我国论文 82 篇。这样的国际会议论文对本年度我国 ISSHP 论文数量及其学科分布有直接影响。

7 SSCI 和 A&HCI 收录中国论文的合著情况

7.1 SSCI 和 A&HCI 收录中国合著论文数量

7.1.1 SSCI 和 A&HCI 收录中国合著与独著论文数量

1995 年，SSCI 和 A&HCI 收录我国论文 86 篇，其中合著论文 69 篇，占 80.2%；独著论文 17 篇，占 19.8%。

7.1.2 SSCI 和 A&HCI 收录中国国内与国际合著论文数量

1995 年，SSCI 和 A&HCI 收录我国合著论文 69 篇，其中国内合著论文 56 篇，占 81.2%；国际合著论文 13 篇，占 18.8%。

7.2 SSCI 和 A&HCI 收录中国合著论文的合著形式

7.2.1 SSCI 和 A&HCI 收录中国国内合著论文的合著形式

1995 年，SSCI 和 A&HCI 收录我国国内合著论文 56 篇，其中同机构合著论文 48 篇，占 85.7%；同省合著论文 3 篇，占 5.4%；省际合著论文 5 篇，占 8.9%。

7.2.2 SSCI 和 A&HCI 收录中国第一作者与中国为参与者国际合著论文数量

在本报告中，我国国际合著论文一般是指 SSCI 和 A&HCI 收录的我国第一作者国际合著论文，但是为了进行以下几方面的比较，还需要了解 SSCI 和 A&HCI 收录的我国为参与者国际合著论文的相关情况。

1995 年，SSCI 和 A&HCI 收录我国第一作者国际合著论文 13 篇，我国为参与者国际合著论文 40 篇，两者合计 53 篇，我国第一作者国际合著论文占 24.5%；我国为参与者国际合著论文占 75.5%。我国为参与者国际合著论文数量占明显优势。

7.2.3 SSCI 和 A&HCI 收录中国国际合著论文的合著形式

1995 年，SSCI 和 A&HCI 收录我国第一作者国际合著论文 13 篇，其中双方合著论文 12 篇，占 92.3%；三方合著论文 1 篇，占 7.7%。

同年，SSCI 和 A&HCI 收录我国为参与者国际合著论文 40 篇，其中双方合著论文 30 篇，占 75%；三方合著论文 2 篇，占 5%；多方合著论文 8 篇，占 20%。

相比之下，我国为参与者国际合著论文的三方和多方合著论文所占比例均明显高于我国第一作者国际合著论文的。

7.3 SSCI 和 A&HCI 收录中国国际合著论文涉及的合作国家（地区）

7.3.1 SSCI 和 A&HCI 收录中国国际合著论文涉及的合作国家（地区）数量

1995 年，SSCI 和 A&HCI 收录我国第一作者国际合著论文所涉及的合作国家（地区）有 5 个；收录我国为参与者国际合著论文所涉及的合作国家（地区）有 23 个，后者明显多于前者（见表 15）。

7.3.2 SSCI 和 A&HCI 收录中国国际合著论文涉及的主要合作国家（地区）

1995 年，SSCI 和 A&HCI 收录我国第一作者国际合著论文所涉及的主要（排名前 3 位）合作国家（地区）是美国、加拿大和中国香港；而收录我国为参与者国际合著论文所涉及的主要（排名前 3 位）合作国家（地区）是美国、加拿大、中国香港、日本和澳大利亚（见表 15）。美国、加拿大和中国香港显然是我国这两类国际合著论文共同涉及的最主要合作国家（地区）。

表 15　1995 年 SSCI 和 A&HCI 收录中国国际合著论文涉及的主要合作国家（地区）

主要合作国家（地区）	
中国第一作者	中国为参与者
美国（5）、加拿大（4）、中国香港（3）、澳大利亚（1）、新西兰（1）	美国（26）、加拿大（6）、中国香港（5）、日本（5）、澳大利亚（5）、巴基斯坦（1）、古巴（1）、芬兰（1）、匈牙利（1）、印度尼西亚（1）、以色列（1）、马来西亚（1）、挪威（1）、菲律宾（1）、葡萄牙（1）、斯洛文尼亚（1）、瑞典（1）、瑞士（1）、中国台湾（1）、泰国（1）、土耳其（1）、英国（1）、荷兰（1）

注：括号中的数字为论文篇数。

7.3.3 SSCI 和 A&HCI 收录涉及合作国家（地区）较多的中国国际合著论文

1995 年，SSCI 和 A&HCI 收录我国第一作者国际合著论文中，涉及国家（地区）最多的是题为 Planning China coal and electricity delivery system 的论文，1995 年发表于美国的 *Interfaces* 期刊上，共涉及 3 个国家、10 个机构的 16 位合作者。

同年，SSCI 和 A&HCI 收录我国为参与者国际合著论文中，涉及国家（地区）最多的是题为 Menstrual regulation by mifepristone plus prostaglandin-results from a multicenter trial 的论文，1995 年发表于英国的 *Human Reproduction* 期刊上，共涉及 8 个国家（地区）、10 个机构的 20 位合作者。

8　SSCI 和 A&HCI 收录中国论文被引用情况

8.1　SSCI 和 A&HCI 收录中国论文被引用数量

1995 年，SSCI 和 A&HCI 共收录我国论文 86 篇，其中有 58 篇论文被引用，占总数的 67.4%；这些论文共被引用 769 次，篇均被引 8.9 次，被引论文篇均被引 13.3 次。

8.2　SSCI 和 A&HCI 收录中国部分学科领域论文被引用数量

表 16 显示 1995 年 SSCI 和 A&HCI 收录我国论文较多的 10 个学科领域论文被引用情况，从中可以看出，社会学、医药卫生、经济学、民族学与人类学和心理学 5 个学科领域被引用论文数量较多，数学、社会学、医药卫生、心理学和经济学 5 个学科领域被引用论文所占比例较高，医药卫生、心理学、社会学、数学和经济学 5 个学科领域论文篇均被引次数较多，心理学、医药卫生、社会学、经济学和民族学与人类学 5 个学科领域被引用论文篇均被引次数较多。

表 16　1995 年 SSCI 和 A&HCI 收录中国部分学科领域论文被引用数量

学科领域	论文（篇）	总被引			篇均被引（次）	被引论文篇均被引（次）
		（篇）	（%）	（次）		
社会学	16	15	93.8	152	9.5	10.1
医药卫生	17	13	76.5	384	22.6	29.5
经济学	12	7	58.3	54	4.5	7.7
民族学与人类学	7	4	57.1	24	3.4	6.0
心理学	5	3	60.0	99	19.8	33.0
数学	3	3	100.0	16	5.3	5.3
管理学	4	2	50.0	8	2.0	4.0
教育学	4	2	50.0	6	1.5	3.0

续表

学科领域	论文	总被引			篇均被引	被引论文篇均被引
	(篇)	(篇)	(%)	(次)	(次)	(次)
图书馆情报与文献学	3	1	33.3	1	0.3	1.0
政治学	4	1	25.0	1	0.3	1.0

8.3 SSCI 和 A&HCI 收录中国部分地区论文被引用数量

表 17 显示 1995 年 SSCI 和 A&HCI 收录我国论文较多的 9 个省（直辖市）论文被引用情况，从中可以看出，北京、上海、湖北、云南和贵州 5 个省（直辖市）被引用论文数量较多，湖北、云南、贵州、北京和上海 5 个省（直辖市）被引用论文所占比例较高，云南、上海、北京、湖北和贵州 5 个省（直辖市）论文篇均被引次数较多，云南、山东、上海、北京和湖北 5 个省（直辖市）被引用论文篇均被引次数较多。

表 17　1995 年 SSCI 和 A&HCI 收录中国部分地区论文被引用数量

地区	论文	总被引			篇均被引	被引论文篇均被引
	(篇)	(篇)	(%)	(次)	(次)	(次)
北京	36	26	72.2	334	9.3	12.8
上海	13	9	69.2	126	9.7	14.0
湖北	5	5	100.0	34	6.8	6.8
云南	3	3	100.0	105	35.0	35.0
贵州	3	3	100.0	19	6.3	6.3
广东	4	2	50.0	3	0.8	1.5
山东	3	1	33.3	17	5.7	17.0
黑龙江	3	1	33.3	3	1.0	3.0
青海	3	0	0.0	0	0.0	0.0

8.4 SSCI 和 A&HCI 收录中国各类机构论文被引用数量

1995 年，从 SSCI 和 A&HCI 收录我国各类机构论文被引用情况来看，高等院校和研究机构被引用论文数量较多。高等院校有 30 篇论文被引用，研究机构有 23 篇论文被引用，两者合计 53 篇，占总数的 91.4%（见表 18）。

表 18　1995 年 SSCI 和 A&HCI 收录中国各类机构论文被引用数量

机构类型	论文（篇）	总被引			篇均被引（次）	被引论文篇均被引（次）
		（篇）	（%）	（次）		
高等院校	48	30	62.5	343	7.2	11.4
研究机构	28	23	82.1	398	14.2	17.3
医疗机构	3	2	66.7	13	4.3	6.5
政府部门	4	1	25.0	2	0.5	2.0
公司企业	2	1	50.0	7	3.5	7.0
其他机构	1	1	100.0	6	6.0	6.0

比较高等院校和研究机构论文被引用情况可以看出，高等院校被引用论文数量比研究机构多 7 篇，但被引用论文所占比例比研究机构低 19.6 个百分点，论文篇均被引次数比研究机构少 7 次，被引用论文篇均被引次数比研究机构少 5.9 次。

8.5　SSCI 和 A&HCI 收录中国被引用论文较多的高等院校和研究机构

8.5.1　SSCI 和 A&HCI 收录中国被引用论文较多的高等院校

1995 年，SSCI 和 A&HCI 收录的我国高等院校 30 篇被引用论文来自 21 所高等院校。其中，仅有 1 篇被引用论文的高等院校 14 所，有 2 篇被引用论文的高等院校 6 所，有 3 篇（含）以上被引用论文的高等院校 1 所。

本年度，SSCI 和 A&HCI 收录我国被引用论文数量排名居前的 6 所高等院校是武汉大学、北京大学、北京师范大学、北京医科大学、湖南医科大学和中山大学，其被引用论文合计 14 篇，占我国高等院校同类论文总数的 46.7%（见表 19）。

表 19　1995 年 SSCI 和 A&HCI 收录中国被引用论文较多的高等院校

高等院校	被引论文（篇）
武汉大学	4
北京大学	2
北京师范大学	2
北京医科大学	2
湖南医科大学	2
中山大学	2

8.5.2 SSCI 和 A&HCI 收录中国被引用论文较多的研究机构

1995 年，SSCI 和 A&HCI 收录的我国研究机构 23 篇被引用论文来自 7 个研究机构。其中，仅有 1 篇被引用论文的研究机构 4 个，有 3 篇（含）以上被引用论文的研究机构 3 个。

本年度，SSCI 和 A&HCI 收录我国被引用论文排名居前的研究机构是中国科学院、中国预防医学科学院和中国社会科学院，其被引用论文分别为 9 篇、6 篇和 4 篇，合计 19 篇，占我国研究机构同类论文总数的 82.6%。

8.6 SSCI 和 A&HCI 收录中国被引次数较多的论文

1995 年，SSCI 和 A&HCI 收录的我国论文中，被引次数最多的是题为 Dopamine d2 receptor mechanisms contribute to age-related cognitive decline-the effects of quinpirole on memory and motor-performance in monke 的论文，发表于 1995 年的 *Journal of Neuroscience*，共被引用 90 次，第一作者是中国科学院的 Arnsten，AFT；其次是题为 Concomitant sensitivity to orientation，direction，and color of cells in layer-2，layer-3，and layer-4 of monkey striate cortex 的论文，发表于 1995 年的 *Journal of Neuroscience*，共被引用 80 次，第一作者是中国科学技术大学的 leventhal，AG；第三是题为 Body-weight patterns among the Chinese-results from the 1989 and 1991 China health and nutrition surveys 的论文，发表于 1995 年的 *American Journal of Public Health*，共被引用 59 次，第一作者是中国预防医学科学院的 Popkin，BM。

9 SSCI 和 A&HCI 收录中国论文引用文献情况

9.1 SSCI 和 A&HCI 收录中国论文引用文献数量

1995 年，SSCI 和 A&HCI 共收录我国论文 86 篇，其中有引文的论文 79 篇，占总数的 91.9%；这些论文共引用文献 2076 次，有引文的论文篇均引用 26.3 次。

9.2 SSCI 和 A&HCI 收录中国部分学科领域论文引用文献数量

表 20 显示 1995 年 SSCI 和 A&HCI 收录我国论文较多的 10 个学科领域论文引用文献的情况，从中可以看出，社会学、医药卫生、经济学、民族

学与人类学和心理学5个学科领域有引文的论文数量较多，民族学与人类学、心理学、教育学、管理学、政治学和数学6个学科领域有引文的论文所占比例较高，医药卫生、社会学、心理学、经济学和民族学与人类学5个学科领域有引文的论文篇均引用次数较多。

表20　1995年SSCI和A&HCI收录中国部分学科领域论文引用文献数量

学科领域	论文（篇）	总引用			有引文的论文篇均引用（次）
		（篇）	（%）	（次）	
社会学	16	15	93.8	482	32.1
医药卫生	17	14	82.4	645	46.1
经济学	12	11	91.7	301	27.4
民族学与人类学	7	7	100.0	138	19.7
心理学	5	5	100.0	156	31.2
教育学	4	4	100.0	73	18.3
管理学	4	4	100.0	33	8.3
政治学	4	4	100.0	19	4.8
数学	3	3	100.0	48	16.0
图书馆情报与文献学	3	2	66.7	12	6.0

9.3　SSCI和A&HCI收录中国部分地区论文引用文献数量

表21显示1995年SSCI和A&HCI收录我国论文较多的9个省（直辖市）论文引用文献情况，从中可以看出，北京、上海、湖北、广东、云南和贵州6个省（直辖市）有引文的论文数量较多，上海、湖北、云南、贵州和北京5个省（直辖市）有引文的论文所占比例较高，云南、北京、上海、青海和山东5个省（直辖市）有引文的论文篇均引用次数较多。

表21　1995年SSCI和A&HCI收录中国部分地区论文引用文献数量

地区	论文（篇）	总引用			有引文的论文篇均引用（次）
		（篇）	（%）	（次）	
北京	36	34	94.4	1041	30.6
上海	13	13	100.0	386	29.7
湖北	5	5	100.0	109	21.8

续表

地区	论文（篇）	总引用			有引文的论文篇均引用（次）
		（篇）	（%）	（次）	
云南	3	3	100.0	108	36.0
贵州	3	3	100.0	27	9.0
广东	4	3	75.0	19	6.3
青海	3	2	66.7	49	24.5
山东	3	2	66.7	44	22.0
黑龙江	3	2	66.7	37	18.5

9.4 SSCI 和 A&HCI 收录中国各类机构论文引用文献数量

1995 年，SSCI 和 A&HCI 共收录我国各类机构有引文的论文 79 篇，其中高等院校 43 篇，占 54.4%；研究机构 28 篇，占 35.4%。这两类机构有引文的论文合计 71 篇，占总数的 89.9%（见表 22）。

从本年度 SSCI 和 A&HCI 收录我国高等院校和研究机构论文引用文献的情况来看，高等院校有引文的论文数量比研究机构的多 15 篇，但有引文的论文所占比例比研究机构的低 10.4 个百分点，有引文的论文篇均引用次数比研究机构的少 17.5 次。

表 22　1995 年 SSCI 和 A&HCI 收录中国各类机构论文引用文献数量

机构类型	论文（篇）	总引用			有引文的论文篇均引用（次）
		（篇）	（%）	（次）	
高等院校	48	43	89.6	869	20.2
研究机构	28	28	100.0	1056	37.7
医疗机构	3	2	50.0	39	19.5
政府部门	4	3	100.0	89	29.7
公司企业	2	2	100.0	20	10.0
其他机构	1	1	100.0	3	3.0

1996 年
SSCI、A&HCI 和 ISSHP 收录中国论文
统计分析年度报告

1 三大检索工具收录中国论文概况

1.1 三大检索工具收录中国论文数量和排名

1996 年，SSCI、A&HCI 和 ISSHP 三大国际检索工具（简称三大检索工具）共收录我国论文 453 篇，比上一年减少 344 篇，减少 43.2%。按三大检索工具收录论文数量的国家（地区）排名，我国的排名由上一年的第 24 位降至第 27 位（见表 1）。

表 1　1995—1996 年三大检索工具收录中国论文数量和排名

年度	论文			排名
	（篇）	增加（篇）	增长（%）	
1995	797	/	/	24
1996	453	-344	-43.2	27

排在我国之前的 26 个国家（地区）是：美国、英国、加拿大、德国、澳大利亚、法国、荷兰、日本、以色列、意大利、西班牙、瑞典、墨西哥、爱尔兰、新西兰、瑞士、比利时、俄罗斯、挪威、印度、丹麦、芬兰、南非、奥地利、中国香港和巴西（见表 2）。

表 2　　1996 年三大检索工具收录部分国家（地区）论文数量和排名

国家（地区）	论文（篇）	排名	国家（地区）	论文（篇）	排名
美国	103648	1	印度	823	20
英国	27553	2	丹麦	817	21
加拿大	12603	3	芬兰	797	22
德国	6012	4	南非	795	23
澳大利亚	5610	5	奥地利	684	24
法国	4575	6	中国香港	664	25
荷兰	3188	7	巴西	583	26
日本	1961	8	中国	453	27
以色列	1888	9	中国台湾	378	28
意大利	1855	10	捷克	327	29
西班牙	1583	11	希腊	316	30
瑞典	1572	12	韩国	312	31
墨西哥	1145	13	波兰	309	32
爱尔兰	1126	14	匈牙利	286	33
新西兰	1088	15	斯洛伐克	281	34
瑞士	1077	16	新加坡	275	35
比利时	1070	17	土耳其	223	36
俄罗斯	1043	18	克罗地亚	160	37
挪威	883	19	葡萄牙	150	38

1.2　SSCI 和 A&HCI 收录中国论文数量

1996 年，SSCI 和 A&HCI 共收录我国论文（作者机构栏中有“Peoples R China”的论文）168 篇，比上一年增加 38 篇，增长 29.2%。其中，我国第一作者论文 118 篇，占总数的 70.2%；比上一年增加 32 篇，增长 37.2%（见表 3）。

表 3　　1995—1996 年 SSCI 和 A&HCI 收录中国论文数量

年度	SSCI 和 A&HCI 论文			中国第一作者 SSCI 和 A&HCI 论文		
	（篇）	增加（篇）	增长（%）	（篇）	（%）	增长（%）
1995	130	/	/	86	66.2	/
1996	168	38	29.2	118	70.2	37.2

1.3 ISSHP 收录中国论文数量

1996 年，ISSHP 共收录我国论文（作者机构栏中有“Peoples R China”的论文）152 篇，比上一年减少 380 篇，减少 71.4%。其中，我国第一作者论文 151 篇，占总数的 99.3%，比上一年减少 378 篇，减少 71.5%（见表4）。

表4　　1995—1996 年 ISSHP 收录中国论文数量

年度	ISSHP 论文			中国第一作者 ISSHP 论文		
	（篇）	增加（篇）	增长（%）	（篇）	（%）	增长（%）
1995	532	/	/	529	99.4	/
1996	152	-380	-71.4	151	99.3	-71.5

需要说明的是，以下将以三大检索工具收录我国第一作者论文情况作为统计分析的重点。在没有特指的情况下，我国论文均指我国第一作者论文。

2 三大检索工具收录中国论文的学科分布

2.1 三大检索工具收录中国论文数量比较集中的学科领域

2.1.1 SSCI 和 A&HCI 收录中国论文数量比较集中的学科领域

1996 年，SSCI 和 A&HCI 共收录我国各学科领域论文 118 篇，这些论文共涵盖 17 个学科领域。论文数量比较集中的学科领域是：心理学、社会学、经济学、管理学、语言学、教育学、医药卫生、历史学、政治学和地理学，这 10 个学科领域论文数量合计 111 篇，占总数的 94.1%。其中，心理学、社会学和经济学 3 个学科领域论文合计 68 篇，占总数的 57.6%（见表5）。

表5　　1996 年 SSCI 和 A&HCI 收录中国论文数量比较集中的学科领域

学科领域	SSCI 和 A&HCI 论文	
	（篇）	（%）
心理学	35	29.7
社会学	22	18.7
经济学	11	9.4
管理学	10	8.5

续表

学科领域	SSCI 和 A&HCI 论文	
	（篇）	（%）
语言学	10	8.5
教育学	8	6.8
医药卫生	8	6.8
历史学	3	2.6
政治学	2	1.7
地理学	2	1.7

2.1.2 ISSHP 收录中国论文数量比较集中的学科领域

1996 年，ISSHP 共收录我国各学科领域论文 151 篇，这些论文共涵盖 10 个学科领域。论文数量比较集中的学科领域是：管理学、经济学、图书馆情报与文献学、法学、语言学、教育学和环境科学，这 7 个学科领域论文合计 148 篇，占总数的 98%。其中，管理学、经济学和图书馆情报与文献学 3 个学科领域论文合计 135 篇，占总数的 89.4%（见表6）。

表6 1996 年 ISSHP 收录中国论文数量比较集中的学科领域

学科领域	ISSHP 论文	
	（篇）	（%）
管理学	72	47.7
经济学	42	27.8
图书馆情报与文献学	21	13.9
法学	7	4.6
语言学	2	1.3
教育学	2	1.3
环境科学	2	1.3

2.2 SSCI 和 A&HCI 收录中国跨学科和科技领域论文数量

2.2.1 SSCI 和 A&HCI 收录中国跨学科领域论文数量

按照 SSCI 和 A&HCI 收录论文的原始学科领域分类，有一部分论文属于跨学科领域论文。1996 年，SSCI 和 A&HCI 收录的我国论文中，属于这类跨学科领域的论文有 49 篇，占 41.5%；比上一年增加 41 篇，增长 512.5%。

2.2.2 SSCI 和 A&HCI 收录中国科技领域论文数量

按照我国的学科分类，SSCI 和 A&HCI 收录的论文中，有一部分论文属于数学、计算机科学、环境科学、地理学、医药卫生、生物学、心理学、交通运输、物理学、建筑学和安全科学等科技领域。1996 年，SSCI 和 A&HCI 收录的我国论文中，属于此类的论文有 47 篇，占 39.8%；比上一年增加 17 篇，增长 56.7%。

3 三大检索工具收录中国论文的地区分布

3.1 三大检索工具收录中国论文的地区分布

3.1.1 SSCI 和 A&HCI 收录中国论文的地区分布

1996 年，SSCI 和 A&HCI 共收录我国论文 118 篇，这些论文来自我国 14 个省（自治区、直辖市），其中有 3 篇（含）以上论文的省（自治区、直辖市）有 9 个，有 2 篇的有 2 个，有 1 篇的有 3 个。另外，有 17 个省（自治区、直辖市）没有论文被 SSCI 和 A&HCI 收录。

SSCI 和 A&HCI 收录我国论文的地区分布是：东部地区 103 篇，占 87.3%；中部地区 7 篇，占 5.9%；西部地区 8 篇，占 6.8%。

3.1.2 ISSHP 收录中国论文的地区分布

1996 年，ISSHP 共收录我国论文 151 篇，这些论文来自我国 16 个省（自治区、直辖市），其中有 3 篇（含）以上论文的省（自治区、直辖市）有 10 个，有 2 篇的有 1 个，有 1 篇的有 5 个。另外，有 15 个省（自治区、直辖市）没有论文被 ISSHP 收录。

ISSHP 收录我国论文的地区分布是：东部地区 68 篇，占 45%；中部地区 70 篇，占 46.4%；西部地区 13 篇，占 8.6%。

本年度，我国有 SSCI 和 A&HCI 论文的省（自治区、直辖市）比有 ISSHP 论文的少 2 个；但是与上一年相比，前者减少 4 个，后者减少 8 个。

3.2 三大检索工具收录中国论文数量较多的地区

1996 年，SSCI 和 A&HCI 收录我国论文数量排名前 7 位的省（直辖市）是：北京、上海、浙江、江苏、广东、山东和陕西，其中6个属于东部地区，1个属于西部地区。这7个省（直辖市）的SSCI和A&HCI论文合计105篇，占我国同类论文总数的89%。北京市的论文数量遥遥领先，为69篇，占58.5%；上海市排名第二，为12篇，占10.2%（见表7）。

表7　　1996年SSCI和A&HCI收录中国论文数量较多的地区

地区		SSCI和A&HCI论文	
		（篇）	（%）
北京	东部	69	58.5
上海	东部	12	10.2
浙江	东部	6	5.1
江苏	东部	6	5.1
广东	东部	4	3.4
山东	东部	4	3.4
陕西	西部	4	3.4
湖北	中部	3	2.5
湖南	中部	3	2.5

同年，ISSHP收录我国论文数量排名前6位的省（直辖市）是：北京、黑龙江、湖北、辽宁、陕西和四川，其中2个属于东部地区，2个属于中部地区，2个属于西部地区。这6个省（直辖市）的ISSHP论文合计130篇，占我国同类论文总数的86.1%。北京市位居第一，为41篇，占27.1%；黑龙江省排名第二，为35篇，占23.1%（见表8）。

表8　　1996年ISSHP收录中国论文数量较多的地区

地区		ISSHP论文	
		（篇）	（%）
北京	东部	41	27.1
黑龙江	中部	35	23.1
湖北	中部	27	17.8

续表

地区		ISSHP 论文	
		（篇）	（%）
辽宁	东部	15	9.9
陕西	西部	6	4.0
四川	西部	6	4.0
吉林	中部	5	3.3
浙江	东部	3	2.0
广东	东部	3	2.0
湖南	中部	3	2.0

3.3 SSCI 和 A&HCI 收录中国各地区论文的学科分布

从 1996 年 SSCI 和 A&HCI 收录中国各地区论文的学科领域分布来看，东部地区论文涵盖 17 个学科领域，论文数量较集中的是心理学、社会学、经济学、管理学和语言学；中部地区论文仅涵盖 4 个学科领域，论文数量略多的是心理学和经济学；西部地区论文涵盖 6 个学科领域，各学科领域的论文仅为 1—2 篇（见表 9）。

表 9 1996 年 SSCI 和 A&HCI 收录中国各地区论文数量比较集中的学科领域

学科领域	论文总数（篇）	论文（篇）		
		东 部	中 部	西 部
心理学	35	31	3	1
社会学	22	21	1	0
经济学	11	7	2	2
管理学	10	9	0	1
语言学	10	9	0	1
教育学	8	5	1	2
医药卫生	8	7	0	1
历史学	3	3	0	0
政治学	2	2	0	0
地理学	2	2	0	0

4 三大检索工具收录中国论文的机构分布

4.1 三大检索工具收录中国各类机构论文数量

4.1.1 SSCI 和 A&HCI 收录中国各类机构论文数量

1996 年，SSCI 和 A&HCI 共收录我国论文 118 篇，其中高等院校 78 篇，占 66.1%，比上一年增加 30 篇；研究机构 32 篇，占 27.1%，比上一年增加 4 篇；医疗机构 4 篇，占 3.4%，比上一年增加 1 篇；其他机构 4 篇，占 3.4%，比上一年增加 3 篇。政府部门和公司企业没有论文被 SSCI 和 A&HCI 收录（见表 10）。

表 10　　1996 年 SSCI 和 A&HCI 收录中国各类机构论文数量

机构类型	SSCI 和 A&HCI 论文		
	（篇）	（%）	增加（篇）
高等院校	78	66.1	30
研究机构	32	27.1	4
医疗机构	4	3.4	1
政府部门	0	0.0	-4
公司企业	0	0.0	-2
其他机构	4	3.4	3

4.1.2 ISSHP 收录中国各类机构论文数量

1996 年，ISSHP 共收录我国论文 151 篇，其中高等院校 120 篇，占 79.5%，比上一年减少 216 篇；研究机构 12 篇，占 7.9%，比上一年减少 140 篇；政府部门 7 篇，占 4.6%，比上一年减少 5 篇；公司企业 2 篇，占 1.3%，比上一年减少 7 篇；其他机构 10 篇，占 6.6%，比上一年减少 1 篇。医疗机构没有论文被 ISSHP 收录（见表 11）。

4.2 三大检索工具收录论文数量较多的中国高等院校和研究机构

4.2.1 三大检索工具收录论文数量较多的中国高等院校

1996 年，SSCI 和 A&HCI 收录我国论文的高等院校有 43 所，比上一年增加 9 所。其中，仅收录 1 篇论文的高等院校有 30 所，收录 2 篇论文的有

7 所，收录 3 篇（含）以上论文的有 6 所。

SSCI 和 A&HCI 论文在 3 篇（含）以上的 6 所高等院校是：北京师范大学、北京大学、杭州大学、南京大学、清华大学和上海医科大学，其 SSCI 和 A&HCI 论文合计 34 篇，占我国高等院校同类论文总数的 43.6%（见表 12）。

表 11　　1996 年 ISSHP 收录中国各类机构论文数量

机构类型	ISSHP 论文		
	（篇）	（%）	增加（篇）
高等院校	120	79.5	-216
研究机构	12	7.9	-140
医疗机构	0	0.0	-9
政府部门	7	4.6	-5
公司企业	2	1.3	-7
其他机构	10	6.6	-1

表 12　　1996 年 SSCI 和 A&HCI 收录论文较多的中国高等院校

高等院校	SSCI 和 A&HCI 论文（篇）
北京师范大学	12
北京大学	10
杭州大学	3
南京大学	3
清华大学	3
上海医科大学	3

1996 年，ISSHP 收录我国论文的高等院校有 40 所，比上一年减少 50 所。其中，仅收录 1 篇论文的高等院校有 26 所，收录 2 篇论文的有 4 所，收录 3 篇（含）以上论文的有 10 所。

ISSHP 论文在 3 篇（含）以上的 10 所高等院校是：哈尔滨工业大学、华中科技大学、西安交通大学、大连理工大学、中国电子科技大学、北京交通大学、辽宁税务高等专科学校、北京大学、清华大学和武汉工程大学，其 ISSHP 论文合计 86 篇，占我国高等院校同类论文总数的 71.7%(见表 13)。

表 13　　1996 年 ISSHP 收录论文较多的中国高等院校

高等院校	ISSHP 论文（篇）
哈尔滨工业大学	32
华中科技大学	20
大连理工大学	6
西安交通大学	6
中国电子科技大学	5
北京交通大学	4
辽宁税务高等专科学校	4
北京大学	3
清华大学	3
武汉工程大学	3

4.2.2　三大检索工具收录论文数量较多的中国研究机构

1996 年，SSCI 和 A&HCI 收录我国论文的研究机构有 9 个，与上一年相同。其中，仅收录 1 篇论文的研究机构有 7 个，收录 3 篇（含）以上论文的研究机构有 2 个。

SSCI 和 A&HCI 论文在 3 篇（含）以上的研究机构是中国科学院和中国社会科学院，其中前者为 22 篇，后者为 3 篇，两者合计 25 篇，占我国研究机构同类论文总数的 78.1%。

同年，ISSHP 收录我国论文的研究机构有 6 个，比上一年减少 36 个。其中，收录 1 篇论文的研究机构有 4 个，收录 2 篇论文的有 1 个，收录 3 篇（含）以上论文的有 1 个。中国社会科学院是本年度我国唯一 ISSHP 论文在 3 篇（含）以上的研究机构，其 ISSHP 论文为 6 篇，占我国研究机构同类论文总数的 50%。

5 SSCI和A&HCI收录中国论文的期刊和文种分布

5.1 SSCI和A&HCI收录中国论文的国家（地区）期刊分布

1996年，SSCI和A&HCI共收录我国论文118篇，这些论文分别发表在11个国家（地区）的60种期刊上。其中，有32篇论文发表在美国的27种期刊上，63篇发表在英国的18种期刊上，8篇发表在荷兰的6种期刊上，2篇发表在德国的2种期刊上，6篇发表在丹麦的1种期刊上（见表14）。

表14 1996年SSCI和A&HCI收录中国论文的国家（地区）期刊分布

国家（地区）	期刊（种）	论文（篇）	国家（地区）	期刊（种）	论文（篇）
美国	27	32	中国	1	1
英国	18	63	日本	1	1
荷兰	6	8	爱尔兰	1	1
德国	2	2	加拿大	1	1
丹麦	1	6	澳大利亚	1	1
中国台湾	1	2			

本年度，我国只有1篇SSCI和A&HCI论文发表在中国的期刊*Chinese Medical Journal*（《中华医学杂志》英文版）上，与上一年相同；有2篇发表在中国台湾的期刊*Bulletin of the Institute of History and Philology Academia Sinica*上。

5.2 SSCI和A&HCI收录发表中国论文较多的期刊

1996年，SSCI和A&HCI收录的发表我国1篇论文的期刊有49种，发表2篇的有7种，发表3篇（含）以上的有4种。

表15显示1996年SSCI和A&HCI收录发表我国论文数量较多的期刊，其中发表我国论文数量最多的期刊是英国的*International Journal of Psychology*，有43篇论文在该期刊上发表。

表 15　　1996 年 SSCI 和 A&HCI 收录发表中国论文较多的期刊

国家（地区）	期刊名称	论文（篇）
英国	*International Journal of Psychology*	43
英国	*Perspectives-Studies in Translatology*	6
荷兰	*European Journal of Operational Research*	3
美国	*China Quarterly*	3

5.3 SSCI 和 A&HCI 收录中国论文的文种分布

5.3.1 SSCI 和 A&HCI 收录中国论文的文种

1996 年，SSCI 和 A&HCI 收录的我国 118 篇论文包含英文、中文、俄文和德文 4 个文种。其中，英文论文 114 篇，占 96.6%；中文论文 2 篇，占 1.7%；俄文和德文论文各 1 篇，分别占 0.85%（见表 16）。

本年度，我国的 2 篇中文论文均发表在中国台湾的期刊 *Bulletin of the Institute of History and Philology Academia Sinica* 上。

表 16　　1996 年 SSCI 和 A&HCI 收录中国论文的文种

论文			期刊		
文种	（篇）	（%）	文种	（种）	（%）
英文	114	96.6	英文	57	95.0
中文	2	1.7	中文	1	1.7
俄文	1	0.9	俄文	1	1.7
德文	1	0.9	德文	1	1.7

5.3.2 SSCI 和 A&HCI 收录发表中国论文的期刊文种

1996 年，SSCI 和 A&HCI 收录的发表我国论文的期刊有 60 种。其中，英文期刊 57 种，占 95%；中文、俄文和德文期刊各 1 种，分别占 1.7%（见表 16）。

6 ISSHP 收录发表中国论文的国际会议分布

6.1 ISSHP 收录中国国际会议论文数量

1996 年，ISSHP 共收录我国国际会议论文 151 篇，比上一年减少 378 篇。其中，在我国国内召开的会议论文 141 篇，占 93.4%，比上一年减少 332 篇，每个会议平均发表我国论文 35.3 篇；在其他国家（地区）召开的会议论文 10 篇，占 6.6%，比上一年减少 46 篇，每个会议平均发表我国论文 1 篇（见表 17）。在我国国内召开的会议论文数量显然占绝大多数，但是与上一年相比，这类会议论文的数量减少幅度较大。

表 17　1996 年 ISSHP 收录中国论文及发表中国论文的国际会议数量

会议类型	论文				会议		
	（篇）	（%）	增加（篇）	平均（篇）	（个）	（%）	增加（个）
国际会议	151	/	-378	10.8	14	/	-23
国内国际会议	141	93.4	-332	35.3	4	28.6	-1
国外国际会议	10	6.6	-46	1.0	10	71.4	-22

6.2　ISSHP 收录发表中国论文的国际会议数量

1996 年，ISSHP 共收录发表我国论文的国际会议 14 个，比上一年减少 23 个。其中，有 4 个会议是在我国国内召开的，占总数的 28.6%；有 10 个会议是在其他国家（地区）召开的，占总数的 71.4%（见表 18）。在其他国家（地区）召开的会议数量显然占多数。

在其他国家（地区）召开的 10 个国际会议主要涉及 8 个国家，包括美国、法国、丹麦、加拿大、巴西、韩国、日本和印度尼西亚。

6.3　ISSHP 收录中国论文数量的国际会议分布

1996 年，ISSHP 收录的发表我国论文的 14 个国际会议中，发表我国 1 篇论文的会议有 10 个，占总数的 71.4%；发表 3 篇（含）以上论文的有 4 个，占总数的 28.6%（见表 18）。发表我国 1 篇论文的国际会议显然占多数。

值得注意的是，本年度 ISSHP 收录的 1 个发表我国论文较多的国际会议，即 1995 年在中国哈尔滨召开的 International Conference on Management Science and Engineering 会议，共发表我国论文 109 篇。这样的国际会议论文对本年度我国 ISSHP 论文数量及其学科分布有直接影响。

表 18　1995—1996 年 ISSHP 收录中国论文数量的国际会议分布

年度	国际会议（个）				
	总数量	1 篇	2 篇	3 篇以上	100 篇以上
1995	37	23（62.2）	3（8.1）	11（29.7）	1
1996	14	10（71.4）	0（0.0）	4（28.6）	1

注：括号内的数字为国际会议数量所占比例。

7　SSCI 和 A&HCI 收录中国论文的合著情况

7.1　SSCI 和 A&HCI 收录中国合著论文数量

7.1.1　SSCI 和 A&HCI 收录中国合著与独著论文数量

1996 年，SSCI 和 A&HCI 共收录我国论文 118 篇，其中合著论文 82 篇，占 69.5%，比上一年增加 13 篇，增长 15.1%；独著论文 36 篇，占 30.5%，比上一年增加 19 篇，增长 111.8%（见表 19）。

表 19　1995—1996 年 SSCI 和 A&HCI 收录中国合著与独著论文数量

年度	论文（篇）	合著		独著	
		（篇）	（%）	（篇）	（%）
1995	86	69	80.2	17	19.8
1996	118	82	69.5	36	30.5

7.1.2　SSCI 和 A&HCI 收录中国国内与国际合著论文数量

1996 年，SSCI 和 A&HCI 收录我国合著论文 82 篇，其中国内合著论文 66 篇，占 80.5%，比上一年增加 10 篇，增长 17.9%；国际合著论文 16 篇，占 19.5%，比上一年增加 3 篇，增长 23.1%（见表 20）。

表 20　1995—1996 年 SSCI 和 A&HCI 收录中国国内与国际合著论文数量

年度	合著论文（篇）	国内合著		国际合著	
		（篇）	（%）	（篇）	（%）
1995	69	56	81.2	13	18.8
1996	82	66	80.5	16	19.5

7.2 SSCI 和 A&HCI 收录中国合著论文的合著形式

7.2.1 SSCI 和 A&HCI 收录中国国内合著论文的合著形式

1996 年，SSCI 和 A&HCI 收录我国国内合著论文 66 篇，其中同机构合著论文 55 篇，占 83.3%；同省合著论文 7 篇，占 10.6%；省际合著论文 4 篇，占 6.1%（见表 21）。

表 21 1995—1996 年 SSCI 和 A&HCI 收录中国国内合著论文的合著形式

年度	国内合著	同机构合著		同省合著		省际合著	
	（篇）	（篇）	（%）	（篇）	（%）	（篇）	（%）
1995	56	48	85.7	3	5.4	5	8.9
1996	66	55	83.3	7	10.6	4	6.1

7.2.2 SSCI 和 A&HCI 收录中国第一作者与中国为参与者国际合著论文数量

在本报告中，我国国际合著论文一般是指 SSCI 和 A&HCI 收录的我国第一作者国际合著论文，但是为了进行以下几方面的比较，还需要了解 SSCI 和 A&HCI 收录的我国为参与者国际合著论文的相关情况。

1996 年，SSCI 和 A&HCI 收录我国第一作者国际合著论文 16 篇，我国为参与者国际合著论文 49 篇，两者合计 65 篇。我国第一作者国际合著论文占 24.6%，比上一年增加 3 篇；我国为参与者国际合著论文占 75.4%，比上一年增加 9 篇（见表 22）。我国为参与者国际合著论文数量占明显优势。

表 22 1995—1996 年 SSCI 和 A&HCI 收录中国第一作者与中国为参与者国际合著论文数量

年度	国际合著总数	中国第一作者		中国为参与者	
	（篇）	（篇）	（%）	（篇）	（%）
1995	53	13	24.5	40	75.5
1996	65	16	24.6	49	75.4

7.2.3 SSCI 和 A&HCI 收录中国国际合著论文的合著形式

1996 年，SSCI 和 A&HCI 收录我国第一作者的国际合著论文 16 篇，其中双方合著论文15篇，占93.7%；三方合著论文1篇，占6.3%（见表23）。

表23　1995—1996年SSCI和A&HCI收录中国第一作者国际合著论文合著形式

年度	国际合著（篇）	双方合著		三方合著		多方合著	
		（篇）	（%）	（篇）	（%）	（篇）	（%）
1995	13	12	92.3	1	7.7	0	0
1996	16	15	93.7	1	6.3	0	0

同年，SSCI和A&HCI收录我国为参与者国际合著论文49篇，其中双方合著论文38篇，占77.6%；三方合著论文8篇，占16.3%；多方合著论文3篇，占6.1%（见表24）。

相比之下，我国为参与者国际合著论文的三方和多方合著论文所占比例均明显高于我国第一作者国际合著论文的。

表24　1995—1996年SSCI和A&HCI收录中国为参与者国际合著论文合著形式

年度	国际合著（篇）	双方合著		三方合著		多方合著	
		（篇）	（%）	（篇）	（%）	（篇）	（%）
1995	40	30	75.0	2	5.0	8	20.0
1996	49	38	77.6	8	16.3	3	6.1

7.3　SSCI和A&HCI收录中国国际合著论文涉及的合作国家（地区）

7.3.1　SSCI和A&HCI收录中国国际合著论文涉及的合作国家（地区）数量

1996年，SSCI和A&HCI收录我国第一作者国际合著论文所涉及的合作国家（地区）8个，比上一年增加3个；相比之下，收录我国为参与者国际合著论文所涉及的合作国家（地区）15个，比上一年减少8个，但后者仍多于前者（见表25）。

表 25　　1995—1996 年 SSCI 和 A&HCI 收录中国国际合著论文涉及的合作国家（地区）数量

年度	合作国家（地区）（个）	
	中国第一作者	中国为参与者
1995	5	23
1996	8	15

7.3.2　SSCI 和 A&HCI 收录中国国际合著论文涉及的主要合作国家（地区）

1996 年，SSCI 和 A&HCI 收录我国第一作者国际合著论文所涉及的主要（排名前 3 位）合作国家（地区）是美国、英国和澳大利亚；而收录我国为参与者国际合著论文所涉及的主要（排名前 3 位）合作国家（地区）是美国、英国和日本（见表 26）。美国和英国显然是我国这两类国际合著论文共同涉及的最主要国家。

表 26　　1996 年 SSCI 和 A&HCI 收录中国国际合著论文涉及的主要合作国家（地区）

主要合作国家（地区）	
中国第一作者	中国为参与者
美国（8）、英国（2）、澳大利亚（2）、加拿大（1）荷兰（1）、新加坡（1）、古巴（1）、克罗地亚（1）	美国（32）、英国（9）、日本（7）、加拿大（5）、澳大利亚（4）、南非（2）、法国（2）、德国（2）、中国香港（2）、巴西（1）、墨西哥（1）、荷兰（1）、尼日利亚（1）、瑞典（1）、马来西亚（1）

注：括号中的数字为论文篇数。

7.3.3　SSCI 和 A&HCI 收录涉及合作国家（地区）较多的中国国际合著论文

1996 年，SSCI 和 A&HCI 收录我国第一作者国际合著论文中，涉及合作国家（地区）最多的是题为 New control strategies for neuroprosthetic systems 的论文，1996 年发表于美国的 *Journal of Rehabilitation Research and De-*

velopment 期刊上，共涉及 3 个国家、5 个机构的 5 位合作者。

同年，SSCI 和 A&HCI 收录我国为参与者国际合著论文中，涉及国家（地区）最多的是题为 Case studies in emergency contraception from six countries 的论文，1996 年发表于美国的 *International Family Planning Perspectives* 期刊上，共涉及 7 个国家、10 个机构的 12 位合作者。

8 SSCI 和 A&HCI 收录中国论文被引用情况

8.1 SSCI 和 A&HCI 收录中国论文被引用数量

1996 年，SSCI 和 A&HCI 共收录我国论文 118 篇，其中有 48 篇论文被引用，占总数的 40.7%；这些论文共被引用 329 次，篇均被引 2.8 次，被引用论文篇均被引 6.9 次。

与上一年相比，本年度被引用论文数量减少 10 篇，被引用论文所占比例减少 26.7 个百分点，论文篇均被引次数减少 6.1 次，被引用论文篇均被引次数减少 6.4 次（见表 27）。

表 27　　1995—1996 年 SSCI 和 A&HCI 收录中国论文被引用数量

年度	论文（篇）	总被引			篇均被引（次）	被引论文篇均被引（次）
		（篇）	（%）	（次）		
1995	86	58	67.4	769	8.9	13.3
1996	118	48	40.7	329	2.8	6.9

8.2 SSCI 和 A&HCI 收录中国部分学科领域论文被引用数量

表 28 显示 1996 年 SSCI 和 A&HCI 收录我国论文较多的 10 个学科领域论文被引用情况，从中可以看出，社会学、经济学、医药卫生、心理学、管理学和教育学 6 个学科领域被引用论文数量较多，医药卫生、经济学、社会学、地理学和教育学 5 个学科领域被引用论文所占比例较高，医药卫生、社会学、经济学、地理学和管理学 5 个学科领域论文篇均被引次数较多，管理学、社会学、政治学、地理学和医药卫生 5 个学科领域被引用论文篇均被引次数较多。

表 28　1996 年 SSCI 和 A&HCI 收录中国部分学科领域论文被引用数量

学科领域	论文（篇）	总被引			篇均被引（次）	被引论文篇均被引（次）
		（篇）	（%）	（次）		
社会学	22	14	63.6	137	6.2	9.8
经济学	11	10	90.9	50	4.5	5.0
医药卫生	8	8	100.0	59	7.4	7.4
管理学	10	3	30.0	43	4.3	14.3
教育学	8	3	37.5	11	1.4	3.7
心理学	35	3	8.6	6	0.2	2.0
地理学	2	1	50.0	9	4.5	9.0
历史学	3	1	33.3	1	0.3	1.0
语言学	10	1	10.0	1	0.1	1.0
政治学	2	0	0.0	0	0.0	0.0

8.3　SSCI 和 A&HCI 收录中国部分地区论文被引用数量

表 29 显示 1996 年 SSCI 和 A&HCI 收录我国论文较多的 9 个省（直辖市）论文被引用情况，从中可以看出，北京、上海、江苏和山东 4 个省（直辖市）被引用论文数量较多，上海、山东、湖北、江苏和广东 5 个省（直辖市）被引用论文所占比例较高，江苏、上海、湖北、山东和北京 5 个省（直辖市）论文篇均被引次数较多，江苏、北京、陕西、湖北和广东 5 个省（直辖市）的被引用论文篇均被引次数较多。

表 29　1996 年 SSCI 和 A&HCI 收录中国部分省（直辖市）论文被引用数量

地区	论文（篇）	总被引			篇均被引（次）	被引论文篇均被引（次）
		（篇）	（%）	（次）		
北京	69	22	31.9	191	2.8	8.7
上海	12	10	83.3	47	3.9	4.7
江苏	6	3	50.0	40	6.7	13.3
山东	4	3	75.0	12	3.0	4.0
湖北	3	2	66.7	11	3.7	5.5
广东	4	2	50.0	10	2.5	5.0
陕西	4	1	25.0	8	2.0	8.0
浙江	6	1	16.7	3	0.5	3.0
湖南	3	1	33.3	1	0.3	1.0

8.4 SSCI 和 A&HCI 收录中国各类机构论文被引用数量

1996 年，从 SSCI 和 A&HCI 收录我国各类机构论文被引用情况来看，高等院校和研究机构被引用论文数量较多。高等院校有 36 篇论文被引用，研究机构有 10 篇论文被引用，两者合计 46 篇，占总数的 95.8%（见表 30）。

比较高等院校和研究机构论文被引用情况可以看出，高等院校的被引用论文数量比研究机构的多 26 篇，被引用论文所占比例比研究机构的高 14.9 个百分点，论文篇均被引次数比研究机构的多 2.4 次，被引用论文篇均被引次数比研究机构的多 3.9 次。

表 30　　1996 年 SSCI 和 A&HCI 收录中国各类机构论文被引用数量

机构类型	论文（篇）	总被引			篇均被引（次）	被引论文篇均被引（次）
		（篇）	（%）	（次）		
高等院校	78	36	46.2	277	3.6	7.7
研究机构	32	10	31.3	38	1.2	3.8
医疗机构	4	0	0.0	0	0.0	0.0
政府部门	0	0	0.0	0	0.0	0.0
公司企业	0	0	0.0	0	0.0	0.0
其他机构	4	2	50.0	14	3.5	7.0

8.5 SSCI 和 A&HCI 收录中国被引用论文较多的高等院校和研究机构

8.5.1 SSCI 和 A&HCI 收录中国被引用论文较多的高等院校

1996 年，SSCI 和 A&HCI 收录的我国高等院校 36 篇被引用论文来自 26 所高等院校，比上一年增加 5 所。其中，有 1 篇被引用论文的高等院校 19 所，有 2 篇被引用论文的高等院校 5 所，有 3 篇（含）以上被引用论文的高等院校 2 所。

本年度，SSCI 和 A&HCI 收录我国被引用论文数量排名居前的 7 所高等院校是：北京师范大学、上海医科大学、北京大学、北京医科大学、上海师范大学、中国人民大学和中山大学，其被引用论文合计 17 篇，占我国高等院校同类论文总数的 47.2%（见表 31）。

表 31　　1996 年 SSCI 和 A&HCI 收录中国被引用论文较多的高等院校

高等院校	被引论文（篇）
北京师范大学	4
上海医科大学	3
北京大学	2
北京医科大学	2
上海师范大学	2
中国人民大学	2
中山大学	2

8.5.2　SSCI 和 A&HCI 收录中国被引用论文较多的研究机构

1996 年，SSCI 和 A&HCI 收录的我国研究机构 10 篇被引用论文来自 6 个研究机构，比上一年减少 1 个。其中，仅有 1 篇被引用论文的研究机构 4 个，有 3 篇（含）以上被引用论文的研究机构 2 个。

本年度，SSCI 和 A&HCI 收录我国被引用论文数量排名居前的 2 个研究机构是中国科学院和中国社会科学院，其被引用论文均为 3 篇，合计 6 篇，占我国研究机构同类论文总数的 60%。

8.6　SSCI 和 A&HCI 收录中国被引次数较多的论文

1996 年，SSCI 和 A&HCI 收录的我国论文中，被引次数最多的是题为 Robustness of the efficient DMUs in data envelopment analysis 的论文，发表于 1996 年的 *European Journal of Operational Research*，共被引用 22 次，第一作者是东南大学的 Zhu，J；另一篇是题为 New control strategies for neuroprosthetic systems 的论文，发表于 1996 年的 *Journal of Rehabilitation Research and Development*，共被引用 22 次，第一作者是清华大学的 Crago，PE。

9　SSCI 和 A&HCI 收录中国论文引用文献情况

9.1　SSCI 和 A&HCI 收录中国论文引用文献数量

1996 年，SSCI 和 A&HCI 共收录我国论文 118 篇，其中有引文的论文 68 篇，占总数的 57.6%；这些论文共引用文献 1753 次，有引文的论文篇均引用 25.8 次（见表 32）。

与上一年相比，本年度有引文的论文数量减少 11 篇，所占比例减少 34.3 个百分点，有引文的论文篇均引用次数减少 0.5 次。

表 32　　1995—1996 年 SSCI 和 A&HCI 收录中国论文引用文献数量

年度	论文（篇）	总引用			有引文的论文篇均引用（次）
		（篇）	（%）	（次）	
1995	86	79	91.9	2076	26.3
1996	118	68	57.6	1753	25.8

9.2　SSCI 和 A&HCI 收录中国部分学科领域论文引用文献数量

表 33 显示 1996 年 SSCI 和 A&HCI 收录我国论文较多的 10 个学科领域论文引用文献情况，从中可以看出，社会学、经济学、语言学、医药卫生和管理学 5 个学科领域有引文的论文数量较多，经济学、医药卫生、地理学、语言学和社会学 5 个学科领域有引文的论文所占比例较高，地理学、社会学、政治学、心理学和医药卫生 5 个学科领域有引文的论文篇均引用次数较多。

表 33　　1996 年 SSCI 和 A&HCI 收录中国部分学科领域论文引用文献数量

学科领域	论文（篇）	总引用			有引文的论文篇均引用（次）
		（篇）	（%）	（次）	
社会学	22	15	68.2	552	36.8
经济学	11	11	100.0	191	17.4
医药卫生	8	8	100.0	197	24.6
语言学	10	8	80.0	120	15.0
管理学	10	6	60.0	98	16.3
教育学	8	5	62.5	100	20.0
心理学	35	4	11.4	129	32.3
地理学	2	2	100.0	195	97.5
历史学	3	2	66.7	43	21.5
政治学	2	1	50.0	36	36.0

9.3 SSCI 和 A&HCI 收录中国部分地区论文引用文献数量

表34显示1996年SSCI和A&HCI收录我国论文较多的9个省（直辖市）论文引用文献情况，从中可以看出，北京、上海、江苏、陕西、山东和湖北6个省（直辖市）有引文的论文数量较多，湖北、上海、江苏、陕西和山东5个省（直辖市）有引文的论文所占比例较高，广东、江苏、北京、上海和陕西5个省（直辖市）有引文的论文篇均引用次数较多。

表34　1996年SSCI和A&HCI收录中国部分地区论文引用文献数量

地区	论文（篇）	总引用			有引文的论文篇均引用（次）
		（篇）	（%）	（次）	
北京	69	34	49.3	852	25.1
上海	12	11	91.7	239	21.7
江苏	6	5	83.3	183	36.6
陕西	4	3	75.0	62	20.7
山东	4	3	75.0	45	15.0
湖北	3	3	100.0	43	14.3
广东	4	2	50.0	219	109.5
湖南	3	2	66.7	38	19.0
浙江	6	1	16.7	15	15.0

9.4 SSCI 和 A&HCI 收录中国各类机构论文引用文献数量

1996年，SSCI和A&HCI共收录我国各类机构有引文的论文68篇，其中高等院校49篇，占72.1%；研究机构16篇，占23.5%。这两类机构有引文的论文合计65篇，占总数的95.6%（见表35）。

表35　1996年SSCI和A&HCI收录中国各类机构有引文的论文数量

机构类型	论文（篇）	总引用			有引文的论文篇均引用（次）
		（篇）	（%）	（次）	
高等院校	78	49	62.8	1424	29.1
研究机构	32	16	50.0	262	16.4
医疗机构	4	1	25.0	3	3.0

续表

机构类型	论文（篇）	总引用			有引文的论文篇均引用（次）
		（篇）	（%）	（次）	
政府部门	0	0	0.0	0	0.0
公司企业	0	0	0.0	0	0.0
其他机构	4	2	50.0	64	32.0

从本年度 SSCI 和 A&HCI 收录我国高等院校和研究机构论文引用文献的情况来看，高等院校有引文的论文数量比研究机构多 33 篇，有引文的论文所占比例比研究机构高 12.8 个百分点，有引文的论文篇均引用次数比研究机构多 12.7 次。

1997 年
SSCI、A&HCI 和 ISSHP 收录中国论文
统计分析年度报告

1 三大检索工具收录中国论文概况

1.1 三大检索工具收录中国论文数量和排名

1997 年，SSCI、A&HCI 和 ISSHP 三大国际检索工具（简称三大检索工具）共收录我国论文 343 篇，比上一年减少 110 篇，减少 24.3%。按三大检索工具收录论文数量的国家（地区）排名，我国排名由上一年的第 27 位降至第 29 位（见表 1）。

表 1　1996—1997 年三大检索工具收录中国论文数量和排名

年度	论文			排名
	（篇）	增加（篇）	增长（%）	
1996	453	-344	-43.2	27
1997	343	-110	-24.3	29

排在我国之前的 28 个国家（地区）是：美国、英国、加拿大、德国、澳大利亚、法国、荷兰、以色列、意大利、日本、西班牙、瑞典、新西兰、俄罗斯、爱尔兰、墨西哥、比利时、瑞士、芬兰、挪威、南非、中国香港、丹麦、印度、奥地利、巴西、希腊和中国台湾（见表 2）。

表2　1997年三大检索工具收录部分国家（地区）论文数量和排名

国家（地区）	论文（篇）	排名	国家（地区）	论文（篇）	排名
美国	102136	1	挪威	857	20
英国	26921	2	南非	830	21
加拿大	11041	3	中国香港	800	22
德国	6165	4	丹麦	778	23
澳大利亚	5644	5	印度	746	24
法国	5415	6	奥地利	688	25
荷兰	3361	7	巴西	481	26
以色列	2001	8	希腊	369	27
意大利	1949	9	中国台湾	367	28
日本	1823	10	中国	343	29
西班牙	1788	11	捷克	333	30
瑞典	1728	12	韩国	327	31
新西兰	1143	13	新加坡	273	32
俄罗斯	1130	14	波兰	269	33
爱尔兰	1088	15	匈牙利	253	34
墨西哥	1084	16	斯洛伐克	242	35
比利时	1075	17	土耳其	239	36
瑞士	1004	18	葡萄牙	155	37
芬兰	919	19	克罗地亚	154	38

1.2　SSCI和A&HCI收录中国论文数量

1997年，SSCI和A&HCI共收录我国论文（作者机构栏中有“Peoples R China”的论文）133篇，比上一年减少35篇，减少20.8%。其中，我国第一作者论文78篇，占总数的58.6%；比上一年减少40篇，减少33.9%（见表3）。

表3　1996—1997年SSCI和A&HCI收录中国论文数量

年度	SSCI和A&HCI论文			中国第一作者SSCI和A&HCI论文		
	（篇）	增加（篇）	增长（%）	（篇）	（%）	增长（%）
1996	168	38	29.2	118	70.2	37.2
1997	133	-35	-20.8	78	58.6	-33.9

1.3 ISSHP 收录中国论文数量

1997 年，ISSHP 共收录我国论文（作者机构栏中有“Peoples R China”的论文）47 篇，比上一年减少 105 篇，减少 69.1%。其中，我国第一作者论文 45 篇，占总数的 95.7%；比上一年减少 106 篇，减少 70.2%（见表 4）。

表 4　1996—1997 年 ISSHP 收录中国论文数量

年度	ISSHP 论文			中国第一作者 ISSHP 论文		
	（篇）	增加（篇）	增长（%）	（篇）	（%）	增长（%）
1996	152	-380	-71.4	151	99.3	-71.5
1997	47	-105	-69.1	45	95.7	-70.2

需要说明的是，以下将以三大检索工具收录我国第一作者论文情况作为统计分析的重点。在没有特指的情况下，我国论文均指我国第一作者论文。

2　三大检索工具收录中国论文的学科分布

2.1　三大检索工具收录中国论文数量比较集中的学科领域

2.1.1　SSCI 和 A&HCI 收录中国论文数量比较集中的学科领域

1997 年，SSCI 和 A&HCI 共收录我国各学科领域论文 78 篇，这些论文共涵盖 17 个学科领域。论文数量比较集中的学科领域是：社会学、医药卫生、经济学、管理学、民族学与人类学、图书馆情报与文献学、心理学、统计学和生物学，这 9 个学科领域论文合计 70 篇，占总数的 89.7%。其中，社会学、医药卫生和经济学 3 个学科领域论文合计 50 篇，占总数的 64.1%（见表 5）。

表 5　1997 年 SSCI 和 A&HCI 收录中国论文数量比较集中的学科领域

学科领域	SSCI 和 A&HCI 论文	
	（篇）	（%）
社会学	28	35.9
医药卫生	14	17.9

续表

学科领域	SSCI 和 A&HCI 论文	
	(篇)	(%)
经济学	8	10.3
管理学	6	7.6
民族学与人类学	4	5.1
图书馆情报与文献学	3	3.8
心理学	3	3.8
统计学	2	2.6
生物学	2	2.6

2.1.2 ISSHP 收录中国论文数量比较集中的学科领域

同年，ISSHP 共收录我国各学科领域论文 45 篇，这些论文共涵盖 8 个学科领域。论文数量比较集中的学科领域是：管理学、经济学、考古学、社会学和法学，这 5 个学科领域论文合计 42 篇，占总数的 93.3%。其中，管理学、经济学和考古学 3 个学科领域论文合计 34 篇，占总数的 75.6%(见表 6)。

表 6　　1997 年 ISSHP 收录中国论文数量比较集中的学科领域

学科领域	ISSHP 论文	
	(篇)	(%)
管理学	16	35.6
经济学	9	20.0
考古学	9	20.0
社会学	4	8.9
法学	4	8.9

2.2 SSCI 和 A&HCI 收录中国跨学科和科技领域论文数量

2.2.1 SSCI 和 A&HCI 收录中国跨学科领域论文数量

按照 SSCI 和 A&HCI 收录论文的原始学科领域分类，有一部分论文属于跨学科领域论文。1997 年，SSCI 和 A&HCI 收录的我国论文中，属于这类跨学科领域的论文有 3 篇，占 3.8%；比上一年减少 46 篇，减少93.9%。

2.2.2　SSCI和A&HCI收录中国科技领域论文数量

按照我国的学科分类，SSCI和A&HCI收录的论文中，有一部分论文属于数学、计算机科学、环境科学、地理学、医药卫生、生物学、心理学、交通运输、物理学、建筑学和安全科学等科技领域。1997年，SSCI和A&HCI收录的我国论文中，属于此类的论文有21篇，占26.9%；比上一年减少26篇，减少55.3%。

3　三大检索工具收录中国论文的地区分布

3.1　三大检索工具收录中国论文的地区分布

3.1.1　SSCI和A&HCI收录中国论文的地区分布

1997年，SSCI和A&HCI共收录我国论文78篇，这些论文来自我国17个省（自治区、直辖市），其中有3篇（含）以上论文的省（自治区、直辖市）有6个，有2篇的有5个，有1篇的有6个。另外，有14个省（自治区、直辖市）没有论文被SSCI和A&HCI收录。

SSCI和A&HCI收录我国论文的地区分布是：东部地区59篇，占75.6%；中部地区10篇，占12.8%；西部地区9篇，占11.6%。

3.1.2　ISSHP收录中国论文的地区分布

1997年，ISSHP共收录我国论文45篇，这些论文来自我国13个省（自治区、直辖市），其中有3篇（含）以上论文的省（自治区、直辖市）有4个，有2篇的有1个，有1篇的有8个。另外，有18个省（自治区、直辖市）没有论文被ISSHP收录。

ISSHP收录我国论文的地区分布是：东部地区34篇，占75.5%；中部地区4篇，占8.9%；西部地区7篇，占15.6%。

本年度，我国有SSCI和A&HCI论文的省（自治区、直辖市）比有ISSHP论文的多4个；但是与上一年相比，前者增加3个，后者减少3个。

3.2　三大检索工具收录中国论文数量较多的地区

1997年，SSCI和A&HCI收录我国论文数量排名前6位的省（直辖市）是：北京、上海、湖北、辽宁、广东和湖南，其中4个属于东部地区，2 个属于中部地区。这 6 个省（直辖市）的 SSCI 和 A&HCI 论文数量合计 62 篇，占我国同类论文总数的 79.5%。北京市的论文数量遥遥领先，为 39 篇，占 50%；其次是上海市，为 9 篇，占 11.5%（见表 7）。

表 7　　1997 年 SSCI 和 A&HCI 收录中国论文数量较多的地区

地区		SSCI 和 A&HCI 论文	
		（篇）	（%）
北京	东部	39	50.0
上海	东部	9	11.5
湖北	中部	5	6.4
辽宁	东部	3	3.8
广东	东部	3	3.8
湖南	中部	3	3.8

同年，ISSHP 收录我国论文数量排名前 5 位的省（直辖市）是：北京、甘肃、湖北、福建和天津，其中 3 个属于东部地区，1 个属于中部地区，1 个属于西部地区。这 5 个省（直辖市）的 ISSHP 论文数量合计 37 篇，占我国同类论文总数的 82.2%。北京市位居第一，为 24 篇，占 53.3%；甘肃省位居第二，为 5 篇，占 11.1%（见表 8）。

表 8　　1997 年 ISSHP 收录中国论文数量较多的地区

地区		ISSHP 论文	
		（篇）	（%）
北京	东部	24	53.3
甘肃	西部	5	11.1
湖北	中部	3	6.7
福建	东部	3	6.7
天津	东部	2	4.4

3.3　SSCI 和 A&HCI 收录中国各地区论文的学科分布

从 1997 年 SSCI 和 A&HCI 收录中国各地区论文的学科领域分布来看，东部地区论文涵盖 14 个学科领域，论文数量较集中的是社会学、医药卫生、经济学和管理学；中部地区论文仅涵盖4个学科领域，论文数量较多的是社会学和医药卫生；西部地区论文涵盖6个学科领域，论文数量略多的也是社会学和医药卫生（见表9）。

表9 1997年SSCI和A&HCI收录中国各地区论文数量比较集中的学科领域

学科领域	论文总数（篇）	论文（篇）		
		东部	中部	西部
社会学	28	20	5	3
医药卫生	14	9	3	2
经济学	8	6	1	1
管理学	6	6	0	0
民族学与人类学	4	3	1	0
图书馆情报与文献学	3	3	0	0
心理学	3	3	0	0
统计学	2	2	0	0
生物学	2	2	0	0

4 三大检索工具收录中国论文的机构分布

4.1 三大检索工具收录中国各类机构论文数量

4.1.1 SSCI和A&HCI收录中国各类机构论文数量

1997年，SSCI和A&HCI共收录我国论文78篇，其中高等院校46篇，占59%，比上一年减少32篇；研究机构22篇，占28.2%，比上一年减少10篇；医疗机构1篇，占1.3%，比上一年减少3篇；政府部门4篇，占5.1%，比上一年增加4篇；公司企业2篇，占2.6%，比上一年增加2篇；其他机构3篇，占3.8%，比上一年减少1篇（见表10）。

表10 1997年SSCI和A&HCI收录中国各类机构论文数量

机构类型	SSCI和A&HCI论文		
	（篇）	（%）	增加（篇）
高等院校	46	59.0	-32
研究机构	22	28.2	-10

续表

机构类型	SSCI 和 A&HCI 论文		
	（篇）	（%）	增加（篇）
医疗机构	1	1.3	-3
政府部门	4	5.1	4
公司企业	2	2.6	2
其他机构	3	3.8	-1

4.1.2 ISSHP 收录中国各类机构论文数量

1997 年，ISSHP 共收录我国论文 45 篇，其中高等院校 25 篇，占 55.5%，比上一年减少 94 篇；研究机构 12 篇，占 26.7%，比上一年增加 1 篇；政府部门 4 篇，占 8.9%，比上一年减少 3 篇；其他机构 4 篇，占 8.9%，比上一年减少 8 篇。医疗机构和公司企业没有论文被 ISSHP 收录（见表 11）。

表 11　　1997 年 ISSHP 收录中国各类机构论文数量

机构类型	ISSHP 论文		
	（篇）	（%）	增加（篇）
高等院校	25	55.5	-94
研究机构	12	26.7	1
医疗机构	0	0.0	0
政府部门	4	8.9	-3
公司企业	0	0.0	-2
其他机构	4	8.9	-8

4.2 三大检索工具收录论文数量较多的中国高等院校和研究机构

4.2.1 三大检索工具收录论文数量较多的中国高等院校

1997 年，SSCI 和 A&HCI 收录我国论文的高等院校有 29 所，比上一年减少 14 所。其中，仅收录 1 篇论文的高等院校有 21 所，收录 2 篇论文的有 4 所，收录 3 篇（含）以上论文的有 4 所。

SSCI 和 A&HCI 论文在 3 篇（含）以上的 4 所高等院校是：上海医科大学、北京医科大学、北京大学和湖南医科大学，其 SSCI 和 A&HCI 论文合计 17 篇，占我国高等院校同类论文总数的 37%（见表 12）。

表 12　　1997 年 SSCI 和 A&HCI 收录论文较多的中国高等院校

高等院校	SSCI 和 A&HCI 论文（篇）
上海医科大学	6
北京医科大学	5
北京大学	3
湖南医科大学	3

同年，ISSHP 收录我国论文的高等院校有 17 所，比上一年减少 23 所。其中，收录 1 篇论文的高等院校有 13 所，收录 2 篇论文的有 1 所，收录 3 篇以上论文的有 3 所。

ISSHP 论文在 3 篇（含）以上的高等院校是：北京大学、北京工业大学和清华大学，其 ISSHP 论文分别为 4 篇、3 篇和 3 篇，合计 10 篇，占我国高等院校同类论文总数的 40%。

4.2.2　三大检索工具收录论文数量较多的中国研究机构

1997 年，SSCI 和 A&HCI 收录我国论文的研究机构有 12 个，比上一年增加 3 个。其中，仅收录 1 篇论文的研究机构有 7 个，收录 2 篇论文的有 3 个，收录 3 篇（含）以上论文的有 2 个。SSCI 和 A&HCI 论文在 3 篇（含）以上的研究机构是中国科学院和中国社会科学院，其 SSCI 和 A&HCI 论文分别为 6 篇和 3 篇，两者合计 9 篇，占我国研究机构同类论文总数的 40.9%。

同年，ISSHP 收录我国论文的研究机构有 9 个，比上一年增加 3 个。其中，仅收录 1 篇论文的研究机构有 7 个，收录 2 篇论文的有 1 个，收录 3 篇（含）以上论文的有 1 个。ISSHP 论文在 3 篇（含）以上的我国唯一研究机构是敦煌研究院，其 ISSHP 论文为 3 篇，占我国研究机构同类论文总数的 25%。

5　SSCI 和 A&HCI 收录中国论文的期刊和文种分布

5.1　SSCI 和 A&HCI 收录中国论文的国家（地区）期刊分布

1997 年，SSCI 和 A&HCI 共收录我国论文 78 篇，这些论文分别发表在 5

个国家的58种期刊上。其中，有28篇论文发表在美国的28种期刊上，27篇论文发表在英国的20种期刊上，19篇论文发表在荷兰的6种期刊上，2篇发表在瑞士的2种期刊上，2篇发表在日本的2种期刊上（见表13）。

本年度，SSCI 和 A&HCI 没有收录发表我国论文的中国（包括中国香港和台湾）期刊。

表13　1997年 SSCI 和 A&HCI 收录中国论文的国家（地区）期刊分布

国家（地区）	期刊（种）	论文（篇）	国家（地区）	期刊（种）	论文（篇）
美国	28	28	瑞士	2	2
英国	20	27	日本	2	2
荷兰	6	19			

5.2　SSCI 和 A&HCI 收录发表中国论文较多的期刊

1997年，SSCI 和 A&HCI 收录的发表我国1篇论文的期刊有52种，发表2篇的有4种，发表3篇（含）以上的有2种。

表14显示1997年 SSCI 和 A&HCI 收录的发表我国论文数量较多的期刊，其中发表我国论文最多的期刊是荷兰的 *Quality of Life Research*，有12篇论文在该期刊上发表。

表14　1997年 SSCI 和 A&HCI 收录发表中国论文较多的期刊

国家（地区）	期刊名称	论文（篇）
荷兰	*Quality of Life Research*	12
英国	*IDS Bulletin-Institute of Development Studies*	6
英国	*Social Science & Medicine*	2
荷兰	*Statistics & Probability Letters*	2
荷兰	*European Journal of Operational Research*	2
英国	*Review of Income and Wealth*	2

5.3　SSCI 和 A&HCI 收录中国论文的文种分布

1997年，SSCI 和 A&HCI 收录的我国78篇论文全部是英文论文，收录发表这些论文的58种期刊全部是英文期刊。

6 ISSHP 收录发表中国论文的国际会议分布

6.1 ISSHP 收录中国国际会议论文数量

1997 年，ISSHP 共收录我国国际会议论文 45 篇，比上一年减少 106 篇。其中，在我国国内召开的会议论文 13 篇，占 28.9%，比上一年减少 128 篇，每个会议平均发表我国论文 3.3 篇；在其他国家（地区）召开的会议论文 32 篇，占 71.1%，比上一年增加 22 篇，每个会议平均发表我国论文 2.1 篇（见表 15）。本年度，ISSHP 收录我国国内召开的会议论文数量明显减少。

表 15 1997 年 ISSHP 收录中国论文及发表中国论文的国际会议数量

会议类型	论文				会议		
	（篇）	（%）	增加（篇）	平均（篇）	（个）	（%）	增加（个）
国际会议	45	/	-106	2.4	19	/	5
国内国际会议	13	28.9	-128	3.3	4	21.1	0
国外国际会议	32	71.1	22	2.1	15	78.9	5

6.2 ISSHP 收录发表中国论文的国际会议数量

1997 年，ISSHP 共收录发表我国论文的国际会议 19 个，比上一年增加 5 个。其中，有 4 个会议是在我国国内召开的，占总数的 21.1%；有 15 个会议是在其他国家（地区）召开的，占总数的 78.9%（见表 15）。在其他国家（地区）召开的会议明显占多数。

在其他国家（地区）召开的 15 个国际会议主要涉及 8 个国家，包括美国、澳大利亚、加拿大、比利时、荷兰、芬兰、奥地利和泰国。

6.3 ISSHP 收录中国论文数量的国际会议分布

1997 年，ISSHP 收录的发表我国论文的 19 个国际会议中，发表我国 1 篇论文的会议有 13 个，占总数的 68.4%；发表 2 篇论文的有 4 个，占总数的 21.1%；发表 3 篇（含）以上论文的有 2 个，占总数的 10.5%（见表 16）。发表我国 1 篇论文的会议明显占多数。

表 16　　1996—1997 年 ISSHP 收录中国论文数量的国际会议分布

年度	国际会议（个）				
	总数量	1 篇	2 篇	3 篇以上	100 篇以上
1996	14	10（71.4）	0（0）	4（28.6）	1
1997	19	13（68.4）	4（21.1）	2（10.5）	0

注：括号内的数字为国际会议数量所占比例。

7　SSCI 和 A&HCI 收录中国论文的合著情况

7.1　SSCI 和 A&HCI 收录中国合著论文数量

7.1.1　SSCI 和 A&HCI 收录中国合著与独著论文数量

1997 年，SSCI 和 A&HCI 收录我国论文 78 篇，其中合著论文 69 篇，占 88.5%，比上一年减少 13 篇，减少 15.9%；独著论文 9 篇，占 11.5%，比上一年减少 27 篇，减少 75%（见表 17）。

表 17　　1996—1997 年 SSCI 和 A&HCI 收录中国合著与独著论文数量

年度	论文（篇）	合著		独著	
		（篇）	（%）	（篇）	（%）
1996	118	82	69.5	36	30.5
1997	78	69	88.5	9	11.5

7.1.2　SSCI 和 A&HCI 收录中国国内与国际合著论文数量

1997 年，SSCI 和 A&HCI 收录我国合著论文 69 篇，其中国内合著论文 57 篇，占 82.6%，比上一年减少 9 篇，减少 13.6%；国际合著论文 12 篇，占 17.4%，比上一年减少 4 篇，减少 25%（见表 18）。

表 18　1996—1997 年 SSCI 和 A&HCI 收录中国国内与国际合著论文数量

年度	合著（篇）	国内合著		国际合著	
		（篇）	（%）	（篇）	（%）
1996	82	66	80.5	16	19.5
1997	69	57	82.6	12	17.4

7.2 SSCI和A&HCI收录中国合著论文的合著形式

7.2.1 SSCI和A&HCI收录中国国内合著论文的合著形式

1997年，SSCI和A&HCI收录我国国内合著论文57篇，其中同机构合著论文53篇，占93%；同省合著论文3篇，占5.3%；省际合著论文1篇，占1.7%（见表19）。

表19 1996—1997年SSCI和A&HCI收录中国国内合著论文的合著形式

年度	国内合著（篇）	同机构合著		同省合著		省际合著	
		（篇）	（%）	（篇）	（%）	（篇）	（%）
1996	66	55	83.3	7	10.6	4	6.1
1997	57	53	93.0	3	5.3	1	1.7

7.2.2 SSCI和A&HCI收录中国第一作者与中国为参与者国际合著论文数量

在本报告中，我国国际合著论文一般是指SSCI和A&HCI收录的我国第一作者国际合著论文，但是为了进行以下几方面的比较，还需要了解SSCI和A&HCI收录的我国为参与者国际合著论文的相关情况。

1997年，SSCI和A&HCI收录我国第一作者国际合著论文12篇，我国为参与者国际合著论文53篇，两者合计65篇。我国第一作者国际合著论文占18.5%，比上一年减少4篇；我国为参与者国际合著论文占81.5%，比上一年增加4篇（见表20）。我国为参与者国际合著论文数量占明显优势。

表20 1996—1997年SSCI和A&HCI收录中国第一作者与中国为参与者国际合著论文数量

年度	国际合著总数（篇）	中国第一作者		中国为参与者	
		（篇）	（%）	（篇）	（%）
1996	65	16	24.6	49	75.4
1997	65	12	18.5	53	81.5

7.2.3 SSCI和A&HCI收录中国国际合著论文的合著形式

1997年，SSCI和A&HCI收录我国第一作者国际合著论文12篇，其中双方合著论文 10 篇，占 83.3%；三方合著论文 2 篇，占 16.7%（见表 21）。

表 21　　1996—1997 年 SSCI 和 A&HCI 收录中国第一作者国际合著论文合著形式

年度	国际合著（篇）	双方合著		三方合著		多方合著	
		（篇）	（%）	（篇）	（%）	（篇）	（%）
1996	16	15	93.7	1	6.3	0	0
1997	12	10	83.3	2	16.7	0	0

同年，SSCI 和 A&HCI 收录我国为参与者国际合著论文 53 篇，其中双方合著论文 44 篇，占 83%；三方合著论文 5 篇，占 9.4%；多方合著论文 4 篇，占 7.6%（见表 22）。

相比之下，我国第一作者国际合著论文和我国为参与者国际合著论文的双方合著论文所占比例基本相同，但前者的三方合著论文所占比例高于后者的，而后者的多方合著论文所占比例高于前者的。

表 22　　1996—1997 年 SSCI 和 A&HCI 收录中国为参与者国际合著论文合著形式

年度	国际合著（篇）	双方合著		三方合著		多方合著	
		（篇）	（%）	（篇）	（%）	（篇）	（%）
1996	49	38	77.6	8	16.3	3	6.1
1997	53	44	83.0	5	9.4	4	7.6

7.3　SSCI 和 A&HCI 收录中国国际合著论文涉及的合作国家（地区）

7.3.1　SSCI 和 A&HCI 收录中国国际合著论文涉及的合作国家（地区）数量

1997 年，SSCI 和 A&HCI 收录我国第一作者国际合著论文所涉及的合作国家（地区）4 个，比上一年减少 4 个；相比之下，收录我国为参与者国际合著论文所涉及的合作国家（地区）22 个，比上一年增加 7 个。后者明显多于前者（见表 23）。

表 23 1996—1997 年 SSCI 和 A&HCI 收录中国国际合著论文涉及的合作国家（地区）数量

年度	合作国家（地区）（个）	
	中国第一作者	中国为参与者
1996	8	15
1997	4	22

7.3.2 SSCI 和 A&HCI 收录中国国际合著论文涉及的主要合作国家（地区）

1997 年，SSCI 和 A&HCI 收录我国第一作者国际合著论文所涉及的 4 个合作国家是美国、英国、法国和澳大利亚；而收录我国为参与者国际合著论文所涉及的主要（排名前 4 位）合作国家（地区）是美国、日本、英国、中国香港（见表 24）。美国和英国显然是我国这两类国际合著论文共同涉及的最主要合作国家。

表 24 1997 年 SSCI 和 A&HCI 收录中国国际合著论文涉及的主要合作国家（地区）

主要合作国家（地区）	
中国第一作者	中国为参与者
美国（8）、英国（4）、法国（1）、澳大利亚（1）	美国（32）、日本（10）、英国（5）、中国香港（4）、中国台湾（2）、澳大利亚（2）、韩国（2）、德国（2）、巴西（1）、加拿大（1）、古巴（1）、法国（1）、印度（1）、意大利（1）、阿根廷（1）、新西兰（1）、俄罗斯（1）、塞内加尔（1）、斯洛文尼亚（1）、西班牙（1）、瑞士（1）、中国澳门（1）

注：括号中的数字为论文篇数。

7.3.3 SSCI 和 A&HCI 收录涉及合作国家（地区）较多的中国国际合著论文

1997 年，SSCI 和 A&HCI 收录我国第一作者国际合著论文中，涉及合作国家（地区）最多的是题为 ESR analysis of teeth from the paleoanthropological site of Zhoukoudian，China 的论文，1997 年发表于英国的 *Journal of Hu-*

man Evolution 期刊上，共涉及 3 个国家、5 个机构的 6 位合作者。

同年，SSCI 和 A&HCI 收录我国为参与者的国际合著论文中，涉及合作国家（地区）最多的是题为 Dysthymia in neurological disorders 的论文，1996 年发表于英国的 *Molecular Psychiatry* 期刊上，共涉及 11 个国家、17 个机构的 18 位合作者。

8 SSCI 和 A&HCI 收录中国论文被引用情况

8.1 SSCI 和 A&HCI 收录中国论文被引用数量

1997 年，SSCI 和 A&HCI 共收录我国论文 78 篇，其中有 58 篇论文被引用，占总数的 74.4%；这些论文共被引用 345 次，篇均被引 4.4 次，被引用论文篇均被引 5.9 次（见表 25）。

与上一年相比，本年度被引用论文数量增加 10 篇，被引用论文所占比例增加 33.7 个百分点，论文篇均被引次数增加 1.6 次，但被引用论文篇均被引次数减少 1 次。

表 25 1996—1997 年 SSCI 和 A&HCI 收录中国论文被引用数量

年度	论文（篇）	总被引			篇均被引（次）	被引论文篇均被引（次）
		（篇）	（%）	（次）		
1996	118	48	40.7	329	2.8	6.9
1997	78	58	74.4	345	4.4	5.9

8.2 SSCI 和 A&HCI 收录中国部分学科领域论文被引用数量

表 26 显示 1997 年 SSCI 和 A&HCI 收录我国论文较多的 9 个学科领域论文被引用情况，从中可以看出，社会学、医药卫生、经济学、管理学和民族学与人类学 5 个学科领域被引用论文数量较多，管理学、统计学、生物学、经济学和民族学与人类学 5 个学科领域被引用论文所占比例较高，统计学、生物学、民族学与人类学、医药卫生和社会学 5 个学科领域论文篇均被引次数较多，民族学与人类学、医药卫生、统计学、生物学和社会学 5 个学科领域被引用论文篇均被引次数较多。

表 26　1997 年 SSCI 和 A&HCI 收录中国部分学科领域论文被引用数量

学科领域	论文	总被引			篇均被引	被引论文篇均被引
	（篇）	（篇）	（%）	（次）	（次）	（次）
社会学	28	20	71.4	126	4.5	6.3
医药卫生	14	9	64.3	82	5.9	9.1
经济学	8	7	87.5	27	3.4	3.9
管理学	6	6	100.0	23	3.8	3.8
民族学与人类学	4	3	75.0	28	7.0	9.3
统计学	2	2	100.0	16	8.0	8.0
生物学	2	2	100.0	16	8.0	8.0
心理学	3	2	66.7	8	2.7	4.0
图书馆情报与文献学	3	2	66.7	3	1.0	1.5

8.3　SSCI 和 A&HCI 收录中国部分地区论文被引用数量

表 27 显示 1997 年 SSCI 和 A&HCI 收录我国论文较多的 6 个省（直辖市）论文被引用情况，从中可以看出，北京、上海、湖北和辽宁 4 个省（直辖市）被引用论文数量较多，上海、湖北、北京和辽宁 4 个省（直辖市）被引用论文所占比例较高，上海、北京、湖北和辽宁 4 个省（直辖市）论文篇均被引次数较多，上海、辽宁、湖南和北京 4 个省（直辖市）被引用论文篇均被引次数较多。

表 27　1997 年 SSCI 和 A&HCI 收录中国部分地区论文被引用数量

地区	论文	总被引			篇均被引	被引论文篇均被引
	（篇）	（篇）	（%）	（次）	（次）	（次）
北京	39	29	74.4	134	3.4	4.6
上海	9	8	88.9	73	8.1	9.1
湖北	5	4	80.0	17	3.4	4.3
辽宁	3	2	66.7	10	3.3	5.0
湖南	3	1	33.3	5	1.7	5.0
广东	3	1	33.3	1	0.3	1.0

8.4 SSCI 和 A&HCI 收录中国各类机构论文被引用数量

1997 年，从 SSCI 和 A&HCI 收录我国各类机构论文被引用情况来看，高等院校和研究机构被引用论文数量较多。高等院校有 32 篇论文被引用，研究机构有 19 篇论文被引用，两者合计 51 篇，占总数的 87.9%（见表 28）。

比较高等院校和研究机构论文被引用情况可以看出，高等院校被引用论文数量比研究机构多 13 篇，论文篇均被引次数及被引论文篇均被引次数分别比研究机构多 0.6 次和 2.2 次，但被引用论文所占比例比研究机构低 16.8 个百分点。

表 28　1997 年 SSCI 和 A&HCI 收录中国各类机构论文被引用数量

机构类型	论文（篇）	总被引			篇均被引（次）	被引论文篇均被引（次）
		（篇）	（%）	（次）		
高等院校	46	32	69.6	227	4.9	7.1
研究机构	22	19	86.4	94	4.3	4.9
医疗机构	1	1	100.0	6	6.0	6.0
政府部门	4	3	75.0	9	2.3	3.0
公司企业	2	0	0.0	0	0.0	0.0
其他机构	3	3	100.0	9	3.0	3.0

8.5 SSCI 和 A&HCI 收录中国被引用论文较多的高等院校和研究机构

8.5.1 SSCI 和 A&HCI 收录中国被引用论文较多的高等院校

1997 年，SSCI 和 A&HCI 收录的我国高等院校 36 篇被引用论文来自 23 所高等院校，比上一年减少 3 所。其中，有 1 篇被引用论文的高等院校 19 所，有 2 篇被引用论文的高等院校 1 所，有 3 篇（含）以上被引用论文的高等院校 3 所。

本年度，SSCI 和 A&HCI 收录我国被引用论文数量排名居前的 3 所高等院校是：上海医科大学、北京大学和北京医科大学，其被引用论文合计 11 篇，占我国高等院校同类论文总数的 30.6%（见表 29）。

表29 1997年SSCI和A&HCI收录中国被引用论文较多的高等院校

高等院校	被引论文（篇）
上海医科大学	5
北京大学	3
北京医科大学	3

8.5.2 SSCI和A&HCI收录中国被引用论文较多的研究机构

1997年，SSCI和A&HCI收录的我国研究机构19篇被引用论文来自11个研究机构，比上一年增加5个。其中，仅有1篇被引用论文的研究机构8个，有2篇被引用论文的研究机构1个，有3篇（含）以上被引用论文的研究机构2个。

本年度，SSCI和A&HCI收录我国被引用论文数量排名居前的2个研究机构是中国科学院和中国社会科学院，其被引用论文分别为6篇和3篇，两者合计9篇，占我国研究机构同类论文总数的47.4%。

8.6 SSCI和A&HCI收录中国被引次数较多的论文

1997年，SSCI和A&HCI收录的我国论文中，被引次数最多的是题为Catechol-O-methyltransferase Val158Met polymorphism: frequency analysis in Han Chinese subjects and allelic association of the low activity allele with bipolar affective disorder的论文，发表于1997年的*Pharmacogenetics*，共被引用36次，第一作者是华西医科大学的Li，T；其次是题为Anticipation and imprinting in schizophrenia的论文，发表于1997年的*Biological Psychiatry*，共被引用23次，第一作者是上海第二医科大学的Ohara，K。

9 SSCI和A&HCI收录中国论文引用文献情况

9.1 SSCI和A&HCI收录中国论文引用文献数量

1997年，SSCI和A&HCI共收录我国论文78篇，其中有引文的论文65篇，占总数的83.3%；这些论文共引用文献1662次，有引文的论文篇均引用25.6次（见表30）。

与上一年相比，本年度有引文的论文数量减少 3 篇，所占比例增加 25.7 个百分点，有引文的论文篇均引用次数减少 0.2 次。

表 30　1996—1997 年 SSCI 和 A&HCI 收录中国论文引用文献数量

年度	论文（篇）	总引用			有引文的论文篇均引用（次）
		（篇）	（%）	（次）	
1996	118	68	57.6	1753	25.8
1997	78	65	83.3	1662	25.6

9.2 SSCI 和 A&HCI 收录中国部分学科领域论文引用文献数量

表 31 显示 1997 年 SSCI 和 A&HCI 收录我国论文较多的 9 个学科领域论文引用文献的情况，从中可以看出，社会学、医药卫生、经济学和管理学 4 个学科领域有引文的论文数量较多，经济学、管理学、图书馆情报与文献学、心理学、生物学和统计学 6 个学科领域有引文的论文所占比例较高，生物学、民族学与人类学、图书馆情报与文献学、经济学和社会学 5 个学科领域有引文的论文篇均引用次数较多。

表 31　1997 年 SSCI 和 A&HCI 收录中国部分学科领域论文引用文献数量

学科领域	论文（篇）	总引用			有引文的论文篇均引用（次）
		（篇）	（%）	（次）	
社会学	28	22	78.6	521	23.7
经济学	8	8	100.0	190	23.8
医药卫生	14	8	57.1	183	22.9
管理学	6	6	100.0	119	19.8
民族学与人类学	4	3	75.0	123	41.0
图书馆情报与文献学	3	3	100.0	75	25.0
心理学	3	3	100.0	49	16.4
生物学	2	2	100.0	116	58.0
统计学	2	2	100.0	24	12.0

9.3 SSCI 和 A&HCI 收录中国部分地区论文引用文献数量

表 32 显示 1997 年 SSCI 和 A&HCI 收录我国论文较多的 11 个省（直辖市）论文引用文献的情况，从中可以看出，北京、上海和湖北 3 个省（直辖市）有引文的论文数量较多，湖北、江苏、山东、四川和陕西 5 个省有引文的论文所占比例较高，辽宁、四川、湖北、北京和湖南 5 个省（直辖市）有引文的论文篇均引用次数较多。

表 32　　1997 年 SSCI 和 A&HCI 收录中国部分地区论文引用文献数量

地区	论文（篇）	总引用			有引文的论文篇均引用（次）
		（篇）	（%）	（次）	
北京	39	33	84.6	973	29.5
上海	9	8	88.9	154	19.3
湖北	5	5	100.0	148	29.6
辽宁	3	2	66.7	69	34.5
四川	2	2	100.0	67	33.5
山东	2	2	100.0	34	17.0
陕西	2	2	100.0	31	15.5
江苏	2	2	100.0	21	10.5
湖南	3	1	33.3	23	23.0
广东	3	1	33.3	7	7.0
云南	2	1	50.0	2	2.0

9.4 SSCI 和 A&HCI 收录中国各类机构论文引用文献数量

1997 年，SSCI 和 A&HCI 共收录我国各类机构有引文的论文 65 篇，其中高等院校 35 篇，占 53.8%；研究机构 20 篇，占 30.8%。这两类机构有引文的论文合计 55 篇，占总数的 84.6%（见表 33）。

从本年度 SSCI 和 A&HCI 收录我国高等院校和研究机构论文引用文献的情况来看，高等院校有引文的论文数量比研究机构的多 15 篇，但有引文的论文所占比例比研究机构的低 14.8 个百分点，有引文的论文篇均引用次数比研究机构的少 8.2 次。

表 33　1997 年 SSCI 和 A&HCI 收录中国各类机构论文引用文献数量

机构类型	论文（篇）	总引用（篇）	总引用（%）	总引用（次）	有引文的论文篇均引用（次）
高等院校	46	35	76.1	803	22.9
研究机构	22	20	90.9	621	31.1
医疗机构	1	1	100.0	18	18.0
政府部门	4	4	100.0	80	20.0
公司企业	2	2	100.0	106	53.0
其他机构	3	3	100.0	34	11.3

1998 年 SSCI、A&HCI 和 ISSHP 收录中国论文统计分析年度报告

1　三大检索工具收录中国论文概况

1.1　三大检索工具收录中国论文数量和排名

1998 年，SSCI、A&HCI 和 ISSHP 三大国际检索工具（简称三大检索工具）共收录我国论文 522 篇，比上一年增加 179 篇，增长 52.2%。按三大检索工具收录论文数量的国家（地区）排名，我国排名由上一年的第 29 位升至第 27 位（见表 1）。

表 1　　1997—1998 年三大检索工具收录中国论文数量排名

年度	论文			排名
	（篇）	增加（篇）	增长（%）	
1997	343	-110	-24.3	29
1998	522	179	52.2	27

排在我国之前的 26 个国家（地区）是：美国、英国、加拿大、德国、澳大利亚、法国、荷兰、意大利、日本、瑞典、以色列、西班牙、爱尔兰、瑞士、俄罗斯、新西兰、比利时、墨西哥、芬兰、丹麦、挪威、中国香港、奥地利、南非、印度和巴西（见表 2）。

1997 年，香港回归祖国。本年度，如果将三大检索工具收录我国香港的论文合并计算，那么我国的论文为 1398 篇，国家（地区）排名第 13 位，排在我国之前的 12 个国家（地区）是美国、英国、加拿大、德国、澳大利亚、法国、荷兰、意大利、日本、瑞典、以色列和西班牙。

表 2　　1998 年三大检索工具收录部分国家（地区）论文数量排名

国家（地区）	论文（篇）	排名	国家（地区）	论文（篇）	排名
美国	100017	1	丹麦	1021	20
英国	27212	2	挪威	921	21
加拿大	10897	3	中国香港	876	22
德国	7501	4	奥地利	791	23
澳大利亚	5882	5	南非	728	24
法国	4708	6	印度	718	25
荷兰	3563	7	巴西	559	26
意大利	2287	8	中国	522	27
日本	1957	9	中国台湾	387	28
瑞典	1903	10	希腊	386	29
以色列	1795	11	捷克	366	30
西班牙	1645	12	韩国	365	31
爱尔兰	1228	13	新加坡	341	32
瑞士	1219	14	波兰	295	33
俄罗斯	1180	15	土耳其	270	34
新西兰	1156	16	斯洛伐克	238	35
比利时	1150	17	匈牙利	232	36
墨西哥	1033	18	葡萄牙	160	37
芬兰	1030	19	克罗地亚	141	38

1.2　SSCI 和 A&HCI 收录中国论文数量

1998 年，SSCI 和 A&HCI 共收录我国论文（作者机构栏中有“Peoples R China”的论文）267 篇，比上一年增加 134 篇，增长 100.8%。其中，我国第一作者论文 163 篇，占总数的 61%；比上一年增加 85 篇，增长 109%（见表 3）。

表 3　　1997—1998 年 SSCI 和 A&HCI 收录中国论文数量

年度	SSCI 和 A&HCI 论文			中国第一作者 SSCI 和 A&HCI 论文		
	（篇）	增加（篇）	增长（%）	（篇）	（%）	增长（%）
1997	133	-35	-20.8	78	58.6	-33.9
1998	267	134	100.8	163	61.0	109.0

1.3　ISSHP 收录中国论文数量

1998 年，ISSHP 共收录我国论文（作者机构栏中有“Peoples R China”的论文）252 篇，比上一年增加 205 篇，增长 436.2%。其中，我国第一作者论文 246 篇，占总数的 97.6%；比上一年增加 201 篇，增长 446.7%（见表 4）。

表 4　　1997—1998 年 ISSHP 收录中国论文数量

年度	ISSHP 论文			中国第一作者 ISSHP 论文		
	（篇）	增加（篇）	增长（%）	（篇）	（%）	增长（%）
1997	47	-105	-69.1	45	95.7	-70.2
1998	252	205	436.2	246	97.6	446.7

需要说明的是，以下将以三大检索工具收录我国第一作者论文情况作为统计分析的重点。在没有特指的情况下，我国论文均指我国第一作者论文。

2　三大检索工具收录中国论文的学科分布

2.1　三大检索工具收录中国论文数量比较集中的学科领域

2.1.1　SSCI 和 A&HCI 收录中国论文数量比较集中的学科领域

1998 年，SSCI 和 A&HCI 共收录我国各学科领域论文 163 篇，这些论文共涵盖 21 个学科领域。论文数量比较集中的学科领域是：文学、哲学、经济学、历史学、管理学、教育学、医药卫生、语言学、政治学、社会学和图书馆情报与文献学，这 11 个学科领域论文合计 140 篇，占总数的 85.9%。其中，文学、哲学和经济学 3 个学科领域论文合计 59 篇，占总数的36.2%（见表5）。

表5 1998 年 SSCI 和 A&HCI 收录中国论文数量比较集中的学科领域

学科领域	SSCI 和 A&HCI 论文	
	(篇)	(%)
文学	21	12.9
哲学	21	12.9
经济学	17	10.4
历史学	14	8.6
管理学	13	8.0
教育学	12	7.4
医药卫生	10	6.1
语言学	9	5.5
政治学	9	5.5
社会学	7	4.3
图书馆情报与文献学	7	4.3

2.1.2 ISSHP 收录中国论文数量比较集中的学科领域

1998 年，ISSHP 共收录我国各学科领域论文 246 篇，这些论文共涵盖 10 个学科领域。论文数量比较集中的学科领域是：管理学、教育学、经济学、社会学、生物学和计算机科学，这 6 个学科领域论文合计 242 篇，占总数的98.4%。其中，管理学、教育学和经济学 3 个学科领域论文合计 233 篇，占总数的94.7%（见表6）。

表6 1998 年 ISSHP 收录中国论文数量比较集中的学科领域

学科领域	ISSHP 论文	
	(篇)	(%)
管理学	87	35.4
教育学	87	35.4
经济学	59	24.0

续表

学科领域	ISSHP 论文	
	（篇）	（%）
社会学	4	1.6
生物学	3	1.2
计算机科学	2	0.8

2.2 SSCI 和 A&HCI 收录中国跨学科和科技领域论文数量

2.2.1 SSCI 和 A&HCI 收录中国跨学科领域论文数量

按照 SSCI 和 A&HCI 收录论文的原始学科领域分类，有一部分论文属于跨学科领域论文。1998 年，SSCI 和 A&HCI 收录的我国论文中，属于这类跨学科领域的论文有 14 篇，占 8.6%；比上一年增加 11 篇，增长 366.7%。

2.2.2 SSCI 和 A&HCI 收录中国科技领域论文数量

按照我国的学科分类，SSCI 和 A&HCI 收录的论文中，有一部分论文属于数学、计算机科学、环境科学、地理学、医药卫生、生物学、心理学、交通运输、物理学、建筑学和安全科学等科技领域。1998 年，SSCI 和 A&HCI 收录的我国论文中，属于这类的论文有 23 篇，占 14.1%；比上一年增加 2 篇，增长 9.5%。

3 三大检索工具收录中国论文的地区分布

3.1 三大检索工具收录中国论文的地区分布

3.1.1 SSCI 和 A&HCI 收录中国论文的地区分布

1998 年，SSCI 和 A&HCI 共收录我国论文 163 篇，这些论文来自我国 21 个省（自治区、直辖市），其中有 3 篇（含）以上论文的省（自治区、直辖市）有 13 个，有 2 篇的有 3 个，有 1 篇的有 5 个。另外，有 10 个省（自治区、直辖市）没有论文被 SSCI 和 A&HCI 收录。

SSCI 和 A&HCI 收录我国论文的地区分布是：东部地区 118 篇，占 72.4%；中部地区 14 篇，占 8.6%；西部地区 31 篇，占 19%。

3.1.2 ISSHP 收录中国论文的地区分布

1998 年，ISSHP 共收录我国论文 246 篇，这些论文来自我国 19 个省

(自治区、直辖市)，其中有3篇（含）以上论文的省（自治区、直辖市）有16个，有2篇的有2个，有1篇的有1个。另外，有12个省（自治区、直辖市）没有论文被ISSHP收录。

ISSHP收录我国论文的地区分布是：东部地区139篇，占56.5%；中部地区87篇，占35.4%；西部地区20篇，占8.1%。

本年度，我国有SSCI和A&HCI论文的省（自治区、直辖市）比有ISSHP论文的多2个；与上一年相比，前者增加4个，后者增加6个。

3.2 三大检索工具收录中国论文数量较多的地区

1998年，SSCI和A&HCI收录我国论文数量排名前7位的省（直辖市）是：北京、云南、天津、湖北、上海、陕西和四川，其中3个属于东部地区，1个属于中部地区，3个属于西部地区。这7个省（直辖市）的SSCI和A&HCI论文数量合计131篇，占我国同类论文总数的80.4%。其中，北京市高居榜首，为91篇，占55.8%；云南省排名第二，为9篇，占5.5%（见表7）。

表7　　1998年SSCI和A&HCI收录中国论文数量较多的地区

地区		SSCI和A&HCI论文	
		（篇）	（%）
北京	东部	91	55.2
云南	西部	9	5.5
天津	东部	7	4.3
湖北	中部	6	3.7
陕西	西部	6	3.7
四川	西部	6	3.7
上海	东部	6	3.7
广东	东部	5	3.1
新疆	西部	4	2.5

同年，ISSHP 收录我国论文数量排名前 6 位的省（直辖市）是：北京、黑龙江、湖北、辽宁、天津和上海，其中 4 个属于东部地区，2 个属于中部地区。这 6 个省（直辖市）的 ISSHP 论文数量合计 177 篇，占我国同类论文总数的 72%。北京市排名第一，为 61 篇，占 24.8%；黑龙江省排名第二，为 42 篇，占 17%（见表 8）。

表 8　　1998 年 ISSHP 收录中国论文数量较多的地区

地区		ISSHP 论文	
		（篇）	（%）
北京	东部	61	24.8
黑龙江	中部	42	17.0
湖北	中部	29	11.8
辽宁	东部	17	6.9
天津	东部	14	5.7
上海	东部	14	5.7
广东	东部	11	4.5
重庆	西部	11	4.5
安徽	中部	7	2.9
江苏	东部	7	2.9
浙江	东部	7	2.9

3.3　SSCI 和 A&HCI 收录中国各地区论文的学科分布

从 1998 年 SSCI 和 A&HCI 收录中国各地区论文的学科领域分布来看，东部地区论文涵盖 19 个学科领域，论文数量较集中的是经济学、历史学、文学、管理学和哲学；中部地区论文涵盖 10 个学科领域，论文数量略多的是哲学；西部地区论文涵盖 9 个学科领域，论文数量较多的是文学、哲学和教育学（见表 9）。

表 9　1998 年 SSCI 和 A&HCI 收录中国各地区论文数量比较集中的学科领域

学科领域	论文总数	论文（篇）		
	（篇）	东 部	中 部	西 部
文学	21	12	0	9

续表

学科领域	论文总数（篇）	论文（篇）		
		东部	中部	西部
哲学	21	10	3	8
经济学	17	16	0	1
历史学	14	13	1	0
管理学	13	11	2	0
教育学	12	7	1	4
医药卫生	10	9	1	0
政治学	9	8	0	1
语言学	9	7	2	0
社会学	7	5	1	1

4 三大检索工具收录中国论文的机构分布

4.1 三大检索工具收录中国各类机构论文数量

4.1.1 SSCI 和 A&HCI 收录中国各类机构论文数量

1998 年，SSCI 和 A&HCI 共收录我国论文 163 篇，其中高等院校 103 篇，占63.2%，比上一年增加 57 篇；研究机构 43 篇，占 26.4%，比上一年增加 21 篇；医疗机构 3 篇，占 1.8%，比上一年增加 2 篇；政府部门 1 篇，占0.6%，比上一年减少 3 篇；公司企业 1 篇，占 0.6%，比上一年减少 1 篇；其他机构 12 篇，占 7.4%，比上一年增加 9 篇（见表 10)。

表 10　　1998 年 SSCI 和 A&HCI 收录中国各类机构论文数量

机构类型	SSCI 和 A&HCI 论文		
	（篇）	（%）	增加（篇）
高等院校	103	63.2	57
研究机构	43	26.4	21
医疗机构	3	1.8	2
政府部门	1	0.6	-3
公司企业	1	0.6	-1
其他机构	12	7.4	9

4.1.2 ISSHP收录中国各类机构论文数量

1998年，ISSHP共收录我国论文246篇，其中高等院校218篇，占88.6%，比上一年增加193篇；研究机构17篇，占6.9%，比上一年增加5篇；医疗机构1篇，占0.4%，比上一年增加1篇；政府部门2篇，占0.8%，比上一年减少2篇；公司企业5篇，占2.1%，比上一年增加5篇；其他机构3篇，占1.2%，比上一年减少1篇（见表11）。

表11　　1998年ISSHP收录中国各类机构论文数量

机构类型	ISSHP论文		
	（篇）	（%）	增加（篇）
高等院校	218	88.6	193
研究机构	17	6.9	5
医疗机构	1	0.4	1
政府部门	2	0.8	-2
公司企业	5	2.1	5
其他机构	3	1.2	-1

4.2 三大检索工具收录论文数量较多的中国高等院校和研究机构

4.2.1 三大检索工具收录论文数量较多的中国高等院校

1998年，SSCI和A&HCI收录我国论文的高等院校有47所，比上一年增加18所。其中，仅收录1篇论文的高等院校有31所，收录2篇论文的有5所，收录3篇（含）以上论文的有11所。

SSCI和A&HCI论文在3篇（含）以上的11所高等院校是：北京大学、云南大学、西安外国语学院、北京医科大学、南开大学、清华大学、四川大学、武汉大学、新疆工学院、中国科学技术大学和中山大学，其SSCI和A&HCI论文合计62篇，占我国高等院校同类论文总数的60.2%（见表12）。

表12　　1998年SSCI和A&HCI收录论文较多的中国高等院校

高等院校	SSCI和A&HCI论文（篇）
北京大学	20
云南大学	7

续表

高等院校	SSCI 和 A&HCI 论文（篇）
西安外国语学院	5
北京医科大学	3
南开大学	4
清华大学	4
四川大学	3
武汉大学	4
新疆工学院	4
中国科学技术大学	4
中山大学	4

1998 年，ISSHP 收录我国论文的高等院校有 84 所，比上一年增加 67 所。其中，仅收录 1 篇论文的高等院校有 51 所，收录 2 篇论文的有 13 所，收录 3 篇（含）以上论文的有 20 所。ISSHP 论文在 3 篇（含）以上的 20 所高等院校的论文合计 141 篇，占我国高等院校同类论文总数的 64.7%。

ISSHP 论文数量排名居前的 11 所高等院校是：哈尔滨工业大学、华中科技大学、清华大学、北京交通大学、北京大学、大连理工大学、武汉汽车工业大学、北京师范大学、合肥工业大学、南开大学和西南师范大学，其 ISSHP 论文合计 111 篇，占我国高等院校同类论文总数的 50.9%（见表 13）。

表 13　　1998 年 ISSHP 收录论文较多的中国高等院校

高等院校	ISSHP 论文（篇）
哈尔滨工业大学	36
华中科技大学	12
北京交通大学	10
清华大学	9
北京大学	8
大连理工大学	8
武汉汽车工业大学	7
北京师范大学	6
合肥工业大学	5
南开大学	5
西南师范大学	5

4.2.2 三大检索工具收录论文数量较多的中国研究机构

1998年，SSCI和A&HCI收录我国论文的研究机构有13个，比上一年增加2个。其中，仅收录1篇论文的研究机构有10个，收录2篇论文的有1个，收录3篇（含）以上论文的有2个。SSCI和A&HCI论文在3篇（含）以上的2个研究机构是中国科学院和中国社会科学院，其SSCI和A&HCI论文分别为22篇和9篇，两者合计31篇，占我国研究机构同类论文总数的72.1%。

同年，ISSHP收录我国论文的研究机构有12个。其中，仅收录1篇论文的研究机构有9个，收录2篇论文的有2个，收录3篇（含）以上论文的有1个。ISSHP论文在3篇（含）以上的我国唯一研究机构中国科学院，其ISSHP论文为4篇，占我国研究机构同类论文总数的23.5%。

5 SSCI和A&HCI收录中国论文的期刊和文种分布

5.1 SSCI和A&HCI收录中国论文的国家（地区）期刊分布

1998年，SSCI和A&HCI共收录我国论文163篇，这些论文分别发表在14个国家（地区）的91种期刊上。其中，有73篇论文发表在美国的34种期刊上，42篇论文发表在英国的32种期刊上，13篇论文发表在荷兰的7种期刊上（见表14）。

表14 1998年SSCI和A&HCI收录中国论文的国家（地区）期刊分布

国家（地区）	期刊（种）	论文（篇）	国家（地区）	期刊（种）	论文（篇）
美国	34	73	加拿大	1	3
英国	32	42	丹麦	1	2
荷兰	7	13	澳大利亚	1	2
德国	5	6	新加坡	1	1
中国	2	6	爱尔兰	1	1
中国台湾	2	9	印度	1	1
瑞士	2	3	中国香港	1	1

本年度，我国有6篇SSCI和A&HCI论文发表在中国的2种期刊上，它们是*Chinese Literature*（《中国文学》）和*Science in China Series E-Techno-*

logical Sciences（《中国科学 E 辑——技术科学》）。值得一提的是，中国的 *Chinese Literature*（《中国文学》英文版）是第一次被 A&HCI 收录，这也是迄今为止，中国（内地）唯一被 SSCI 和 A&HCI 收录的人文社会科学类期刊。

另外，我国有 1 篇 SSCI 和 A&HCI 论文发表在中国香港的期刊 *Arts of Asia* 上；有 9 篇发表在中国台湾的 2 种期刊上，它们是 *Statistica Sinica* 和 *Bulletin of the Institute of History and Philology Academia Sinica*。

5.2 SSCI 和 A&HCI 收录发表中国论文较多的期刊

1998 年，SSCI 和 A&HCI 收录的发表我国 1 篇论文的期刊有 68 种，发表 2 篇的有 12 种，发表 3 篇（含）以上的有 11 种。

表 15 显示 1998 年 SSCI 和 A&HCI 收录发表我国论文数量较多的期刊，其中发表我国论文最多的期刊是美国的 *Contemporary Chinese Thought*，有 14 篇论文在该期刊上发表。

表 15　1998 年 SSCI 和 A&HCI 收录发表中国论文较多的期刊

国家（地区）	期刊名称	论文（篇）
美国	*Contemporary Chinese Thought*	14
美国	*Chinese Education and Society*	11
英国	*Agenda*	9
中国台湾	*Bulletin of the Institute of History and Philology Academia Sinica*	8
美国	*Chinese Studies in Philosophy*	7
美国	*Boundary 2-an International Journal of Literature and Culture*	5
中国	*Chinese Literature*	4
荷兰	*European Journal of Operational Research*	4

5.3 SSCI 和 A&HCI 收录中国论文的文种分布

5.3.1 SSCI 和 A&HCI 收录中国论文的文种

1998 年，SSCI 和 A&HCI 收录的我国 163 篇论文包含英文、法文和中文 3 个文种。其中，英文论文 156 篇，占 95.7%；中文论文 6 篇，占 3.7%；法文论文 1 篇，占 0.6%（见表 16）。

本年度，我国的 6 篇 SSCI 和 A&HCI 论文均发表在中国台湾的期刊

Bulletin of the Institute of History and Philology Academia Sinica 上。

表 16　　1998 年 SSCI 和 A&HCI 收录中国论文的文种

论文			期刊		
文种	（篇）	（%）	文种	（种）	（%）
英文	156	95.7	英文	89	97.8
中文	6	3.7	中文	1	1.1
法文	1	0.6	法文	1	1.1

5.3.2　SSCI 和 A&HCI 收录发表中国论文的期刊文种

1998 年，SSCI 和 A&HCI 收录的发表我国论文的期刊有 91 种。其中，英文期刊 89 种，占 97.8%；中文和法文期刊各 1 种，分别占 1.1%（见表 16）。

6　ISSHP 收录发表中国论文的国际会议分布

6.1　ISSHP 收录中国国际会议论文数量

1998 年，ISSHP 共收录我国国际会议论文 246 篇，比上一年增加 201 篇。其中，在我国国内召开的会议论文 221 篇，占 89.8%，比上一年增加 208 篇，每个会议平均发表我国论文 44.2 篇；在其他国家（地区）召开的会议论文 25 篇，占 10.2%，比上一年减少 7 篇，每个会议平均发表我国论文 1.4 篇。在我国国内召开的会议论文数量明显占多数（见表 17）。

表 17　　1998 年 ISSHP 收录中国论文及发表中国论文的国际会议数量

会议类型	论文				会议		
	（篇）	（%）	增加（篇）	平均（篇）	（个）	（%）	增加（个）
国际会议	246	/	201	10.7	23	/	4
国内国际会议	221	89.8	208	44.2	5	21.7	1
国外国际会议	25	10.2	-7	1.4	18	78.3	3

6.2 ISSHP 收录发表中国论文的国际会议数量

1998 年，ISSHP 共收录发表我国论文的国际会议 23 个，比上一年增加 4 个。其中，有 5 个是在我国国内召开的，占总数的 21.7%；有 18 个是在其他国家（地区）召开的，占总数的 78.3%（见表 17)。在其他国家（地区）召开的国际会议明显占多数。

在其他国家（地区）召开的国际会议主要涉及 11 个国家（地区)，包括美国、法国、意大利、英国、印度、芬兰、中国香港、马来西亚、马耳他、荷兰、匈牙利。

6.3 ISSHP 收录中国论文数量的国际会议分布

1998 年，ISSHP 收录发表我国论文的 23 个国际会议中，发表我国 1 篇论文的国际会议有 18 个，占总数的 78.3%；发表 2 篇论文的有 2 个，占总数的 8.7%；发表 3 篇（含）以上论文的有 3 个，占总数的 13%（见表 18)。发表我国 1 篇论文的国际会议明显占多数。

值得注意的是，本年度 ISSHP 收录的 2 个发表我国论文较多的国际会议，其一是 1997 年在中国南京召开的 1997 International Conference on Management Science and Engineering 会议，共发表我国论文 138 篇；其二是 1998 年在中国北京召开的 6th International Conference on Computers in Education 会议，共发表我国论文 79 篇。这样的国际会议论文对本年度我国 ISSHP 论文数量及其学科分布有直接影响。

表 18　1997—1998 年 ISSHP 收录中国论文数量的国际会议分布

年度	国际会议（个）				
	总数量	1 篇	2 篇	3 篇以上	100 篇以上
1997	19	13（68.4）	4（21.1）	2（10.5）	0
1998	23	18（78.3）	2（8.7）	3（13.0）	1

注：括号内的数字为国际会议数量所占比例。

7 SSCI 和 A&HCI 收录中国论文的合著情况

7.1 SSCI 和 A&HCI 收录中国合著论文数量

7.1.1 SSCI 和 A&HCI 收录中国合著与独著论文数量

1998 年，SSCI 和 A&HCI 收录我国论文 163 篇，其中合著论文 59 篇，占36.2%，比上一年减少10篇，减少14.5%；独著论文104篇，占63.8%，比上一年增加95篇，增长10倍（见表19）。

表19 1997—1998年SSCI和A&HCI收录中国合著与独著论文数量

年度	论文（篇）	合著		独著	
		（篇）	（%）	（篇）	（%）
1997	78	69	88.5	9	11.5
1998	163	59	36.2	104	63.8

7.1.2 SSCI和A&HCI收录中国国内与国际合著论文数量

1998年，SSCI和A&HCI收录我国合著论文59篇，其中国内合著论文37篇，占62.7%，比上一年减少20篇，减少35.1%；国际合著论文22篇，占37.3%，比上一年增加10篇，增长83.3%（见表20）。

表20 1997—1998年SSCI和A&HCI收录中国国内与国际合著论文数量

年度	合著（篇）	国内合著		国际合著	
		（篇）	（%）	（篇）	（%）
1997	69	57	82.6	12	17.4
1998	59	37	62.7	22	37.3

7.2 SSCI和A&HCI收录中国合著论文的合著形式

7.2.1 SSCI和A&HCI收录中国国内合著论文的合著形式

1998年，SSCI和A&HCI收录我国国内合著论文37篇，其中同机构合著论文26篇，占70.3%；同省合著论文7篇，占18.9%；省际合著论文4篇，占10.8%（见表21）。

表21 1997—1998年SSCI和A&HCI收录中国国内合著论文的合著形式

年度	国内合著（篇）	同机构合著		同省合著		省际合著	
		（篇）	（%）	（篇）	（%）	（篇）	（%）
1997	57	53	93.0	3	5.3	1	1.7
1998	37	26	70.3	7	18.9	4	10.8

7.2.2 SSCI 和 A&HCI 收录中国第一作者与中国为参与者国际合著论文数量

在本报告中，我国国际合著论文一般是指 SSCI 和 A&HCI 收录的我国第一作者国际合著论文，但是为了进行以下几方面的比较，还需要了解 SSCI 和 A&HCI 收录的我国为参与者国际合著论文的相关情况。

1998 年，SSCI 和 A&HCI 收录我国第一作者国际合著论文 22 篇，我国为参与者的国际合著论文 100 篇，两者合计 122 篇。我国第一作者国际合著论文占 18%，比上一年增加 10 篇；我国为参与者的国际合著论文占 82%，比上一年增加 47 篇（见表 22）。我国为参与者国际合著论文数量占明显优势。

表 22　1997—1998 年 SSCI 和 A&HCI 收录中国第一作者与中国为参与者国际合著论文数量

年度	国际合著总数（篇）	中国第一作者		中国为参与者	
		（篇）	（%）	（篇）	（%）
1997	65	12	18.5	53	81.5
1998	122	22	18.0	100	82.0

7.2.3 SSCI 和 A&HCI 收录中国国际合著论文的合著形式

1998 年，SSCI 和 A&HCI 收录我国第一作者国际合著论文 22 篇，全部为双方合著（见表 23）。

表 23　1997—1998 年 SSCI 和 A&HCI 收录中国第一作者国际合著论文合著形式

年度	国际合著（篇）	双方合著		三方合著		多方合著	
		（篇）	（%）	（篇）	（%）	（篇）	（%）
1997	12	10	83.3	2	16.7	0	0
1998	22	22	100.0	0	0	0	0

同年，SSCI 和 A&HCI 收录我国为参与者国际合著论文 100 篇，其中双方合著论文 78 篇，占 78%；三方合著论文 18 篇，占 18%；多方合著论文 4 篇，占 4%（见表 24）。

相比之下，我国为参与者国际合著论文的三方和多方合著论文所占比例均明显高于我国第一作者国际合著论文的。

表 24　　1997—1998 年 SSCI 和 A&HCI 收录中国为参与者国际合著论文合著形式

年度	国际合著（篇）	双方合著		三方合著		多方合著	
		（篇）	（%）	（篇）	（%）	（篇）	（%）
1997	53	44	83.0	5	9.4	4	7.6
1998	100	78	78.0	18	18.0	4	4.0

7.3 SSCI 和 A&HCI 收录中国国际合著论文涉及的合作国家（地区）

7.3.1 SSCI 和 A&HCI 收录中国国际合著论文涉及的合作国家（地区）数量

1998 年 SSCI 和 A&HCI 收录我国第一作者国际合著论文所涉及的合作国家（地区）7 个，比上一年增加 3 个；相比之下，收录我国为参与者国际合著论文所涉及的合作国家（地区）28 个，比上一年增加 6 个。后者明显多于前者（见表 25）。

表 25　　1997—1998 年 SSCI 和 A&HCI 收录中国国际合著论文涉及的合作国家（地区）数量

年度	合作国家（地区）（个）	
	中国第一作者	中国为参与者
1997	4	22
1998	7	28

7.3.2 SSCI 和 A&HCI 收录中国国际合著论文涉及的主要合作国家（地区）

1998 年，SSCI 和 A&HCI 收录我国第一作者国际合著论文所涉及的主要（排名前 4 位）合作国家（地区）是美国、英国、日本和中国香港；而收录我国为参与者国际合著论文所涉及的主要（排名前 5 位）合作国家（地区）是美国、中国香港、日本、英国和加拿大（见表 26）。

从本年度我国这两类国际合著论文所涉及的合作国家（地区）来看，排名居前的合作国家（地区）情况大体相同，美国、英国、日本和中国香港均位居其中。与上一年相比，我国（内地）与我国香港的合作明显增多。

表 26　　1998 年 SSCI 和 A&HCI 收录中国国际合著论文涉及的主要合作国家（地区）

主要合作国家（地区）	
中国第一作者	中国为参与者
美国（10）、英国（3）、日本（3）、中国香港（3）、中国台湾（1）、法国（1）、加拿大（1）	美国（54）、中国香港（16）、日本（12）、英国（9）、加拿大（9）、澳大利亚（8）、中国台湾（3）、爱尔兰（2）、德国（2）、芬兰（2）、菲律宾（2）、荷兰（1）、印度（1）、埃塞俄比亚（1）、以色列（1）、丹麦（1）、意大利（1）、马来西亚（1）、尼泊尔（1）、津巴布韦（1）、新西兰（1）、新加坡（1）、南非（1）、韩国（1）、瑞典（1）、瑞士（1）、土耳其（1）、墨西哥（1）

注：括号中的数字为论文篇数。

7.3.3　SSCI 和 A&HCI 收录涉及合作国家（地区）较多的中国国际合著论文

1998 年，SSCI 和 A&HCI 收录我国第一作者国际合著论文中，最多只涉及 2 个合作国家（地区），其中涉及机构较多的是题为 Comparison of schizophrenic patients' families and normal families in China, using Chinese versions of FACES-II and the family environment scales 的论文，1998 年发表于美国的 *Family Process* 期刊上，共涉及 2 个国家、4 个机构的 4 位合作者。

同年，SSCI 和 A&HCI 收录我国为参与者的国际合著论文中，涉及合作国家（地区）最多的是题为 Cultural dimensions, gender, and the nature of self-concept: a fourteen-country study 的论文，1998 年发表于英国的 *International Journal of Psychology* 期刊上，共涉及 12 个国家（地区）、13 个机构的 15 位合作者。

8　SSCI 和 A&HCI 收录中国论文被引用情况

8.1　SSCI 和 A&HCI 收录中国论文被引用数量

1998 年，SSCI 和 A&HCI 共收录我国论文 163 篇，其中有 53 篇论文被引用，占总数的 32.5%；这些论文共被引用 232 次，篇均被引 1.4 次，被引用论文篇均被引 4.4 次（见表 27）。

与上一年相比，本年度被引用论文数量减少5篇，被引用论文所占比例减少41.9个百分点，论文篇均被引次数减少3次，被引用论文篇均被引次数减少1.5次。

表27　　1997—1998年SSCI和A&HCI收录中国论文被引用数量

年度	论文（篇）	总被引（篇）	总被引（%）	总被引（次）	篇均被引（次）	被引论文篇均被引（次）
1997	78	58	74.4	345	4.4	5.9
1998	163	53	32.5	232	1.4	4.4

8.2　SSCI和A&HCI收录中国部分学科领域论文被引用数量

表28显示1998年SSCI和A&HCI收录我国论文较多的11个学科领域论文被引用情况，从中可以看出，经济学、管理学、医药卫生、社会学、文学和图书馆情报与文献学6个学科领域被引用论文数量较多，社会学、经济学、管理学、医药卫生和图书馆情报与文献学5个学科领域被引用论文所占比例较高，社会学、经济学、医药卫生、管理学和图书馆情报与文献学5个学科领域论文篇均被引次数较多，社会学、经济学、医药卫生、管理学和政治学5个学科领域被引用论文篇均被引次数较多。

表28　　1998年SSCI和A&HCI收录中国部分学科领域论文被引用数量

学科领域	论文（篇）	总被引（篇）	总被引（%）	总被引（次）	篇均被引（次）	被引论文篇均被引（次）
经济学	17	11	64.7	81	4.8	7.4
管理学	13	8	61.5	19	1.5	2.4
医药卫生	10	6	60.0	17	1.7	2.8
社会学	7	5	71.4	39	5.6	7.8
图书馆情报与文献学	7	4	57.1	6	0.9	1.5
文学	21	4	19.0	6	0.3	1.5
哲学	21	3	14.3	4	0.2	1.3
语言学	9	2	22.2	2	0.2	1.0
政治学	9	1	11.1	2	0.2	2.0
教育学	12	1	8.3	1	0.1	1.0
历史学	14	0	0.0	0	0.0	0.0

8.3 SSCI 和 A&HCI 收录中国部分地区论文被引用数量

表 29 显示 1998 年 SSCI 和 A&HCI 收录我国论文较多的 9 个省（直辖市）论文被引用情况，从中可以看出，北京、天津、四川、上海、湖北和广东 6 个省（直辖市）被引用论文数量较多，天津、四川、广东和北京 4 个省（直辖市）被引用论文所占比例较高，四川、天津、北京和上海 4 个省（直辖市）论文篇均被引次数较多，四川、北京、云南、天津和上海 5 个省（直辖市）被引用论文篇均被引次数较多。

表 29　1998 年 SSCI 和 A&HCI 收录中国部分地区论文被引用数量

地区	论文（篇）	总被引			篇均被引（次）	被引论文篇均被引（次）
		（篇）	（%）	（次）		
北京	91	33	36.3	164	1.8	5.0
天津	7	4	57.1	14	2.0	3.5
四川	6	3	50.0	20	3.3	6.7
上海	6	2	33.3	5	0.8	2.5
广东	5	2	40.0	2	0.4	1.0
湖北	6	2	33.3	2	0.3	1.0
云南	9	1	11.1	4	0.4	4.0
陕西	6	0	0.0	0	0.0	0.0
新疆	4	0	0.0	0	0.0	0.0

8.4 SSCI 和 A&HCI 收录中国各类机构论文被引用数量

1998 年，从 SSCI 和 A&HCI 收录我国各类机构论文被引用情况来看，高等院校和研究机构被引用论文数量较多。高等院校有 35 篇论文被引用，研究机构有 15 篇论文被引用，两者合计 50 篇，占总数的 94.3%（见表 30）。

比较高等院校和研究机构论文被引用情况可以看出，高等院校被引用论文数量比研究机构多 20 篇，但被引用论文所占比例比研究机构低 0.9 个百分点，论文篇均被引次数和被引用论文篇均被引次数分别比研究机构少 0.3 次和 0.6 次。

表 30　1998 年 SSCI 和 A&HCI 收录中国各类机构论文被引用数量

机构类型	论文（篇）	总被引			篇均被引（次）	被引论文篇均被引（次）
		（篇）	（%）	（次）		
高等院校	103	35	34.0	143	1.4	4.1
研究机构	43	15	34.9	71	1.7	4.7
医疗机构	3	2	66.7	10	3.3	5.0
政府部门	1	0	0.0	0	0.0	0.0
公司企业	1	1	100.0	8	8.0	8.0
其他机构	12	0	0.0	0	0.0	0.0

8.5　SSCI 和 A&HCI 收录中国被引用论文较多的高等院校和研究机构

8.5.1　SSCI 和 A&HCI 收录中国被引用论文较多的高等院校

1998 年，SSCI 和 A&HCI 收录的我国高等院校 35 篇被引用论文来自 22 所高等院校，比上一年减少 1 所。其中，有 1 篇被引用论文的高等院校 16 所，有 2 篇被引用论文的高等院校 4 所，有 3 篇（含）以上被引用论文的高等院校 2 所。这 2 所高等院校的被引用论文合计 11 篇，占我国高等院校同类论文总数的 30.6%。

本年度，SSCI 和 A&HCI 收录我国被引用论文数量排名居前的 6 所高等院校是：北京大学、清华大学、北京航空航天大学、北京医科大学、南开大学和武汉大学，其被引用论文合计 19 篇，占我国高等院校同类论文总数的 54.3%（见表 31）。

表 31　1998 年 SSCI 和 A&HCI 收录中国被引用论文较多的高等院校

高等院校	被引论文（篇）
北京大学	8
清华大学	3
北京航空航天大学	2
北京医科大学	2
南开大学	2
武汉大学	2

8.5.2 SSCI 和 A&HCI 收录中国被引用论文较多的研究机构

1998 年，SSCI 和 A&HCI 收录的我国研究机构 15 篇被引用论文来自 9 个研究机构，比上一年减少 2 个。其中，仅有 1 篇被引用论文的研究机构 7 个，有 2 篇被引用论文的研究机构 1 个，有 3 篇（含）以上被引用论文的研究机构 1 个。

本年度，SSCI 和 A&HCI 收录我国被引用论文数量排名居前的 2 个研究机构是中国科学院和中国社会科学院，其被引用论文分别为 6 篇和 2 篇，两者合计 8 篇，占我国研究机构同类论文总数的 53.3%。

8.6 SSCI 和 A&HCI 收录中国被引次数较多的论文

1998 年，SSCI 和 A&HCI 收录的我国论文中，被引次数最多的是题为 Restricted lesions to ventral prefrontal subareas block reversal learning but not visual discrimination learning in rats 的论文，发表于 1998 年的 *Physiology & Behavior*，共被引用 18 次，第一作者是北京大学的 Li，L；另一篇是题为 Dimensions and diversity of property rights in rural China：Dilemmas on the road to further reform 的论文，发表于 1998 年的 *World Development*，共被引用 18 次，第一作者是国务院发展研究中心的 Liu，SY。

9 SSCI 和 A&HCI 收录中国论文引用文献情况

9.1 SSCI 和 A&HCI 收录中国论文引用文献数量

1998 年，SSCI 和 A&HCI 共收录我国论文 163 篇，其中有引文的论文 120 篇，占总数的 73.6%；这些论文共引用文献 1818 次，有引文的论文篇均引用 15.2 次（见表 32）。

表 32　1997—1998 年 SSCI 和 A&HCI 收录中国论文引用文献数量

年度	论文	总引用			有引文的论文
	（篇）	（篇）	（%）	（次）	篇均引用（次）
1997	78	65	83.3	1662	25.6
1998	163	120	73.6	1818	15.2

与上一年相比，本年度有引文的论文数量增加 55 篇，但所占比例减

少9.7个百分点，有引文的论文篇均引用次数减少10.4次。

9.2 SSCI和A&HCI收录中国部分学科领域论文引用文献数量

表33显示1998年SSCI和A&HCI收录我国论文较多的11个学科领域论文引用文献的情况，从中可以看出，经济学、哲学、管理学、文学、历史学和语言学6个学科领域有引文的论文数量较多，语言学、社会学、经济学、管理学和图书馆情报与文献学5个学科领域有引文的论文所占比例较高，社会学、历史学、管理学、经济学和语言学5个学科领域有引文的论文篇均引用文献较多。

表33 1998年SSCI和A&HCI收录中国部分学科领域论文引用文献数量

学科领域	论文（篇）	总引用			有引文的论文篇均引用（次）
		（篇）	（%）	（次）	
经济学	17	16	94.1	251	15.7
哲学	21	13	61.9	73	5.6
管理学	13	12	92.3	250	20.8
文学	21	11	52.4	148	13.5
历史学	14	9	64.3	213	23.7
语言学	9	9	100.0	124	13.8
医药卫生	10	8	80.0	91	11.4
社会学	7	7	100.0	190	27.1
图书馆情报与文献学	7	6	85.7	45	7.5
政治学	9	6	66.7	41	6.8
教育学	12	2	16.7	7	3.5

9.3 SSCI和A&HCI收录中国部分地区论文引用文献数量

表34显示1998年SSCI和A&HCI收录我国论文较多的11个省（直辖市）论文引用文献的情况，从中可以看出，北京、云南、天津、四川、上海和湖北6个省（直辖市）有引文的论文数量较多，云南、吉林、安徽、辽宁和四川5个省有引文的论文所占比例较高，上海、吉林、四川、北京和安徽5个省（直辖市）有引文的论文篇均引用次数较多。

表 34　　1998 年 SSCI 和 A&HCI 收录中国部分地区论文引用文献数量

地区	论文（篇）	总引用			有引文的论文篇均引用（次）
		（篇）	（%）	（次）	
北京	91	71	78.0	1133	16.0
云南	9	9	100.0	77	8.6
四川	6	5	83.3	103	20.6
天津	7	5	71.4	40	8.0
上海	6	4	66.7	132	33.0
湖北	6	4	66.7	46	11.5
吉林	3	3	100.0	96	32.0
安徽	3	3	100.0	36	12.0
辽宁	3	3	100.0	28	9.3
广东	5	3	60.0	15	5.0
江苏	3	2	66.7	7	3.5

9.4　SSCI 和 A&HCI 收录中国各类机构论文引用文献数量

1998 年，SSCI 和 A&HCI 共收录我国各类机构有引文的论文 120 篇，其中高等院校 76 篇，占 63.3%；研究机构 33 篇，占 27.5%。这两类机构有引文的论文合计 109 篇，占总数的 90.8%（见表 35）。

从本年度 SSCI 和 A&HCI 收录我国高等院校和研究机构论文引用文献的情况来看，高等院校有引文的论文数量比研究机构的多 43 篇，但有引文的论文所占比例比研究机构的低 2.9 个百分点，有引文的论文篇均引用次数比研究机构的少 0.8 次。

表 35　　1998 年 SSCI 和 A&HCI 收录中国各类机构论文引用文献数量

机构类型	论文（篇）	总引用			有引文的论文篇均引用（次）
		（篇）	（%）	（次）	
高等院校	103	76	73.8	1164	15.3
研究机构	43	33	76.7	530	16.1
医疗机构	3	2	66.7	93	46.5
政府部门	1	0	0.0	0	0.0
公司企业	1	0	0.0	0	0.0
其他机构	12	9	75.0	31	3.4

1999年
SSCI、A&HCI和ISSHP收录中国论文
统计分析年度报告

1　三大检索工具收录中国论文概况

1.1　三大检索工具收录中国论文数量和排名

1999年，SSCI、A&HCI和ISSHP三大国际检索工具（简称三大检索工具）共收录我国论文349篇，比上一年减少173篇，减少33.1%。按三大检索工具收录论文数量的国家（地区）排名，我国排名由上一年的第27位降至第31位（见表1）。

表1　　1998—1999年三大检索工具收录中国论文数量和排名

年度	论文			排名
	（篇）	增加（篇）	增长（%）	
1998	522	179	52.2	27
1999	349	-173	-33.1	31

排在我国之前的30个国家（地区）是：美国、英国、加拿大、德国、澳大利亚、法国、荷兰、意大利、瑞典、以色列、日本、西班牙、俄罗斯、新西兰、瑞士、墨西哥、比利时、爱尔兰、芬兰、丹麦、挪威、中国香港、奥地利、南非、印度、巴西、中国台湾、韩国、捷克和波兰（见表2）。

如果将三大检索工具收录我国香港的论文合并计算，那么我国的论文为1225篇，国家（地区）排名第14位，排在我国之前的13个国家（地区）是美国、英国、加拿大、德国、澳大利亚、法国、荷兰、意大利、瑞典、以色列、日本、西班牙和俄罗斯。

表2　1999年三大检索工具收录部分国家（地区）论文数量和排名

国家（地区）	论文（篇）	排名	国家（地区）	论文（篇）	排名
美国	98002	1	丹麦	988	20
英国	27524	2	挪威	889	21
加拿大	10635	3	中国香港	876	22
德国	7747	4	奥地利	781	23
澳大利亚	5750	5	南非	762	24
法国	4537	6	印度	697	25
荷兰	3620	7	巴西	540	26
意大利	2297	8	中国台湾	475	27
瑞典	1905	9	韩国	462	28
以色列	1904	10	捷克	409	29
日本	1900	11	波兰	356	30
西班牙	1769	12	中国	349	31
俄罗斯	1241	13	新加坡	345	32
新西兰	1198	14	希腊	337	33
瑞士	1186	15	匈牙利	257	34
墨西哥	1167	16	斯洛伐克	247	35
比利时	1145	17	克罗地亚	201	36
爱尔兰	1119	18	葡萄牙	184	37
芬兰	1103	19	土耳其	65	38

1.2　SSCI 和 A&HCI 收录中国论文数量

1999年，SSCI 和 A&HCI 共收录我国论文（作者机构栏中有“Peoples R China”的论文）313篇，比上一年增加46篇，增长17.2%。其中，我国第一作者论文193篇，占总数的61.7%；比上一年增加30篇，增长18.4%（见表3）。

表 3　　1998—1999 年 SSCI 和 A&HCI 收录中国论文数量

年度	SSCI 和 A&HCI 论文			中国第一作者 SSCI 和 A&HCI 论文		
	（篇）	增加（篇）	增长（%）	（篇）	（%）	增长（%）
1998	267	134	100.8	163	61.0	109.0
1999	313	46	17.2	193	61.7	18.4

1.3　ISSHP 收录中国论文数量

1999 年，ISSHP 共收录我国论文（作者机构栏中有“Peoples R China”的论文）35 篇，比上一年减少 217 篇，减少 86.1%。其中，我国第一作者论文 22 篇，占总数的 62.9%；比上一年减少 224 篇，减少 91.1%（见表 4）。

表 4　　1998—1999 年 ISSHP 收录中国论文数量

年度	ISSHP 论文			中国第一作者 ISSHP 论文		
	（篇）	增加（篇）	增长（%）	（篇）	（%）	增长（%）
1998	252	205	436.2	246	97.6	446.7
1999	35	-217	-86.1	22	62.9	-91.1

需要说明的是，以下将以三大检索工具收录我国第一作者论文情况作为统计分析的重点。在没有特指的情况下，我国论文均指我国第一作者论文。

2　三大检索工具收录中国论文的学科分布

2.1　三大检索工具收录中国论文数量比较集中的学科领域

2.1.1　SSCI 和 A&HCI 收录中国论文数量比较集中的学科领域

1999 年，SSCI 和 A&HCI 共收录我国各学科领域论文 193 篇，这些论文共涵盖 24 个学科领域。论文数量比较集中的学科领域是：医药卫生、社会学、经济学、语言学、管理学、哲学、心理学、历史学、环境科学、考古学和文学，这 11 个学科领域论文合计 158 篇，占总数的 81.9%。其中，医药卫生、社会学和经济学 3 个学科领域论文合计 81 篇，占总数的

42%（见表5）。

表5 1999年SSCI和A&HCI收录中国论文数量比较集中的学科领域

学科领域	SSCI 和 A&HCI 论文	
	（篇）	（%）
医药卫生	32	16.6
社会学	25	13.0
经济学	24	12.5
语言学	20	10.4
管理学	11	5.7
哲学	10	5.2
心理学	10	5.2
历史学	7	3.6
环境科学	7	3.6
考古学	6	3.1
文学	6	3.1

2.1.2 ISSHP收录中国论文数量比较集中的学科领域

1999年，ISSHP共收录我国各学科领域论文22篇，这些论文共涵盖7个学科领域。论文数量比较集中的学科领域是：经济学、哲学、管理学和政治学，这4个学科领域论文合计19篇，占总数的86.4%（见表6）。

表6 1999年ISSHP收录中国论文数量比较集中的学科领域

学科领域	ISSHP 论文	
	（篇）	（%）
经济学	9	41.0
哲学	5	22.7
管理学	3	13.7
政治学	2	9.1

2.2 SSCI和A&HCI收录中国跨学科和科技领域论文数量

2.2.1 SSCI和A&HCI收录中国跨学科领域论文数量

按照SSCI和A&HCI收录论文的原始学科领域分类，有一部分论文属于跨学科领域论文。1999 年，SSCI 和 A&HCI 收录的我国论文中，属于这类跨学科领域的论文有 14 篇，占 7.3%，与上一年的相同。

2.2.2 SSCI 和 A&HCI 收录中国科技领域论文数量

按照我国的学科分类，SSCI 和 A&HCI 收录的论文中，有一部分论文属于数学、计算机科学、环境科学、地理学、医药卫生、生物学、心理学、交通运输、物理学、建筑学和安全科学等科技领域。1999 年，SSCI 和 A&HCI 收录的我国论文中，属于这类的论文有 64 篇，占 33.2%；比上一年增加 41 篇，增长 178.3%。

3 三大检索工具收录中国论文的地区分布

3.1 三大检索工具收录中国论文的地区分布

3.1.1 SSCI 和 A&HCI 收录中国论文的地区分布

1999 年，SSCI 和 A&HCI 共收录我国论文 193 篇，这些论文来自我国 20 个省（自治区、直辖市），其中有 3 篇（含）以上论文的省（自治区、直辖市）有 10 个，有 2 篇的有 4 个，有 1 篇的有 6 个。另外，有 11 个省（自治区、直辖市）没有论文被 SSCI 和 A&HCI 收录。

SSCI 和 A&HCI 收录我国论文的地区分布是：东部地区 164 篇，占 85%；中部地区 22 篇，占 11.4%；西部地区 7 篇，占 3.6%。

3.1.2 ISSHP 收录中国论文的地区分布

1999 年，ISSHP 共收录我国论文 22 篇，这些论文来自我国 7 个省（直辖市），其中有 3 篇（含）以上 ISSHP 论文的省（直辖市）仅有 1 个，有 1 篇的有 6 个。另外，有 24 个省（自治区、直辖市）没有论文被 ISSHP 收录。

ISSHP 收录我国论文的地区分布是：东部地区 20 篇，占 90.9%；西部地区 2 篇，占 9.1%；中部地区没有论文被 ISSHP 收录。

本年度，我国有 SSCI 和 A&HCI 论文的省（自治区、直辖市）比有 ISSHP 论文的多 14 个；与上一年相比，前者少 1 个，后者少 12 个。

3.2 三大检索工具收录中国论文数量较多的地区

1999 年，SSCI 和 A&HCI 收录我国论文数量排名前 5 位的省（直辖市）是：北京、上海、广东、江苏和湖南，其中 4 个属于东部地区，1 个属于中部地区。这 5 个省（直辖市）的 SSCI 和 A&HCI 论文数量合计 157 篇，占我国同类论文总数的 81.3%。北京市的论文数量遥遥领先，为 95 篇，占 49.2%；其次是上海市，为 26 篇，占 13.5%（见表 7）。

表 7　1999 年 SSCI 和 A&HCI 收录中国论文数量较多的地区

地区		SSCI 和 A&HCI 论文	
		（篇）	（%）
北京	东部	95	49.2
上海	东部	26	13.5
广东	东部	16	8.3
江苏	东部	13	6.7
湖南	中部	7	3.6
安徽	中部	5	2.6
湖北	中部	5	2.6
浙江	东部	4	2.1
四川	西部	4	2.1
山东	东部	4	2.1

同年，ISSHP 收录我国论文共来自 7 个省（直辖市），其中有 5 个属于东部地区，2 个属于西部地区。北京市的 ISSHP 论文数量位居第一，为 16 篇，占 72.7%，其余 6 个省（直辖市）的 ISSHP 论文均为 1 篇（见表 8）。

表 8　1999 年 ISSHP 收录中国论文数量较多的地区

地区		ISSHP 论文	
		（篇）	（%）
北京	东部	16	72.7
上海	东部	1	4.6
广东	东部	1	4.6
浙江	东部	1	4.6
四川	西部	1	4.6
陕西	西部	1	4.6
河北	东部	1	4.6

3.3 SSCI 和 A&HCI 收录中国各地区论文的学科分布

从 1999 年 SSCI 和 A&HCI 收录中国各地区论文的学科领域分布来看，东部地区论文涵盖 24 个学科领域，论文数量比较集中的是医药卫生、社会学、经济学、语言学和管理学；中部地区论文涵盖 11 个学科领域，论文数量略多的是医药卫生和语言学；西部地区论文涵盖 5 个学科领域，论文数量略多的是经济学（见表 9）。

表 9 1999 年 SSCI 和 A&HCI 收录中国各地区论文数量比较集中的学科领域

学科领域	论文总数（篇）	论文（篇）		
		东 部	中 部	西 部
医药卫生	32	27	5	0
社会学	25	22	2	1
经济学	24	20	1	3
语言学	20	16	4	0
管理学	11	11	0	0
心理学	10	8	2	0
哲学	10	9	1	0
历史学	7	5	2	0
环境科学	7	6	1	0
考古学	6	3	2	1
文学	6	5	0	1

4 三大检索工具收录中国论文的机构分布

4.1 三大检索工具收录中国各类机构论文数量

4.1.1 SSCI 和 A&HCI 收录中国各类机构论文数量

1999 年，SSCI 和 A&HCI 共收录我国论文 193 篇，其中高等院校 122 篇，占 63.2%，比上一年增加 19 篇；研究机构 42 篇，占 21.8%，比上一年减少 1 篇；医疗机构 10 篇，占 5.2%，比上一年增加 7 篇；政府部门 3 篇，占 1.6%，比上一年增加 2 篇；公司企业 3 篇，占 1.6%，比上一年增加 2 篇；其他机构 13 篇，占 6.7%，比上一年增加 1 篇（见表 10）。

表 10　　1999 年 SSCI 和 A&HCI 收录中国各类机构论文数量

机构类型	SSCI 和 A&HCI 论文		
	(篇)	(%)	增加(篇)
高等院校	122	63.2	19
研究机构	42	21.7	-1
医疗机构	10	5.2	7
政府部门	3	1.6	2
公司企业	3	1.6	2
其他机构	13	6.7	1

4.1.2 ISSHP 收录中国各类机构论文数量

1999 年,ISSHP 共收录我国论文 22 篇,其中高等院校 14 篇,占 63.6%,比上一年减少 204 篇;研究机构 4 篇,占 18.2%,比上一年减少 13 篇;公司企业 1 篇,占 4.6%,比上一年减少 4 篇;其他机构 3 篇,占 13.6%,论文数量与上一年相同。医疗机构和政府部门没有论文被 ISSHP 收录(见表 11)。

表 11　　1999 年 ISSHP 收录中国各类机构论文数量

机构类型	ISSHP 论文		
	(篇)	(%)	增加(篇)
高等院校	14	63.6	-204
研究机构	4	18.2	-13
医疗机构	0	0.0	-1
政府部门	0	0.0	-2
公司企业	1	4.6	-4
其他机构	3	13.6	0

4.2 三大检索工具收录论文数量较多的中国高等院校和研究机构

4.2.1 三大检索工具收录论文数量较多的中国高等院校

1999 年,SSCI 和 A&HCI 收录我国论文的高等院校有 56 所,比上一年增加 9 所。其中,仅收录 1 篇论文的高等院校有 38 所,收录 2 篇论文的有 8 所,收录 3 篇(含)以上论文的有 10 所。

SSCI 和 A&HCI 论文在 3 篇（含）以上的 10 所高等院校是：北京大学、北京医科大学、南京大学、中国科学技术大学、复旦大学、清华大学、上海医科大学、长沙铁道学院、华南理工大学和中山大学，其 SSCI 和 A&HCI 论文合计 68 篇，占我国高等院校同类论文总数的 55.7%（见表 12）。

表 12　　1999 年 SSCI 和 A&HCI 收录论文较多的中国高等院校

高等院校	SSCI 和 A&HCI 论文（篇）
北京大学	19
北京医科大学	8
南京大学	8
中国科学技术大学	7
复旦大学	6
清华大学	6
上海医科大学	5
长沙铁道学院	3
华南理工大学	3
中山大学	3

同年，ISSHP 收录我国论文的高等院校有 5 所，比上一年减少 79 所。其中，收录 1 篇论文的高等院校有 4 所，收录 3 篇（含）以上论文的高等院校有 1 所。

北京大学是本年度我国唯一的 ISSHP 论文在 3 篇（含）以上的高等院校，其 ISSHP 论文为 10 篇，占我国高等院校同类论文总数的 71.4%。

4.2.2　三大检索工具收录论文数量较多的中国研究机构

1999 年，SSCI 和 A&HCI 收录我国论文的研究机构有 19 个，比上一年增加 6 个。其中，仅收录 1 篇论文的研究机构有 14 个，收录 2 篇论文的有 3 个，收录 3 篇（含）以上论文的有 2 个。SSCI 和 A&HCI 论文在 3 篇（含）以上的 2 个研究机构是：中国科学院和中国社会科学院，其 SSCI 和 A&HCI 论文分别为 17 篇和 5 篇，合计 22 篇，占我国研究机构同类论文总数的 52.4%。

同年，ISSHP 收录我国论文的研究机构有 4 个，比上一年减少 8 个。这些研究机构均只有 1 篇论文被收录。

5 SSCI和A&HCI收录中国论文的期刊和文种分布

5.1 SSCI和A&HCI收录中国论文的国家（地区）期刊分布

1999年，SSCI和A&HCI共收录我国论文193篇，这些论文分别发表在15个国家（地区）的127种期刊上。其中，有61篇论文发表在美国的48种期刊上，53篇论文发表在英国的39种期刊上，27篇论文发表在荷兰的17种期刊上（见表13）。

表13 1999年SSCI和A&HCI收录中国论文的国家（地区）期刊分布

国家（地区）	期刊（种）	论文（篇）	国家（地区）	期刊（种）	论文（篇）
美国	48	61	德国	2	2
英国	39	53	丹麦	1	2
荷兰	17	27	新加坡	1	1
中国	6	12	瑞士	1	1
爱尔兰	3	7	澳大利亚	1	1
加拿大	2	17	法国	1	1
中国台湾	2	5	奥地利	1	1
韩国	2	2			

本年度，我国有12篇SSCI和A&HCI论文发表在中国的6种期刊上，这些期刊是 *Chinese Literature*（《中国文学》），*Science in China Series A—Mathematics*（《中国科学A辑——数学》），*Chinese Medical Journal*（《中华医学杂志》英文版），*Science in China Series C—Life Sciences*（《中国科学C辑——生命科学》），*High Energy Physics and Nuclear Physics-Chinese Edition*（《高能物理与核物理》中文版），*Applied Mathematics and Mechanics-English Edition*（《应用数学与力学》英文版）。其中，属于人文社会科学类的期刊只有 *Chinese Literature*（《中国文学》），其余5种均属于科学技术类期刊。

另外，我国还有5篇SSCI和A&HCI论文发表在中国台湾的2种期刊上，它们是 *Bulletin of the Institute of History and Philology Academia Sinica* 和 *Taiwanese Journal of Mathematics*。

5.2 SSCI 和 A&HCI 收录发表中国论文较多的期刊

1999 年，SSCI 和 A&HCI 收录的发表我国 1 篇论文的期刊有 99 种，发表 2 篇的有 15 种，发表 3 篇（含）以上的有 13 种。

表 14 显示 1999 年 SSCI 和 A&HCI 收录发表我国论文数量较多的期刊，其中发表我国论文最多的期刊是加拿大的 META，有 16 篇论文在该期刊上发表。

表 14　　1999 年 SSCI 和 A&HCI 收录发表中国论文较多的期刊

国家（地区）	期刊名称	论文（篇）
加拿大	*META*	16
英国	*Psychiatry and Clinical Neurosciences*	7
美国	*Contemporary Chinese Thought*	5
爱尔兰	*Health Policy*	5
中国	*Chinese Literature*	5
荷兰	*Schizophrenia Research*	4
中国台湾	*Bulletin of the Institute of History and Philology Academia Sinica*	4

5.3 SSCI 和 A&HCI 收录中国论文的文种分布

5.3.1 SSCI 和 A&HCI 收录中国论文的文种

1999 年，SSCI 和 A&HCI 收录的我国 193 篇论文包含英文、法文、中文和德文 4 个文种。其中，英文论文 179 篇，占 92.7%；法文论文 8 篇，占 4.2%；中文论文 5 篇，占 2.6%；德文论文 1 篇，占 0.5%（见表 15）。

表 15　　1999 年 SSCI 和 A&HCI 收录中国论文的文种

论文			期刊		
文种	（篇）	（%）	文种	（种）	（%）
英文	179	92.7	英文	122	96.0
法文	8	4.2	法文	2	1.6
中文	5	2.6	中文	2	1.6
德文	1	0.5	德文	1	0.8

本年度，我国的5篇SSCI和A&HCI中文论文中，有4篇发表在中国台湾的期刊 *Bulletin of the Institute of History and Philology Academia Sinica* 上，有1篇发表在中国的期刊 *High Energy Physics and Nuclear Physics-Chinese Edition*（中文版）上。

5.3.2 SSCI和A&HCI收录发表中国论文的期刊文种

1999年，SSCI和A&HCI收录的发表我国论文的期刊有127种，其中英文期刊122种，占96%；法文和中文期刊各2种，分别占1.6%；德文期刊1种，占0.8%（见表15）。

6 ISSHP收录发表中国论文的国际会议分布

6.1 ISSHP收录中国国际会议论文数量

1999年，ISSHP共收录我国国际会议论文22篇，比上一年减少224篇，这些论文全部是在其他国家（地区）召开的会议论文，每个会议平均发表我国论文1.5篇。本年度，ISSHP没有收录我国在国内召开的会议论文（见表16）。

表16 1999年ISSHP收录中国论文及发表中国论文的国际会议数量

会议类型	论文				会议		
	（篇）	（%）	增加（篇）	平均（篇）	（个）	（%）	增加（个）
国际会议	22	/	-224	1.5	15	/	-8
国内国际会议	0	0.0	-221	0.0	0	0.0	-5
国外国际会议	22	100.0	-3	1.5	15	100.0	-3

6.2 ISSHP收录发表中国论文的国际会议数量

1999年，ISSHP共收录发表我国论文的国际会议15个，比上一年减少8个。这些会议全部是在其他国家（地区）召开的。

在其他国家（地区）召开的15个国际会议主要涉及10个国家（地区），包括美国、加拿大、俄罗斯、芬兰、英国、中国台湾、荷兰、印度、德国和巴西。

6.3 ISSHP收录中国论文数量的国际会议分布

1999年，ISSHP收录发表我国论文的15个国际会议中，发表我国1篇论文的会议有11个，占总数的73.3%；发表2篇论文的有3个，占总数的20%；发表3篇（含）以上论文的有1个，占总数的6.7%（见表17）。发表我国1篇论文的国际会议明显占多数。

表17　1998—1999年ISSHP收录中国论文数量的国际会议分布

年度	国际会议（个）				
	总数量	1篇	2篇	3篇以上	100篇以上
1998	23	18（78.3）	2（8.7）	3（13.0）	1
1999	15	11（73.3）	3（20.0）	1（6.7）	0

注：括号内的数字为国际会议数量所占比例。

7 SSCI和A&HCI收录中国论文的合著情况

7.1 SSCI和A&HCI收录中国合著论文数量

7.1.1 SSCI和A&HCI收录中国合著与独著论文数量

1999年，SSCI和A&HCI收录我国论文193篇，其中合著论文87篇，占45.1%，比上一年增加28篇，增长47.5%；独著论文106篇，占54.9%，比上一年增加2篇，增长1.9%（见表18）。

表18　1998—1999年SSCI和A&HCI收录中国合著与独著论文数量

年度	论文（篇）	合著		独著	
		（篇）	（%）	（篇）	（%）
1998	163	59	36.2	104	63.8
1999	193	87	45.1	106	54.9

7.1.2 SSCI和A&HCI收录中国国内与国际合著论文数量

1999年，SSCI和A&HCI收录我国合著论文87篇，其中国内合著论文62篇，占71.3%，比上一年增加25篇，增长67.6%；国际合著论文25篇，占28.7%，比上一年增加3篇，增长13.6%（见表19）。

表 19　1998—1999 年 SSCI 和 A&HCI 收录中国国内与国际合著论文数量

年度	合著（篇）	国内合著		国际合著	
		（篇）	（%）	（篇）	（%）
1998	59	37	62.7	22	37.3
1999	87	62	71.3	25	28.7

7.2　SSCI 和 A&HCI 收录中国合著论文的合著形式

7.2.1　SSCI 和 A&HCI 收录中国国内合著论文的合著形式

1999 年，SSCI 和 A&HCI 收录我国国内合著论文 62 篇，其中同机构合著论文 44 篇，占 71%；同省合著论文 10 篇，占 16.1%；省际合著论文 8 篇，占 12.9%（见表 20）。

表 20　1998—1999 年 SSCI 和 A&HCI 收录中国国内合著论文的合著形式

年度	国内合著（篇）	同机构合著		同省合著		省际合著	
		（篇）	（%）	（篇）	（%）	（篇）	（%）
1998	37	26	70.3	7	18.9	4	10.8
1999	62	44	71.0	10	16.1	8	12.9

7.2.2　SSCI 和 A&HCI 收录中国第一作者与中国为参与者国际合著论文数量

在本报告中，我国国际合著论文一般是指 SSCI 和 A&HCI 收录的我国第一作者国际合著论文，但是为了进行以下几方面的比较，还需要了解 SSCI 和 A&HCI 收录的我国为参与者国际合著论文的相关情况。

1999 年，SSCI 和 A&HCI 收录我国第一作者国际合著论文 25 篇，我国为参与者国际合著论文 116 篇，两者合计 141 篇。我国第一作者国际合著论文占 17.7%，比上一年增加 3 篇；我国为参与者国际合著论文占 82.3%，比上一年增加 16 篇（见表 21）。我国为参与者国际合著论文数量占明显优势。

表 21　　1998—1999 年 SSCI 和 A&HCI 收录中国第一作者与中国为参与者国际合著论文数

年度	国际合著总数（篇）	中国第一作者		中国为参与者	
		（篇）	（%）	（篇）	（%）
1998	122	22	18.0	100	82.0
1999	141	25	17.7	116	82.3

7.2.3　SSCI 和 A&HCI 收录中国国际合著论文的合著形式

1999 年，SSCI 和 A&HCI 收录我国第一作者国际合著论文 25 篇，其中双方合著论文 21 篇，占 84%；三方合著论文 4 篇，占 16%（见表 22）。

表 22　　1998—1999 年 SSCI 和 A&HCI 收录中国第一作者国际合著论文合著形式

年度	国际合著（篇）	双方合著		三方合著		多方合著	
		（篇）	（%）	（篇）	（%）	（篇）	（%）
1998	22	22	100.0	0	0.0	0	0
1999	25	21	84.0	4	16.0	0	0

同年，SSCI 和 A&HCI 收录我国为参与者国际合著论文 116 篇，其中，双方合著论文 92 篇，占 79.3%；三方合著论文 14 篇，占 12.1%；多方合著论文 10 篇，占 8.6%（见表 23）。

相比之下，我国第一作者国际合著论文的双方和三方合著论文所占比例均高于我国为参与者国际合著论文，但后者的多方合著论文所占比例高于前者。

表 23　　1998—1999 年 SSCI 和 A&HCI 收录中国为参与者国际合著论文合著形式

年度	国际合著（篇）	双方合著		三方合著		多方合著	
		（篇）	（%）	（篇）	（%）	（篇）	（%）
1998	100	78	78.0	18	18.0	4	4.0
1999	116	92	79.3	14	12.1	10	8.6

7.3 SSCI 和 A&HCI 收录中国国际合著论文涉及的合作国家（地区）

7.3.1 SSCI 和 A&HCI 收录中国国际合著论文涉及的合作国家（地区）数量

1999 年，SSCI 和 A&HCI 收录我国第一作者国际合著论文所涉及的合作国家（地区）7 个，与上一年相同；相比之下，SSCI 和 A&HCI 收录我国为参与者国际合著论文所涉及的合作国家（地区）27 个，比上一年减少 1 个。后者仍明显多于前者（见表 24）。

表 24　1998—1999 年 SSCI 和 A&HCI 收录中国国际合著论文涉及的合作国家（地区）数量

年度	合作国家（地区）（个）	
	中国第一作者	中国为参与者
1998	7	28
1999	7	27

7.3.2 SSCI 和 A&HCI 收录中国国际合著论文涉及的主要合作国家（地区）

1999 年，SSCI 和 A&HCI 收录我国第一作者国际合著论文所涉及的主要（排名前 5 位）合作国家（地区）是美国、英国、中国香港、瑞典和加拿大；而收录我国为参与者国际合著论文所涉及的主要（排名前 5 位）合作国家（地区）是美国、中国香港、英国、澳大利亚和加拿大（见表 25）。

表 25　1999 年 SSCI 和 A&HCI 收录中国国际合著论文涉及的主要合作国家（地区）

主要合作国家（地区）	
中国第一作者	中国为参与者
美国（9）、英国（7）、中国香港（6）、瑞典（3）、加拿大（2）、日本（1）、比利时（1）	美国（60）、中国香港（23）、英国（21）、澳大利亚（10）、加拿大（7）、日本（5）、中国台湾（4）、新加坡（3）、尼日利亚（2）、印度（2）、丹麦（2）、瑞典（2）、法国（1）、德国（1）、巴西（1）、匈牙利（1）、芬兰（1）、冰岛（1）、以色列（1）、哈萨克斯坦（1）、乌兹别克斯坦（1）、吉尔吉斯斯坦（1）、菲律宾（1）、俄罗斯（1）、南非（1）、瑞士（1）、意大利（1）

注：括号中的数字为论文篇数。

从本年度我国这两类国际合著论文所涉及的合作国家（地区）来看，排名前5位的合作国家（地区）情况大体相同，美国、中国香港、英国和加拿大均位居其中。值得注意的是，我国香港作为我国（内地）的一个重要合作地区，相关的合著论文迅速增多，已与英国的不相上下。

7.3.3 SSCI和A&HCI收录涉及合作国家（地区）较多的中国国际合著论文

1999年，SSCI和A&HCI收录我国第一作者国际合著论文中，涉及合作国家（地区）和合作者最多的是题为A preliminary analysis of incidence of dementia in Shanghai，China的论文，1998年发表于英国的*Psychiatry and Clinical Neurosciences*期刊上，共涉及3个国家（地区）、4个机构的6位合作者。

同年，SSCI和A&HCI收录我国为参与者国际合著论文中，涉及合作国家（地区）最多的是题为International variation in the incidence of hip fractures：Cross-national project on osteoporosis for the world health organization program for research on aging的论文，1999年发表于英国的*Osteoporosis International*期刊上，共涉及7个国家（地区）、8个机构的12位合作者。

8 SSCI和A&HCI收录中国论文被引用情况

8.1 SSCI和A&HCI收录中国论文被引用数量

1999年，SSCI和A&HCI共收录我国论文193篇，其中有89篇论文被引用，占总数的46.1%；这些论文共被引用483次，篇均被引2.5次，被引用论文篇均被引5.4次（见表26）。

与上一年相比，本年度被引用论文数量增加36篇，被引用论文所占比例增加13.6个百分点，论文篇均被引次数增加1.1次，被引用论文篇均被引次数增加1次。

表26 1998—1999年SSCI和A&HCI收录中国论文被引用数量

年度	论文（篇）	总被引			篇均被引（次）	被引论文篇均被引（次）
		（篇）	（%）	（次）		
1998	163	53	32.5	232	1.4	4.4
1999	193	89	46.1	483	2.5	5.4

8.2 SSCI 和 A&HCI 收录中国部分学科领域论文被引用数量

表 27 显示 1999 年 SSCI 和 A&HCI 收录我国论文较多的 11 个学科领域论文被引用情况，从中可以看出，医药卫生、社会学、经济学、语言学和管理学 5 个学科领域被引用论文数量较多，管理学、哲学、医药卫生、社会学和经济学 5 个学科领域被引用论文所占比例较高，心理学、社会学、医药卫生、经济学和管理学 5 个学科领域论文篇均被引次数较多，心理学、社会学、经济学、医药卫生和管理学 5 个学科领域被引用论文篇均被引次数较多。

表 27　1999 年 SSCI 和 A&HCI 收录中国部分学科领域论文被引用数量

学科领域	论文	总被引			篇均被引	被引论文篇均被引
	（篇）	（篇）	（%）	（次）	（次）	（次）
医药卫生	32	19	59.4	112	3.5	5.9
社会学	25	14	56.0	103	4.1	7.4
经济学	24	12	50.0	77	3.2	6.4
语言学	20	7	35.0	12	0.6	1.7
管理学	11	7	63.6	34	3.1	4.9
哲学	10	6	60.0	8	0.8	1.3
心理学	10	5	50.0	64	6.4	12.8
环境科学	7	3	42.9	6	0.9	2.0
考古学	6	3	50.0	10	1.7	3.3
历史学	7	1	14.3	1	0.1	1.0
文学	6	0	0.0	0	0.0	0.0

8.3 SSCI 和 A&HCI 收录中国部分地区论文被引用数量

表 28 显示 1999 年 SSCI 和 A&HCI 收录我国论文较多的 10 个省（直辖市）论文被引用情况，从中可以看出，北京、上海、广东、江苏、安徽和山东 6 个省（直辖市）被引用论文数量较多，山东、安徽、湖北、上海和广东 5 个省（直辖市）被引用论文所占比例较高，安徽、山东、北京、四川、湖北和广东 6 个省（直辖市）论文篇均被引次数较多，江苏、安徽、四川、山东和北京 5 个省（直辖市）被引用论文篇均被引次数较多。

表 28　　1999 年 SSCI 和 A&HCI 收录中国部分地区论文被引用数量

地区	论文（篇）	总被引（篇）	（%）	（次）	篇均被引（次）	被引论文篇均被引（次）
北京	95	42	44.2	267	2.8	6.4
上海	26	13	50.0	52	2.0	4.0
广东	16	8	50.0	35	2.2	4.4
山东	4	4	100.0	26	6.5	6.5
安徽	5	4	80.0	40	8.0	10.0
江苏	13	4	30.8	5	0.4	13.0
湖北	5	3	60.0	11	2.2	3.7
湖南	7	2	28.6	5	0.7	2.5
四川	4	1	25.0	9	2.3	9.0
浙江	4	0	0.0	0	0.0	0.0

8.4　SSCI 和 A&HCI 收录中国各类机构论文被引用数量

1999 年，从 SSCI 和 A&HCI 收录我国各类机构论文被引用情况来看，高等院校和研究机构被引用论文数量较多。高等院校有 58 篇论文被引用，研究机构有 20 篇论文被引用，两者合计 78 篇，占总数的 87.6%（见表 29）。

比较高等院校和研究机构论文被引用情况可以看出，高等院校的被引用论文数量比研究机构多 38 篇，论文篇均被引次数及被引用论文篇均被引次数分别比研究机构多 0.6 次和 1.4 次，但被引用论文所占比例比研究机构低 0.1 个百分点。

表 29　　1999 年 SSCI 和 A&HCI 收录中国各类机构论文被引用数量

机构类型	论文（篇）	总被引（篇）	（%）	（次）	篇均被引（次）	被引论文篇均被引（次）
高等院校	122	58	47.5	310	2.5	5.3
研究机构	42	20	47.6	78	1.9	3.9
医疗机构	10	6	60.0	78	7.8	13.0
政府部门	3	1	33.3	4	1.3	4.0
公司企业	3	1	33.3	1	0.3	1.0
其他机构	13	3	23.1	12	0.9	4.0

8.5 SSCI 和 A&HCI 收录中国被引用论文较多的高等院校和研究机构

8.5.1 SSCI 和 A&HCI 收录中国被引用论文较多的高等院校

1999 年，SSCI 和 A&HCI 收录的我国高等院校 58 篇被引用论文来自 34 所高等院校，比上一年增加 12 所。其中，有 1 篇被引用论文的高等院校 25 所，有 2 篇被引用论文的高等院校 5 所，有 3 篇（含）以上被引用论文的高等院校 4 所。这 4 所高等院校的被引用论文合计 23 篇，占我国高等院校同类论文总数的 39.7%。

本年度，SSCI 和 A&HCI 收录我国被引用论文数量排名居前的 9 所高等院校是：北京大学、中国科学技术大学、上海医科大学、清华大学、复旦大学、南京大学、华南理工大学、山东大学和中山大学，其被引用论文合计 33 篇，占我国高等院校同类论文总数的 56.9%（见表 30）。

表 30　1999 年 SSCI 和 A&HCI 收录中国被引用论文较多的高等院校

高等院校	被引论文（篇）
北京大学	11
中国科学技术大学	5
上海医科大学	4
清华大学	3
复旦大学	2
南京大学	2
华南理工大学	2
山东大学	2
中山大学	2

8.5.2 SSCI 和 A&HCI 收录中国被引用论文较多的研究机构

1999 年，SSCI 和 A&HCI 收录的我国研究机构 20 篇被引用论文来自 11 个研究机构，比上一年增加 2 个。其中，仅有 1 篇被引用论文的研究机构 9 个，有 2 篇被引用论文的研究机构 1 个，有 3 篇（含）以上被引用论文的研究机构 1 个。

本年度，SSCI 和 A&HCI 收录我国被引用论文数量排名居前的 2 个研究机构是中国科学院和中国预防医学科学院，其被引用论文分别为 9 篇和 2 篇，合计 11 篇，占我国研究机构同类论文总数的 55%。

8.6 SSCI 和 A&HCI 收录中国被引次数较多的论文

1999 年，SSCI 和 A&HCI 收录的我国论文中，被引次数最多的是题为 Suicide and social change in China 的论文，发表于 1999 年的 *Culture Medicine and Psychiatry*，共被引用 26 次，第一作者是北京回龙观医院的 Phillips，MR；其次是题为 Parallel and competitive processes in hierarchical analysis：Perceptual grouping and encoding of closure 的论文，发表于 1999 年的 *Journal of Experimental Psychology-Human Perception and Performance*，共被引用 24 次，第一作者是中国科学技术大学的 Han，SH。

9 SSCI 和 A&HCI 收录中国论文引用文献情况

9.1 SSCI 和 A&HCI 收录中国论文引用文献数量

1999 年，SSCI 和 A&HCI 共收录我国论文 193 篇，其中有引文的论文 168 篇，占总数的 87.1%；这些论文共引用文献 3137 次，有引文的论文篇均引用文献 18.7 次（见表 31）。

与上一年相比，本年度有引文的论文数量增加 48 篇，所占比例增加 13.5 个百分点，有引文的论文篇均引用次数增加 3.5 次。

表 31　　1998—1999 年 SSCI 和 A&HCI 收录中国论文引用文献数量

年度	论文（篇）	总引用			有引文的论文篇均引用（次）
		（篇）	（%）	（次）	
1998	163	120	73.6	1818	15.2
1999	193	168	87.1	3137	18.7

9.2 SSCI 和 A&HCI 收录中国部分学科领域论文引用文献数量

表 32 显示 1999 年 SSCI 和 A&HCI 收录我国论文较多的 11 个学科领域论文引用文献情况，从中可以看出，医药卫生、经济学、社会学、语言学和管理学 5 个学科领域有引文的论文数量较多，管理学、哲学、环境科学、经济学和语言学 5 个学科领域有引文的论文所占比例较高，心理学、社会学、环境科学、语言学和医药卫生 5 个学科领域有引文的论文篇均引用次数较多。

表 32　1999 年 SSCI 和 A&HCI 收录中国部分学科领域论文引用文献数量

学科领域	论文	总引用			有引文的论文
	(篇)	(篇)	(%)	(次)	篇均引用(次)
医药卫生	32	27	84.4	534	19.8
经济学	24	23	95.8	369	16.0
社会学	25	19	76.0	539	28.4
语言学	20	18	90.0	388	21.6
管理学	11	11	100.0	188	17.1
哲学	10	10	100.0	116	11.6
环境科学	7	7	100.0	199	28.4
历史学	7	6	85.7	58	9.7
心理学	10	6	60.0	193	32.2
文学	6	5	83.3	44	8.8
考古学	6	5	83.3	33	6.6

9.3 SSCI 和 A&HCI 收录中国部分地区论文引用文献数量

表 33 显示 1999 年 SSCI 和 A&HCI 收录我国论文较多的 10 个省(直辖市)论文引用文献情况,从中可以看出,北京、上海、广东、江苏和安徽 5 个省(直辖市)有引文的论文数量较多,安徽、山东、四川、北京和上海 5 个省(直辖市)有引文的论文所占比例较高,安徽、广东、四川、湖北、北京和湖南 6 个省(直辖市)有引文的论文篇均引用次数较多。

表 33　1999 年 SSCI 和 A&HCI 收录中国部分地区论文引用文献数量

地区	论文	总引用			有引文的论文
	(篇)	(篇)	(%)	(次)	篇均引用(次)
北京	95	85	89.5	1602	18.8
上海	26	23	88.5	388	16.9
广东	16	13	81.3	294	22.6
江苏	13	11	84.6	124	11.3
安徽	5	5	100.0	221	44.2
四川	4	4	100.0	85	21.3
湖北	5	4	80.0	81	20.3
湖南	7	4	57.1	75	18.8
山东	4	4	100.0	47	11.8
浙江	4	3	75.0	37	12.3

9.4 SSCI 和 A&HCI 收录中国各类机构论文引用文献数量

1999 年，SSCI 和 A&HCI 共收录我国各类机构有引文的论文 168 篇，其中高等院校 112 篇，占 66.7%；研究机构 34 篇，占 20.2%。这两类机构有引文的论文合计 146 篇，占总数的 86.9%（见表 34）。

从本年度 SSCI 和 A&HCI 收录我国高等院校和研究机构论文引用文献的情况来看，高等院校有引文的论文数量比研究机构的多 78 篇，有引文的论文所占比例比研究机构的高 10.8 个百分点，有引文的论文篇均引用次数比研究机构的多 4.9 次。

表 34　1999 年 SSCI 和 A&HCI 收录中国各类机构论文引用文献数量

机构类型	论文（篇）	总引用			有引文的论文篇均引用（次）
		（篇）	（%）	（次）	
高等院校	122	112	91.8	2137	19.1
研究机构	42	34	81.0	484	14.2
医疗机构	10	6	60.0	260	43.3
政府部门	3	1	33.3	3	3.0
公司企业	3	3	100.0	20	6.7
其他机构	13	12	92.3	233	19.4

2000年
SSCI、A&HCI和ISSHP收录中国论文
统计分析年度报告

1　三大检索工具收录中国论文概况

1.1　三大检索工具收录中国论文数量和排名

2000年，SSCI、A&HCI和ISSHP三大国际检索工具（简称三大检索工具）共收录我国论文355篇，比上一年增加6篇，增长1.7%。按三大检索工具收录论文数量的国家（地区）排名，我国排名由上一年的第31位降至第32位（见表1）。

表1　　1999—2000年三大检索工具收录中国论文数量和排名

年度	论文			排名
	（篇）	增加（篇）	增长（%）	
1999	349	-173	-33.1	31
2000	355	6	1.7	32

排在我国之前的31个国家（地区）是：美国、英国、加拿大、德国、澳大利亚、法国、荷兰、意大利、西班牙、瑞典、日本、以色列、爱尔兰、比利时、瑞士、墨西哥、新西兰、丹麦、芬兰、俄罗斯、中国香港、挪威、奥地利、南非、印度、巴西、中国台湾、捷克、希腊、新加坡和韩

国（见表2）。

如果将三大检索工具收录我国香港的论文合并计算，那么我国的论文为1310篇，世界排名第16位，排在我国之前的15个国家（地区）是美国、英国、加拿大、德国、澳大利亚、法国、荷兰、意大利、西班牙、瑞典、日本、以色列、爱尔兰、比利时和瑞士。

表2　2000年三大检索工具收录部分国家（地区）论文数量和排名

国家（地区）	论文（篇）	排名	国家（地区）	论文（篇）	排名
美国	97820	1	俄罗斯	1021	20
英国	29048	2	中国香港	955	21
加拿大	10480	3	挪威	902	22
德国	8483	4	奥地利	829	23
澳大利亚	6150	5	南非	738	24
法国	5150	6	印度	704	25
荷兰	3936	7	巴西	652	26
意大利	2371	8	中国台湾	508	27
西班牙	2217	9	捷克	391	28
瑞典	2012	10	希腊	390	29
日本	2009	11	新加坡	387	30
以色列	1905	12	韩国	384	31
爱尔兰	1334	13	中国	355	32
比利时	1324	14	波兰	317	33
瑞士	1322	15	土耳其	313	34
墨西哥	1224	16	匈牙利	266	35
新西兰	1184	17	斯洛伐克	228	36
丹麦	1149	18	克罗地亚	212	37
芬兰	1065	19	葡萄牙	204	38

1.2　SSCI和A&HCI收录中国论文数量

2000年，SSCI和A&HCI共收录我国论文（作者机构栏中有“Peoples R China”的论文）314篇，比上一年增加1篇，增长0.3%。其中，我国第一作者论文179篇，占总数的57%；比上一年减少14篇，减少7.3%（见表3）。

表 3　　1999—2000 年 SSCI 和 A&HCI 收录中国论文数量

年度	SSCI 和 A&HCI 论文			中国第一作者 SSCI 和 A&HCI 论文		
	（篇）	增加（篇）	增长（%）	（篇）	（%）	增长（%）
1999	313	46	17.2	193	61.7	18.4
2000	314	1	0.3	179	57.0	-7.3

1.3　ISSHP 收录中国论文数量

2000 年，ISSHP 共收录我国论文（作者机构栏中有“Peoples R China”的论文）41 篇，比上一年增加 6 篇，增长 17.1%。其中，我国第一作者论文 36 篇，占总数的 87.8%；比上一年增加 14 篇，增长 63.6%（见表 4）。

表 4　　1999—2000 年 ISSHP 收录中国论文数量

年度	ISSHP 论文			中国第一作者 ISSHP 论文		
	（篇）	增加（篇）	增长（%）	（篇）	（%）	增长（%）
1999	35	-217	-86.1	22	62.9	-91.1
2000	41	6	17.1	36	87.8	63.6

需要说明的是，以下将以三大检索工具收录我国第一作者论文情况作为统计分析的重点。在没有特指的情况下，我国论文均指我国第一作者论文。

2　三大检索工具收录中国论文的学科分布

2.1　三大检索工具收录中国论文数量比较集中的学科领域

2.1.1　SSCI 和 A&HCI 收录中国论文数量比较集中的学科领域

2000 年，SSCI 和 A&HCI 共收录我国各学科领域论文 179 篇，这些论文共涵盖 24 个学科领域。论文数量比较集中的学科领域是：经济学、医药卫生、社会学、教育学、管理学、语言学、哲学、图书馆情报与文献学、心理学、文学和民族学与人类学，这 11 个学科领域论文合计 151 篇，占总数的 84.4%。其中，经济学、医药卫生、社会学和教育学 4 个学科领域论文合计78篇，占总数的43.6%（见表5）。

表5　2000年SSCI和A&HCI收录中国论文数量比较集中的学科领域

学科领域	SSCI和A&HCI论文	
	（篇）	（%）
经济学	23	12.8
医药卫生	19	10.5
社会学	18	10.1
教育学	18	10.1
管理学	17	9.5
语言学	12	6.7
哲学	12	6.7
图书馆情报与文献学	9	5.0
心理学	8	4.5
文学	8	4.5
民族学与人类学	7	3.9

2.1.2　ISSHP收录中国论文数量比较集中的学科领域

2000年，ISSHP共收录我国各学科领域论文36篇，这些论文共涵盖9个学科领域。论文数量比较集中的学科领域是：经济学、社会学、管理学、语言学和医药卫生，这5个学科领域论文合计32篇，占总数的88.9%（见表6）。

表6　2000年ISSHP收录中国论文数量比较集中的学科领域

学科领域	ISSHP论文	
	（篇）	（%）
经济学	9	25.0
社会学	7	19.4
管理学	6	16.7
语言学	6	16.7
医药卫生	4	11.0

2.2 SSCI 和 A&HCI 收录中国跨学科和科技领域论文数量

2.2.1 SSCI 和 A&HCI 收录中国跨学科领域论文数量

按照 SSCI 和 A&HCI 收录论文的原始学科领域分类，有一部分论文属于跨学科领域论文。2000 年，SSCI 和 A&HCI 收录的我国论文中，属于这类跨学科领域的论文有 21 篇，占 11.7%；比上一年增加 7 篇，增长 50%。

2.2.2 SSCI 和 A&HCI 收录中国科技领域论文数量

按照我国的学科分类，SSCI 和 A&HCI 收录的论文中，有一部分论文属于数学、计算机科学、环境科学、地理学、医药卫生、生物学、心理学、交通运输、物理学、建筑学和安全科学等科技领域。2000 年，SSCI 和 A&HCI 收录的我国论文中，属于这类的论文有 37 篇，占 20.7%；比上一年减少 27 篇，减少 42.2%。

3 三大检索工具收录中国论文的地区分布

3.1 三大检索工具收录中国论文的地区分布

3.1.1 SSCI 和 A&HCI 收录中国论文的地区分布

2000 年，SSCI 和 A&HCI 共收录我国论文 179 篇，这些论文来自我国 25 个省（自治区、直辖市），其中有 3 篇（含）以上论文的省（自治区、直辖市）有 17 个，有 2 篇的有 2 个，有 1 篇的有 6 个。另外，有 6 个省（自治区、直辖市）没有论文被 SSCI 和 A&HCI 收录。

SSCI 和 A&HCI 收录我国论文的地区分布是：东部地区 135 篇，占 75.4%；中部地区 27 篇，占 15.1%；西部地区 17 篇，占 9.5%。

3.1.2 ISSHP 收录中国论文的地区分布

2000 年，ISSHP 共收录我国论文 36 篇，这些论文来自我国 7 个省（自治区、直辖市），其中有 3 篇（含）以上论文的省（自治区、直辖市）有 2 个，有 1 篇的有 5 个。另外，有 24 个省（自治区、直辖市）没有论文被 ISSHP 收录。

ISSHP 收录我国论文的地区分布是：东部地区 33 篇，占 91.6%；中部地区 2 篇，占 5.6%；西部地区 1 篇，占 2.8%。

本年度，我国有 SSCI 和 A&HCI 论文的省（自治区、直辖市）比有 ISSHP 论文的多 18 个；与上一年相比，前者增加 5 个，后者没有变化。

3.2 三大检索工具收录中国论文数量较多的地区

2000 年，SSCI 和 A&HCI 收录我国论文数量排名前 7 位的省（直辖市）是：北京、上海、天津、江苏、湖南、福建和湖北，其中 5 个属于东部地区，2 个属于中部地区。这 7 个省（直辖市）的 SSCI 和 A&HCI 论文数量合计 129 篇，占我国同类论文总数的 72.1%。北京市的论文数量高居榜首，为 77 篇，占 43%；其次是上海市，为 19 篇，占 10.6%（见表 7）。

表 7　　2000 年 SSCI 和 A&HCI 收录中国论文数量较多的地区

地区		SSCI 和 A&HCI 论文	
		（篇）	（%）
北京	东部	77	43.0
上海	东部	19	10.6
天津	东部	9	5.0
江苏	东部	6	3.4
湖南	中部	6	3.4
福建	东部	6	3.4
湖北	中部	6	3.4
安徽	中部	5	2.8
陕西	西部	5	2.8
青海	西部	5	2.8

同年，ISSHP 收录我国论文数量排名前 2 位的省（直辖市）是北京和上海，均属于东部地区。这两个直辖市的 ISSHP 论文合计 31 篇，占我国同类论文总数的 86.1%。其中，北京市为 24 篇，占 66.7%；上海市为 7 篇，占 19.4%；其余 5 个省（直辖市）的 ISSHP 论文均为 1 篇（见表 8）。

表8　　2000年ISSHP收录中国论文数量较多的地区

地区		ISSHP论文	
		(篇)	(%)
北京	东部	24	66.7
上海	东部	7	19.4
天津	东部	1	2.8
江苏	东部	1	2.8
湖南	中部	1	2.8
安徽	中部	1	2.8
云南	西部	1	2.8

3.3 SSCI和A&HCI收录中国各地区论文的学科分布

从2000年SSCI和A&HCI收录中国各地区论文的学科领域分布来看，东部地区论文涵盖23个学科领域，论文数量较多的是经济学、医药卫生、管理学和社会学；中部地区论文涵盖10个学科领域，论文数量较多的是教育学和经济学；西部地区论文涵盖9个学科领域，论文数量较多的是文学（见表9）。

表9　2000年SSCI和A&HCI收录中国各地区论文数量比较集中的学科领域

学科领域	论文总数(篇)	论文（篇）		
		东部	中部	西部
经济学	23	17	5	1
医药卫生	19	15	3	1
教育学	18	8	7	3
社会学	18	13	2	3
管理学	17	14	2	1
哲学	12	12	0	0
语言学	12	12	0	0
图书馆情报与文献学	9	5	3	1
文学	8	3	0	5
心理学	8	6	2	0
民族学与人类学	7	5	1	1

4 三大检索工具收录中国论文的机构分布

4.1 三大检索工具收录中国各类机构论文数量

4.1.1 SSCI 和 A&HCI 收录中国各类机构论文数量

2000 年，SSCI 和 A&HCI 共收录我国论文 179 篇，其中高等院校 133 篇，占 74.3%，比上一年增加 11 篇；研究机构 31 篇，占 17.4%，比上一年减少 11 篇；医疗机构 4 篇，占 2.2%，比上一年减少 6 篇；政府部门 4 篇，占 2.2%，比上一年增加 1 篇；其他机构 7 篇，占 3.9%，比上一年减少 6 篇；公司企业没有论文被 SSCI 和 A&HCI 收录（见表 10）。

表 10　　2000 年 SSCI 和 A&HCI 收录中国各类机构论文数量

机构类型	SSCI 和 A&HCI 论文		
	（篇）	（%）	增加（篇）
高等院校	133	74.3	11
研究机构	31	17.4	-11
医疗机构	4	2.2	-6
政府部门	4	2.2	1
公司企业	0	0.0	-3
其他机构	7	3.9	-6

4.1.2 ISSHP 收录中国各类机构论文数量

2000 年，ISSHP 共收录我国论文 36 篇，其中，高等院校 16 篇，占 44.4%，比上一年增加 2 篇；研究机构 11 篇，占 30.6%，比上一年增加 7 篇；医疗机构 4 篇，占 11.1%，比上一年增加 4 篇；政府部门 1 篇，占 2.8%，比上一年增加 1 篇；公司企业 1 篇，占 2.8%，论文数量与上一年相同；其他机构 3 篇，占 8.3%，论文数量与上一年相同（见表 11）。

表 11　　2000 年 ISSHP 收录中国各类机构论文数量

机构类型	ISSHP 论文		
	(篇)	(%)	增加(篇)
高等院校	16	44.4	2
研究机构	11	30.6	7
医疗机构	4	11.1	4
政府部门	1	2.8	1
公司企业	1	2.8	0
其他机构	3	8.3	0

4.2　三大检索工具收录论文数量较多的中国高等院校和研究机构

4.2.1　三大检索工具收录论文数量较多的中国高等院校

2000 年，SSCI 和 A&HCI 收录我国论文的高等院校有 69 所，比上一年增加 13 所。其中，仅收录 1 篇论文的高等院校有 49 所，收录 2 篇论文的有 8 所，收录 3 篇（含）以上论文的有 12 所。

SSCI 和 A&HCI 论文在 3 篇（含）以上的 12 所高等院校是：北京大学、复旦大学、北京医科大学、北京师范大学、北京航空航天大学、南开大学、武汉大学、厦门大学、清华大学、青海教育学院、西安交通大学和中国科学技术大学，其 SSCI 和 A&HCI 论文合计 68 篇，占我国高等院校同类论文总数的 51.1%（见表 12）。

表 12　　2000 年 SSCI 和 A&HCI 收录论文较多的中国高等院校

高等院校	SSCI 和 A&HCI 论文（篇）
北京大学	21
复旦大学	8
北京医科大学	6
北京师范大学	5
北京航空航天大学	4
南开大学	4
武汉大学	4
厦门大学	4
清华大学	3

续表

高等院校	SSCI 和 A&HCI 论文（篇）
青海教育学院	3
西安交通大学	3
中国科学技术大学	3

同年，ISSHP 收录我国论文的高等院校有 9 所，比上一年增加 4 所。其中，仅收录 1 篇论文的高等院校有 7 所，收录 3 篇（含）以上论文的高等院校有 2 所。ISSHP 论文在 3 篇（含）以上的 2 所高等院校是：北京大学和北京师范大学，其 ISSHP 论文分别为 5 篇和 4 篇，合计 9 篇，占我国高等院校同类论文总数的 56.3%。

4.2.2 三大检索工具收录论文数量较多的中国研究机构

2000 年，SSCI 和 A&HCI 收录我国论文的研究机构有 17 个，比上一年减少 2 个。其中，仅收录 1 篇论文的研究机构有 15 个，收录 3 篇（含）以上论文的研究机构有 2 个。SSCI 和 A&HCI 论文在 3 篇（含）以上的 2 个研究机构是：中国科学院和中国社会科学院，其 SSCI 和 A&HCI 论文分别为 10 篇和 6 篇，合计 16 篇，占我国研究机构同类论文总数的 51.6%。

同年，ISSHP 收录我国论文的研究机构有 7 个，比上一年增加 3 个。其中，仅收录 1 篇论文的研究机构有 5 个，收录 2 篇论文的有 1 个，收录 3 篇（含）以上论文的有 1 个。中国科学院是本年度我国唯一 ISSHP 论文超过 3 篇的研究机构，其 ISSHP 论文数量为 4 篇，占我国研究机构同类论文总数的 36.4%。

5 SSCI 和 A&HCI 收录中国论文的期刊和文种分布

5.1 SSCI 和 A&HCI 收录中国论文的国家（地区）期刊分布

2000 年，SSCI 和 A&HCI 共收录我国论文 179 篇，这些论文分别发表在 18 个国家（地区）的 121 种期刊上。其中，有 80 篇论文发表在美国的 44 种期刊上，42 篇论文发表在英国的 35 种期刊上，20 篇论文发表在荷兰的 14 种期刊上，8 篇发表在日本的 4 种期刊上，4 篇发表在瑞士的 4 种期刊上，4 篇发表在德国的 4 种期刊上（见表 13）。

表 13　2000 年 SSCI 和 A&HCI 收录中国论文的国家（地区）期刊分布

国家（地区）	期刊（种）	论文（篇）	国家（地区）	期刊（种）	论文（篇）
美国	44	80	丹麦	1	4
英国	35	42	韩国	1	1
荷兰	14	20	新加坡	1	1
日本	4	8	新西兰	1	1
瑞士	4	4	瑞典	1	1
德国	4	4	中国香港	1	1
中国	3	3	法国	1	1
澳大利亚	2	3	加拿大	1	1
中国台湾	2	3	爱尔兰	1	1

本年度，我国有 3 篇 SSCI 和 A&HCI 论文发表在中国的 3 种期刊上，这些期刊是 *Chinese Literature*（《中国文学》），*Chinese Science Bulletin*（《科学通报》）和 *Science in China Series E-Technological Sciences*（《中国科学 E 辑——技术科学》）。

另外，我国有 1 篇 SSCI 和 A&HCI 论文发表在中国香港的期刊 *Arts of Asia* 上；有 3 篇发表在中国台湾的 2 种期刊上，包括 *Bulletin of the Institute of History and Philology Academia Sinica* 和 *Issues & Studies*。

5.2　SSCI 和 A&HCI 收录发表中国论文较多的期刊

2000 年，SSCI 和 A&HCI 收录的发表我国 1 篇论文的期刊有 97 种，发表 2 篇的有 15 种，发表 3 篇（含）以上的有 9 种。

表 14 显示 2000 年 SSCI 和 A&HCI 收录的发表我国论文数量较多的期刊，其中发表我国论文最多的期刊是美国的 *Chinese Education and Society*，有 19 篇论文在该期刊上发表。

5.3　SSCI 和 A&HCI 收录中国论文的文种分布

5.3.1　SSCI 和 A&HCI 收录中国论文的文种

2000 年，SSCI 和 A&HCI 收录的我国 179 篇论文包含英文、德文、中文和法文 4 个文种。其中，英文论文 174 篇，占 97.2%；德文和中文论文各 2 篇，分别占 1.1%；法文论文 1 篇，占 0.6%（见表 15）。

表 14　　2000 年 SSCI 和 A&HCI 收录发表中国论文较多的期刊

国家（地区）	期刊名称	论文（篇）
美国	*Chinese Education and Society*	19
美国	*Hastings Center Report*	6
日本	*Asian Folklore Studies*	5
荷兰	*Insurance Mathematics & Economics*	4
美国	*Word-Journal of the International Linguistic Association*	4
英国	*Journal of Intellectual Disability Research*	4
英国	*Perspectives-Studies in Translatology*	4

表 15　　2000 年 SSCI 和 A&HCI 收录中国论文的文种

论文			期刊		
文种	（篇）	（%）	文种	（种）	（%）
英文	174	97.2	英文	117	96.7
德文	2	1.1	德文	2	1.7
中文	2	1.1	中文	1	0.8
法文	1	0.6	法文	1	0.8

本年度，我国的 2 篇 SSCI 和 A&HCI 中文论文均发表在中国台湾的 *Bulletin of the Institute of History and Philology Academia Sinica* 上。

5.3.2　SSCI 和 A&HCI 收录发表中国论文的期刊文种

2000 年，SSCI 和 A&HCI 收录发表我国论文的期刊有 121 种，其中英文期刊 117 种，占 96.7%；德文期刊 2 种，占 1.7%；中文和法文期刊各 1 种，分别占 0.8%（见表 15）。

6　ISSHP 收录发表中国论文的国际会议分布

6.1　ISSHP 收录中国国际会议论文数量

2000 年，ISSHP 共收录我国国际会议论文 36 篇，比上一年增加 14 篇。其中，在我国国内召开的会议论文 4 篇，占 11.1%，比上一年增加 4 篇，每个会议平均发表我国论文 4 篇；在其他国家（地区）召开的会议论文 32 篇，占 88.9%，比上一年增加 10 篇，每个会议平均发表我国论文 1.7 篇（见表

16)。在其他国家（地区）召开的会议论文明显占多数。

表 16　　2000 年 ISSHP 收录中国论文及发表中国论文的国际会议数量

会议类型	论文				会议		
	(篇)	(%)	增加（篇）	平均（篇）	(个)	(%)	增加（个）
国际会议	36	/	14	1.8	20	/	5
国内国际会议	4	11.1	4	4.0	1	5.0	1
国外国际会议	32	88.9	10	1.7	19	95.0	4

6.2　ISSHP 收录发表中国论文的国际会议数量

2000 年，ISSHP 共收录发表我国论文的国际会议 20 个，比上一年增加 5 个。其中，有 1 个会议是在我国国内召开的，占总数的 5%；有 19 个会议是在其他国家（地区）召开的，占总数的 95%（见表 16）。在其他国家（地区）召开的国际会议明显占多数。

在其他国家（地区）召开的 19 个国际会议主要涉及 10 个国家（地区），包括美国、日本、泰国、英国、加拿大、葡萄牙、西班牙、挪威、以色列和中国香港。

6.3　ISSHP 收录中国论文数量的国际会议分布

2000 年，ISSHP 收录发表我国论文的 20 个国际会议中，发表我国 1 篇论文的会议有 15 个，占总数的 75%；发表 2 篇论文的有 1 个，占总数的 5%；发表 3 篇（含）以上论文的有 4 个，占总数的 20%（见表 17）。发表我国 1 篇论文的国际会议明显占多数。

表 17　　1999—2000 年 ISSHP 收录中国论文数量的国际会议分布

年度	国际会议（个）				
	总数量	1 篇	2 篇	3 篇以上	100 篇以上
1999	15	11（73.3）	3（20.0）	1（6.7）	0
2000	20	15（75.0）	1（5.0）	4（20.0）	0

注：括号内的数字为国际会议数量所占比例。

7 SSCI和A&HCI收录中国论文的合著情况

7.1 SSCI和A&HCI收录中国合著论文数量

7.1.1 SSCI和A&HCI收录中国合著与独著论文数量

2000年，SSCI和A&HCI收录我国论文179篇，其中合著论文89篇，占49.7%，比上一年增加2篇，增长2.3%；独著论文90篇，占50.3%，比上一年减少16篇，减少15.1%（见表18）。

表18　1999—2000年SSCI和A&HCI收录中国合著与独著论文数量

年度	论文（篇）	合著		独著	
		（篇）	（%）	（篇）	（%）
1999	193	87	45.1	106	54.9
2000	179	89	49.7	90	50.3

7.1.2 SSCI和A&HCI收录中国国内与国际合著论文数量

2000年，SSCI和A&HCI收录我国合著论文89篇，其中国内合著论文56篇，占62.9%，比上一年减少6篇，减少9.7%；国际合著论文33篇，占37.1%，比上一年增加8篇，增长32%（见表19）。

表19　1999—2000年SSCI和A&HCI收录中国国内与国际合著论文数量

年度	合著（篇）	国内合著		国际合著	
		（篇）	（%）	（篇）	（%）
1999	87	62	71.3	25	28.7
2000	89	56	62.9	33	37.1

7.2 SSCI和A&HCI收录中国合著论文的合著形式

7.2.1 SSCI和A&HCI收录中国国内合著论文的合著形式

2000年，SSCI和A&HCI收录我国国内合著论文56篇，其中同机构合著论文36篇，占64.3%；同省合著论文11篇，占19.6%；省际合著论文9篇，占16.1%（见表20）。

表 20　1999—2000 年 SSCI 和 A&HCI 收录中国国内合著论文的合著形式

年度	国内合著（篇）	同机构合著		同省合著		省际合著	
		（篇）	（%）	（篇）	（%）	（篇）	（%）
1999	62	44	71.0	10	16.1	8	12.9
2000	56	36	64.3	11	19.6	9	16.1

7.2.2　SSCI 和 A&HCI 收录中国第一作者与中国为参与者国际合著论文数量

在本报告中，我国国际合著论文一般是指 SSCI 和 A&HCI 收录的我国第一作者国际合著论文，但是为了进行以下几方面的比较，还需要了解 SSCI 和 A&HCI 收录的我国为参与者国际合著论文的相关情况。

2000 年，SSCI 和 A&HCI 收录我国第一作者国际合著论文 33 篇，我国为参与者国际合著论文 129 篇，两者合计 162 篇。我国第一作者国际合著论文占 20.4%，比上一年增加 8 篇；我国为参与者国际合著论文占 79.6%，比上一年增加 13 篇（见表 21）。我国为参与者国际合著论文数量占明显优势。

表 21　1999—2000 年 SSCI 和 A&HCI 收录中国第一作者与中国为参与者国际合著论文数量

年度	国际合著总数（篇）	中国第一作者		中国为参与者	
		（篇）	（%）	（篇）	（%）
1999	141	25	17.7	116	82.3
2000	162	33	20.4	129	79.6

7.2.3　SSCI 和 A&HCI 收录中国国际合著论文的合著形式

2000 年，SSCI 和 A&HCI 收录我国第一作者的国际合著论文 33 篇，其中双方合著论文 28 篇，占 84.8%；三方合著论文 5 篇，占 15.2%（见表 22）。

同年，SSCI 和 A&HCI 收录我国为参与者的国际合著论文 129 篇，其中双方合著论文 111 篇，占 86.1%；三方合著论文 11 篇，占 8.5%；多方合著论文 7 篇，占 5.4%（见表 23）。

相比之下，我国第一作者国际合著论文和我国为参与者国际合著论文的双方合著论文所占比例比较接近，但前者的三方合著论文所占比例高于后者的，而后者的多方合著论文所占比例高于前者的。

表22 1999—2000年SSCI和A&HCI收录中国第一作者国际合著论文合著形式

年度	国际合著（篇）	双方合著		三方合著		多方合著	
		（篇）	（%）	（篇）	（%）	（篇）	（%）
1999	25	21	84.0	4	16.0	0	0
2000	33	28	84.8	5	15.2	0	0

表23 1999—2000年SSCI和A&HCI收录中国为参与者国际合著论文合著形式

年度	国际合著（篇）	双方合著		三方合著		多方合著	
		（篇）	（%）	（篇）	（%）	（篇）	（%）
1999	116	92	79.3	14	12.1	10	8.6
2000	129	111	86.1	11	8.5	7	5.4

7.3 SSCI和A&HCI收录中国国际合著论文涉及的合作国家（地区）

7.3.1 SSCI和A&HCI收录中国国际合著论文涉及的合作国家（地区）数量

2000年，SSCI和A&HCI收录我国第一作者的国际合著论文所涉及的合作国家（地区）有10个，比上一年增加3个；相比之下，SSCI和A&HCI收录我国为参与者的国际合著论文所涉及的合作国家（地区）为26个，比上一年减少1个。后者仍明显多于前者（见表24）。

表24 1999—2000年SSCI和A&HCI收录中国国际合著论文涉及的合作国家（地区）数量

年度	合作国家（地区）（个）	
	中国第一作者	中国为参与者
1999	7	27
2000	10	26

7.3.2 SSCI和A&HCI收录中国国际合著论文涉及的主要合作国家（地区）

2000年，SSCI和A&HCI收录我国第一作者的国际合著论文所涉及的主要（排名前5位）合作国家（地区）是美国、中国香港、日本、英国和瑞典；而收录我国为参与者的国际合著论文所涉及的主要（排名前5位）合作国家（地区）是美国、中国香港、日本、英国和加拿大（见表25）。

从本年度我国这两类国际合著论文所涉及的合作国家（地区）来看，排名前5位的合作国家（地区）大体相同，美国、中国香港、英国和日本均位居其中。

表25　2000年SSCI和A&HCI收录中国国际合著论文涉及的主要合作国家（地区）

涉及的合作国家（地区）	
中国第一作者	中国为参与者
美国（16）、中国香港（7）、日本（7）、英国（3）、瑞典（3）、新加坡（1）、芬兰（1）、加拿大（1）、比利时（1）、澳大利亚（1）	美国（67）、中国香港（26）、日本（15）、英国（10）、加拿大（8）、瑞士（4）、荷兰（4）、德国（4）、瑞典（3）、印度（3）、韩国（2）、澳大利亚（2）、巴西（2）、以色列（2）、科特迪瓦（1）、捷克（1）、蒙古国（1）、阿根廷（1）、纳米比亚（1）、巴基斯坦（1）、波兰（1）、俄罗斯（1）、中国台湾（1）、泰国（1）、土耳其（1）、摩洛哥（1）

注：括号中的数字为论文篇数。

7.3.3 SSCI和A&HCI收录涉及合作国家（地区）较多的中国国际合著论文

2000年，SSCI和A&HCI收录我国第一作者的国际合著论文中，涉及合作国家（地区）最多的是题为Behavioral and emotional problems in Chinese children of divorced parents的论文，2000年发表于美国的*Journal of the American Academy of Child and Adolescent Psychiatry*期刊上，共涉及3个国家、5个机构的8位合作者。

同年，SSCI和A&HCI收录我国为参与者的国际合著论文中，涉及合作国家（地区）最多的是题为Disclosure of HIV status and human rights：the duties and responsibilities of couples，medical professionals，family members and the state-roundtable的论文，2000年发表于荷兰的*Reproductive Health Matters*期刊上，共涉及8个国家、12个机构的20位合作者。

8 SSCI 和 A&HCI 收录中国论文被引用情况

8.1 SSCI 和 A&HCI 收录中国论文被引用数量

2000 年，SSCI 和 A&HCI 共收录我国论文 179 篇，其中有 71 篇论文被引用，占总数的 39.7%；这些论文共被引用 265 次，篇均被引 1.5 次，被引用论文篇均被引 3.7 次（见表 26）。

与上一年相比，本年度被引用论文数量减少 18 篇，被引用论文所占比例减少 6.4 个百分点，论文篇均被引次数减少 1 次，被引用论文篇均被引次数减少 1.7 次。

表 26　1999—2000 年 SSCI 和 A&HCI 收录中国论文被引用数量

年度	论文（篇）	总被引			篇均被引（次）	被引论文篇均被引（次）
		（篇）	（%）	（次）		
1999	193	89	46.1	483	2.5	5.4
2000	179	71	39.7	265	1.5	3.7

8.2 SSCI 和 A&HCI 收录中国部分学科领域论文被引用数量

表 27 显示 2000 年 SSCI 和 A&HCI 收录我国论文较多的 11 个学科领域论文被引用情况，从中可以看出，经济学、医药卫生、管理学、社会学和哲学 5 个学科领域被引用论文数量较多，经济学、管理学、医药卫生、哲学和图书馆情报与文献学 5 个学科领域被引用论文所占比例较高，医药卫生、经济学、社会学、管理学和民族学与人类学 5 个学科领域论文篇均被引次数较多，医药卫生、社会学、民族学与人类学、经济学和心理学 5 个学科领域被引用论文篇均被引次数较多。

表 27　2000 年 SSCI 和 A&HCI 收录中国部分学科领域论文被引用数量

学科领域	论文（篇）	总被引			篇均被引（次）	被引论文篇均被引（次）
		（篇）	（%）	（次）		
经济学	23	14	60.9	69	3.0	4.9
管理学	17	10	58.8	26	1.5	2.6

续表

学科领域	论文（篇）	总被引（篇）	总被引（%）	总被引（次）	篇均被引（次）	被引论文篇均被引（次）
医药卫生	19	10	52.6	74	3.9	7.4
社会学	18	7	38.9	35	1.9	5.0
哲学	12	6	50.0	8	0.7	1.3
图书馆情报与文献学	9	4	44.4	6	0.7	1.5
心理学	8	3	37.5	10	1.3	3.3
民族学与人类学	7	2	28.6	10	1.4	5.0
教育学	18	2	11.1	4	0.2	2.0
语言学	12	0	0.0	0	0.0	0.0
文学	8	0	0.0	0	0.0	0.0

8.3 SSCI 和 A&HCI 收录中国部分地区论文被引用数量

表 28 显示 2000 年 SSCI 和 A&HCI 收录我国论文较多的 10 个省（直辖市）论文被引用情况，从中可以看出，北京、上海、天津、安徽和江苏 5 个省（直辖市）被引用论文数量较多，安徽、江苏、北京、天津和上海 5 个省（直辖市）被引用论文所占比例较高，安徽、天津、北京、江苏和陕西 5 个省（直辖市）论文篇均被引次数较多，安徽、陕西、天津、北京和江苏 5 个省（直辖市）被引用论文篇均被引次数较多。

表 28　2000 年 SSCI 和 A&HCI 收录中国部分地区论文被引用数量

地区	论文（篇）	总被引（篇）	总被引（%）	总被引（次）	篇均被引（次）	被引论文篇均被引（次）
北京	77	37	48.1	147	1.9	4.0
安徽	5	4	80.0	22	4.4	5.5
天津	9	4	44.4	18	2.0	4.5
上海	19	4	21.1	10	0.5	2.5
江苏	6	3	50.0	11	1.8	3.7
陕西	5	1	20.0	5	1.0	5.0

续表

地区	论文	总被引			篇均被引	被引论文篇均被引
	(篇)	(篇)	(%)	(次)	(次)	(次)
湖南	6	1	16.7	2	0.3	2.0
湖北	6	1	16.7	1	0.2	1.0
福建	6	0	0.0	0	0.0	0.0
青海	5	0	0.0	0	0.0	0.0

8.4 SSCI 和 A&HCI 收录中国各类机构论文被引用数量

2000 年，从 SSCI 和 A&HCI 收录我国各类机构论文被引用情况来看，高等院校和研究机构被引用论文数量较多。高等院校有 46 篇论文被引用，研究机构有 17 篇论文被引用，两者合计 63 篇，占总数的 88.7%（见表 29）。

比较高等院校和研究机构论文被引用情况可以看出，高等院校被引用论文数量比研究机构多 29 篇，但被引用论文所占比例比研究机构低 20.2 个百分点，论文篇均被引次数及被引用论文篇均被引次数分别比研究机构少 1 次和 0.4 次。

表 29　2000 年 SSCI 和 A&HCI 收录中国各类机构论文被引用数量

机构类型	论文	总被引			篇均被引	被引论文篇均被引
	(篇)	(篇)	(%)	(次)	(次)	(次)
高等院校	133	46	34.6	165	1.2	3.6
研究机构	31	17	54.8	68	2.2	4.0
医疗机构	4	4	100.0	27	6.8	6.8
政府部门	4	2	50.0	2	0.5	1.0
公司企业	0	0	0.0	0	0.0	0.0
其他机构	7	2	28.6	3	0.4	1.5

8.5 SSCI 和 A&HCI 收录被引用论文较多的中国高等院校和研究机构

8.5.1 SSCI 和 A&HCI 收录被引用论文较多的中国高等院校

2000 年，SSCI 和 A&HCI 收录的我国高等院校 46 篇被引用论文来自 28 所高等院校，比上一年减少 6 所。其中，有 1 篇被引用论文的高等院校 21 所，有 2 篇被引用论文的高等院校 3 所，有 3 篇（含）以上被引用论文的高等院校4所。这4所高等院校被引用论文合计19篇，占我国高等院校同类论文总数的41.3%。

本年度，SSCI和A&HCI收录我国被引用论文数量排名居前的7所高等院校是：北京大学、北京航空航天大学、中国科学技术大学、南开大学、山东医科大学、北京师范大学和浙江大学，其被引用论文合计25篇，占我国高等院校同类论文总数的54.3%（见表30）。

表30　2000年SSCI和A&HCI收录被引用论文较多的中国高等院校

高等院校	被引论文（篇）
北京大学	10
北京航空航天大学	3
中国科学技术大学	3
南开大学	3
山东医科大学	2
北京师范大学	2
浙江大学	2

8.5.2 SSCI和A&HCI收录被引用论文较多的中国研究机构

2000年，SSCI和A&HCI收录的我国研究机构17篇被引用论文来自11个研究机构，与上一年相同。其中，仅有1篇被引用论文的研究机构10个，有3篇（含）以上被引用论文的研究机构1个。中国科学院是唯一被引用论文在3篇（含）以上的研究机构，其被引用论文为7篇，占我国研究机构同类论文总数的41.2%。

8.6 SSCI和A&HCI收录中国被引次数较多的论文

2000年，SSCI和A&HCI收录的我国论文中，被引次数最多的是题为Event-related brain potentials elicited by a number discrimination task的论文，共被引用17次，发表于2000年的*NEUROREPORT*，第一作者是中国中医研究院的Kong，J；其次是题为Human brain sub-systems for discrimination of visual shapes的论文，也发表于2000年的*NEUROREPORT*，共被引用16次，第一作者是首都医科大学的Cui，LL；第三是题为Economic restructuring and suburbanization in China的论文，发表于2000年的*Urban Geography*，

共被引用16次，第一作者是北京大学的Zhou，YX。

9 SSCI和A&HCI收录中国论文引用文献情况

9.1 SSCI和A&HCI收录中国论文引用文献数量

2000年，SSCI和A&HCI共收录我国论文179篇，其中有引文的论文139篇，占总数的77.7%；这些论文共引用文献2430次，有引文的论文篇均引用17.5次（见表31）。

与上一年相比，本年度有引文的论文数量减少29篇，所占比例减少9.4个百分点，有引文的论文篇均引用次数减少1.2次。

表31　1999—2000年SSCI和A&HCI收录中国论文引用文献数量

年度	论文（篇）	总引用			有引文的论文篇均引用（次）
		（篇）	（%）	（次）	
1999	193	168	87.1	3137	18.7
2000	179	139	77.7	2430	17.5

9.2 SSCI和A&HCI收录中国部分学科领域论文引用文献数量

表32显示2000年SSCI和A&HCI收录我国论文较多的11个学科领域论文引用文献情况，从中可以看出，经济学、管理学、社会学、医药卫生和语言学5个学科领域有引文的论文数量较多，管理学、语言学、经济学、社会学和图书馆情报与文献学5个学科领域有引文的论文所占比例较高，心理学、经济学、医药卫生、管理学和文学5个学科领域有引文的论文篇均引用次数较多。

表32　2000年SSCI和A&HCI收录中国部分学科领域论文引用文献数量

学科领域	论文（篇）	总引用			有引文的论文篇均引用（次）
		（篇）	（%）	（次）	
经济学	23	21	91.3	465	22.1
管理学	17	17	100.0	360	21.2
社会学	18	16	88.9	208	13.0
医药卫生	19	13	68.4	285	21.9

续表

学科领域	论文（篇）	总引用			有引文的论文篇均引用（次）
		（篇）	（%）	（次）	
语言学	12	12	100.0	102	8.5
哲学	12	10	83.3	115	11.5
图书馆情报与文献学	9	8	88.9	83	10.4
文学	8	7	87.5	93	13.3
心理学	8	4	50.0	141	35.3
教育学	18	3	16.7	33	11.0

9.3 SSCI 和 A&HCI 收录中国部分地区论文引用文献数量

表 33 显示 2000 年 SSCI 和 A&HCI 收录我国论文较多的 11 个省（直辖市）论文引用文献情况，从中可以看出，北京、上海、天津、江苏和福建 5 个省（直辖市）有引文的论文数量较多，江苏、福建、上海、天津和湖北 5 个省（直辖市）有引文的论文所占比例较高，江苏、北京、安徽、青海和上海 5 个省（直辖市）有引文的论文篇均引用次数较多。

表 33　2000 年 SSCI 和 A&HCI 收录中国部分地区论文引用文献数量

地区	论文（篇）	总引用			有引文的论文篇均引用（次）
		（篇）	（%）	（次）	
北京	77	59	76.6	1178	20.0
上海	19	17	89.5	303	17.8
天津	9	8	88.9	82	10.3
江苏	6	6	100.0	155	25.8
福建	6	6	100.0	11	1.8
湖北	6	5	83.3	74	14.8
安徽	5	4	80.0	80	20.0
青海	5	4	80.0	77	19.3
陕西	5	4	80.0	61	15.3
湖南	6	2	33.3	12	6.0

9.4 SSCI 和 A&HCI 收录中国各类机构论文引用文献数量

2000 年，SSCI 和 A&HCI 共收录我国各类机构有引文的论文 139 篇，其中高等院校 100 篇，占 71.9%；研究机构 26 篇，占 18.8%。这两类机构有引文的论文合计 126 篇，占总数的 90.6%（见表 34）。

从本年度 SSCI 和 A&HCI 收录我国高等院校和研究机构论文引用文献的情况来看，高等院校有引文的论文数量比研究机构的多 74 篇，但有引文的论文所占比例比研究机构的低 8.7 个百分点，有引文的论文篇均引用次数比研究机构的多 2.3 次。

表 34　2000 年 SSCI 和 A&HCI 收录中国各类机构论文引用文献数量

机构类型	论文（篇）	总引用			有引文的论文篇均引用（次）
		（篇）	（%）	（次）	
高等院校	133	100	75.2	1829	18.3
研究机构	31	26	83.9	415	16.0
医疗机构	4	4	100.0	62	15.5
政府部门	4	3	75.0	85	28.3
公司企业	0	0	0.0	0	0.0
其他机构	7	6	85.7	39	6.5

2001年
SSCI、A&HCI和ISSHP收录中国论文
统计分析年度报告

1　三大检索工具收录中国论文概况

1.1　三大检索工具收录中国论文数量和排名

2001年，SSCI、A&HCI和ISSHP三大国际检索工具（简称三大检索工具）共收录我国论文640篇，比上一年增加285篇，增长80.3%。按三大检索工具收录论文数量的国家（地区）排名，我国排名由上一年的第32位上升至第27位（见表1）。

表1　　2000—2001年三大检索工具收录中国论文数量和排名

年度	论文			排名
	（篇）	增加（篇）	增长（%）	
2000	355	6	1.7	32
2001	640	285	80.3	27

排在我国之前的26个国家（地区）是：美国、英国、加拿大、德国、澳大利亚、法国、荷兰、西班牙、日本、瑞典、意大利、以色列、瑞士、墨西哥、爱尔兰、俄罗斯、新西兰、比利时、中国香港、芬兰、丹麦、挪威、巴西、南非、奥地利和印度（见表2）。

如果将三大检索工具收录我国香港的论文合并计算，那么我国的论文为1848篇，国家（地区）排名第13位，排在我国之前的12个国家（地区）是美国、英国、加拿大、德国、澳大利亚、法国、荷兰、西班牙、日本、瑞典、意大利和以色列。

表2　2001年三大检索工具收录部分国家（地区）论文数量和国际排名

国家（地区）	论文（篇）	排名	国家（地区）	论文（篇）	排名
美国	98202	1	芬兰	1195	20
英国	28306	2	丹麦	1137	21
加拿大	10909	3	挪威	999	22
德国	8287	4	巴西	885	23
澳大利亚	6862	5	南非	879	24
法国	4573	6	奥地利	846	25
荷兰	3942	7	印度	725	26
西班牙	2488	8	中国	640	27
日本	2487	9	中国台湾	592	28
瑞典	2482	10	韩国	591	29
意大利	2480	11	新加坡	478	30
以色列	2023	12	希腊	459	31
瑞士	1445	13	土耳其	437	32
墨西哥	1424	14	捷克	381	33
爱尔兰	1262	15	波兰	365	34
俄罗斯	1246	16	匈牙利	337	35
新西兰	1241	17	葡萄牙	277	36
比利时	1363	18	克罗地亚	209	37
中国香港	1208	19	斯洛伐克	199	38

1.2　SSCI和A&HCI收录中国论文数量

2001年，SSCI和A&HCI共收录我国论文（作者机构栏中有“Peoples R China”的论文）525篇，比上一年增加211篇，增长67.2%。其中，我国第一作者论文360篇，占总数的68.6%；比上一年增加181篇，增长101.1%（见表3）。

表3　　2000—2001年SSCI和A&HCI收录中国论文数量

年度	SSCI和A&HCI论文			中国第一作者SSCI和A&HCI论文		
	（篇）	增加（篇）	增长（%）	（篇）	（%）	增长（%）
2000	314	1	0.3	179	57.0	-7.3
2001	525	211	67.2	360	68.6	101.1

1.3　ISSHP收录中国论文数量

2001年，ISSHP共收录我国论文（作者机构栏中有"Peoples R China"的论文）112篇，比上一年增加71篇，增长173.2%。其中，我国第一作者论文107篇，占总数的95.5%；比上一年增加71篇，增长197.2%（见表4）。

表4　　2000—2001年ISSHP收录中国论文数量

年度	ISSHP论文			中国第一作者ISSHP论文		
	（篇）	增加（篇）	增长（%）	（篇）	（%）	增长（%）
2000	41	6	17.1	36	87.8	63.6
2001	112	71	173.2	107	95.5	197.2

需要说明的是，以下将以三大检索工具收录我国第一作者论文情况作为统计分析的重点。在没有特指的情况下，我国论文均指我国第一作者论文。

2　三大检索工具收录中国论文的学科分布

2.1　三大检索工具收录中国论文数量比较集中的学科领域

2.1.1　SSCI和A&HCI收录中国论文数量比较集中的学科领域

2001年，SSCI和A&HCI共收录我国各学科领域论文360篇，这些论文共涵盖24个学科领域。论文数量比较集中的学科领域是：心理学、教育学、社会学、管理学、经济学、医药卫生、民族学与人类学、语言学、哲学、政治学、图书馆情报与文献学和文学，这12个学科领域论文合计332篇，占总数的92.2%。其中，心理学、教育学和社会学3个学科领域论文合计219篇，占总数的60.8%（见表5）。

表5　2001年SSCI和A&HCI收录中国论文数量比较集中的学科领域

学科领域	SSCI和A&HCI论文	
	（篇）	（%）
心理学	126	35.0
教育学	48	13.3
社会学	45	12.5
管理学	26	7.2
经济学	22	6.1
医药卫生	18	5.0
民族学与人类学	13	3.6
语言学	10	2.8
哲学	9	2.5
政治学	5	1.4
图书馆情报与文献学	5	1.4
文学	5	1.4

2.1.2　ISSHP收录中国论文数量比较集中的学科领域

2001年，ISSHP共收录我国各学科领域论文107篇，这些论文共涵盖12个学科领域。论文数量比较集中的学科领域是：管理学、经济学、教育学、计算机科学、政治学、医药卫生和图书馆情报与文献学，这7个学科领域论文合计102篇，占总数的95.3%（见表6）。

表6　2001年ISSHP收录中国论文数量比较集中的学科领域

学科领域	ISSHP论文	
	（篇）	（%）
管理学	48	44.9
经济学	20	18.7
教育学	14	13.1
计算机科学	10	9.4
政治学	4	3.8
医药卫生	3	2.8
图书馆情报与文献学	3	2.8

2.2 SSCI 和 A&HCI 收录中国跨学科和科技领域论文数量

2.2.1 SSCI 和 A&HCI 收录中国跨学科领域论文数量

按照 SSCI 和 A&HCI 收录论文的原始学科领域分类，有一部分论文属于跨学科领域论文。2001 年，SSCI 和 A&HCI 收录的我国论文中，属于这类跨学科领域的论文有 200 篇，占 55.6%；比上一年增加 179 篇，增长 324.3%。

2.2.2 SSCI 和 A&HCI 收录中国科技领域论文数量

按照我国的学科分类，SSCI 和 A&HCI 收录的论文中，有一部分论文属于数学、计算机科学、环境科学、地理学、医药卫生、生物学、心理学、交通运输、物理学、建筑学和安全科学等科技领域。2001 年，SSCI 和 A&HCI 收录的我国第一作者的论文中，属于这类论文的有 157 篇，占 43.6%；比上一年增加 120 篇，增长 324.3%。

3 三大检索工具收录中国论文的地区分布

3.1 三大检索工具收录中国论文的地区分布

3.1.1 SSCI 和 A&HCI 收录中国论文的地区分布

2001 年，SSCI 和 A&HCI 共收录我国论文 360 篇，这些论文来自我国 25 个省（自治区、直辖市），其中有 3 篇（含）以上论文的省（自治区、直辖市）有 14 个，有 2 篇的有 4 个，有 1 篇的有 7 个。另外，有 6 个省（自治区、直辖市）没有论文被 SSCI 和 A&HCI 收录。

SSCI 和 A&HCI 收录我国论文的地区分布是：东部地区 313 篇，占 87%；中部地区 21 篇，占 5.8%；西部地区 26 篇，占 7.2%。

3.1.2 ISSHP 收录中国论文的地区分布

2001 年，ISSHP 共收录我国论文 107 篇，这些论文来自我国 19 个省（自治区、直辖市），其中有 3 篇（含）以上论文的省（自治区、直辖市）有 6 个，有 2 篇的有 4 个，有 1 篇的有 9 个。另外，有 12 个省（自治区、直辖市）没有论文被 ISSHP 收录。

ISSHP 收录我国论文的地区分布是：东部地区 75 篇，占 70.1%；中部地区 27 篇，占 25.2%；西部地区 5 篇，占 4.7%。

本年度，我国有 SSCI 和 A&HCI 论文的省（自治区、直辖市）比有 ISSHP 论文的多 6 个；与上一年相比，前者没有变化，但是后者增加 12 个。

3.2 三大检索工具收录中国论文数量较多的地区

2001年，SSCI和A&HCI收录我国论文数量排名前6位的省（直辖市）是：北京、广东、上海、江苏、山东和天津，均属于东部地区。这6个省（直辖市）的SSCI和A&HCI论文合计305篇，占我国同类论文总数的84.7%。北京市的论文数量遥遥领先，为220篇，占61.1%；其次是广东省，为26篇，占7.2%（见表7）。

表7　　2001年SSCI和A&HCI收录中国论文数量较多的地区

地区		SSCI和A&HCI论文	
		（篇）	（%）
北京	东部	220	61.1
广东	东部	26	7.2
上海	东部	25	6.9
江苏	东部	18	5.0
山东	东部	8	2.2
天津	东部	8	2.2
重庆	西部	7	1.9
安徽	中部	6	1.7
四川	西部	6	1.7

2001年，ISSHP收录我国论文数量排名前6位的省（直辖市）是：北京、湖北、上海、江苏、广东和山东，其中5个属于东部地区，1个属于中部地区。这6个省（直辖市）的ISSHP论文合计90篇，占我国同类论文总数的84.1%。北京市的论文数量高居榜首，为52篇，占48.6%；湖北省位居第二，为19篇，占17.8%（见表8）。

表8　　2001年ISSHP收录中国论文数量较多的地区

地区		ISSHP论文	
		（篇）	（%）
北京	东部	52	48.6
湖北	中部	19	17.8
上海	东部	8	7.5

续表

地区		ISSHP 论文	
		(篇)	(%)
江苏	东部	5	4.7
广东	东部	3	2.8
山东	东部	3	2.8

3.3 SSCI 和 A&HCI 收录中国各地区论文的学科分布

从2001年SSCI和A&HCI收录中国各地区论文的学科领域分布来看，东部地区论文涵盖23个学科领域，论文数量较集中的是心理学、教育学和社会学；中部地区论文涵盖12个学科领域，论文数量较多的学科是心理学；西部地区论文涵盖11个学科领域，论文数量较多的学科是教育学、心理学和社会学（见表9）。

表9 2001年SSCI和A&HCI收录中国各地区论文数量比较集中的学科领域

学科领域	论文总数（篇）	论文（篇）		
		东部	中部	西部
心理学	126	115	6	5
教育学	48	38	3	7
社会学	45	40	1	4
管理学	26	24	2	0
经济学	22	18	2	2
医药卫生	18	15	1	2
民族学与人类学	13	12	0	1
语言学	10	10	0	0
哲学	9	8	1	0
文学	5	4	0	1
政治学	5	4	0	1
图书馆情报与文献学	5	4	1	0

4 三大检索工具收录中国论文的机构分布

4.1 三大检索工具收录中国各类机构论文数量

4.1.1 SSCI 和 A&HCI 收录中国各类机构论文数量

2001 年，SSCI 和 A&HCI 共收录我国论文 360 篇，其中高等院校 206 篇，占 57.2%，比上一年增加 73 篇；研究机构 100 篇，占 27.8%，比上一年增加 69 篇；医疗机构 5 篇，占 1.4%，比上一年增加 1 篇；政府部门 4 篇，占 1.1%，论文数量与上一年相同；公司企业 3 篇，占 0.8%，比上一年增加 3 篇；其他机构 42 篇，占 11.7%，比上一年增加 35 篇（见表 10）。

表 10　　2001 年 SSCI 和 A&HCI 收录中国各类机构论文数量

机构类型	SSCI 和 A&HCI 论文		
	（篇）	（%）	增加（篇）
高等院校	206	57.2	73
研究机构	100	27.8	69
医疗机构	5	1.4	1
政府部门	4	1.1	0
公司企业	3	0.8	3
其他机构	42	11.7	35

4.1.2 ISSHP 收录中国各类机构论文数量

2001 年，ISSHP 共收录我国论文 107 篇，其中高等院校 88 篇，占 82.2%，比上一年增加 72 篇；研究机构 10 篇，占 9.5%，比上一年减少 1 篇；政府部门 7 篇，占 6.5%，比上一年增加 6 篇；公司企业 1 篇，占 0.9%，论文数量与上一年相同；其他机构 1 篇，占 0.9%，比上一年减少 2 篇；医疗机构没有论文被 ISSHP 收录（见表 11）。

表 11　　2001 年 ISSHP 收录中国各类机构论文数量

机构类型	ISSHP 论文		
	（篇）	（%）	增加（篇）
高等院校	88	82.2	72

续表

机构类型	ISSHP 论文		
	（篇）	（%）	增加（篇）
研究机构	10	9.5	-1
医疗机构	0	0.0	-4
政府部门	7	6.5	6
公司企业	1	0.9	0
其他机构	1	0.9	-2

4.2 三大检索工具收录论文数量较多的中国高等院校和研究机构

4.2.1 三大检索工具收录论文数量较多的中国高等院校

2001 年，SSCI 和 A&HCI 收录我国论文的高等院校有 76 所，比上一年增加 7 所。其中，仅收录 1 篇论文的高等院校有 50 所，收录 2 篇论文的有 11 所，收录 3 篇（含）以上论文的有 15 所。SSCI 和 A&HCI 论文在 3 篇（含）以上的高等院校论文合计 134 篇，占全国高等院校同类论文总数的 65%。

SSCI 和 A&HCI 论文数量排名居前的 11 所高等院校是：北京大学、北京师范大学、清华大学、华南师范大学、中山大学、复旦大学、首都师范大学、中国科学技术大学、上海交通大学、厦门大学和中国人民大学，其 SSCI 和 A&HCI 论文合计 122 篇，占全国高等院校同类论文总数的 59.2%（见表 12）。

表 12　　2001 年 SSCI 和 A&HCI 收录论文较多的中国高等院校

高等院校	SSCI 和 A&HCI 论文（篇）
北京大学	44
北京师范大学	24
清华大学	9
华南师范大学	8
中山大学	8
复旦大学	7
首都师范大学	5
中国科学技术大学	5

续表

高等院校	SSCI 和 A&HCI 论文（篇）
上海交通大学	4
厦门大学	4
中国人民大学	4

2001 年，ISSHP 收录我国论文的高等院校有 43 所，比上一年增加 34 所。其中，仅收录 1 篇论文的高等院校有 28 所，收录 2 篇论文的有 9 所，收录 3 篇（含）以上论文的有 6 所。

ISSHP 论文在 3 篇（含）以上的 6 所高等院校是：北京航空航天大学、华中科技大学、清华大学、北京大学、山东大学和武汉科技大学，其 ISSHP 论文合计 42 篇，占我国高等院校同类论文总数的 47.7%（见表 13）。

表 13　　2001 年 ISSHP 收录论文较多的中国高等院校

高等院校	ISSHP 论文（篇）
北京航空航天大学	13
华中科技大学	10
清华大学	10
北京大学	3
山东大学	3
武汉科技大学	3

4.2.2　三大检索工具收录论文数量较多的中国研究机构

2001 年，SSCI 和 A&HCI 收录我国论文的研究机构有 23 个，比上一年增加 6 个。其中，仅收录 1 篇论文的研究机构有 16 个，收录 2 篇论文的有 3 个，收录 3 篇（含）以上论文的有 4 个。

SSCI 和 A&HCI 论文在 3 篇以上的 4 个研究机构是：中国科学院、中国社会科学院、发展心理研究所和心理研究所，其 SSCI 和 A&HCI 论文合计 78 篇，占全国研究机构同类论文总数的 78%（见表 14）。

表 14　　2001 年 SSCI 和 A&HCI 收录论文较多的中国研究机构

研究机构	SSCI 和 A&HCI 论文（篇）
中国科学院	61
发展心理研究所	7
中国社会科学院	6
心理研究所	4

2001 年，ISSHP 收录我国论文的研究机构有 5 个，比上一年减少 2 个。其中，仅收录 1 篇论文的研究机构有 3 个，收录 2 篇论文的有 1 个，收录 3 篇（含）以上论文的有 1 个。ISSHP 论文在 3 篇（含）以上的唯一研究机构是中国科学院，其 ISSHP 论文数量为 5 篇，占全国研究机构同类论文总数的 50%。

5　SSCI 和 A&HCI 收录中国论文的期刊和文种分布

5.1　SSCI 和 A&HCI 收录中国论文的国家（地区）期刊分布

2001 年，SSCI 和 A&HCI 共收录我国论文 360 篇，这些论文分别发表在 16 个国家（地区）的 127 种期刊上。其中，有 98 篇论文发表在美国的 53 种期刊上，225 篇论文发表在英国的 42 种期刊上，13 篇论文发表在荷兰的 12 种期刊上（见表 15）。

表 15　　2001 年 SSCI 和 A&HCI 收录中国论文的国家（地区）期刊分布

国家（地区）	期刊（种）	论文（篇）	国家（地区）	期刊（种）	论文（篇）
美国	53	98	丹麦	1	3
英国	42	225	波兰	1	1
荷兰	12	13	新西兰	1	1
爱尔兰	3	4	韩国	1	1
中国	3	3	印度	1	1
瑞士	2	3	中国香港	1	1
澳大利亚	2	2	德国	1	1
日本	2	2	法国	1	1

本年度，我国有 3 篇 SSCI 和 A&HCI 论文发表在中国的 3 种期刊上，这些期刊是 *Science in China Series D—Earth Sciences*（《中国科学 D 辑——地球科学》），*Chinese Science Bulletin*（《科学通报》）和 *Chinese Physics Letters*（《中国物理快报》）。另外，有 1 篇 SSCI 和 A&HCI 论文发表在中国香港的期刊 *Arts of Asia* 上。

5.2 SSCI 和 A&HCI 收录发表中国论文较多的期刊

2001 年，SSCI 和 A&HCI 收录的发表我国 1 篇论文的期刊有 103 种，发表 2 篇的有 16 种，发表 3 篇（含）以上的有 8 种。

表 16 显示 2001 年 SSCI 和 A&HCI 收录的发表我国论文数量较多的期刊，其中发表我国论文最多的期刊是英国的 *International Journal of Psychology*，有 178 篇论文在该期刊上发表。

表 16　　2001 年 SSCI 和 A&HCI 收录发表中国论文较多的期刊

国家（地区）	期刊名称	论文（篇）
英国	*International Journal of Psychology*	178
美国	*Chinese Education and Society*	20
美国	*Chinese Sociology and Anthropology*	8
美国	*Contemporary Chinese Thought*	7
美国	*Publishing Research Quarterly*	3
美国	*China Economic Review*	3
英国	*Perspectives - Studies in Translatology*	3
英国	*Journal of the Operational Research Society*	3

5.3 SSCI 和 A&HCI 收录中国论文的文种分布

5.3.1 SSCI 和 A&HCI 收录中国论文的文种

2001 年，SSCI 和 A&HCI 收录的我国 360 篇论文包含英文、德文和法文 3 个文种。其中，英文论文 358 篇，占 99.4%；德文和法文论文各 1 篇，分别占 0.3%。本年度，我国没有中文论文被 SSCI 和 A&HCI 收录（见表 17）。

表 17　2001 年 SSCI 和 A&HCI 收录中国论文的文种

论文			期刊		
文种	(篇)	(%)	文种	(种)	(%)
英文	358	99.4	英文	125	98.4
德文	1	0.3	德文	1	0.8
法文	1	0.3	法文	1	0.8

5.3.2 SSCI 和 A&HCI 收录发表中国论文的期刊文种

2001 年，SSCI 和 A&HCI 收录的发表我国论文的期刊有 127 种，其中英文期刊 125 种，占 98.4%；德文和法文期刊各 1 种，分别占 0.8%（见表 17）。

6 ISSHP 收录发表中国论文的国际会议分布

6.1 ISSHP 收录中国国际会议论文数量

2001 年，ISSHP 共收录我国国际会议论文 107 篇，比上一年增加 71 篇。其中，在我国国内召开的会议论文 74 篇，占 69.2%，比上一年增加 70 篇，每个会议平均发表我国论文 12.3 篇；在其他国家（地区）召开的会议论文 33 篇，占 30.8%，比上一年增加 1 篇，每个会议平均发表我国论文 1.7 篇（见表 18）。在我国国内召开的会议论文明显占多数。

表 18　2001 年 ISSHP 收录中国论文及发表中国论文的国际会议数量

会议类型	论文				会议		
	(篇)	(%)	增加（篇）	平均（篇）	(个)	(%)	增加（个）
国际会议	107	/	71	4.1	26	/	6
国内国际会议	74	69.2	70	12.3	6	23.1	5
国外国际会议	33	30.8	1	1.7	20	76.9	1

6.2 ISSHP 收录发表中国论文的国际会议数量

2001 年，ISSHP 共收录发表我国论文的国际会议 26 个，比上一年增加 6 个。其中，有 6 个国际会议是在我国国内召开的，占总数的 23.1%；有 20 个国际会议是在其他国家（地区）召开的，占总数的 76.9%（见表

18)。在其他国家（地区）召开的国际会议明显占多数。

在其他国家（地区）召开的20个国际会议主要涉及12个国家（地区），包括美国、法国、日本、意大利、泰国、澳大利亚、巴西、芬兰、荷兰、南非、瑞士和中国台湾。

6.3 ISSHP收录中国论文数量的国际会议分布

2001年，ISSHP收录发表我国论文的26个国际会议中，发表我国1篇论文的国际会议有16个，占总数的61.5%；发表2篇论文的有5个，占总数的19.2%；发表3篇（含）以上论文的有5个，占总数的19.2%(见表19)。发表我国1篇论文的国际会议明显占多数。

表19　　2000—2001年ISSHP收录中国论文数量的国际会议分布

年度	国际会议（个）				
	总数量	1篇	2篇	3篇以上	100篇以上
2000	20	15（75.0）	1（5.0）	4（20.0）	0
2001	26	16（61.5）	5（19.2）	5（19.2）	0

注：括号内的数字为国际会议数量所占比例。

7　SSCI和A&HCI收录中国论文的合著情况

7.1　SSCI和A&HCI收录中国合著论文数量

7.1.1　SSCI和A&HCI收录中国合著与独著论文数量

2001年，SSCI和A&HCI收录我国论文360篇，其中合著论文207篇，占57.5%，比上一年增加118篇，增长132.6%；独著论文153篇，占42.5%，比上一年增加63篇，增长70%（见表20)。

表20　　2000—2001年SSCI和A&HCI收录中国合著与独著论文数量

年度	论文（篇）	合著		独著	
		（篇）	（%）	（篇）	（%）
2000	179	89	49.7	90	50.3
2001	360	207	57.5	153	42.5

7.1.2　SSCI 和 A&HCI 收录中国国内与国际合著论文数量

2001 年，SSCI 和 A&HCI 收录我国合著论文 207 篇，其中国内合著论文 148 篇，占 71.5%，比上一年增加 92 篇，增长 164.3%；国际合著论文 59 篇，占 28.5%，比上一年增加 26 篇，增长 78.8%（见表 21）。

表 21　2000—2001 年 SSCI 和 A&HCI 收录中国国内与国际合著论文数量

年度	合著（篇）	国内合著		国际合著	
		（篇）	（%）	（篇）	（%）
2000	89	56	62.9	33	37.1
2001	207	148	71.5	59	28.5

7.2　SSCI 和 A&HCI 收录中国合著论文的合著形式

7.2.1　SSCI 和 A&HCI 收录中国国内合著论文的合著形式

2001 年，SSCI 和 A&HCI 收录我国国内合著论文 148 篇，其中同机构合著论文 108 篇，占 73%；同省合著论文 22 篇，占 14.9%；省际合著论文 18 篇，占 12.1%（见表 22）。

表 22　2000—2001 年 SSCI 和 A&HCI 收录中国国内合著论文的合著形式

年度	国内合著（篇）	同机构合著		同省合著		省际合著	
		（篇）	（%）	（篇）	（%）	（篇）	（%）
2000	56	36	64.3	11	19.6	9	16.1
2001	148	108	73.0	22	14.9	18	12.1

7.2.2　SSCI 和 A&HCI 收录中国第一作者与中国为参与者国际合著论文数量

在本报告中，我国国际合著论文一般是指 SSCI 和 A&HCI 收录的我国第一作者国际合著论文，但是为了进行以下几方面的比较，还需要了解 SSCI 和 A&HCI 收录的我国为参与者国际合著论文的相关情况。

2001 年，SSCI 和 A&HCI 收录我国第一作者国际合著论文 59 篇，我国为参与者国际合著论文 154 篇，两者合计 213 篇。我国第一作者国际合著论文占 27.7%，比上一年增加 26 篇；我国为参与者国际合著论文占

72.3%，比上一年增加25篇（见表23）。我国为参与者国际合著论文数量占明显优势。

表23　　2000—2001年SSCI和A&HCI收录中国第一作者与中国为参与者国际合著论文数量

年度	中国第一作者		中国为参与者	
	（篇）	（%）	（篇）	（%）
2000	33	20.4	129	79.6
2001	59	27.7	154	72.3

7.2.3　SSCI和A&HCI收录中国国际合著论文的合著形式

2001年，SSCI和A&HCI收录我国第一作者的国际合著论文59篇，其中双方合著论文52篇，占88.1%；三方合著论文7篇，占11.9%（见表24）。

表24　　2000—2001年SSCI和A&HCI收录中国第一作者国际合著论文合著形式

年度	国际合著（篇）	双方合著		三方合著		多方合著	
		（篇）	（%）	（篇）	（%）	（篇）	（%）
2000	33	28	84.8	5	15.2	0	0
2001	59	52	88.1	7	11.9	0	0

同年，SSCI和A&HCI收录我国为参与者的国际合著论文154篇，其中双方合著论文124篇，占80.5%；三方合著论文20篇，占13%；多方合著论文10篇，占6.5%（见表25）。

表25　　2000—2001年SSCI和A&HCI收录中国为参与者国际合著论文合著形式

年度	国际合著（篇）	双方合著		三方合著		多方合著	
		（篇）	（%）	（篇）	（%）	（篇）	（%）
2000	129	111	86.1	11	8.5	7	5.4
2001	154	124	80.5	20	13.0	10	6.5

相比之下，我国为参与者国际合著论文的三方和多方合著论文所占比例均高于我国第一作者国际合著论文的。

7.3 SSCI 和 A&HCI 收录中国国际合著论文涉及的合作国家（地区）

7.3.1 SSCI 和 A&HCI 收录中国国际合著论文涉及的合作国家（地区）数量

2001 年，SSCI 和 A&HCI 收录我国第一作者的国际合著论文所涉及的合作国家（地区）14 个，比上一年增加 4 个；相比之下，SSCI 和 A&HCI 收录我国为参与者的国际合著论文所涉及的合作国家（地区）45 个，比上一年增加 19 个。后者明显多于前者（见表 26）。

表 26　2000—2001 年 SSCI 和 A&HCI 收录中国国际合著论文涉及的合作国家（地区）数量

年度	合作国家（地区）（个）	
	中国第一作者	中国为参与者
2000	10	26
2001	14	45

7.3.2 SSCI 和 A&HCI 收录中国国际合著论文涉及的主要合作国家（地区）

2001 年，SSCI 和 A&HCI 收录我国第一作者国际合著论文所涉及的主要（排名前 5 位）合作国家（地区）是美国、中国香港、日本、英国和新加坡；而收录我国为参与者的国际合著论文所涉及的主要（排名前 5 位）合作国家（地区）是美国、中国香港、英国、加拿大和日本（见表 27）。

从本年度我国这两类国际合著论文所涉及的合作国家（地区）来看，排名前 5 位的合作国家（地区）情况大体相同，美国、中国香港、英国和日本均位居其中。

7.3.3 SSCI 和 A&HCI 收录涉及合作国家（地区）较多的中国国际合著论文

2001 年，SSCI 和 A&HCI 收录我国第一作者的国际合著论文中，涉及合作国家（地区）最多的是题为 Low birth weight，developmental milestones，and behavioral problems in Chinese children and adolescents 的论文，2001 年发

表于爱尔兰的 *Psychiatry Research* 期刊上，共涉及 4 个国家、4 个机构的 5 位合作者；另一篇是题为 Relationship of symptomatology, gender, and antipsychotic drug treatment with plasma homovanillic acid in schizophrenia 的论文，2001 年发表于英国的 *ACTA Pharmacologica Sinica* 期刊上，共涉及 4 个国家（地区）、4 个机构的 5 位合作者。

表 27　2001 年 SSCI 和 A&HCI 收录中国国际合著论文涉及的主要合作国家（地区）

涉及的合作国家（地区）	
中国第一作者	中国为参与者
美国（33）、中国香港（15）、日本（5）、英国（2）、新加坡（2）、中国台湾（1）、瑞士（1）、瑞典（1）、西班牙（1）、荷兰（1）、印度（1）、加拿大（1）、比利时（1）、澳大利亚（1）	美国（83）、中国香港（36）、英国（16）、加拿大（16）、日本（13）、澳大利亚（10）、德国（7）、荷兰（7）、比利时（6）、俄罗斯（4）、瑞士（4）、南非（3）、捷克（3）、哥伦比亚（3）、瑞典（3）、以色列（3）、新加坡（3）、印度（2）、印度尼西亚（2）、爱尔兰（2）、蒙古国（2）、新西兰（2）、埃及（2）、中国台湾（2）、泰国（2）、保加利亚（2）、巴西（2）、孟加拉国（2）、斯里兰卡（2）、智利（2）、奥地利（1）、塞浦路斯（1）、爱沙尼亚（1）、芬兰（1）、希腊（1）、马来西亚（1）、墨西哥（1）、摩洛哥（1）、挪威（1）、波兰（1）、罗马尼亚（1）、韩国（1）、西班牙（1）、土耳其（1）、肯尼亚（1）

注：括号中的数字为论文篇数。

同年，SSCI 和 A&HCI 收录我国为参与者的国际合著论文中，涉及合作国家（地区）最多的是题为 Do national levels of individualism and internal locus of control relate to well-being: an ecological level international study 的论文，2001 年发表于英国的 *Journal of Organizational Behavior* 期刊上，共涉及 18 个国家（地区）、21 个机构的 30 位合作者。

8　SSCI 和 A&HCI 收录中国论文被引用情况

8.1　SSCI 和 A&HCI 收录中国论文被引用数量

2001 年，SSCI 和 A&HCI 共收录我国论文 360 篇，其中有 78 篇论文被引用，占总数的 21.7%；这些论文共被引用 237 次，篇均被引 0.7 次，被引用论文篇均被引 3 次（见表 28）。

与上一年相比，本年度被引用论文数量增加 7 篇，但被引用论文所占比例减少 18 个百分点，论文篇均被引次数减少 0.8 次，被引用论文篇均被引次数减少 0.7 次。

表 28　　2000—2001 年 SSCI 和 A&HCI 收录中国论文被引用数量

年度	论文	总被引			篇均被引	被引论文篇均被引
	（篇）	（篇）	（%）	（次）	（次）	（次）
2000	179	71	39.7	265	1.5	3.7
2001	360	78	21.7	237	0.7	3.0

8.2　SSCI 和 A&HCI 收录中国部分学科领域论文被引用数量

表 29 显示 2001 年 SSCI 和 A&HCI 收录我国论文较多的 12 个学科领域论文被引用情况，从中可以看出，社会学、经济学、医药卫生、心理学和管理学 5 个学科领域被引用论文数量较多，图书馆情报与文献学、医药卫生、经济学、民族学与人类学和社会学 5 个学科领域被引用论文所占比例较高，医药卫生、图书馆情报与文献学、经济学、社会学和政治学 5 个学科领域论文篇均被引次数较多，医药卫生、社会学、心理学、政治学和经济学 5 个学科领域被引用论文篇均被引次数较多。

表 29　　2001 年 SSCI 和 A&HCI 收录中国部分学科领域论文被引用数量

学科领域	论文	总被引			篇均被引	被引论文篇均被引
	（篇）	（篇）	（%）	（次）	（次）	（次）
社会学	45	13	28.9	44	1.0	3.4
经济学	22	12	54.5	28	1.3	2.3
医药卫生	18	11	61.1	71	3.9	6.5
心理学	126	9	7.1	30	0.3	3.3
管理学	26	5	19.2	11	0.4	2.2
图书馆情报与文献学	5	4	80.0	8	1.6	2.0
教育学	48	4	8.3	6	0.1	1.5
民族学与人类学	13	4	30.8	4	0.3	1.0
语言学	10	2	20.0	3	0.3	1.5
哲学	9	2	22.2	2	0.2	1.0
政治学	5	1	20.0	3	0.6	3.0
文学	5	1	20.0	1	0.2	1.0

8.3 SSCI 和 A&HCI 收录中国部分地区论文被引用数量

表 30 显示 2001 年 SSCI 和 A&HCI 收录我国论文较多的 10 个省（直辖市）论文被引用情况，从中可以看出，北京、上海、江苏、安徽和山东 5 个省（直辖市）被引用论文数量较多，安徽、山东、四川、上海和江苏 5 个省（直辖市）被引用论文所占比例较高，安徽、四川、上海、山东和江苏 5 个省（直辖市）论文篇均被引次数较多，四川、上海、北京、江苏和安徽 5 个省（直辖市）被引用论文篇均被引次数较多。

表 30　2001 年 SSCI 和 A&HCI 收录中国部分地区论文被引用数量

地区	论文（篇）	总被引			篇均被引（次）	被引论文篇均被引（次）
		（篇）	（%）	（次）		
北京	220	44	20.0	144	0.7	3.3
上海	25	7	28.0	30	1.2	4.3
江苏	18	5	27.8	15	0.8	3.0
安徽	6	4	66.7	12	2.0	3.0
山东	8	3	37.5	8	1.0	2.7
四川	6	2	33.3	11	1.8	5.5
广东	26	2	7.7	3	0.1	1.5
天津	8	1	12.5	2	0.3	2.0
重庆	7	0	0.0	0	0.0	0.0

8.4 SSCI 和 A&HCI 收录中国各类机构论文被引用数量

2001 年，从 SSCI 和 A&HCI 收录我国各类机构论文被引用情况来看，高等院校和研究机构被引用论文数量较多。高等院校有 58 篇论文被引用，研究机构有 17 篇论文被引用，两者合计 75 篇，占总数的 96.2%（见表 31）。

比较高等院校和研究机构论文被引用情况可以看出，高等院校被引用论文数量比研究机构多 41 篇，被引用论文所占比例比研究机构高 11.2 个百分点，论文篇均被引次数和被引用论文篇均被引次数分别比研究机构多 0.4 次和 0.5 次。

表 31　　2001 年 SSCI 和 A&HCI 收录中国各类机构论文被引用数量

机构类型	论文（篇）	总被引（篇）	（%）	（次）	篇均被引（次）	被引论文篇均被引（次）
高等院校	206	58	28.2	187	0.9	3.2
研究机构	100	17	17.0	46	0.5	2.7
医疗机构	5	1	20.0	1	0.2	1.0
政府部门	4	1	25.0	1	0.3	1.0
公司企业	3	1	33.3	2	0.7	2.0
其他机构	42	0	0.0	0	0.0	0.0

8.5　SSCI 和 A&HCI 收录被引用论文较多的中国高等院校和研究机构

8.5.1　SSCI 和 A&HCI 收录被引用论文较多的中国高等院校

2001 年，SSCI 和 A&HCI 收录的我国高等院校 58 篇被引用论文来自 30 所高等院校，比上一年增加 2 所。其中，有 1 篇被引用论文的高等院校 21 所，有 2 篇被引用论文的高等院校 5 所，有 3 篇（含）以上被引用论文的高等院校 4 所。这 4 所高等院校的被引用论文合计 23 篇，占我国高等院校同类论文总数的 39.7%。

本年度，SSCI 和 A&HCI 收录我国被引用论文数量排名居前的 9 所高等院校是：北京大学、中国科学技术大学、清华大学、北京医科大学、上海交通大学、北京师范大学、苏州大学、复旦大学和山东医科大学，其被引用论文合计 37 篇，占我国高等院校同类论文总数的 63.8%（见表 32）。

表 32　　2001 年 SSCI 和 A&HCI 收录被引用论文较多的中国高等院校

高等院校	被引论文（篇）
北京大学	16
中国科学技术大学	4
清华大学	4
北京医科大学	3
上海交通大学	2
北京师范大学	2
苏州大学	2
复旦大学	2
山东医科大学	2

8.5.2 SSCI 和 A&HCI 收录被引用论文较多的中国研究机构

2001 年，SSCI 和 A&HCI 收录的我国研究机构 17 篇被引用论文来自 10 个研究机构，比上一年减少 1 个。其中，仅有 1 篇被引用论文的研究机构 9 个，有 3 篇（含）以上被引用论文的研究机构 1 个。中国科学院是唯一的被引用论文在 3 篇（含）以上的研究机构，其被引用论文为 8 篇，占我国研究机构同类论文总数的 47.1%。

8.6 SSCI 和 A&HCI 收录中国被引次数较多的论文

2001 年，SSCI 和 A&HCI 收录的我国论文中，被引次数最多的是题为 Prenatal sex determination and sex-selective abortion in rural central China 的论文，发表于 2001 年的 *Population and Development Review*，共被引用 12 次，第一作者是北京大学的 Chu，JH；另一篇是题为 Risperidone versus haloperidol in the treatment of acute exacerbations of chronic inpatients with schizophrenia：a randomized double-blind study 的论文，发表于 2001 年的 *International Clinical Psychopharmacology*，共被引用 12 次，第一作者是北京医科大学的 Zhang，XY。

9 SSCI 和 A&HCI 收录中国论文引用文献情况

9.1 SSCI 和 A&HCI 收录中国论文引用文献数量

2001 年，SSCI 和 A&HCI 收录我国论文 360 篇，其中有引文的论文 159 篇，占总数的 44.2%；这些论文共引用文献 2987 次，有引文的论文篇均引用 18.8 次（见表 33）。

与上一年相比，本年度有引文的论文数量增加 20 篇，但所占比例减少 33.5 个百分点，有引文的论文篇均引用次数增加 1.3 次。

表 33　2000—2001 年 SSCI 和 A&HCI 收录中国论文引用文献数量

年度	论文（篇）	总引用			有引文的论文篇均引用（次）
		（篇）	（%）	（次）	
2000	179	139	77.7	2430	17.5
2001	360	159	44.2	2987	18.8

9.2 SSCI 和 A&HCI 收录中国部分学科领域论文引用文献数量

表 34 显示 2001 年 SSCI 和 A&HCI 收录我国论文较多的 12 个学科领域论文引用文献情况，从中可以看出，社会学、经济学、医药卫生、管理学、教育学和民族学与人类学 6 个学科领域有引文的论文数量较多，语言学、哲学、图书馆情报与文献学、经济学和民族学与人类学 5 个学科领域有引文的论文所占比例较高，心理学、医药卫生、民族学与人类学、经济学和管理学 5 个学科领域有引文的论文篇均引用次数较多。

表 34　2001 年 SSCI 和 A&HCI 收录中国部分学科领域论文引用文献数量

学科领域	论文（篇）	总引用			有引文的论文篇均引用（次）
		（篇）	（%）	（次）	
社会学	45	25	55.6	431	17.3
经济学	22	20	90.9	392	19.6
医药卫生	18	14	77.8	340	24.3
管理学	26	13	50.0	254	19.5
民族学与人类学	13	11	84.6	256	23.3
教育学	48	11	22.9	163	14.8
语言学	10	10	100.0	147	14.7
哲学	9	9	100.0	74	8.2
心理学	126	7	5.6	227	32.4
图书馆情报与文献学	5	5	100.0	61	12.2
政治学	5	4	80.0	42	10.5
文学	5	4	80.0	27	6.8

9.3 SSCI 和 A&HCI 收录中国部分地区论文引用文献数量

表 35 显示 2001 年 SSCI 和 A&HCI 收录我国论文较多的 11 个省（直辖市）论文引用文献情况，从中可以看出，北京、上海、江苏、广东和安徽 5 个省（直辖市）有引文的论文数量较多，安徽、湖北、云南、上海和四川 5 个省（直辖市）有引文的论文所占比例较高，山东、湖北、北京、广东和云南 5 个省（直辖市）有引文的论文篇均引用次数较多。

表 35　2001 年 SSCI 和 A&HCII 收录中国部分地区论文引用文献数量

地区	论文	总引用			有引文的论文
	（篇）	（篇）	（%）	（次）	篇均引用（次）
北京	220	82	37.3	1778	21.7
上海	25	18	72.0	258	14.4
江苏	18	10	55.6	103	10.3
广东	26	8	30.8	165	20.7
安徽	6	6	100.0	90	15.0
山东	8	5	62.5	136	27.2
天津	8	5	62.5	69	13.8
湖北	5	4	80.0	93	23.3
云南	5	4	80.0	78	19.5
四川	6	4	66.7	47	11.8
重庆	7	0	0.0	0	0.0

9.4　SSCI 和 A&HCI 收录中国各类机构论文引用文献数量

2001 年，SSCI 和 A&HCI 共收录我国各类机构有引文的论文 159 篇，其中高等院校 114 篇，占 71.7%；研究机构 33 篇，占 20.8%。这两类机构有引文的论文合计 147 篇，占总数的 92.5%（见表 36）。

从本年度 SSCI 和 A&HCI 收录我国高等院校和研究机构论文引用文献的情况来看，高等院校有引文的论文数量比研究机构的多 81 篇，有引文的论文所占比例比研究机构的高 22.3 个百分点，有引文的论文篇均引用次数比研究机构的多 0.5 次。

表 36　2001 年 SSCI 和 A&HCI 收录中国各类机构论文引用文献数量

机构类型	论文	总引用			有引文的论文
	（篇）	（篇）	（%）	（次）	篇均引用（次）
高等院校	206	114	55.3	2201	19.3
研究机构	100	33	33.0	619	18.8
医疗机构	5	2	40.0	40	20.0
政府部门	4	1	25.0	25	25.0
公司企业	3	2	66.7	40	20.0
其他机构	42	7	16.7	62	8.9

2002 年
SSCI、A&HCI 和 ISSHP 收录中国论文
统计分析年度报告

1 三大检索工具收录中国论文概况

1.1 三大检索工具收录中国论文数量和排名

2002 年，SSCI、A&HCI 和 ISSHP 三大国际检索工具（简称三大检索工具）共收录我国论文 745 篇，比上一年增加 105 篇，增长 16.4%。按三大检索工具收录论文数量的国家（地区）排名，我国排名从上一年的第 27 位升至第 26 位（见表 1）。

表 1　2001—2002 年三大检索工具收录中国论文数量和排名

年度	论文			排名
	（篇）	增加（篇）	增长（%）	
2001	640	288	81.8	27
2002	745	105	16.4	26

排在我国之前的 25 个国家（地区）是：美国、英国、加拿大、德国、澳大利亚、法国、荷兰、西班牙、意大利、日本、瑞典、以色列、瑞士、新西兰、比利时、爱尔兰、墨西哥、丹麦、中国香港、芬兰、挪威、俄罗斯、南非、奥地利和印度（见表 2）。

如果将三大检索工具收录我国香港的论文合并计算，那么我国的论文为1833篇，国家（地区）排名第13位，排在我国之前的12个国家（地区）是美国、英国、加拿大、德国、澳大利亚、法国、荷兰、西班牙、意大利、日本、瑞典和以色列。

表2　　2002年三大检索工具收录部分国家（地区）论文数量和排名

国家（地区）	论文（篇）	排名	国家（地区）	论文（篇）	排名
美国	94512	1	芬兰	1039	20
英国	26522	2	挪威	968	21
加拿大	10165	3	俄罗斯	961	22
德国	7569	4	南非	876	23
澳大利亚	5941	5	奥地利	831	24
法国	4241	6	印度	795	25
荷兰	3894	7	中国	745	26
西班牙	2450	8	中国台湾	686	27
意大利	2385	9	巴西	663	28
日本	2114	10	韩国	619	29
瑞典	2053	11	希腊	462	30
以色列	1914	12	新加坡	440	31
瑞士	1416	13	土耳其	432	32
新西兰	1257	14	捷克	420	33
比利时	1256	15	波兰	342	34
爱尔兰	1198	16	匈牙利	341	35
墨西哥	1048	17	葡萄牙	257	36
丹麦	1108	18	斯洛伐克	209	37
中国香港	1088	19	克罗地亚	178	38

1.2　SSCI和A&HCI收录中国论文数量

2002年，SSCI和A&HCI共收录我国论文（作者机构栏中有“Peoples R China”的论文）390篇，比上一年减少135篇，减少25.7%。其中，我国第一作者论文223篇，占总数的57.2%；比上一年减少137篇，减少38.1%（见表3）。

表 3　2001—2002 年 SSCI 和 A&HCI 收录中国论文数量

年度	SSCI 和 A&HCI 论文			中国第一作者 SSCI 和 A&HCI 论文		
	（篇）	增加（篇）	增长（%）	（篇）	（%）	增长（%）
2001	525	211	67.2	360	68.6	101.12
2002	390	-135	-25.7	223	57.2	-38.1

1.3 ISSHP 收录中国论文数量

2002 年，ISSHP 共收录我国论文（作者机构栏中有“Peoples R China”的论文）349 篇，比上一年增加 237 篇，增长 211.6%。其中，我国第一作者论文 336 篇，占总数的 96.3%；比上一年增加 229 篇，增长 214%（见表 4）。

表 4　2001—2002 年 ISSHP 收录中国论文数量

年度	ISSHP 论文			中国第一作者 ISSHP 论文		
	（篇）	增加（篇）	增长（%）	（篇）	（%）	增长（%）
2001	112	71	173.2	107	95.5	197.2
2002	349	237	211.6	336	96.3	214.0

需要说明的是，以下将以三大检索工具收录我国第一作者论文情况作为统计分析的重点。在没有特指的情况下，我国论文均指我国第一作者论文。

2 三大检索工具收录中国论文的学科分布

2.1 三大检索工具收录中国学科领域论文数量

2.1.1 SSCI 和 A&HCI 收录中国学科领域论文数量

2002 年，SSCI 和 A&HCI 共收录我国各学科领域论文 223 篇，这些论文共涵盖 24 个学科领域。论文数量比较集中的学科领域是：经济学、医药卫生、社会学、教育学、语言学、管理学、图书馆情报与文献学、心理学、历史学和民族学与人类学，这 10 个学科领域论文合计 180 篇，占我国 SSCI 和 A&HCI 论文总数的 80.7%。其中，经济学、医药卫生和社会学

3 个学科领域论文合计 96 篇，占总数的 43%（见表 5）。

表 5　　2002 年 SSCI 和 A&HCI 收录中国部分学科领域论文数量

学科领域	SSCI 和 A&HCI 论文	
	（篇）	（%）
经济学	40	17.9
医药卫生	29	13.0
社会学	27	12.1
教育学	16	7.2
语言学	15	6.7
管理学	14	6.3
图书馆情报与文献学	14	6.3
心理学	9	4.0
历史学	8	3.6
民族学与人类学	8	3.6

2.1.2　ISSHP 收录中国学科领域论文数量

2002 年，ISSHP 共收录我国各学科领域论文 336 篇，这些论文共涵盖 17 个学科领域。论文数量比较集中的学科领域是：管理学、经济学、交通运输、教育学、文学、哲学、环境科学、图书馆情报与文献学、历史学、医药卫生和政治学，这 11 个学科领域论文合计 330 篇，占我国 ISSHP 论文总数的 98.2%。其中，管理学和经济学的论文数量占有明显优势，其论文合计 269 篇，占总数的 80%（见表 6）。

表 6　　2002 年 ISSHP 收录中国部分学科领域论文数量

学科领域	ISSHP 论文	
	（篇）	（%）
管理学	163	48.5
经济学	106	31.5
交通运输	17	5.0
教育学	13	3.9
文学	8	2.4

续表

学科领域	ISSHP 论文	
	(篇)	(%)
哲学	7	2.1
环境科学	5	1.5
图书馆情报与文献学	4	1.2
历史学	3	0.9
医药卫生	2	0.6
政治学	2	0.6

2.2 SSCI 和 A&HCI 收录中国跨学科和科技领域论文数量

2.2.1 SSCI 和 A&HCI 收录中国跨学科领域论文数量

按照 SSCI 和 A&HCI 收录论文的原始学科领域分类，有一部分论文属于跨学科领域论文。2002 年，SSCI 和 A&HCI 收录的我国论文中，属于这类跨学科领域的论文有 25 篇，占 11.2%，比上一年减少 175 篇，减少 87.5%。

2.2.2 SSCI 和 A&HCI 收录中国科技领域论文数量

按照我国的学科分类，SSCI 和 A&HCI 收录的论文中，有一部分论文属于数学、计算机科学、环境科学、地理学、医药卫生、生物学、心理学、交通运输、物理学、建筑学和安全科学等科技领域。2002 年，SSCI 和 A&HCI 收录的我国论文中，属于这类论文的有 51 篇，占 22.9%，比上一年减少 106 篇，减少 67.5%。

3 三大检索工具收录中国论文的地区分布

3.1 三大检索工具收录中国地区论文数量

3.1.1 SSCI 和 A&HCI 收录中国地区论文数量

2002 年，SSCI 和 A&HCI 共收录我国论文 223 篇，这些论文来自我国 23 个省（自治区、直辖市），其中有 3 篇（含）以上论文的省（自治区、直辖市）有 14 个，有 2 篇的有 4 个，有 1 篇的有 5 个。另外，有 8 个省（自治区、直辖市）没有论文被 SSCI 和 A&HCI 收录。

SSCI 和 A&HCI 收录我国论文的地区分布是：东部地区 181 篇，占

81.2%；中部地区32篇，占14.3%；西部地区10篇，占4.5%。

3.1.2 ISSHP收录中国地区论文数量

2002年，ISSHP共收录我国论文336篇，这些论文来自我国22个省（自治区、直辖市），其中有3篇（含）以上论文的省（自治区、直辖市）有18个，有2篇的有1个，有1篇的有3个。另外，有9个省（自治区、直辖市）没有论文被ISSHP收录。

ISSHP收录我国论文的地区分布是：东部地区222篇，占66.1%；中部地区52篇，占15.5%；西部地区61篇，占18.2%。

本年度，我国有SSCI和A&HCI论文的省（自治区、直辖市）比有ISSHP论文的多1个；与上一年相比，前者减少2个，后者增加3个。

3.2 三大检索工具收录中国论文数量较多的地区

2002年，SSCI和A&HCI收录我国论文数量排名前5位的省（直辖市）是：北京、上海、江苏、福建和湖北，其中4个属于东部地区，1个属于中部地区。这5个省（直辖市）的SSCI和A&HCI论文合计165篇，占我国同类论文总数的74%。北京市的论文数量高居榜首，为111篇，占49.8%；其次是上海市，为22篇，占9.9%（见表7）。

表7　　2002年SSCI和A&HCI收录中国部分地区论文数量

地区		SSCI和A&HCI论文	
		（篇）	（%）
北京	东部	111	49.8
上海	东部	22	9.9
江苏	东部	13	5.8
福建	东部	11	4.9
湖北	中部	8	3.6
浙江	东部	7	3.1
湖南	中部	7	3.1
安徽	中部	7	3.1
河南	中部	5	2.2
天津	东部	5	2.2

2002 年，ISSHP 收录我国论文数量排名前 5 位的省（直辖市）是：北京、辽宁、重庆、湖北和陕西，其中 2 个属于东部地区，1 个属于中部地区，2 个属于西部地区。这 5 个省（直辖市）的 ISSHP 论文合计 220 篇，占我国同类论文总数的 65.5%。北京市的论文数量遥遥领先，为 119 篇，占 35.4%；辽宁省的位居第二，为 35 篇，占 10.4%（见表 8）。

表 8　2002 年 ISSHP 收录中国部分地区论文数量

地区		ISSHP 论文	
		（篇）	（%）
北京	东部	119	35.4
辽宁	东部	35	10.4
重庆	西部	24	7.1
湖北	中部	21	6.2
陕西	西部	21	6.2
上海	东部	14	4.2
浙江	东部	13	3.9
广东	东部	13	3.9
江苏	东部	12	3.5
云南	西部	12	3.6
吉林	中部	12	3.6

3.3　SSCI 和 A&HCI 收录中国地区论文的学科分布

从 2002 年 SSCI 和 A&HCI 收录中国各地区论文的学科领域分布来看，东部地区论文涵盖 24 个学科领域，论文数量较集中的是经济学、医药卫生和社会学；中部地区论文涵盖 14 个学科领域，论文数量较多的是教育学、医药卫生、经济学和图书馆情报与文献学；西部地区论文涵盖 7 个学科领域，各学科领域论文仅为 1—2 篇（见表 9）。

表9 2002年SSCI和A&HCI收录中国各地区论文数量比较集中的学科领域

学科领域	论文总数（篇）	论文（篇）		
		东部	中部	西部
经济学	40	35	4	1
医药卫生	29	24	5	0
社会学	27	23	2	2
语言学	16	13	2	1
教育学	15	8	5	2
图书馆情报与文献学	14	10	4	0
管理学	14	13	1	0
心理学	9	7	2	0
民族学与人类学	8	6	0	2
历史学	8	7	1	0
政治学	7	6	1	0
法学	5	3	2	0
哲学	5	4	1	0

4 三大检索工具收录中国论文的机构分布

4.1 三大检索工具收录中国各类机构论文数量

4.1.1 SSCI和A&HCI收录中国各类机构论文数量

2002年，SSCI和A&HCI共收录我国论文223篇，其中高等院校145篇，占65%，比上一年减少61篇；研究机构47篇，占21.1%，比上一年减少53篇；医疗机构7篇，占3.1%，比上一年增加2篇；政府部门6篇，占2.7%，比上一年增加2篇；公司企业2篇，占0.9%，比上一年减少1篇；其他机构16篇，占7.2%，比上一年减少26篇（见表10）。

表10 2002年SSCI和A&HCI收录中国各类机构论文数量

机构类型	SSCI和A&HCI论文		
	（篇）	（%）	增加（篇）
高等院校	145	65.0	-61
研究机构	47	21.1	-53

续表

机构类型	SSCI 和 A&HCI 论文		
	(篇)	(%)	增加（篇）
医疗机构	7	3.1	2
政府部门	6	2.7	2
公司企业	2	0.9	-1
其他机构	16	7.2	-26

4.1.2 ISSHP 收录中国各类机构论文数量

2002 年，ISSHP 共收录我国论文 336 篇，其中高等院校 305 篇，占 90.8%，比上一年增加 217 篇；研究机构 14 篇，占 4.1%，比上一年增加 4 篇；政府部门 4 篇，占 1.2%，比上一年减少 3 篇；公司企业 5 篇，占 1.5%，比上一年增加 4 篇；其他机构 8 篇，占 2.4%，比上一年增加 7 篇；医疗机构的情况与上一年相同，没有论文被 ISSHP 收录（见表 11）。

表 11　　2002 年 ISSHP 收录中国各类机构论文数量

机构类型	ISSHP 论文		
	(篇)	(%)	增加（篇）
高等院校	305	90.8	217
研究机构	14	4.1	4
医疗机构	0	0.0	0
政府部门	4	1.2	-3
公司企业	5	1.5	4
其他机构	8	2.4	7

4.2 三大检索工具收录论文数量较多的中国高等院校和研究机构

4.2.1 三大检索工具收录论文数量较多的中国高等院校

2002 年，SSCI 和 A&HCI 收录我国论文的高等院校有 67 所，比上一年减少 9 所。其中，仅收录 1 篇论文的高等院校有 43 所，收录 2 篇论文的有 12 所，收录 3 篇（含）以上论文的有 12 所。

SSCI 和 A&HCI 论文在 3 篇（含）以上的 12 所高等院校是：北京大学、清华大学、厦门大学、南京师范大学、北京航空航天大学、复旦大学、中国人民大学、福建师范大学、河南师范大学、华中科技大学、南京大学和中山大学，其SSCI和A&HCI论文合计78篇，占我国高等院校同类论文总数的53.8%（见表12）。

表12 2002年SSCI和A&HCI收录论文较多的中国高等院校

高等院校	SSCI和A&HCI论文（篇）
北京大学	27
清华大学	10
厦门大学	8
南京师范大学	6
北京航空航天大学	4
复旦大学	4
中国人民大学	4
福建师范大学	3
河南师范大学	3
华中科技大学	3
南京大学	3
中山大学	3

2002年，ISSHP收录我国论文的高等院校有98所，比上一年增加55所。其中，仅收录1篇论文的高等院校有60所，收录2篇论文的有14所，收录3篇（含）以上论文的有24所。ISSHP论文在3篇（含）以上的高等院校论文合计216篇，占我国高等院校同类论文总数的70.8%。

ISSHP论文数量排名居前的我国11所高等院校是北京理工大学、重庆大学、北京航空航天大学、沈阳工业大学、西安交通大学、清华大学、昆明理工大学、浙江大学、北京大学、中国地质大学和吉林大学，其ISSHP论文合计158篇，占我国高等院校同类论文总数的51.8%（见表13）。

表13 2002年ISSHP收录论文较多的中国高等院校

高等院校	ISSHP论文（篇）
北京理工大学	26
重庆大学	23

续表

高等院校	ISSHP 论文（篇）
北京航空航天大学	19
沈阳工业大学	18
西安交通大学	13
清华大学	12
昆明理工大学	11
浙江大学	10
北京大学	9
中国地质大学	9
吉林大学	8

4.2.2 三大检索工具收录论文数量较多的中国研究机构

2002 年，SSCI 和 A&HCI 收录我国论文的研究机构有 17 个，比上一年减少 6 个。其中，仅收录 1 篇论文的研究机构有 14 个，收录 3 篇（含）以上论文的研究机构有 3 个。SSCI 和 A&HCI 论文在 3 篇（含）以上的研究机构是：中国科学院、中国社会科学院和国家计划生育研究所，其 SSCI 和 A&HCI 论文分别为 25 篇、5 篇和 3 篇，合计 33 篇，占我国研究机构同类论文总数的 70.2%。

同年，ISSHP 收录我国论文的研究机构有 5 个，与上一年的相同。其中，仅收录 1 篇论文的研究机构有 3 个，收录 3 篇（含）以上论文的研究机构有 2 个。ISSHP 论文在 3 篇（含）以上的 2 个研究机构是：中国科学院和中国社会科学院，其 ISSHP 论文分别为 7 篇和 4 篇，合计 11 篇，占我国研究机构同类论文总数的 78.6%。

5 SSCI 和 A&HCI 收录中国论文的期刊和文种分布

5.1 SSCI 和 A&HCI 收录中国论文的国家（地区）期刊分布

2002 年，SSCI 和 A&HCI 共收录我国论文 223 篇，这些论文分别发表在 17 个国家（地区）的 158 种期刊上。其中，有 92 篇论文发表在美国的 59 种期刊上，67 篇论文发表在英国的 52 种期刊上，28 篇论文发表在荷兰的 20 种期刊上（见表 14）。

表 14 2002 年 SSCI 和 A&HCI 收录中国论文的国家（地区）期刊分布

国家（地区）	期刊（种）	论文（篇）	国家（地区）	期刊（种）	论文（篇）
美国	59	92	法国	1	2
英国	52	67	日本	1	2
荷兰	20	28	澳大利亚	1	1
中国	6	8	中国香港	1	1
德国	5	7	新西兰	1	1
爱尔兰	3	4	俄罗斯	1	1
瑞士	2	3	新加坡	1	1
中国台湾	2	2	加拿大	1	1
丹麦	1	3			

本年度，我国有 8 篇 SSCI 和 A&HCI 论文发表在中国的 6 种期刊上，这些期刊是 *Chinese Science Bulletin*（《科学通报》），*Chinese Medical Journal*（《中华医学杂志》英文版），*Science in China Series E—Technological Sciences*（《中国科学 E 辑——技术科学》），*Journal of Environmental Sciences—China*（《环境科学学报》），*High Energy Physics and Nuclear Physics—Chinese Edition*（《高能物理与核物理》中文版）和 *Acta Physica Sinica*（《物理学报》）。

另外，有 1 篇 SSCI 和 A&HCI 论文发表在中国香港的期刊 *Arts of Asia* 上，有 2 篇分别发表在中国台湾的期刊 *Issues & Studies* 和 *Bulletin of the Instituteof History and Philology Academia Sinica* 上。

5.2 SSCI 和 A&HCI 收录发表中国论文较多的期刊

2002 年，SSCI 和 A&HCI 收录的发表我国 1 篇论文的期刊有 123 种，发表 2 篇的有 25 种，发表 3 篇（含）以上的有 10 种。

表 15 显示 2002 年 SSCI 和 A&HCI 收录的发表我国论文数量较多的期刊，其中发表我国论文最多的期刊是美国的 *Chinese Education and Society*，有 10 篇论文在该期刊上发表。

表 15　　2002 年 SSCI 和 A&HCI 收录发表中国论文较多的期刊

国家（地区）	期刊名称	论文（篇）
美国	*Chinese Education and Society*	10
美国	*Chinese Sociology and Anthropology*	8
荷兰	*Scientometrics*	6
美国	*China Economic Review*	5
美国	*Word-Journal of the International Linguistic Association*	5
英国	*Journal of the Operational Research Society*	4

5.3　SSCI 和 A&HCI 收录中国论文的文种分布

5.3.1　SSCI 和 A&HCI 收录中国论文的文种

2002 年，SSCI 和 A&HCI 收录的我国 223 篇论文包含英文、德文、中文和俄文 4 个文种。其中，英文论文 216 篇，占 96.9%；德文和中文论文各 3 篇，分别占 1.3%；俄文论文 1 篇，占 0.5%（见表 16）。

本年度，我国的 3 篇 SSCI 和 A&HCI 中文论文中，有 2 篇分别发表在中国的 *High Energy Physics and Nuclear Physics-Chinese Edition*（《高能物理与核物理》）和 *Acta Physica Sinica*（《物理学报》）上，有 1 篇发表在中国台湾的 *Bulletin of the Institute of History and Philology Academia Sinica* 上。

表 16　　2002 年 SSCI 和 A&HCI 收录中国论文的文种

论文			期刊		
文种	（篇）	（%）	文种	（种）	（%）
英文	216	96.9	英文	153	96.9
德文	3	1.3	德文	1	0.6
中文	3	1.3	中文	3	1.9
俄文	1	0.5	俄文	1	0.6

5.3.2　SSCI 和 A&HCI 收录发表中国论文的期刊文种

2002 年，SSCI 和 A&HCI 收录发表我国论文的期刊有 158 种，其中英文期刊 153 种，占 96.9%；中文期刊 3 种，占 1.9%；德文和俄文期刊各 1 种，分别占 0.6%（见表 16）。

6 ISSHP 收录发表中国论文的国内外会议分布

6.1 ISSHP 收录中国国内外国际会议论文数量

2002 年，ISSHP 共收录我国国际会议论文 336 篇，比上一年增加 229 篇。其中，在我国国内召开的会议论文 144 篇，占 42.9%，比上一年增加 70 篇，每个会议平均发表我国论文 20.6 篇；在其他国家（地区）召开的会议论文 192 篇，占 57.1%，比上一年增加 159 篇，每个会议平均发表我国论文 6.2 篇（见表 17）。在其他国家（地区）召开的会议论文占多数。

表 17　2002 年 ISSHP 收录中国论文及发表中国论文的国际会议数量

会议类型	论文				会议		
	（篇）	（%）	增加（篇）	平均（篇）	（个）	（%）	增加（个）
国际会议	336	/	229	8.8	38	/	12
国内国际会议	144	42.9	70	20.6	7	18.4	1
国外国际会议	192	57.1	159	6.2	31	81.6	11

6.2 ISSHP 收录发表中国论文的国内外国际会议数量

2002 年，ISSHP 共收录发表我国论文的国际会议 38 个，比上一年增加 12 个。其中，有 7 个国际会议是在我国国内召开的，占总数的 18.4%；有 31 个国际会议是在其他国家（地区）召开的，占总数的 81.6%（见表 17）。在其他国家（地区）召开的国际会议明显占多数。

在其他国家（地区）召开的 31 个国际会议主要涉及 16 个国家（地区），包括美国、德国、澳大利亚、韩国、英国、法国、加拿大、葡萄牙、芬兰、荷兰、比利时、西班牙、印度、越南、中国台湾和新加坡。

6.3 ISSHP 收录中国国际会议论文的数量分布

2002 年，ISSHP 收录发表我国论文的 38 个国际会议中，发表我国 1 篇论文的国际会议有 22 个，占总数的 57.9%；发表 2 篇论文的有 2 个，占总数的 5.3%；发表 3 篇（含）以上论文的有 14 个，占总数的 36.8%（见表 18）。发表我国 1 篇论文的国际会议占多数。

值得注意的是，本年度 ISSHP 收录的 2 个发表我国论文较多的国际会议，其一是 2001 年在澳大利亚悉尼召开的 International Conference on Management Science and Engineering 会议，发表中国论文 122 篇；其二是 2002 年在中国西安召开的 6th China-Japan International Conference on Industrial Management 会议，共发表我国论文 60 篇。这样的国际会议论文对本年度我国 ISSHP 论文数量及其学科分布有直接影响。

表 18　　2001—2002 年 ISSHP 收录中国国际会议论文的数量分布

年度	国际会议（个）				
	总数量	1 篇	2 篇	3 篇以上	100 篇以上
2001	26	16（61.5）	5（19.2）	5（19.2）	0
2002	38	22（57.9）	2（5.3）	14（36.8）	1

注：括号内的数字为国际会议数量所占比例。

7　SSCI 和 A&HCI 收录中国论文的合著情况

7.1　SSCI 和 A&HCI 收录中国合著论文数量

7.1.1　SSCI 和 A&HCI 收录中国合著与独著论文数量

2002 年，SSCI 和 A&HCI 收录我国论文 223 篇，其中合著论文 129 篇，占 57.8%，比上一年减少 78 篇，减少 37.7%；独著论文 94 篇，占 42.2%，比上一年减少 59 篇，减少 38.6%（见表 19）。

表 19　　2001—2002 年 SSCI 和 A&HCI 收录中国合著与独著论文数量

年度	论文（篇）	合著		独著	
		（篇）	（%）	（篇）	（%）
2001	360	207	57.5	153	42.5
2002	223	129	57.8	94	42.2

7.1.2　SSCI 和 A&HCI 收录中国国内与国际合著论文数量

2002 年，SSCI 和 A&HCI 收录我国合著论文 129 篇，其中国内合著论文 71 篇，占 55%，比上一年减少 77 篇，减少 52%；国际合著论文 58 篇，占 45%，比上一年减少 1 篇，减少 1.7%（见表 20）。

表 20 2001—2002 年 SSCI 和 A&HCI 收录中国国内与国际合著论文数量

年度	合著（篇）	国内合著		国际合著	
		（篇）	（%）	（篇）	（%）
2001	207	148	71.5	59	28.5
2002	129	71	55.0	58	45.0

7.2 SSCI 和 A&HCI 收录中国合著论文的合著形式

7.2.1 SSCI 和 A&HCI 收录中国国内合著论文的合著形式

2002 年，SSCI 和 A&HCI 收录我国国内合著论文 71 篇，其中同机构合著论文 43 篇，占 60.6%；同省合著论文 14 篇，占 19.7%；省际合著论文 14 篇，占 19.7%（见表 21）。

表 21 2001—2002 年 SSCI 和 A&HCI 收录中国国内合著论文的合著形式

年度	国内合著（篇）	同机构合著		同省合著		省际合著	
		（篇）	（%）	（篇）	（%）	（篇）	（%）
2001	148	108	73.0	22	14.9	18	12.1
2002	71	43	60.6	14	19.7	14	19.7

7.2.2 SSCI 和 A&HCI 收录中国第一作者与中国为参与者国际合著论文数量

在本报告中，我国国际合著论文一般是指 SSCI 和 A&HCI 收录的我国第一作者国际合著论文，但是为了进行以下几方面的比较，还需要了解 SSCI 和 A&HCI 收录的我国为参与者国际合著论文的相关情况。

2002 年，SSCI 和 A&HCI 收录我国第一作者国际合著论文 58 篇，我国为参与者国际合著论文 158 篇，两者合计 216 篇。我国第一作者国际合著论文占 26.9%，比上一年减少 1 篇；我国为参与者国际合著论文占 73.1%，比上一年增加 4 篇（见表 22）。我国为参与者国际合著论文数量占明显优势。

7.2.3 SSCI 和 A&HCI 收录中国国际合著论文的合著形式

2002 年，SSCI 和 A&HCI 收录我国第一作者国际合著论文 58 篇，其中双方合著论文 54 篇，占 93.1%；三方合著论文 4 篇，占 6.9%（见表 23）。

表 22　2001—2002 年 SSCI 和 A&HCI 收录中国第一作者与中国为参与者国际合著论文数量

年度	国际合著总数（篇）	中国第一作者		中国为参与者	
		（篇）	（%）	（篇）	（%）
2001	213	59	27.7	154	72.3
2002	216	58	26.9	158	73.1

表 23　2001—2002 年 SSCI 和 A&HCI 收录中国第一作者国际合著论文合著形式

年度	国际合著（篇）	双方合著		三方合著		多方合著	
		（篇）	（%）	（篇）	（%）	（篇）	（%）
2001	59	52	88.1	7	11.9	0	0
2002	58	54	93.1	4	6.9	0	0

同年，SSCI 和 A&HCI 收录我国为参与者的国际合著论文 154 篇，其中双方合著论文 118 篇，占 74.7%；三方合著论文 32 篇，占 20.2%；多方合著论文 8 篇，占 5.1%（见表 24）。

相比之下，我国为参与者国际合著论文的三方和多方合著论文所占比例均明显高于我国第一作者国际合著论文的。

表 24　2001—2002 年 SSCI 和 A&HCI 收录中国为参与者国际合著论文合著形式

年度	国际合著（篇）	双方合著		三方合著		多方合著	
		（篇）	（%）	（篇）	（%）	（篇）	（%）
2001	154	124	80.5	20	13.0	10	6.5
2002	158	118	74.7	32	20.2	8	5.1

7.3　SSCI 和 A&HCI 收录中国国际合著论文涉及的合作国家（地区）

7.3.1　SSCI 和 A&HCI 收录中国国际合著论文涉及的合作国家（地区）数量

2002 年 SSCI 和 A&HCI 收录我国第一作者国际合著论文所涉及的合作国家（地区）12 个，比上一年减少 2 个；相比之下，SSCI 和 A&HCI 收录我国为参与者的国际合著论文所涉及的合作国家（地区）32 个，比上一年减少 13 个。后者仍明显多于前者（见表 25）。

表 25 2001—2002 年 SSCI 和 A&HCI 收录中国国际合著论文涉及的合作国家（地区）数量

年度	合作国家（地区）（个）	
	中国第一作者	中国为参与者
2001	14	45
2002	12	32

7.3.2 SSCI 和 A&HCI 收录中国国际合著论文涉及的主要合作国家（地区）

2002 年，SSCI 和 A&HCI 收录我国第一作者的国际合著论文所涉及的主要（排名前 6 位）合作国家（地区）是美国、英国、中国香港、比利时、荷兰和日本；而收录我国为参与者的国际合著论文所涉及的主要（排名前 5 位）合作国家（地区）是美国、中国香港、英国、加拿大和日本（见表 26）。

从本年度我国这两类国际合著论文所涉及的合作国家（地区）来看，排名前 5 位的合作国家（地区）情况大体相同，美国、中国香港、英国和日本均位居其中。

表 26 2002 年 SSCI 和 A&HCI 收录中国国际合著论文涉及的主要合作国家（地区）

涉及的合作国家（地区）	
中国第一作者	中国为参与者
美国（27）、英国（9）、中国香港（8）、比利时（4）、荷兰（3）、日本（3）、泰国（2）、澳大利亚（2）、瑞士（1）、挪威（1）、德国（1）、加拿大（1）	美国（85）、中国香港（34）、英国（17）、加拿大（13）、日本（11）、德国（9）、瑞典（7）、法国（5）、奥地利（4）、印度（4）、中国台湾（4）、澳大利亚（4）、新加坡（3）、荷兰（3）、芬兰（3）、挪威（2）、比利时（2）、冰岛（1）、意大利（1）、希腊（1）、肯尼亚（1）、墨西哥（1）、尼日利亚（1）、葡萄牙（1）、俄罗斯（1）、斯洛文尼亚（1）、南非（1）、西班牙（1）、瑞士（1）、坦桑尼亚（1）、土耳其（1）、新西兰（1）

注：括号中的数字为论文篇数。

7.3.3　SSCI 和 A&HCI 收录涉及合作国家（地区）较多的中国国际合著论文

2002 年，SSCI 和 A&HCI 收录我国第一作者的国际合著论文中，涉及合作国家（地区）最多的是题为 Chinese and Dutch parents' perceptions of their children's personality 的论文，2002 年发表于美国的 *Journal of Genetic Psychology* 期刊上，共涉及 3 个国家（地区）、3 个机构的 5 位合作者。

同年，SSCI 和 A&HCI 收录我国为参与者的国际合著论文中，涉及合作国家（地区）最多的是题为 The causes of land-use and land-cover change: moving beyond the myths 的论文，2001 年发表于英国的 *Global Environmental Change-Human and Policy Dimensions* 期刊上，共涉及 14 个国家、25 个机构的 26 位合作者。

8　SSCI 和 A&HCI 收录中国论文被引用情况

8.1　SSCI 和 A&HCI 收录中国论文被引用数量

2002 年，SSCI 和 A&HCI 共收录我国论文 223 篇，其中有 90 篇论文被引用，占总数的 40.4%；这些论文共被引用 326 次，篇均被引 1.5 次，被引用论文篇均被引 3.6 次（见表 27）。

与上一年相比，本年度被引用论文数量增加 12 篇，被引用论文所占比例增加 18.7 个百分点，论文篇均被引次数增加 0.8 次，被引用论文篇均被引次数增加 0.6 次。

表 27　2001—2002 年 SSCI 和 A&HCI 收录中国论文被引用数量

年度	论文（篇）	总被引			篇均被引	被引论文篇均被引
		（篇）	（%）	（次）	（次）	（次）
2001	360	78	21.7	237	0.7	3.0
2002	223	90	40.4	326	1.5	3.6

8.2　SSCI 和 A&HCI 收录中国部分学科领域论文被引用数量

表 28 显示 2002 年 SSCI 和 A&HCI 收录我国论文较多的 10 个学科领域论文被引用情况，从中可以看出，经济学、医药卫生、社会学、图书馆情报与文献学和心理学 5 个学科领域被引用论文数量较多，经济学、医药卫

生、心理学、图书馆情报与文献学和民族学与人类学5个学科领域被引用论文所占比例较高，民族学与人类学、社会学、医药卫生、图书馆情报与文献学、经济学和心理学6个学科领域论文篇均被引次数较多，民族学与人类学、社会学、医药卫生、图书馆情报与文献学和心理学5个学科领域被引用论文篇均被引次数较多。

表28 2002年SSCI和A&HCI收录中国部分学科领域论文被引用数量

学科领域	论文（篇）	总被引			篇均被引（次）	被引论文篇均被引（次）
		（篇）	（%）	（次）		
经济学	40	24	60.0	53	1.3	2.2
医药卫生	29	17	58.6	66	2.3	3.9
社会学	27	7	25.9	66	2.4	9.4
图书馆情报与文献学	14	7	50.0	27	1.9	3.9
心理学	9	5	55.0	12	1.3	2.4
教育学	16	4	25.0	6	0.4	1.5
民族学与人类学	8	3	37.5	33	4.1	11.0
管理学	14	3	21.4	3	0.2	1.0
历史学	8	2	25.0	4	0.5	2.0
语言学	15	1	6.7	1	0.1	1.0

8.3 SSCI和A&HCI收录中国部分地区论文被引用数量

表29显示2002年SSCI和A&HCI收录我国论文较多的10个省（直辖市）论文被引用情况，从中可以看出，北京、安徽、江苏、湖北、浙江和湖南6个省（直辖市）被引用论文数量较多，安徽、北京、浙江、湖南和天津5个省（直辖市）被引用论文所占比例较高，安徽、天津、北京、浙江和河南5个省（直辖市）论文篇均被引次数较多，上海、天津、河南、北京和安徽5个省（直辖市）被引用论文篇均被引次数较多。

表29 2002年SSCI和A&HCI收录中国部分地区论文被引用数量

地区	论文（篇）	总被引			篇均被引（次）	被引论文篇均被引（次）
		（篇）	（%）	（次）		
北京	111	53	47.7	214	1.9	4.0
安徽	7	5	71.4	16	2.3	3.2

续表

地区	论文（篇）	总被引（篇）	总被引（%）	总被引（次）	篇均被引（次）	被引论文篇均被引（次）
江苏	13	4	30.8	11	0.8	2.8
浙江	7	3	42.9	7	1.0	2.3
湖南	7	3	42.9	3	0.5	1.0
湖北	8	3	37.5	3	0.4	1.0
天津	5	2	40.0	10	2.0	5.0
上海	22	2	9.1	18	0.8	9.0
河南	5	1	20.0	5	1.0	5.0
福建	11	1	9.1	1	0.1	1.0

8.4　SSCI 和 A&HCI 收录中国各类机构论文被引用数量

2002 年，从 SSCI 和 A&HCI 收录我国各类机构论文被引用情况来看，高等院校和研究机构被引用论文数量较多。高等院校有 50 篇论文被引用，研究机构有 25 篇论文被引用，两者合计 75 篇，占总数的 83.3%（见表 30）。

比较高等院校和研究机构论文被引用情况可以看出，高等院校的被引用论文数量比研究机构的多 25 篇，但被引用论文所占比例比研究机构的低 18.7 个百分点，论文篇均被引次数及被引用论文篇均被引次数分别比研究机构的少 1.2 次和 1.3 次。

表 30　　2002 年 SSCI 和 A&HCI 收录中国各类机构论文被引用数量

机构类型	论文（篇）	总被引（篇）	总被引（%）	总被引（次）	篇均被引（次）	被引论文篇均被引（次）
高等院校	145	50	34.5	141	1.0	2.8
研究机构	47	25	53.2	102	2.2	4.1
医疗机构	7	5	71.4	59	8.4	11.8
政府部门	6	3	50.0	4	0.7	1.3
公司企业	2	2	100.0	4	2.0	2.0
其他机构	16	5	31.3	16	1.0	3.2

8.5 SSCI 和 A&HCI 收录被引用论文较多的中国高等院校和研究机构

8.5.1 SSCI 和 A&HCI 收录被引用论文较多的中国高等院校

2002 年，SSCI 和 A&HCI 收录的我国高等院校 50 篇被引用论文来自 32 所高等院校，比上一年增加 2 所。其中，有 1 篇被引用论文的高等院校 26 所，有 2 篇被引用论文的高等院校 4 所，有 3 篇（含）以上被引用论文的高等院校 2 所。这 2 所高等院校的被引用论文合计 16 篇，占我国高等院校同类论文总数的 32%。

本年度，SSCI 和 A&HCI 收录我国被引用论文数量排名居前的 6 所高等院校是：北京大学、清华大学、南京师范大学、华中师范大学、安徽医科大学和浙江大学，其被引用论文合计 24 篇，占我国高等院校同类论文总数的 48%（见表 31）。

表 31　2002 年 SSCI 和 A&HCI 收录被引用论文较多的中国高等院校

高等院校	被引论文（篇）
北京大学	13
清华大学	3
南京师范大学	2
华中师范大学	2
安徽医科大学	2
浙江大学	2

8.5.2 SSCI 和 A&HCI 收录被引用论文较多的中国研究机构

2002 年，SSCI 和 A&HCI 收录的我国研究机构 25 篇被引用论文来自 9 个研究机构，比上一年减少 1 个。其中，仅有 1 篇被引用论文的研究机构 7 个，有 2 篇被引用论文的研究机构 1 个，有 3 篇（含）以上被引用论文的研究机构 1 个。中国科学院是唯一的被引用论文在 3 篇（含）以上的研究机构，其被引用论文为 16 篇，占我国研究机构同类论文总数的 64%。

8.6 SSCI 和 A&HCI 收录中国被引次数较多的论文

2002 年，SSCI 和 A&HCI 收录的我国论文中，被引次数最多的是题为 Suicide rates in China，1995—99 的论文，发表于 2002 年的 LANCET，共被引用 46 次，第一作者是北京回龙观医院的 Phillips，MR；其次是题为 Genetic relationship of Chinese ethnic populations revealed by mtDNA sequence diversity 的论文，发表于 2002 年的 *American Journal of Physical Anthropology*，共被引用 20 次，第一作者是中国科学院的 Yao，YG。

9 SSCI 和 A&HCI 收录中国论文引用文献情况

9.1 SSCI 和 A&HCI 收录中国论文引用文献数量

2002 年，SSCI 和 A&HCI 共收录我国论文 223 篇，其中有引文的论文 200 篇，占总数的 89.7%；这些论文共引用文献 4128 次，有引文的论文篇均引用 20.6 次（见表 32）。

与上一年相比，本年度有引文的论文数量增加 41 篇，所占比例增加 45.5 个百分点，有引文的论文篇均引用次数增加 1.8 次。

表 32 2001—2002 年 SSCI 和 A&HCI 收录中国论文引用文献数量

年度	论文（篇）	总引用			有引文的论文篇均引用（次）
		（篇）	（%）	（次）	
2001	360	159	44.2	2987	18.8
2002	223	200	89.7	4128	20.6

9.2 SSCI 和 A&HCI 收录中国部分学科领域论文引用文献数量

表 33 显示 2002 年 SSCI 和 A&HCI 收录我国论文较多的 10 个学科领域论文引用文献情况，从中可以看出，经济学、医药卫生、社会学、语言学和图书馆情报与文献学 5 个学科领域有引文的论文数量较多，图书馆情报与文献学、历史学、民族学与人类学、经济学和语言学 5 个学科领域有引文的论文所占比例较高，民族学与人类学、医药卫生、心理学、经济学和历史学 5 个学科领域有引文的论文篇均引用次数较多。

表 33 2002 年 SSCI 和 A&HCI 收录中国部分学科领域论文引用文献数量

学科领域	论文（篇）	总引用			有引文的论文篇均引用（次）
		（篇）	（%）	（次）	
经济学	40	39	97.5	836	21.4
医药卫生	29	25	86.2	779	31.2

续表

学科领域	论文（篇）	总引用			有引文的论文篇均引用（次）
		（篇）	（%）	（次）	
社会学	27	24	88.9	433	18.0
图书馆情报与文献学	14	14	100.0	237	16.9
语言学	15	14	93.4	63	4.5
教育学	16	13	81.3	167	12.8
管理学	14	12	85.8	218	18.2
民族学与人类学	8	8	100.0	296	37.0
历史学	8	8	100.0	167	20.9
心理学	9	5	55.6	117	23.4

9.3　SSCI 和 A&HCI 收录中国部分地区论文引用文献数量

表 34 显示 2002 年 SSCI 和 A&HCI 收录我国论文较多的 10 个省（直辖市）论文引用文献情况，从中可以看出，北京、上海、江苏、福建和安徽 5 个省（直辖市）有引文的论文数量较多，福建、安徽、河南、天津和江苏 5 个省（直辖市）有引文的论文所占比例较高，安徽、湖南、北京、湖北和河南 5 个省（直辖市）有引文的论文篇均引用次数较多。

表 34　　2002 年 SSCI 和 A&HCI 收录中国部分地区论文引用文献数量

地区	论文（篇）	总引用			有引文的论文篇均引用（次）
		（篇）	（%）	（次）	
北京	111	101	91.0	2371	23.5
上海	22	20	90.9	357	17.9
江苏	13	12	92.3	147	12.3
福建	11	11	100.0	86	7.8
安徽	7	7	100.0	208	29.7
湖南	7	5	71.4	141	28.2
湖北	8	5	62.5	98	19.6
河南	5	5	100.0	92	18.4
浙江	7	5	71.4	77	15.4
天津	5	5	100.0	50	10.0

9.4 SSCI 和 A&HCI 收录中国各类机构论文引用文献数量

2002 年，SSCI 和 A&HCI 共收录我国各类机构有引文的论文 200 篇，其中高等院校 133 篇，占 66.5%；研究机构 43 篇，占 32.3%。这两类机构有引文的论文合计 176 篇，占总数的 88%（见表 35）。

从本年度 SSCI 和 A&HCI 收录我国高等院校和研究机构论文引用文献的情况来看，高等院校有引文的论文数量比研究机构多 90 篇，有引文的论文所占比例比研究机构高 0.2 个百分点，有引文的论文篇均引用次数比研究机构少 2.1 次。

表 35　2002 年 SSCI 和 A&HCI 收录中国各类机构论文引用文献数量

机构类型	论文（篇）	总引用			有引文的论文篇均引用（次）
		（篇）	（%）	（次）	
高等院校	145	133	91.7	2728	20.5
研究机构	47	43	91.5	972	22.6
医疗机构	7	5	71.4	173	34.6
政府部门	6	4	66.7	40	10.0
公司企业	2	2	100.0	38	19.0
其他机构	16	13	81.3	177	13.6

2003年
SSCI、A&HCI和ISSHP收录中国论文
统计分析年度报告

1　三大检索工具收录中国论文概况

1.1　三大检索工具收录中国论文数量和排名

2003年，SSCI、A&HCI和ISSHP三大国际检索工具（简称三大检索工具）共收录我国论文1883篇，比上一年增加1138篇，增长152.8%。按三大检索工具收录论文数量的国家（地区）排名，我国排名由2002年的第26位跃居至2003年的第13位（见表1）。

表1　2002—2003年三大检索工具收录中国论文数量和排名

年度	论文			排名
	（篇）	增加（篇）	增长（%）	
2002	745	105	16.4	26
2003	1883	1138	152.8	13

排在我国之前的12个国家（地区）是：美国、英国、加拿大、德国、澳大利亚、法国、荷兰、意大利、西班牙、瑞典、日本和以色列（见表2）。

如果将三大检索工具收录我国香港的论文合并计算，那么我国的论文

为3152篇，国家（地区）排名第8位，排在我国之前的7个国家（地区）是美国、英国、加拿大、德国、澳大利亚、法国和荷兰。

表2　　2003年三大检索工具收录部分国家（地区）论文数量和排名

国家（地区）	论文（篇）	排名	国家（地区）	论文（篇）	排名
美国	98886	1	挪威	1159	20
英国	27098	2	丹麦	1153	21
加拿大	11169	3	爱尔兰	1116	22
德国	8677	4	俄罗斯	998	23
澳大利亚	7344	5	南非	912	24
法国	4614	6	中国台湾	892	25
荷兰	4520	7	印度	881	26
意大利	2834	8	巴西	864	27
西班牙	2569	9	奥地利	845	28
瑞典	2440	10	韩国	838	29
日本	2428	11	土耳其	657	30
以色列	2041	12	希腊	602	31
中国	1883	13	新加坡	596	32
瑞士	1763	14	波兰	427	33
比利时	1619	15	葡萄牙	407	34
新西兰	1419	16	匈牙利	333	35
中国香港	1269	17	捷克	308	36
芬兰	1268	18	克罗地亚	273	37
墨西哥	1197	19	斯洛伐克	156	38

1.2　SSCI 和 A&HCI 收录中国论文数量

2003年，SSCI和A&HCI共收录我国论文（作者机构栏中有“Peoples R China”的论文）514篇，比上一年增加124篇，增长31.8%。其中，我国第一作者论文296篇，占总数的57.6%；比上一年增加73篇，增长32.7%（见表3）。

表 3　　2002—2003 年 SSCI 和 A&HCI 收录中国论文数量

年度	SSCI 和 A&HCI 论文			中国第一作者 SSCI 和 A&HCI 论文		
	（篇）	增加（篇）	增长（%）	（篇）	（%）	增长（%）
2002	390	-135	-25.7	223	57.2	-38.1
2003	514	124	31.8	296	57.6	32.7

1.3　ISSHP 收录中国论文数量

2003 年，ISSHP 共收录我国论文（作者机构栏中有“Peoples R China”的论文）1355 篇，比上一年增加 1006 篇，增长 288.3%。其中，我国第一作者论文 1341 篇，占总数的 99%；比上一年增加 1005 篇，增长 299%（见表 4）。

表 4　　2002—2003 年 ISSHP 收录中国论文数量

年度	ISSHP 论文			中国第一作者 ISSHP 论文		
	（篇）	增加（篇）	增长（%）	（篇）	（%）	增长（%）
2002	349	237	211.6	336	96.3	214.0
2003	1355	1006	288.3	1341	99.0	299.0

需要说明的是，以下将以三大检索工具收录我国第一作者论文情况作为统计分析的重点。在没有特指的情况下，我国论文均指我国第一作者论文。

2　三大检索工具收录中国论文的学科分布

2.1　三大检索工具收录中国学科领域论文数量

2.1.1　SSCI 和 A&HCI 收录中国学科领域论文数量

2003 年，SSCI 和 A&HCI 共收录我国各学科领域论文 296 篇，这些论文共涵盖 24 个学科领域。论文数量比较集中的学科领域是：医药卫生、语言学、经济学、社会学、管理学、教育学、民族学与人类学、图书馆情报与文献学、心理学和哲学，这 10 个学科领域论文合计 249 篇，占我国 SSCI 和 A&HCI 论文总数的 84.1%。其中，医药卫生、语言学、经济学和社会学 4 个领域论文合计 146 篇，占总数的 49.3%（见表 5）。

表 5　　2003 年 SSCI 和 A&HCI 收录中国部分学科领域论文数量

学科领域	SSCI 和 A&HCI 论文	
	(篇)	(%)
医药卫生	42	14.2
语言学	39	13.2
经济学	35	11.8
社会学	30	10.1
管理学	22	7.4
教育学	20	6.8
民族学与人类学	19	6.4
图书馆情报与文献学	17	5.7
心理学	15	5.1
哲学	10	3.4

2.1.2 ISSHP 收录中国学科领域论文数量

2003 年，ISSHP 共收录我国各学科领域论文 1341 篇，这些论文共涵盖 18 个学科领域。论文数量比较集中的学科领域是：管理学、经济学、安全科学、教育学、哲学、语言学、图书馆情报与文献学、计算机科学、交通运输和社会学，这 10 个学科领域论文合计 1326 篇，占我国 ISSHP 论文总数的 98.9%。其中，管理学、经济学和安全科学 3 个学科领域论文合计 1232 篇，占总数的 91.9%（见表 6）。

表 6　　2003 年 ISSHP 收录中国部分学科领域论文数量

学科领域	ISSHP 论文	
	(篇)	(%)
管理学	575	42.9
经济学	375	28.0
安全科学	282	21.0
教育学	29	2.2
哲学	28	2.1

续表

学科领域	ISSHP 论文	
	（篇）	（%）
语言学	11	0.8
图书馆情报与文献学	8	0.6
计算机科学	7	0.5
交通运输	7	0.5
社会学	4	0.3

2.2 SSCI 和 A&HCI 收录中国跨学科和科技领域论文数量

2.2.1 SSCI 和 A&HCI 收录中国跨学科领域论文数量

按照 SSCI 和 A&HCI 收录论文的原始学科领域分类，有一部分论文属于跨学科领域论文。2003 年，SSCI 和 A&HCI 收录的我国论文中，属于这类跨学科领域的论文有 44 篇，占 14.9%，比上一年增加 19 篇，增长 76%。

2.2.2 SSCI 和 A&HCI 收录中国科技领域论文数量

按照我国的学科分类，SSCI 和 A&HCI 收录的论文中，有一部分论文属于数学、计算机科学、环境科学、地理学、医药卫生、生物学、心理学、交通运输、物理学、建筑学和安全科学等科技领域。2003 年，SSCI 和 A&HCI 收录的我国论文中，属于这类论文的有 78 篇，占 26.4%，比上一年增加 27 篇，增长 52.9%。

3 三大检索工具收录中国论文的地区分布

3.1 三大检索工具收录中国地区论文数量

3.1.1 SSCI 和 A&HCI 收录中国地区论文数量

2003 年，SSCI 和 A&HCI 共收录我国论文 296 篇，这些论文来自我国 21 个省（自治区、直辖市），其中有 3 篇（含）以上论文的省（自治区、直辖市）有 14 个，有 2 篇的有 3 个，有 1 篇的有 4 个。另外，有 10 个省（自治区、直辖市）没有论文被 SSCI 和 A&HCI 收录。

SSCI 和 A&HCI 收录我国论文的地区分布是：东部地区 240 篇，占 81.1%；中部地区 25 篇，占 8.4%；西部地区 31 篇，占 10.5%。

3.1.2 ISSHP 收录中国地区论文数量

2003 年，ISSHP 共收录我国论文 1341 篇，这些论文来自我国 25 个省（自治区、直辖市），其中有 3 篇（含）以上论文的省（自治区、直辖市）有 22 个，有 2 篇的有 2 个，有 1 篇的有 1 个。另外，有 6 个省（自治区、直辖市）没有论文被 ISSHP 收录。

ISSHP 收录我国论文的地区分布是：东部地区 724 篇，占 54%；中部地区 450 篇，占 33.6%；西部地区 167 篇，占 12.4%。

本年度，我国有 SSCI 和 A&HCI 论文的省（自治区、直辖市）比有 ISSHP 论文的少 4 个；与上一年相比，前者减少 1 个，后者增加 3 个。

3.2 三大检索工具收录中国论文数量较多的地区

2003 年，SSCI 和 A&HCI 收录我国论文数量排名前 5 位的省（直辖市）是：北京、上海、福建、陕西和江苏，其中 4 个属于东部地区，1 个属于西部地区。这 5 个省（直辖市）的 SSCI 和 A&HCI 论文合计 224 篇，占我国同类论文总数的 75.7%。北京市以 139 篇位居第一，占 47%；其次是上海市，为 36 篇，占 12.2%（见表 7）。

表 7　2003 年 SSCI 和 A&HCI 收录中国部分地区论文数量

地区		SSCI 和 A&HCI 论文	
		（篇）	（%）
北京	东部	139	47.0
上海	东部	36	12.2
福建	东部	19	6.4
陕西	西部	16	5.4
江苏	东部	14	4.7
云南	西部	11	3.7
浙江	东部	10	3.4
广东	东部	9	3.0
湖北	中部	8	2.7
天津	东部	7	2.4

同年，ISSHP 收录我国论文数量排名前 5 位的省（直辖市）是：黑龙江、北京，辽宁、湖北和陕西，其中 2 个属于东部地区，2 个属于中部地区，1 个属于西部地区。这 5 个省（直辖市）的 ISSHP 论文合计 746 篇，占我国同类论文总数的 55.6%。值得注意的是，黑龙江省以 181 篇位居第一，北京市以 180 篇位居第二（见表 8）。

表 8　　2003 年 ISSHP 收录中国部分地区论文数量

地区		ISSHP 论文	
		（篇）	（%）
黑龙江	中部	181	13.5
北京	东部	180	13.4
辽宁	东部	164	12.2
湖北	中部	141	10.5
陕西	西部	80	6.0
上海	东部	74	5.5
河北	东部	65	4.8
山东	东部	62	4.6
湖南	中部	60	4.5
浙江	东部	44	3.3
天津	东部	44	3.3

3.3　SSCI 和 A&HCI 收录中国地区论文的学科分布

从 2003 年 SSCI 和 A&HCI 收录中国各地区论文的学科领域分布来看，东部地区论文涵盖 22 个学科领域，论文数量较集中的是医药卫生、语言学、经济学和社会学；中部地区论文涵盖 15 个学科领域，论文数量略多的是教育学、经济学和图书馆情报与文献学；西部地区论文涵盖 12 个学科领域，论文数量较多的是民族学与人类学、语言学和社会学（见表 9）。

表 9 2003 年 SSCI 和 A&HCI 收录中国各地区论文数量比较集中的学科领域

学科领域	论文总数（篇）	论文（篇）		
		东部	中部	西部
医药卫生	42	38	0	4
语言学	39	32	2	5
经济学	35	30	3	2
社会学	30	23	2	5
管理学	22	19	2	1
教育学	20	15	4	1
民族学与人类学	19	12	1	6
图书馆情报与文献学	17	14	3	0
心理学	15	12	1	2
哲学	10	8	1	1
考古学	6	5	1	0

4 三大检索工具收录中国论文的机构分布

4.1 三大检索工具收录中国各类机构论文数量

4.1.1 SSCI 和 A&HCI 收录中国各类机构论文数量

2003 年，SSCI 和 A&HCI 共收录我国论文 296 篇，其中高等院校 230 篇，占 77.7%，比上一年增加 85 篇；研究机构 41 篇，占 13.8%，比上一年减少 6 篇；医疗机构 7 篇，占 2.4%，论文数量与上一年相同；政府部门 4 篇，占 1.4%，比上一年减少 2 篇；其他机构 14 篇，占 4.7%，比上一年减少 2 篇；公司企业没有论文被 SSCI 和 A&HCI 收录（见表 10）。

表 10 2003 年 SSCI 和 A&HCI 收录中国各类机构论文数量

机构类型	SSCI 和 A&HCI 论文		
	（篇）	（%）	增加（篇）
高等院校	230	77.7	85
研究机构	41	13.8	-6
医疗机构	7	2.4	0
政府部门	4	1.4	-2
公司企业	0	0.0	-2
其他机构	14	4.7	-2

4.1.2 ISSHP 收录中国各类机构论文数量

2003 年，ISSHP 共收录我国论文 1341 篇，其中高等院校 1275 篇，占 95.1%，比上一年增加 970 篇；研究机构 50 篇，占 3.7%，比上一年增加 36 篇；医疗机构 1 篇，占 0.1%，比上一年增加 1 篇；政府部门 7 篇，占 0.5%，比上一年增加 3 篇；公司企业 2 篇，占 0.2%，比上一年减少 3 篇；其他机构 6 篇，占 0.4%，比上一年减少 2 篇（见表 11）。

表 11　　2003 年 ISSHP 收录中国各类机构论文数量

机构类型	ISSHP 论文		
	（篇）	（%）	增加（篇）
高等院校	1275	95.1	970
研究机构	50	3.7	36
医疗机构	1	0.1	1
政府部门	7	0.5	3
公司企业	2	0.2	-3
其他机构	6	0.4	-2

4.2 三大检索工具收录论文数量较多的中国高等院校和研究机构

4.2.1 三大检索工具收录论文数量较多的中国高等院校

2003 年，SSCI 和 A&HCI 收录我国论文的高等院校有 79 所，比上一年增加 12 所。其中，仅收录 1 篇论文的高等院校有 48 所，收录 2 篇论文的有 14 所，收录 3 篇（含）以上论文的有 17 所。SSCI 和 A&HCI 论文在 3 篇（含）以上的高等院校论文合计 154 篇，占我国高等院校同类论文总数的 67%。

SSCI 和 A&HCI 论文数量排名居前的我国 11 所高等院校是：北京大学、清华大学、福建师范大学、北京师范大学、复旦大学、浙江大学、西安交通大学、云南大学、陕西科技大学、华东师范大学和中欧国际工商学院，其 SSCI 和 A&HCI 论文合计 132 篇，占我国高等院校同类论文总数的 57.4%（见表 12）。

表12　　2003年SSCI和A&HCI收录论文较多的中国高等院校

高等院校	SSCI和A&HCI论文（篇）
北京大学	36
清华大学	23
福建师范大学	15
北京师范大学	12
复旦大学	9
西安交通大学	8
浙江大学	8
云南大学	6
华东师范大学	5
陕西科技大学	5
中欧国际工商学院	5

2003年，ISSHP收录我国论文的高等院校有200所，比上一年增加102所。其中，仅收录1篇论文的高等院校有93所，收录2篇论文的有32所，收录3篇（含）以上论文的有75所。ISSHP论文在3篇（含）以上的高等院校论文合计1118篇，占我国高等院校同类论文总数的87.7%。

ISSHP论文数量排名居前的我国10所高等院校是：哈尔滨工业大学、大连理工大学、北京交通大学、华中科技大学、武汉理工大学、西安交通大学、大连海事大学、沈阳工业大学、中南大学和上海交通大学，其ISSHP论文合计521篇，占我国高等院校同类论文总数的40.9%（见表13）。

表13　　2003年ISSHP收录论文较多的中国高等院校

高等院校	ISSHP论文（篇）
哈尔滨工业大学	158
大连理工大学	51
北京交通大学	49
华中科技大学	48
武汉理工大学	45
西安交通大学	45
大连海事大学	35
沈阳工业大学	35
中南大学	29
上海交通大学	26

4.2.2 三大检索工具收录论文数量较多的中国研究机构

2003 年，SSCI 和 A&HCI 收录我国论文的研究机构有 9 个，比上一年减少 8 个。其中，仅收录 1 篇论文的研究机构有 7 个，收录 3 篇（含）以上论文的研究机构有 2 个。SSCI 和 A&HCI 论文在 3 篇（含）以上的 2 个研究机构是中国科学院和中国社会科学院，其 SSCI 和 A&HCI 论文分别为 30 篇和 4 篇，合计 34 篇，占我国研究机构同类论文总数的 82.9%。

同年，ISSHP 收录我国论文的研究机构有 19 个，比上一年增加 14 个。其中，仅收录 1 篇论文的研究机构有 12 个，收录 2 篇论文的有 4 个，收录 3 篇（含）以上论文的有 3 个。论文在 3 篇以上的研究机构是中国科学院、西安高新技术研究所和中国社会科学院，其论文分别为 19 篇、6 篇和 5 篇，合计 30 篇，占我国研究机构同类论文总数的 60%。

5 SSCI 和 A&HCI 收录中国论文的期刊和文种分布

5.1 SSCI 和 A&HCI 收录中国论文的国家（地区）期刊分布

2003 年，SSCI 和 A&HCI 共收录我国论文 296 篇，这些论文分别发表在 15 个国家的 188 种期刊上。其中，有 112 篇论文发表在美国的 70 种期刊上，76 篇论文发表在英国的 62 种期刊上，42 篇论文发表在荷兰的 27 种期刊上（见表 14）。

表 14 2003 年 SSCI 和 A&HCI 收录中国论文的国家（地区）期刊分布

国家（地区）	期刊（种）	论文（篇）	国家（地区）	期刊（种）	论文（篇）
美国	70	112	新加坡	2	2
英国	62	76	爱尔兰	2	2
荷兰	27	42	丹麦	1	17
中国	9	15	日本	1	8
加拿大	4	5	新西兰	1	2
德国	3	5	斯洛文尼亚	1	2
澳大利亚	2	5	西班牙	1	1
瑞士	2	2			

本年度，我国有 15 篇 SSCI 和 A&HCI 论文分别发表在中国的 9 种期刊

上，这些期刊是 *Chinese Science Bulletin*（《科学通报》），*Science in China Series G—Physics Astronomy*（《中国科学 G 辑——物理天文学》），*Science in China Series F*（《中国科学 F 辑》），*Applied Mathematics and Mechanics-English Edition*（《应用数学与力学》英文版），*Chinese Annals of Mathematics Series B*（《数学年刊 B 辑》英文版），*Journal of Environmental Sciences-China*（《中国科学 E 辑——工程科学与材料科学》英文版），*Science in China Series C—Life Sciences*（《中国科学 C 辑——生命科学》），*Journal of Computer Science and Technology*（《计算机科学与技术》）和 *Journal of Inorganic Materials*（《无机材料学报》）。这些期刊均属于中国科学技术类期刊。

5.2 SSCI 和 A&HCI 收录发表中国论文较多的期刊

2003 年，SSCI 和 A&HCI 收录的发表我国 1 篇论文的期刊有 145 种，发表 2 篇的有 24 种，发表 3 篇（含）以上的有 19 种。

表 15 显示 2003 年 SSCI 和 A&HCI 收录的发表我国论文数量较多的期刊，其中发表我国论文最多的期刊是英国的 *Perspectives-studies in Translatology*，有 17 篇论文在该期刊上发表；其次是美国的 *Chinese Education and Society*，有 14 篇论文在该期刊上发表。

表 15　2003 年 SSCI 和 A&HCI 收录发表中国论文较多的期刊

国家（地区）	期刊名称	论文（篇）
英国	*Perspectives-studies in Translatology*	17
美国	*Chinese Education and Society*	14
日本	*Anthropological Science*	8
荷兰	*Scientometrics*	7
中国	*Chinese Science Bulletin*	7
荷兰	*Schizophrenia Research*	6
美国	*Chinese Sociology and Anthropology*	6

5.3 SSCI 和 A&HCI 收录中国论文的文种分布

5.3.1 SSCI 和 A&HCI 收录中国论文的文种

2003 年，SSCI 和 A&HCI 收录的我国 296 篇论文包含英文、德文、法文和中文 4 个文种。其中，英文论文 292 篇，占 98.7%；德文论文 2 篇，占0.7%；法文和中文论文各1篇，分别占0.3%（见表16）。

本年度，我国有唯一的1篇SSCI和A&HCI中文论文发表在中国的期刊《无机材料学报》上。

表16　　2003年SSCI和A&HCI收录中国论文的文种

论文			期刊		
文种	（篇）	（%）	文种	（种）	（%）
英文	292	98.7	英文	142	97.9
德文	2	0.7	德文	1	0.7
法文	1	0.3	法文	1	0.7
中文	1	0.3	中文	1	0.7

5.3.2　SSCI和A&HCI收录发表中国论文的期刊文种

2003年，SSCI和A&HCI收录的发表我国论文的期刊有145种，其中英文期刊142种，占97.9%；德文、法文和中文期刊各1种，分别占0.7%（见表16）。

6　ISSHP收录中国论文的国内外会议分布

6.1　ISSHP收录中国国内外国际会议论文数量

2003年，ISSHP共收录我国国际会议论文1341篇，比上一年增加1005篇。其中，在我国国内召开的会议论文331篇，占24.7%，比上一年增加187篇，每个会议平均发表我国论文47.3篇；在其他国家（地区）召开的会议论文1010篇，占75.3%，比上一年增加818篇，每个会议平均发表我国论文26.6篇（见表17）。在其他国家（地区）召开的会议论文明显占多数。

6.2　ISSHP收录发表中国论文的国内外国际会议数量

2003年，ISSHP共收录发表我国论文的国际会议45个，比上一年增加7个。其中，有7个国际会议是在我国国内召开的，占总数的15.6%；有38个国际会议是在其他国家（地区）召开的，占总数的84.4%（见表17）。在其他国家（地区）召开的国际会议明显占多数。

表 17　2003 年 ISSHP 收录中国论文及发表中国论文的国际会议数量

会议类型	论文				会议		
	(篇)	(%)	增加(篇)	平均(篇)	(个)	(%)	增加(个)
国际会议	1341	/	1005	29.8	45	/	7
国内国际会议	331	24.7	187	47.3	7	15.6	0
国外国际会议	1010	75.3	818	26.6	38	84.4	7

在其他国家(地区)召开的 38 个国际会议主要涉及 17 个国家，包括美国、希腊、澳大利亚、俄罗斯、新加坡、法国、加拿大、德国、意大利、日本、荷兰、波兰、英国、葡萄牙、西班牙、墨西哥和新西兰。

6.3　ISSHP 收录中国国际会议论文的数量分布

2003 年，ISSHP 收录发表我国论文的 45 个国际会议中，发表我国 1 篇论文的国际会议有 23 个，占总数的 51.1%；发表 2 篇论文的有 8 个，占总数的 17.8%；发表 3 篇(含)以上论文的有 14 个，占总数的 31.1%(见表 18)。发表我国 1 篇论文的国际会议占多数。

值得注意的是，本年度 ISSHP 收录的 3 个发表我国论文较多的会议，其一是 2002 年在俄罗斯召开的 International Conference on Management Science and Engineering 会议，共发表我国论文 486 篇；其二是 2003 年在美国召开的 International Conference on Management Science and Engineering 会议，共发表我国论文 455 篇；其三是 2002 年在中国泰安召开的 3rd International Symposium on Safety Science and Technology(2002 ISSST)会议，共发表我国论文 286 篇。这样的国际会议论文对本年度我国 ISSHP 论文数量及其学科分布有直接影响。

表 18　2002—2003 年 ISSHP 收录中国国际会议论文的数量分布

年度	国际会议(个)				
	总数量	1 篇	2 篇	3 篇以上	100 篇以上
2002	38	22(57.9)	2(5.3)	14(36.8)	1
2003	45	23(51.1)	8(17.8)	14(31.1)	3

注：括号内的数字为国际会议数量所占比例。

7 SSCI 和 A&HCI 收录中国论文的合著情况

7.1 SSCI 和 A&HCI 收录中国合著论文数量

7.1.1 SSCI 和 A&HCI 收录中国合著与独著论文数量

2003 年，SSCI 和 A&HCI 收录我国论文 296 篇，其中合著论文 172 篇，占 58.1%，比上一年增加 43 篇，增加 33.3%；独著论文 124 篇，占 41.9%，比上一年增加 30 篇，增长 31.9%（见表 19）。

表 19 2002—2003 年 SSCI 和 A&HCI 收录中国合著与独著论文数量

年度	论文（篇）	合著		独著	
		（篇）	（%）	（篇）	（%）
2002	223	129	57.8	94	42.2
2003	296	172	58.1	124	41.9

7.1.2 SSCI 和 A&HCI 收录中国国内与国际合著论文数量

2003 年，SSCI 和 A&HCI 收录我国合著论文 172 篇，其中国内合著论文 101 篇，占 58.7%，比上一年增加 30 篇，增长 42.3%；国际合著论文 71 篇，占 41.3%，比上一年增加 13 篇，增长 22.4%（见表 20）。

表 20 2002—2003 年 SSCI 和 A&HCI 收录中国国内与国际合著论文数量

年度	合著（篇）	国内合著		国际合著	
		（篇）	（%）	（篇）	（%）
2002	129	71	55.0	58	45.0
2003	172	101	58.7	71	41.3

7.2 SSCI 和 A&HCI 收录中国合著论文的合著形式

7.2.1 SSCI 和 A&HCI 收录中国国内合著论文的合著形式

2003 年，SSCI 和 A&HCI 收录我国国内合著论文 101 篇，其中同机构合著论文 58 篇，占 57.4%；同省合著论文 23 篇，占 22.8%；省际合著论文 20 篇，占 19.8%（见表 21）。

表 21　2002—2003 年 SSCI 和 A&HCI 收录中国国内合著论文的合著形式

年度	国内合著	同机构合著		同省合著		省际合著	
	（篇）	（篇）	（%）	（篇）	（%）	（篇）	（%）
2002	71	43	60.6	14	19.7	14	19.7
2003	101	58	57.4	23	22.8	20	19.8

7.2.2　SSCI 和 A&HCI 收录中国第一作者与中国为参与者国际合著论文数量

在本报告中，我国国际合著论文一般是指 SSCI 和 A&HCI 收录的我国第一作者国际合著论文，但是为了进行以下几方面的比较，还需要了解 SSCI 和 A&HCI 收录的我国为参与者国际合著论文的相关情况。

2003 年，SSCI 和 A&HCI 收录我国第一作者国际合著论文 71 篇，我国为参与者国际合著论文 204 篇，两者合计 257 篇。我国第一作者国际合著论文占 25.8%，比上一年增加 13 篇；我国为参与者国际合著论文占 74.2%，比上一年增加 46 篇（见表 22）。我国为参与者国际合著论文数量占明显优势。

表 22　2002—2003 年 SSCI 和 A&HCI 收录中国第一作者与中国为参与者国际合著论文数量

年度	国际合著总数	中国第一作者		中国为参与者	
	（篇）	（篇）	（%）	（篇）	（%）
2002	216	58	26.9	158	73.1
2003	275	71	25.8	204	74.2

7.2.3　SSCI 和 A&HCI 收录中国国际合著论文的合著形式

2003 年，SSCI 和 A&HCI 收录我国第一作者的国际合著论文 71 篇，其中双方合著论文 59 篇，占 83.1%；三方合著论文 11 篇，占 15.5%；多方合著论文 1 篇，占 1.4%（见表 23）。

同年，SSCI 和 A&HCI 收录我国为参与者的国际合著论文 204 篇，其中双方合著论文 160 篇，占 78.4%；三方合著论文 36 篇，占 17.7%；多方合著论文 8 篇，占 3.9%（见表 24）。

表 23 2002—2003 年 SSCI 和 A&HCI 收录中国第一作者国际合著论文合著形式

年度	国际合著（篇）	双方合著		三方合著		多方合著	
		（篇）	（%）	（篇）	（%）	（篇）	（%）
2002	58	54	93.1	4	6.9	0	0
2003	71	59	83.1	11	15.5	1	1.4

相比之下，我国为参与者国际合著论文的三方和多方合著论文所占比例均高于我国第一作者国际合著论文的，但是两者间的差距比上一年的缩小。

表 24 2002—2003 年 SSCI 和 A&HCI 收录中国为参与者国际合著论文合著形式

年度	国际合著（篇）	双方合著		三方合著		多方合著	
		（篇）	（%）	（篇）	（%）	（篇）	（%）
2002	158	118	74.7	32	20.2	8	5.1
2003	204	160	78.4	36	17.7	8	3.9

7.3 SSCI 和 A&HCI 收录中国国际合著论文涉及的合作国家（地区）

7.3.1 SSCI 和 A&HCI 收录中国国际合著论文涉及的合作国家（地区）数量

2003 年 SSCI 和 A&HCI 收录我国第一作者的国际合著论文所涉及的合作国家（地区）14 个，比上一年增加 2 个；相比之下，SSCI 和 A&HCI 收录我国为参与者的国际合著论文所涉及的合作国家（地区）26 个，比上一年减少 6 个。后者仍明显多于前者（见表 25）。

表 25 2002—2003 年 SSCI 和 A&HCI 收录中国国际合著论文涉及的合作国家（地区）数量

年度	合作国家（地区）（个）	
	中国第一作者	中国为参与者
2002	12	32
2003	14	26

7.3.2 SSCI 和 A&HCI 收录中国国际合著论文涉及的主要合作国家(地区)

2003 年，SSCI 和 A&HCI 收录我国第一作者的国际合著论文所涉及的主要（排名前 6 位）合作国家（地区）是美国、中国香港、英国、日本、德国和澳大利亚；而收录我国为参与者的国际合著论文所涉及的主要（排名前 5 位）合作国家（地区）是美国、中国香港、英国、加拿大和日本(见表 26)。

从本年度我国这两类国际合著论文所涉及的合作国家（地区）来看，排名居前 5 位的合作国家（地区）情况大体相同，美国、中国香港、英国和日本均位居其中。

表 26　　2003 年 SSCI 和 A&HCI 收录中国国际合著论文涉及的主要合作国家（地区）

涉及的合作国家（地区）	
中国第一作者	中国为参与者
美国（30）、中国香港（17）、英国（9）、日本（5）、德国（4）、澳大利亚（4）、瑞士（3）、荷兰（3）、加拿大（3）、丹麦（2）、中国台湾（1）、瑞典（1）、南非（1）、新西兰（1）	美国（109）、中国香港（52）、英国（19）、加拿大（16）、日本（11）、澳大利亚（8）、荷兰（6）、瑞典（6）、德国（5）、新加坡（5）、韩国（3）、比利时（2）、希腊（2）、新西兰（2）、挪威（1）、意大利（1）、爱尔兰（1）、印度（1）、匈牙利（1）、俄罗斯（1）、苏丹（1）、瑞士（1）、塞浦路斯（1）、中国台湾（1）、土耳其（1）、墨西哥（1）

注：括号中的数字为论文篇数。

7.3.3 SSCI 和 A&HCI 收录涉及合作国家（地区）较多的中国国际合著论文

2003 年，SSCI 和 A&HCI 收录我国第一作者的国际合著论文中，涉及合作国家（地区）最多的是题为 Health equity in transition from planned to market economy in China 的论文，2002 年发表于英国的 *Health Policy and Planning* 期刊上，共涉及 4 个国家、4 个机构的 5 位合作者。

同年，SSCI 和 A&HCI 收录我国为参与者的国际合著论文中，涉及合作国家（地区）最多的是题为 Prescribing for inpatients with schizophrenia:

an international multi-center comparative study 的论文，2003 年发表于德国的 *PHARMACOPSYCHIATRY* 期刊上，共涉及 5 个国家、8 个机构的 7 位合作者。另一篇是题为 Cost-effectiveness analysis of early intervention with budesonide in mild persistent asthma 的论文，2003 年发表于美国的 *Journal of Allergy and Clinical Immunology* 期刊上，共涉及 5 个国家、7 个机构的 8 位合作者。

8 SSCI 和 A&HCI 收录中国论文被引用情况

8.1 SSCI 和 A&HCI 收录中国论文被引用数量

2003 年，SSCI 和 A&HCI 共收录我国论文 296 篇，其中有 71 篇论文被引用，占总数的 24%；这些论文共被引用 139 次，篇均被引 0.5 次，被引用论文篇均被引 2 次（见表 27）。

与上一年相比，本年度被引用论文数量减少 19 篇，被引用论文所占比例减少 16.4 个百分点，论文篇均被引次数减少 1 次，被引论文篇均被引次数减少 1.6 次。

表 27　2002—2003 年 SSCI 和 A&HCI 收录中国论文被引用数量

年度	论文	总被引			篇均被引	被引论文篇均被引
	（篇）	（篇）	（%）	（次）	（次）	（次）
2002	223	90	40.4	326	1.5	3.6
2003	296	71	24.0	139	0.5	2.0

8.2 SSCI 和 A&HCI 收录中国部分学科领域论文被引用数量

表 28 显示 2003 年 SSCI 和 A&HCI 收录我国论文较多的 10 个学科领域论文被引用情况，从中可以看出，医药卫生、社会学、经济学、图书馆情报与文献学、心理学和管理学 6 个学科领域被引用论文数量较多，心理学、医药卫生、社会学、图书馆情报与文献学和经济学 5 个学科领域被引用论文所占比例较高，医药卫生、心理学、图书馆情报与文献学、社会学和经济学 5 个学科领域论文篇均被引次数较多，教育学、医药卫生、图书馆情报与文献学、心理学和社会学 5 个学科领域被引用论文篇均被引次数较多。

表 28　2003 年 SSCI 和 A&HCI 收录中国部分学科领域论文被引用数量

学科领域	论文（篇）	总被引（篇）	总被引（%）	总被引（次）	篇均被引（次）	被引论文篇均被引（次）
医药卫生	42	16	38.1	47	1.1	2.9
社会学	30	10	33.3	19	0.6	1.9
经济学	35	10	28.6	15	0.4	1.5
心理学	15	6	40.0	13	0.9	2.2
图书馆情报与文献学	19	6	31.6	13	0.7	2.2
管理学	22	6	27.3	6	0.3	1.0
语言学	39	5	12.8	6	0.2	1.2
教育学	20	2	10.0	6	0.3	3.0
哲学	10	1	10.0	1	0.1	1.0
民族学与人类学	17	0	0.0	0	0.0	0.0

8.3　SSCI 和 A&HCI 收录中国部分地区论文被引用数量

表 29 显示 2003 年 SSCI 和 A&HCI 收录我国论文较多的 10 个省（直辖市）论文被引用情况，从中可以看出，北京、上海、陕西、江苏和浙江 5 个省（直辖市）被引用论文数量较多，北京、陕西、浙江、江苏和天津 5 个省（直辖市）被引用论文所占比例较高，北京、云南、陕西、浙江和江苏 5 个省（直辖市）论文篇均被引次数较多，云南、北京、上海、江苏和浙江 5 个省（直辖市）被引用论文篇均被引次数较多。

表 29　2003 年 SSCI 和 A&HCI 收录中国部分地区论文被引用数量

地区	论文（篇）	总被引（篇）	总被引（%）	总被引（次）	篇均被引（次）	被引论文篇均被引（次）
北京	139	44	31.7	97	0.7	2.2
上海	36	5	13.9	7	0.2	1.4
陕西	16	5	31.3	6	0.4	1.2
浙江	10	3	30.0	4	0.4	1.3
江苏	14	3	21.4	4	0.3	1.3
福建	19	2	10.5	2	0.1	1.0
云南	11	1	9.1	7	0.6	7.0
天津	7	1	14.2	1	0.1	1.0
湖北	8	1	12.5	1	0.1	1.0
广东	9	1	11.1	1	0.1	1.0

8.4 SSCI 和 A&HCI 收录中国各类机构论文被引用数量

2003 年，从 SSCI 和 A&HCI 收录我国各类机构论文被引用情况来看，高等院校和研究机构被引用论文数量较多。高等院校有 53 篇论文被引用，研究机构有 15 篇论文被引用，两者合计 68 篇，占总数的 95.8%（见表 30）。

比较高等院校和研究机构论文被引用情况可以看出，高等院校被引用论文数量比研究机构多 38 篇，但被引用论文所占比例比研究机构低 13.6 个百分点，论文篇均被引次数及被引用论文篇均被引次数分别比研究机构少 0.8 次和 1.6 次。

表 30　　2003 年 SSCI 和 A&HCI 收录中国各类机构论文被引用数量

机构类型	论文（篇）	总被引			篇均被引（次）	被引论文篇均被引（次）
		（篇）	（%）	（次）		
高等院校	230	53	23.0	76	0.3	1.4
研究机构	41	15	36.6	45	1.1	3.0
医疗机构	7	1	14.3	9	1.3	9.0
政府部门	4	1	25.0	2	0.5	2.0
公司企业	0	0	0.0	0	0.0	0.0
其他机构	14	1	7.1	7	0.5	7.0

8.5 SSCI 和 A&HCI 收录被引用论文较多的中国高等院校和研究机构

8.5.1 SSCI 和 A&HCI 收录被引用论文较多的中国高等院校

2003 年，SSCI 和 A&HCI 收录的我国高等院校 53 篇被引用论文来自 26 所高等院校，比上一年减少 6 所。其中，有 1 篇被引用论文的高等院校 16 所，有 2 篇被引用论文的高等院校 5 所，有 3 篇（含）以上被引用论文的高等院校 5 所。这 5 所高等院校的被引用论文合计 27 篇，占我国高等院校同类论文总数的 50.9%。

本年度，SSCI 和 A&HCI 收录我国被引用论文数量排名居前的 10 所高等院校是：北京大学、清华大学、北京师范大学、西安交通大学、浙江大学、北京广播学院、复旦大学、福建师范大学、上海交通大学和首都医科大学，其被引用论文合计 37 篇，占我国高等院校同类论文总数的 69.8%（见表 31）。

表 31 2003 年 SSCI 和 A&HCI 收录被引用论文较多的中国高等院校

高等院校	被引论文（篇）
北京大学	9
清华大学	7
北京师范大学	4
西安交通大学	4
浙江大学	3
北京广播学院	2
复旦大学	2
福建师范大学	2
上海交通大学	2
首都医科大学	2

8.5.2 SSCI 和 A&HCI 收录被引用论文较多的中国研究机构

2003 年，SSCI 和 A&HCI 收录的我国研究机构 15 篇被引用论文来自 2 个研究机构，比上一年减少 7 个。其中，仅有 1 篇被引用论文的研究机构 1 个，有 3 篇（含）以上被引用论文的研究机构 1 个。中国科学院是唯一的被引用论文在 3 篇（含）以上的研究机构，其被引用论文为 14 篇，占我国研究机构同类论文总数的 93.3%。

8.6 SSCI 和 A&HCI 收录中国被引次数较多的论文

2003 年，SSCI 和 A&HCI 收录的我国论文中，被引次数最多的是题为 Changing patterns of industrial relations in Taiwan 的论文，发表于 2003 年的 *Industrial Relations*，共被引用 42 次，第一作者是中山大学的 Chen，SJ；其次是题为 Stigma and expressed emotion：a study of people with schizophrenia and their family members in China 的论文，发表于 2002 年的 *British Journal of Psychiatry*，共被引用 9 次，第一作者是北京回龙观医院的 Phillips，MR。

9 SSCI 和 A&HCI 收录中国论文引用文献情况

9.1 SSCI 和 A&HCI 收录中国论文引用文献数量

2003 年，SSCI 和 A&HCI 共收录我国论文 296 篇，其中有引文的论文

262 篇，占总数的 88.5%；这些论文共引用文献 5834 次，有引文的论文篇均引用 22.3 次（见表 32）。

与上一年相比，本年度有引文的论文数量增加 62 篇，但所占比例减少 1.2 个百分点，有引文的论文篇均引用次数增加 1.7 次。

表 32　2002—2003 年 SSCI 和 A&HCI 收录中国论文引用文献数量

年度	论文（篇）	总引用			有引文的论文篇均引用（次）
		（篇）	（%）	（次）	
2002	223	200	89.7	4128	20.6
2003	296	262	88.5	5834	22.3

9.2 SSCI 和 A&HCI 收录中国部分学科领域论文引用文献数量

表 33 显示 2003 年 SSCI 和 A&HCI 收录我国论文较多的 10 个学科领域论文引用文献情况，从中可以看出，语言学、经济学、医药卫生、社会学和管理学 5 个学科领域有引文的论文数量较多，哲学、语言学、经济学、管理学和图书馆情报与文献学 5 个学科领域有引文的论文所占比例较高，经济学、心理学、管理学、医药卫生和教育学 5 个学科领域有引文的论文篇均引用次数较多。

表 33　2003 年 SSCI 和 A&HCI 收录中国部分学科领域论文引用文献数量

学科领域	论文（篇）	总引用			有引文的论文篇均引用（次）
		（篇）	（%）	（次）	
语言学	39	38	97.4	298	7.8
经济学	35	34	97.1	1237	36.4
医药卫生	42	34	81.0	881	25.9
社会学	30	25	83.3	478	19.1
管理学	22	21	95.5	664	31.6
教育学	20	17	85.0	351	20.6
图书馆情报与文献学	19	17	89.5	179	10.5
心理学	15	11	73.3	358	32.5
民族学与人类学	17	11	64.7	172	15.6
哲学	10	10	100.0	168	16.8

9.3 SSCI 和 A&HCI 收录中国部分地区论文引用文献数量

表 34 显示 2003 年 SSCI 和 A&HCI 收录我国论文较多的 10 个省（直辖市）论文引用文献情况，从中可以看出，北京、上海、福建、陕西和江苏 5 个省（直辖市）有引文的论文数量较多，福建、陕西、浙江、广东和江苏 5 个省（直辖市）有引文的论文所占比例较高，上海、江苏、浙江、北京、陕西和广东 6 个省（直辖市）有引文的论文篇均引用次数较多（见表 34）。

表 34　2003 年 SSCI 和 A&HCI 收录中国部分地区论文引用文献数量

地区	论文	总引用			有引文的论文
	（篇）	（篇）	（%）	（次）	篇均引用（次）
北京	139	123	88.5	3031	24.6
上海	36	27	75.0	819	30.3
福建	19	19	100.0	113	5.9
陕西	16	16	100.0	263	16.4
江苏	14	13	92.9	361	27.8
浙江	10	10	100.0	275	27.5
云南	11	10	90.9	153	15.3
广东	9	9	100.0	148	16.4
湖北	8	7	87.5	57	8.1
天津	7	6	85.7	79	13.2

9.4 SSCI 和 A&HCI 收录中国各类机构论文引用文献数量

2003 年，SSCI 和 A&HCI 共收录我国各类机构有引文的论文 262 篇，其中高等院校 211 篇，占 80.5%；研究机构 36 篇，占 13.7%。这两类机构有引文的论文合计 247 篇，占总数的 94.3%（见表 35）。

从本年度 SSCI 和 A&HCI 收录我国高等院校和研究机构论文引用文献的情况来看，高等院校的有引文的论文数量比研究机构的多 175 篇，有引文的论文所占比例比研究机构的高 3.9 个百分点，但有引文的论文篇均引用次数比研究机构的少 14 次。

表 35　2003 年 SSCI 和 A&HCI 收录中国各类机构论文引用文献数量

机构类型	论文（篇）	总引用			有引文的论文篇均引用（次）
		（篇）	（%）	（次）	
高等院校	230	211	91.7	4331	20.5
研究机构	41	36	87.8	1241	34.5
医疗机构	7	3	42.9	70	23.3
政府部门	4	3	75.0	46	15.3
公司企业	0	0	0.0	0	0.0
其他机构	14	9	64.3	146	16.2

2004年
SSCI、A&HCI和ISSHP收录中国论文
统计分析年度报告

1　三大检索工具收录中国论文概况

1.1　三大检索工具收录中国论文数量和排名

2004年，SSCI、A&HCI和ISSHP三大国际检索工具（简称三大检索工具）共收录我国论文1888篇，比上一年增加5篇，增长0.3%，按三大检索工具收录论文数量的国家（地区）排名，我国排名第13位，与上一年的相同（见表1）。

表1　　2003—2004年三大检索工具收录中国论文数量和排名

年度	论文			排名
	（篇）	增加（篇）	增长（%）	
2003	1883	1138	152.8	13
2004	1888	5	0.3	13

排在我国之前的12个国家（地区）是：美国、英国、加拿大、德国、澳大利亚、法国、荷兰、意大利、西班牙、日本、瑞典和以色列（见表2）。

如果将三大检索工具收录我国香港的论文合并计算，那么我国的论文

为3104篇，国家（地区）排名第8位，排在我国之前的7个国家（地区）是美国、英国、加拿大、德国、澳大利亚、法国和荷兰。

表2　　2004年三大检索工具收录部分国家（地区）论文数量和排名

国家（地区）	论文（篇）	排名	国家（地区）	论文（篇）	排名
美国	93673	1	挪威	1114	20
英国	27599	2	丹麦	1101	21
加拿大	11096	3	墨西哥	1029	22
德国	7780	4	南非	1020	23
澳大利亚	6004	5	中国台湾	865	24
法国	4747	6	俄罗斯	843	25
荷兰	4439	7	巴西	814	26
意大利	2841	8	奥地利	800	27
西班牙	2564	9	印度	778	28
日本	2120	10	韩国	744	29
瑞典	2084	11	希腊	719	30
以色列	1979	12	土耳其	667	31
中国	1888	13	新加坡	538	32
瑞士	1727	14	波兰	356	33
比利时	1669	15	捷克	342	34
爱尔兰	1329	16	葡萄牙	332	35
新西兰	1237	17	匈牙利	313	36
中国香港	1216	18	克罗地亚	235	37
芬兰	1189	19	斯洛伐克	186	38

1.2　SSCI和A&HCI收录中国论文数量

2004年，SSCI和A&HCI共收录我国论文（作者机构栏中有“Peoples R China”的论文）557篇，比上一年增加43篇，增长8.4%。其中，我国第一作者论文336篇，占总数的60.3%；比上一年增加40篇，增长13.5%（见表3）。

表3 2003—2004年SSCI和A&HCI收录中国论文数量

年度	SSCI和A&HCI论文			中国第一作者SSCI和A&HCI论文		
	(篇)	增加(篇)	增长(%)	(篇)	(%)	增长(%)
2003	514	124	31.8	296	57.6	32.7
2004	557	43	8.4	336	60.3	13.5

1.3 ISSHP收录中国论文数量

2004年，ISSHP共收录我国论文（作者机构栏中有“Peoples R China”的论文）1326篇，比上一年减少29篇，减少2.1%。其中，我国第一作者论文1304篇，占总数的98.3%；比上一年减少37篇，减少2.8%（见表4）。

表4 2003—2004年ISSHP收录中国论文数量

年度	ISSHP论文			中国第一作者ISSHP论文		
	(篇)	增加(篇)	增长(%)	(篇)	(%)	增长(%)
2003	1355	1006	288.3	1341	99.0	299.0
2004	1326	-29	-2.1	1304	98.3	-2.8

需要说明的是，以下将以三大检索工具收录我国第一作者论文情况作为统计分析的重点。在没有特指的情况下，我国论文均指我国第一作者论文。

2 三大检索工具收录中国论文的学科分布

2.1 三大检索工具收录中国学科领域论文数量

2.1.1 SSCI和A&HCI收录中国学科领域论文数量

2004年，SSCI和A&HCI共收录我国各学科领域论文336篇，这些论文共涵盖26个学科领域。论文数量比较集中的学科领域是：经济学、教育学、社会学、医药卫生、语言学、图书馆情报与文献学、心理学、哲学、管理学和历史学，这10个学科领域论文合计264篇，占我国SSCI和A&HCI论文总数的78.6%。其中，经济学、教育学、社会学和医药卫生4

个学科领域论文合计153篇，占总数的45.5%（见表5）。

表5　　2004年SSCI和A&HCI收录中国部分学科领域论文数量

学科领域	SSCI和A&HCI论文	
	（篇）	（%）
经济学	53	15.8
教育学	36	10.7
社会学	34	10.1
医药卫生	30	8.9
语言学	25	7.4
图书馆情报与文献学	21	6.2
心理学	20	5.9
哲学	18	5.3
管理学	14	4.2
历史学	13	3.9

2.1.2　ISSHP收录中国学科领域论文数量

2004年，ISSHP共收录我国各学科领域论文1304篇，这些论文共涵盖16个学科领域。论文数量比较集中的学科领域是：管理学、经济学、交通运输、语言学、教育学、哲学、社会学、图书馆情报与文献学、文学、医药卫生和政治学，这11学科领域论文合计1296篇，占我国ISSHP论文总数的99.4%。其中，管理学和经济学2个学科领域论文合计1169篇，占总数的89.6%（见表6）。

表6　　2004年ISSHP收录中国部分学科领域论文数量

学科领域	ISSHP论文	
	（篇）	（%）
管理学	792	60.7
经济学	377	28.9
交通运输	54	4.1
语言学	24	1.8

续表

学科领域	ISSHP 论文	
	(篇)	(%)
教育学	20	1.5
哲学	9	0.7
社会学	5	0.4
图书馆情报与文献学	5	0.4
文学	4	0.3
医药卫生	3	0.2
政治学	3	0.2

2.2 SSCI 和 A&HCI 收录中国跨学科和科技领域论文数量

2.2.1 SSCI 和 A&HCI 收录中国跨学科领域论文数量

按照 SSCI 和 A&HCI 收录论文的原始学科领域分类，有一部分论文属于跨学科领域论文。2004 年，SSCI 和 A&HCI 收录的我国论文中，属于这类跨学科领域的论文有 49 篇，占 14.6%，比上一年增加 5 篇，增长 11.4%。这从一个方面反映我国人文社会科学领域研究的跨学科现象。

2.2.2 SSCI 和 A&HCI 收录中国科技领域论文数量

按照我国的学科分类，SSCI 和 A&HCI 收录的论文中，有一部分论文属于数学、计算机科学、环境科学、地理学、医药卫生、生物学、心理学、交通运输、物理学、建筑学和安全科学等科技领域。2004 年，SSCI 和 A&HCI 收录的我国论文中，属于这类论文的有 85 篇，占 25.3%，比上一年增加 7 篇，增长 9%。

3 三大检索工具收录中国论文的地区分布

3.1 三大检索工具收录中国地区论文

3.1.1 SSCI 和 A&HCI 收录中国地区论文数量

2004 年，SSCI 和 A&HCI 共收录我国论文 336 篇，这些论文来自我国

22 个省（自治区、直辖市），其中有 3 篇（含）以上 SSCI 和 A&HCI 论文的省（自治区、直辖市）有 15 个，有 2 篇的有 3 个，有 1 篇的有 4 个。另外，有 9 个省（自治区、直辖市）没有论文被 SSCI 和 A&HCI 收录。

SSCI 和 A&HCI 收录我国论文的地区的分布是：东部地区 277 篇，占 82.4%；中部地区 37 篇，占 11%；西部地区 22 篇，占 6.6%。

3.1.2　ISSHP 收录中国地区论文数量

2004 年，ISSHP 共收录我国论文 1304 篇，这些论文来自我国 26 个省（自治区、直辖市），其中有 3 篇（含）以上论文的省（自治区、直辖市）有 25 个，有 1 篇的有 1 个。另外，有 5 个省（自治区、直辖市）没有论文被 ISSHP 收录。

ISSHP 收录我国论文的地区分布是：东部地区 795 篇，占 61%；中部地区 346 篇，占 26.5%；西部地区 163 篇，占 12.5%。

本年度，我国有 SSCI 和 A&HCI 论文的省（自治区、直辖市）比有 ISSHP 论文的少 4 个；但是与上一年相比，两者各增加 1 个。

3.2　三大检索工具收录中国论文数量较多的地区

2004 年，SSCI 和 A&HCI 收录我国论文数量排名前 5 位的省（直辖市）是：北京、上海、湖北、江苏和广东，其中 4 个属于东部地区，1 个属于中部地区。这 5 个省（直辖市）的 SSCI 和 A&HCI 论文合计 265 篇，占我国同类论文总数的 78.9%。北京市高居榜首，为 173 篇，占 51.5%；其次是上海市，为 51 篇，占 15.2%（见表 7）。

2004 年，ISSHP 收录我国论文数量排名前 5 位的省（直辖市）是：北京、湖北、黑龙江、辽宁和浙江，其中 3 个属于东部地区，2 个属于中部地区。这 5 个省（直辖市）的 ISSHP 论文合计 748 篇，占我国同类论文总数的 57.4%。北京市位居第一，为 268 篇，占 20.6%；湖北省位居第二，为 156 篇，占 12%（见表 8）。

表 7　　2004 年 SSCI 和 A&HCI 收录中国部分地区论文数量

地区		SSCI 和 A&HCI 论文	
		（篇）	（%）
北京	东部	173	51.5

续表

地区		SSCI 和 A&HCI 论文	
		(篇)	(%)
上海	东部	51	15.2
湖北	中部	17	5.1
江苏	东部	12	3.6
广东	东部	12	3.6
浙江	东部	10	2.9
陕西	西部	10	2.9
福建	东部	10	2.9
山东	东部	6	1.8
吉林	中部	6	1.8

表 8　　2004 年 ISSHP 收录中国部分地区论文数量

地区		ISSHP 论文	
		(篇)	(%)
北京	东部	268	20.6
湖北	中部	156	12.0
黑龙江	中部	115	8.8
辽宁	东部	110	8.4
浙江	东部	99	7.6
上海	东部	80	6.1
陕西	西部	76	5.8
江苏	东部	70	5.4
四川	西部	47	3.6
天津	东部	46	3.5

3.3 SSCI 和 A&HCI 收录中国地区论文的学科分布

从 2004 年 SSCI 和 A&HCI 收录中国各地区论文的学科领域分布来看，东部地区论文涵盖 26 个学科领域，论文数量较集中的是经济学、教育学、社会学和医药卫生；中部地区论文涵盖 16 个学科领域，论文数量较多的是教育学、社会学和图书馆情报与文献学；西部地区论文涵盖9个学科领域，论文数量较多的是语言学（见表9）。

表9 2004年SSCI和A&HCI收录中国各地区论文数量比较集中的学科领域

学科领域	论文总数（篇）	论文（篇）		
		东部	中部	西部
经济学	53	50	2	1
教育学	36	27	7	2
社会学	34	25	6	3
医药卫生	30	23	4	3
语言学	25	17	0	8
图书馆情报与文献学	21	15	6	0
心理学	20	19	1	0
哲学	18	16	0	2
管理学	14	14	0	0
历史学	13	11	2	0

4 三大检索工具收录中国论文的机构分布

4.1 三大检索工具收录中国各类机构论文数量

4.1.1 SSCI和A&HCI收录中国各类机构论文数量

2004年，SSCI和A&HCI共收录我国论文336篇，其中高等院校235篇，占69.9%，比上一年增加5篇；研究机构65篇，占19.3%，比上一年增加24篇；医疗机构4篇，占1.2%，比上一年减少3篇；政府部门7篇，占2.1%，比上一年增加3篇；公司企业2篇，占0.6%，比上一年增加2篇；其他机构23篇，占6.9%，比上一年增加9篇（见表10）。

4.1.2 ISSHP收录中国各类机构论文数量

2004年，ISSHP共收录我国论文1304篇，其中高等院校1223篇，占93.8%，比上一年减少52篇；研究机构53篇，占4%，比上一年增加3篇；医疗机构1篇，占0.1%，论文数量与上一年相同；政府部门10篇，占0.8%，比上一年增加3篇；公司企业8篇，占0.6%，比上一年增加6篇；其他机构9篇，占0.7%，比上一年增加3篇（见表11）。

表 10　　2004 年 SSCI 和 A&HCI 收录中国各类机构论文数量

机构类型	SSCI 和 A&HCI 论文		
	（篇）	（%）	增加（篇）
高等院校	235	69.9	5
研究机构	65	19.3	24
医疗机构	4	1.2	-3
政府部门	7	2.1	3
公司企业	2	0.6	2
其他机构	23	6.9	9

表 11　　2004 年 ISSHP 收录中国各类机构论文数量

机构类型	ISSHP 论文		
	（篇）	（%）	增加（篇）
高等院校	1223	93.8	-52
研究机构	53	4.0	3
医疗机构	1	0.1	0
政府部门	10	0.8	3
公司企业	8	0.6	6
其他机构	9	0.7	3

4.2　三大检索工具收录论文数量较多的中国高等院校和研究机构

4.2.1　三大检索工具收录论文数量较多的中国高等院校

2004 年，SSCI 和 A&HCI 收录我国论文的高等院校有 66 所，比上一年减少 13 所。其中，仅收录 1 篇论文的高等院校有 34 所，收录 2 篇论文的高等院校有 11 所，收录 3 篇（含）以上论文的高等院校有 21 所。SSCI 和 A&HCI 论文在 3 篇（含）以上的 21 所高等院校的论文合计 179 篇，占我国高等院校同类论文总数的 76.2%。

SSCI 和 A&HCI 论文数量排名居前的我国 11 所高等院校是：北京大学、清华大学、北京师范大学、复旦大学、上海交通大学、浙江大学、中山大学、陕西科技大学、华东师范大学、华中科技大学和武汉大学，其 SSCI 和 A&HCI 论文合计 142 篇，占我国高等院校同类论文总数的 60.4%（见表 12）。

表 12　2004 年 SSCI 和 A&HCI 收录论文较多的中国高等院校

高等院校	SSCI 和 A&HCI 论文（篇）
北京大学	35
清华大学	27
北京师范大学	19
复旦大学	11
上海交通大学	8
浙江大学	8
中山大学	8
陕西科技大学	7
华东师范大学	7
华中科技大学	6
武汉大学	6

2004 年，ISSHP 收录我国论文的高等院校有 188 所，比上一年减少 12 所。其中，仅收录 1 篇论文的高等院校有 89 所，收录 2 篇论文的高等院校有 24 所，收录 3 篇（含）以上论文的高等院校有 75 所。ISSHP 论文在 3 篇（含）以上的 75 所高等院校的论文合计 1086 篇，占我国高等院校同类论文总数的 88.8%。

ISSHP 论文数量排名居前的我国 10 所高等院校是：哈尔滨工业大学、浙江大学、西安交通大学、清华大学、华中科技大学、大连理工大学、北京交通大学、武汉理工大学、上海交通大学和南京大学，其 ISSHP 论文总数为 510 篇，占我国高等院校同类论文总数的 41.7%（见表 13）。

表 13　2004 年 ISSHP 收录论文较多的中国高等院校

高等院校	ISSHP 论文（篇）
哈尔滨工业大学	95
浙江大学	76
西安交通大学	55
清华大学	52
华中科技大学	51
大连理工大学	48
北京交通大学	42
武汉理工大学	34
上海交通大学	30
南京大学	27

4.2.2 三大检索工具收录论文数量较多的中国研究机构

2004 年，SSCI 和 A&HCI 收录我国论文的研究机构有 23 个，比上一年增加 14 个。其中，仅收录 1 篇论文的研究机构有 16 个，收录 2 篇论文的有 5 个，收录 3 篇以上论文的有 2 个。SSCI 和 A&HCI 论文在 3 篇（含）以上的 2 个研究机构是中国科学院和中国社会科学院，其论文分别为 31 篇和 8 篇，合计 39 篇，占我国研究机构同类论文总数的 60%。

同年，ISSHP 收录我国论文的研究机构有 12 个，比上一年减少 7 个。其中，仅收录 1 篇论文的研究机构有 7 个，收录 2 篇论文的有 2 个，收录 3 篇（含）以上论文的有 3 个。ISSHP 论文在 3 篇以上的 3 个研究机构是：中国科学院、中国社会科学院和微软亚洲研究院，其 ISSHP 论文分别为 22 篇、12 篇和 8 篇，合计 42 篇，占我国研究机构同类论文总数的 79.2%。

5 SSCI 和 A&HCI 收录中国论文的期刊和文种分布

5.1 SSCI 和 A&HCI 收录中国论文的国家（地区）期刊分布

2004 年，SSCI 和 A&HCI 共收录我国论文 336 篇，这些论文分别发表在 19 个国家（地区）的 210 种期刊上。其中，有 157 篇论文发表在美国的 87 种期刊上，87 篇论文发表在英国的 68 种期刊上，42 篇论文发表在荷兰的 24 种期刊上（见表 14）。

表 14 2004 年 SSCI 和 A&HCI 收录中国论文的国家（地区）期刊分布

国家（地区）	期刊（种）	论文（篇）	国家（地区）	期刊（种）	论文（篇）
美国	87	157	澳大利亚	1	3
英国	68	87	新加坡	1	1
荷兰	23	41	斯洛伐克	1	1
德国	6	7	韩国	1	1
加拿大	5	8	捷克	1	1
中国	4	5	克罗地亚	1	1
瑞士	3	4	中国台湾	1	1
爱尔兰	2	4	比利时	1	1
法国	2	3	日本	1	1
丹麦	1	9			

本年度，我国有 5 篇 SSCI 和 A&HCI 论文发表在中国的 4 种期刊上，这些期刊是 *Science in China Series E—Engineering & Materials Science*（《中国科学 E 辑——工程科学与材料科学》英文版），*Journal of Computer Science and Technology*（《计算机科学与技术》），*Chinese Medical Journal*（《中华医学杂志》英文版）和 *Episodes*。

另外，我国有 1 篇 SSCI 和 A&HCI 论文发表在中国台湾的期刊 *Bulletin of the Institute of History and Philology Academia Sinica* 上。

5.2 SSCI 和 A&HCI 收录发表中国论文较多的期刊

2004 年，SSCI 和 A&HCI 收录的发表我国 1 篇论文的期刊有 161 种，发表 2 篇的有 33 种，发表 3 篇（含）以上的有 16 种。

表 15 显示 2004 年 SSCI 和 A&HCI 收录的发表我国论文较多的期刊，其中发表我国论文最多的期刊是美国的 *Chinese Education and Society*，有 29 篇论文在该期刊上发表。

表 15　　2004 年 SSCI 和 A&HCI 收录发表中国论文较多的期刊

国家（地区）	期刊名称	论文（篇）
美国	*Chinese Education and Society*	29
美国	*Contemporary Chinese Thought*	10
荷兰	*Scientometrics*	9
英国	*Perspectives-Studies in Translatology*	9
英国	*International Journal of Psychology*	7
美国	*Chinese Studies in History*	7
荷兰	*Schizophrenia Research*	6
美国	*Journal of Clinical Ethics*	6

5.3 SSCI 和 A&HCI 收录中国论文的文种分布

5.3.1 SSCI 和 A&HCI 收录中国论文的文种

2004 年，SSCI 和 A&HCI 收录的我国 336 篇论文包含英文、德文、芬兰文、捷克文和中文 5 个文种。其中，英文论文 331 篇，占 98.5%；德文论文 2 篇，占 0.6%；芬兰文、捷克文和中文论文各 1 篇，分别占 0.3%（见表 16）。

表 16　　2004 年 SSCI 和 A&HCI 收录中国论文的文种

论文			期刊		
文种	(篇)	(%)	文种	(种)	(%)
英文	331	98.5	英文	205	97.6
德文	2	0.6	德文	2	0.9
芬兰文	1	0.3	芬兰文	1	0.5
捷克文	1	0.3	捷克文	1	0.5
中文	1	0.3	中文	1	0.5

5.3.2　SSCI 和 A&HCI 收录发表中国论文的期刊文种

2004 年，SSCI 和 A&HCI 收录的发表我国论文的期刊有 210 种，其中英文期刊 205 种，占 97.6%；德文期刊 2 种，占 0.9%；芬兰文、捷克文和中文期刊各 1 种，分别占 0.5%（见表 16）。

本年度，我国唯一的 1 篇 SSCI 和 A&HCI 中文论文发表在中国台湾的期刊 *Bulletin of the Institute of History and Philology Academia Sinica* 上。

6　ISSHP 收录发表中国论文的国内外会议分布

6.1　ISSHP 收录中国国内外国际会议论文数量

2004 年，ISSHP 共收录我国国际会议论文 1304 篇，比上一年减少 37 篇。其中，在我国国内召开的会议论文 1208 篇，占 92.6%，比上一年增加 877 篇，每个会议平均发表我国论文 63.6 篇；在其他国家（地区）召开的会议论文 96 篇，占 7.4%，比上一年减少 914 篇，每个会议平均发表我国论文 2.3 篇（见表 17）。在我国国内召开的会议论文占绝大多数。

表 17　　2004 年 ISSHP 收录中国论文及发表中国论文的国际会议数量

会议类型	论文				会议		
	(篇)	(%)	增加（篇）	平均（篇）	(个)	(%)	增加（个）
国际会议	1304	/	-37	21.4	61	/	16
国内国际会议	1208	92.6	877	63.6	19	31.1	12
国外国际会议	96	7.4	-914	2.3	42	68.9	4

6.2 ISSHP 收录发表中国论文的国内外国际会议数量

2004 年，ISSHP 共收录发表我国论文的国际会议 61 个，比上一年增加 16 个。其中，有 19 个国际会议是在我国国内召开的，占总数的 31.1%；有 42 个国际会议是在其他国家（地区）召开的，占总数的 68.9%（见表 17）。在其他国家（地区）召开的会议占多数。

在其他国家（地区）召开的 42 个国际会议主要涉及 17 个国家，包括美国、日本、意大利、韩国、尼泊尔、英国、瑞士、荷兰、法国、德国、芬兰、加拿大、比利时、匈牙利、土耳其、新加坡和中国台湾。

6.3 ISSHP 收录中国国际会议论文的数量分布

2004 年，ISSHP 收录发表我国论文的 61 个国际会议中，发表我国 1 篇论文的国际会议有 36 个，占总数的 59%；发表 2 篇论文的有 2 个，占总数的 3.3%；发表 3 篇（含）以上论文的有 23 个，占总数的 37.7%（见表 18）。发表我国 1 篇论文的国际会议占多数。

表 18　2003—2004 年 ISSHP 收录中国国际会议论文的数量分布

年度	国际会议（个）				
	总数量	1 篇	2 篇	3 篇以上	100 篇以上
2003	45	23（51.1）	8（17.8）	14（31.1）	3
2004	61	36（59.0）	2（3.3）	23（37.7）	3

注：括号内的数字为国际会议数量所占比例。

值得注意的是，本年度 ISSHP 收录的 2 个发表我国论文较多的国际会议，其一是 2004 年在中国哈尔滨召开的 International Conference on Management Science and Engineering 会议，共发表我国论文 497 篇；其二是 2004 年在中国北京召开的 International Conference on Service Systems and Service Management 会议，共发表我国论文 130 篇。这样的国际会议论文对本年度我国 ISSHP 论文数量及其学科分布有直接影响。

7 SSCI 和 A&HCI 收录中国论文的合著情况

7.1 SSCI 和 A&HCI 收录中国合著论文数量

7.1.1 SSCI 和 A&HCI 收录中国合著与独著论文数量

2004 年，SSCI 和 A&HCI 收录我国论文 336 篇，其中合著论文 182 篇，占 54.2%，比上一年增加 10 篇，增长 5.8%；独著论文 154 篇，占 45.8%，比上一年增加 30 篇，增长 24.2%（见表 19）。

表 19　2003—2004 年 SSCI 和 A&HCI 收录中国合著与独著论文数量

年度	论文（篇）	合著		独著	
		（篇）	（%）	（篇）	（%）
2003	296	172	58.1	124	41.9
2004	336	182	54.2	154	45.8

7.1.2 SSCI 和 A&HCI 收录中国国内与国际合著论文数量

2004 年，SSCI 和 A&HCI 收录我国合著论文 182 篇，其中国内合著论文 98 篇，占 53.8%，比上一年减少 3 篇，减少 3%；国际合著论文 84 篇，占 46.2%，比上一年增加 13 篇，增长 18.3%（见表 20）。

表 20　2003—2004 年 SSCI 和 A&HCI 收录中国国内与国际合著论文数量

年度	合著（篇）	国内合著		国际合著	
		（篇）	（%）	（篇）	（%）
2003	172	101	58.7	71	41.3
2004	182	98	53.8	84	46.2

7.2 SSCI 和 A&HCI 收录中国合著论文的合著形式

7.2.1 SSCI 和 A&HCI 收录中国国内合著论文的合著形式

2004 年，SSCI 和 A&HCI 收录我国国内合著论文 98 篇，其中同机构合著论文 67 篇，占 68.4%；同省合著论文 17 篇，占 17.3%；省际合著论文 14 篇，占 14.3%（见表 21）。

表 21 2003—2004 年 SSCI 和 A&HCI 收录中国国内合著论文的合著形式

年度	国内合著（篇）	同机构合著		同省合著		省际合著	
		（篇）	（%）	（篇）	（%）	（篇）	（%）
2003	101	58	57.4	23	22.8	20	19.8
2004	98	67	68.4	17	17.3	14	14.3

7.2.2 SSCI 和 A&HCI 收录中国第一作者与中国为参与者国际合著论文数量

在本报告中，我国国际合著论文一般是指 SSCI 和 A&HCI 收录的我国第一作者国际合著论文，但是为了进行以下几方面的比较，还需要了解 SSCI 和 A&HCI 收录的我国为参与者国际合著论文的相关情况。

2004 年，SSCI 和 A&HCI 收录我国第一作者国际合著论文 84 篇，我国为参与者国际合著论文 206 篇，两者合计 290 篇。我国第一作者国际合著论文占 29%，比上一年增加 13 篇；我国为参与者国际合著论文占 71%，比上一年增加 2 篇（见表 22）。我国为参与者国际合著论文数量占明显优势。

表 22 2003—2004 年 SSCI 和 A&HCI 收录中国第一作者与中国为参与者国际合著论文数量

年度	国际合著总数（篇）	中国第一作者		中国为参与者	
		（篇）	（%）	（篇）	（%）
2003	275	71	25.8	204	74.2
2004	290	84	29.0	206	71.0

7.2.3 SSCI 和 A&HCI 收录中国国际合著论文的合著形式

2004 年，SSCI 和 A&HCI 收录我国第一作者的国际合著论文 84 篇，其中双方合著论文 71 篇，占 84.5%；三方合著论文 12 篇，占 14.3%；多方合著论文 1 篇，占 1.2%（见表 23）。

同年，SSCI 和 A&HCI 收录我国为参与者的国际合著论文 206 篇，其中双方合著论文 156 篇，占 75.7%；三方合著论文 40 篇，占 19.4%；多方合著论文 10 篇，占 4.9%（见表 24）。

表 23 2003—2004 年 SSCI 和 A&HCI 收录中国第一作者国际合著论文合著形式

年度	国际合著（篇）	双方合著		三方合著		多方合著	
		（篇）	（%）	（篇）	（%）	（篇）	（%）
2003	71	59	83.1	11	15.5	1	1.4
2004	84	71	84.5	12	14.3	1	1.2

相比之下，我国为参与者国际合著论文的三方和多方合著论文所占比例均高于我国第一作者国际合著论文的。

表 24 2003—2004 年 SSCI 和 A&HCI 收录中国为参与者国际合著论文合著形式

年度	国际合著（篇）	双方合著		三方合著		多方合著	
		（篇）	（%）	（篇）	（%）	（篇）	（%）
2003	204	160	78.4	36	17.7	8	3.9
2004	206	156	75.7	40	19.4	10	4.9

7.3 SSCI 和 A&HCI 收录中国国际合著论文涉及的合作国家（地区）

7.3.1 SSCI 和 A&HCI 收录中国国际合著论文涉及的合作国家（地区）数量

2004 年 SSCI 和 A&HCI 收录我国第一作者的国际合著论文所涉及的合作国家（地区）13 个，比上一年减少 1 个。相比之下，SSCI 和 A&HCI 收录我国为参与者的国际合著论文所涉及的合作国家（地区）49 个，比上一年增加 23 个。后者明显多于前者（见表 25）。

表 25 2003—2004 年 SSCI 和 A&HCI 收录中国国际合著论文涉及的合作国家（地区）数量

年度	合作国家（地区）（个）	
	中国第一作者	中国为参与者
2003	14	26
2004	13	49

7.3.2 SSCI和A&HCI收录中国国际合著论文涉及的主要合作国家（地区）

2004年，SSCI和A&HCI收录我国第一作者的国际合著论文所涉及的主要（排名前6位）合作国家（地区）是美国、中国香港、英国、澳大利亚、瑞典和加拿大；而收录我国为参与者的国际合著论文所涉及的主要（排名前5位）合作国家（地区）是美国、中国香港、加拿大、英国和日本（见表26）。

从本年度中国这两类国际合著论文所涉及的合作国家（地区）来看，排名前5位的合作国家（地区）情况大体相同，美国、中国香港、英国和加拿大均位居其中。加拿大自2000年以来首次取代日本，进入前5位的合作国家（地区）行列。

表26 2004年SSCI和A&HCI收录中国国际合著论文涉及的主要合作国家（地区）

涉及的合作国家（地区）	
中国第一作者	中国为参与者
美国（38）、中国香港（27）、英国（12）、澳大利亚（5）、瑞典（3）、加拿大（3）、中国台湾（2）、日本（2）、比利时（2）、瑞士（1）、新加坡（1）、荷兰（1）、德国（1）	美国（107）、中国香港（52）、加拿大（17）、英国（15）、日本（14）、韩国（9）、德国（8）、意大利（6）、澳大利亚（6）、荷兰（5）、新加坡（4）、奥地利（4）、印度（3）、法国（3）、巴西（3）、越南（2）、泰国（2）、中国台湾（2）、印度尼西亚（2）、瑞典（2）、西班牙（2）、菲律宾（2）、俄罗斯（2）、比利时（2）、多米尼加（1）、丹麦（1）、捷克（1）、柬埔寨（1）、孟加拉国（1）、芬兰（1）、巴林（1）、玻利维亚（1）、爱沙尼亚（1）、墨西哥（1）、委内瑞拉（1）、瑞士（1）、沙特阿拉伯（1）、格鲁吉亚（1）、波兰（1）、老挝（1）、新西兰（1）、希腊（1）、马来西亚（1）、中国澳门（1）、黎巴嫩（1）、拉脱维亚（1）、以色列（1）、匈牙利（1）、巴基斯坦（1）

注：括号中的数字为论文篇数。

7.3.3 SSCI和A&HCI收录涉及合作国家（地区）较多的中国国际合著论文

2004年，SSCI和A&HCI收录我国第一作者的国际合著论文中，涉及合作国家（地区）最多的是题为 The impact of urban health insurance reform on hospital charges：a case study from two cities in China 的论文，2004 年发表于爱尔兰的 *Health Policy* 期刊上，共涉及 3 个国家、7 个机构的 6 位合作者。

同年，SSCI 和 A&HCI 收录我国为参与者的国际合著论文中，涉及合作国家（地区）最多的是题为 Culture-level dimensions of social axioms and their correlates across 41 cultures 的论文，2004 年发表于美国的 *Journal of Cross-Cultural Psychology* 期刊上，共涉及 25 个国家、35 个机构的 69 位合作者。

8　SSCI 和 A&HCI 收录中国论文被引用情况

8.1　SSCI 和 A&HCI 收录中国论文被引用数量

2004 年，SSCI 和 A&HCI 共收录我国论文 336 篇，其中有 31 篇论文被引用，占总数的 9.2%；这些论文共被引用 39 次，篇均被引 0.1 次，被引用论文篇均被引 1.3 次（见表 27）。

与上一年相比，本年度被引用论文数量减少 40 篇，被引用论文所占比例减少 14.8 个百分点，论文篇均被引次数减少 0.4 次，被引用论文篇均被引次数减少 0.7 次。

表 27　　2003—2004 年 SSCI 和 A&HCI 收录中国论文被引用数量

年度	论文（篇）	总被引			篇均被引（次）	被引论文篇均被引（次）
		（篇）	（%）	（次）		
2003	296	71	24.0	139	0.5	2.0
2004	336	31	9.2	39	0.1	1.3

8.2　SSCI 和 A&HCI 收录中国部分学科领域论文被引用数量

表 28 显示 2004 年 SSCI 和 A&HCI 收录我国论文较多的 10 个学科领域论文被引用情况，从中可以看出，经济学、社会学、医药卫生和心理学 4 个学科领域被引用论文数量较多，心理学、社会学、医药卫生、经济学和管理学 5 个学科领域被引用论文所占比例较高，社会学和心理学 2 个学科领域论文篇均被引次数和被引用论文篇均被引次数均较多。

表 28 2004 年 SSCI 和 A&HCI 收录中国部分学科论文被引用数量

学科领域	论文（篇）	总被引（篇）	总被引（%）	总被引（次）	篇均被引（次）	被引论文篇均被引（次）
社会学	34	6	17.6	9	0.3	1.5
经济学	53	6	11.3	6	0.1	1.0
心理学	20	4	20.0	6	0.3	1.5
医药卫生	30	4	13.3	4	0.1	1.0
管理学	14	1	7.1	1	0.1	1.0
哲学	18	1	5.6	1	0.1	1.0
图书馆情报与文献学	21	1	4.8	1	0.1	1.0
语言学	25	1	4.0	1	0.0	1.0
教育学	36	0	0.0	0	0.0	0.0
历史学	13	0	0.0	0	0.0	0.0

8.3 SSCI 和 A&HCI 收录中国部分地区论文被引用数量

表 29 显示 2004 年 SSCI 和 A&HCI 收录我国论文较多的 10 个省（直辖市）论文被引用情况，从中可以看出，北京和江苏 2 个省（直辖市）被引用论文数量较多，江苏、吉林、北京、福建和陕西 5 个省（直辖市）被引用论文所占比例较高，浙江、吉林和北京 3 个省（直辖市）论文篇均被引次数较多，北京被引用论文篇均被引次数较多。

表 29 2004 年 SSCI 和 A&HCI 收录中国部分地区论文被引用数量

地区	论文（篇）	总被引（篇）	总被引（%）	总被引（次）	篇均被引（次）	被引论文篇均被引（次）
北京	173	22	12.7	30	0.2	1.4
江苏	12	3	25.0	3	0.3	1.0
吉林	6	1	16.7	1	0.2	1.0
福建	10	1	10.0	1	0.1	1.0
陕西	10	1	10.0	1	0.1	1.0
上海	51	1	2.0	1	0.0	1.0
湖北	17	0	0.0	0	0.0	0.0
广东	12	0	0.0	0	0.0	0.0
浙江	10	0	0.0	0	0.0	0.0
山东	6	0	0.0	0	0.0	0.0

8.4 SSCI 和 A&HCI 收录中国各类机构论文被引用数量

2004 年，从 SSCI 和 A&HCI 收录我国各类机构论文被引用情况来看，高等院校和研究机构被引用论文数量较多。高等院校有 18 篇论文被引用，研究机构有 12 篇论文被引用，两者合计 30 篇，占总数的 96.8%（见表 30）。

比较高等院校和研究机构论文被引用情况可以看出，高等院校被引用论文数量比研究机构多 6 篇，但被引用论文所占比例比研究机构低 9.8 个百分点，论文篇均被引次数及被引用论文篇均被引次数分别比研究机构少 0.1 次（见表 30）。

表 30　　2004 年 SSCI 和 A&HCI 收录中国各类机构论文被引用数量

机构类型	论文（篇）	总被引			篇均被引（次）	被引论文篇均被引（次）
		（篇）	（%）	（次）		
高等院校	235	18	7.8	22	0.1	1.2
研究机构	65	12	17.6	16	0.2	1.3
医疗机构	4	0	0.0	0	0.0	0.0
政府部门	7	1	14.3	1	0.1	1.0
公司企业	2	0	0.0	0	0.0	0.0
其他机构	23	0	0.0	0	0.0	0.0

8.5 SSCI 和 A&HCI 收录被引用论文较多的中国高等院校和研究机构

8.5.1 SSCI 和 A&HCI 收录被引用论文较多的中国高等院校

2004 年，SSCI 和 A&HCI 收录的我国高等院校 53 篇被引用论文共来自 13 所高等院校，比上一年减少 13 所。其中，有 1 篇被引用论文的高等院校 11 所，有 2 篇被引用论文的高等院校 1 所，有 3 篇（含）以上被引用论文的高等院校 1 所。北京大学是唯一被引用论文在 3 篇（含）以上的高等院校，其被引用论文为 5 篇，占我国高等院校同类论文总数的 9.4%。

本年度，SSCI 和 A&HCI 收录我国被引用论文数量排名居前的 2 所高等院校是北京大学和南京师范大学，其被引用论文分别为 5 篇和 2 篇，合计 7 篇，占我国高等院校同类论文总数的 13.2%。

8.5.2 SSCI 和 A&HCI 收录被引用论文较多的中国研究机构

2004 年，SSCI 和 A&HCI 收录的我国研究机构 12 篇被引用论文共来自 3 个研究机构，比上一年增加 1 个。其中，有 1 篇、2 篇和 3 篇（含）以上被引用论文的研究机构均为1个。中国科学院是唯一的被引用论文在3篇（含）以上的研究机构，其被引用论文为9篇，占我国研究机构同类论文总数的75%。

8.6 SSCI和A&HCI收录中国被引次数较多的论文

2004年，SSCI和A&HCI收录的我国论文中，被引次数最多的是题为A euprimate skull from the early Eocene of China的论文，发表于2004年的*Nature*，共被引用3次，第一作者是中国科学院的Ni，XJ；另一篇是题为Flexible coping responses to severe acute respiratory syndrome-related and daily life stressful events的论文，发表于2004年的*Asian Journal of Social Psychology*，共被引用3次，第一作者是北京大学的Gan，YQ。

9 SSCI和A&HCI收录中国论文引用文献情况

9.1 SSCI和A&HCI收录中国论文引用文献数量

2004年，SSCI和A&HCI共收录我国论文336篇，其中有引文的论文293篇，所占比例为87.2%。这些共引用文献6941次，有引文的论文篇均引用23.7次（见表31）。

与上一年相比，本年度有引文的论文数量增加31篇，但所占比例减少1.3个百分点，有引文的论文篇均引用次数增加1.4次。

表31　2003—2004年SSCI和A&HCI收录中国论文引用文献数量

年度	论文（篇）	总引用			有引文的论文篇均引用（次）
		（篇）	（%）	（次）	
2003	296	262	88.5	5834	22.3
2004	336	293	87.2	6941	23.7

9.2 SSCI和A&HCI收录中国部分学科领域论文引用文献数量

表32显示2004年SSCI和A&HCI收录我国论文较多的10个学科领域论文引用文献情况，从中可以看出，经济学、社会学、语言学、医药卫生和图书馆情报与文献学5个学科领域有引文的论文数量较多，图书馆情报与文献学、历史学、经济学、语言学和心理学5个学科领域有引文的论文

所占比例较高，心理学、医药卫生、管理学、社会学和经济学5个学科领域有引文的论文篇均引用次数较多。

表 32 2004 年 SSCI 和 A&HCI 收录中国部分学科领域论文引用文献数量

学科领域	论文（篇）	总引用（篇）	总引用（%）	总引用（次）	有引文的论文篇均引用（次）
经济学	53	52	98.1	1147	22.1
社会学	34	32	94.1	865	27.0
语言学	25	24	96.0	309	12.9
医药卫生	30	23	76.7	727	31.6
图书馆情报与文献学	21	21	100.0	326	15.5
心理学	20	19	95.0	979	51.5
哲学	18	16	88.9	256	16.0
管理学	14	13	92.9	394	30.3
教育学	36	13	36.1	202	15.5
历史学	13	13	100.0	145	11.2

9.3 SSCI 和 A&HCI 收录中国部分地区论文引用文献数量

2004 年，从 SSCI 和 A&HCI 收录我国论文较多的 10 个省（直辖市）论文引用文献情况来看，北京、上海、湖北、福建和陕西 5 个省（直辖市）有引文的论文数量较多，福建、陕西、北京、上海和湖北 5 个省（直辖市）有引文的论文所占比例较高，山东、广东、北京、上海和江苏 5 个省（直辖市）有引文的论文篇均引用次数较多（见表 33）。

表 33 2004 年 SSCI 和 A&HCI 收录中国部分地区论文引用文献数量

地区	论文（篇）	总引用（篇）	总引用（%）	总引用（次）	有引文的论文篇均引用（次）
北京	173	158	91.3	4056	25.7
上海	51	45	88.2	1130	25.1
湖北	17	14	82.4	238	17.0
福建	10	10	100.0	143	14.3
陕西	10	10	100.0	110	11.0

续表

地区	论文（篇）	总引用			有引文的论文篇均引用（次）
		（篇）	（%）	（次）	
广东	12	9	75.0	248	27.6
江苏	12	9	75.0	207	23.0
浙江	10	8	80.0	149	18.6
山东	6	4	66.7	130	32.5
吉林	6	3	50.0	46	15.3

9.4 SSCI 和 A&HCI 收录中国各类机构论文引用文献数量

2004 年，SSCI 和 A&HCI 共收录我国各类机构有引文的论文 293 篇，其中高等院校 213 篇，占 72.7%；研究机构 61 篇，占 20.8%。这两类机构有引文的论文合计 274 篇，占 93.5%。相比之下，其他类机构有引文的论文数量比较少（见表 34）。

从本年度 SSCI 和 A&HCI 收录我国高等院校和研究机构论文引用文献的情况来看，高等院校有引文的论文数量比研究机构的多 152 篇，有引文的论文所占比例比研究机构的高 2.1 个百分点，但有引文的论文篇均引用次数比研究机构的少 6.3 次。

表 34　2004 年 SSCI 和 A&HCI 收录中国各类机构论文引用文献数量

机构类型	论文（篇）	总引用			有引文的论文篇均引用（次）
		（篇）	（%）	（次）	
高等院校	235	213	91.8	4794	22.5
研究机构	65	61	89.7	1759	28.8
医疗机构	4	4	100.0	118	29.5
政府部门	7	5	71.4	66	13.2
公司企业	2	2	100.0	19	9.5
其他机构	23	8	34.8	185	23.1

中国香港和台湾地区部分

1995 年
SSCI、A&HCI 和 ISSHP 收录中国香港和台湾地区论文统计分析年度报告

1 三大检索工具收录中国香港和台湾地区论文概况

1.1 三大检索工具收录中国香港和台湾地区论文数量和排名

1.1.1 三大检索工具收录中国香港论文数量和排名

1995 年，SSCI、A&HCI 和 ISSHP 三大国际检索工具（简称三大检索工具）共收录我国香港论文 591 篇。按三大检索工具收录论文数量的国家（地区）排名，我国香港排名第 26 位。

1.1.2 三大检索工具收录中国台湾论文数量和排名

1995 年，SSCI、A&HCI 和 ISSHP 三大检索工具共收录我国台湾论文 367 篇。按三大检索工具收录论文数量的国家（地区）排名，我国台湾排名第 30 位。

1.2 SSCI 和 A&HCI 收录中国香港和台湾地区论文数量

1.2.1 SSCI 和 A&HCI 收录中国香港论文数量

1995 年，SSCI 和 A&HCI 收录我国香港论文（作者机构栏中有 “Hong Kong” 的论文）170 篇，其中我国香港第一作者论文 130 篇，占总数的 76.5%（见表 1）。

表 1　1995 年 SSCI 和 A&HCI 收录中国香港和台湾地区论文数量

地区	论文	第一作者论文	
	（篇）	（篇）	（%）
中国香港	170	130	76. 5
中国台湾	125	102	81. 6

1. 2. 2　SSCI 和 A&HCI 收录中国台湾论文数量

1995 年，SSCI 和 A&HCI 收录我国台湾论文（作者机构栏中有“Taiwan”的论文）125 篇，其中我国台湾第一作者论文 102 篇，占总数的 81. 6%（见表 1）。

1. 3　ISSHP 收录中国香港和台湾地区论文数量

1. 3. 1　ISSHP 收录中国香港论文数量

1995 年，ISSHP 收录我国香港论文（作者机构栏中有“Hong Kong”的论文）59 篇，其中我国香港第一作者论文 58 篇，占总数的 98. 3%（见表 2）。

表 2　1995 年 ISSHP 收录中国香港和台湾地区论文数量

地区	论文	第一作者论文	
	（篇）	（篇）	（%）
中国香港	59	58	98. 3
中国台湾	40	40	100. 0

1. 3. 2　ISSHP 收录中国台湾论文数量

1995 年，ISSHP 收录我国台湾论文（作者机构栏中有“Taiwan”的论文）40 篇，这些论文均为我国台湾第一作者论文（见表 2）。

需要说明的是，以下将以三大检索工具收录我国香港和台湾地区第一作者论文情况作为统计分析的重点。在没有特指的情况下，“我国香港论文”或“我国台湾论文”均指其第一作者论文。

2 SSCI 和 A&HCI 收录中国香港和台湾地区论文的学科分布

2.1 SSCI 和 A&HCI 收录中国香港和台湾地区学科领域论文数量

2.1.1 SSCI 和 A&HCI 收录中国香港学科领域论文数量

1995 年，SSCI 和 A&HCI 共收录我国香港各学科领域论文 130 篇，这些论文涵盖 15 个学科领域。论文数量比较集中的学科领域是：经济学、医药卫生、管理学、心理学、社会学、教育学、语言学、历史学、政治学和统计学，这 10 个学科领域论文合计 124 篇，占总数的 95.4%（见表 3）。

表 3　1995 年 SSCI 和 A&HCI 收录中国香港部分学科领域论文数量

学科领域	中国香港论文	
	（篇）	（%）
经济学	40	30.8
医药卫生	20	15.4
管理学	17	13.1
心理学	14	10.8
社会学	10	7.7
教育学	9	6.9
语言学	5	3.8
历史学	3	2.3
政治学	3	2.3
统计学	3	2.3

2.1.2 SSCI 和 A&HCI 收录中国台湾学科领域论文数量

1995 年，SSCI 和 A&HCI 共收录我国台湾各学科领域论文 102 篇，这些论文涵盖 16 个学科领域。论文数量比较集中的学科领域是：经济学、医药卫生、社会学、管理学、心理学、教育学、政治学、统计学、语言学、计算机科学和环境科学，这 11 个学科领域的论文合计 97 篇，占总数的 95.1%（见表 4）。

表4　1995年SSCI和A&HCI收录中国台湾部分学科领域论文数量

学科领域	中国台湾论文	
	（篇）	（%）
经济学	25	24.5
医药卫生	20	19.6
社会学	13	12.7
管理学	11	10.8
心理学	10	9.8
教育学	5	4.9
政治学	4	3.9
统计学	3	2.9
语言学	2	2.0
计算机科学	2	2.0
环境科学	2	2.0

2.2　SSCI和A&HCI收录中国香港和台湾地区跨学科领域论文数量

2.2.1　SSCI和A&HCI收录中国香港跨学科领域论文数量

按照SSCI和A&HCI收录论文的原始学科分类，有一部分论文属于跨学科领域论文。1995年，SSCI和A&HCI收录的我国香港论文中，属于这类跨学科领域的论文有13篇，占10%（见表5）。

表5　1995年SSCI和A&HCI收录中国香港和台湾地区跨学科领域论文数量

地区	论文（篇）	比例（%）
中国香港	13	10.0
中国台湾	4	3.9

2.2.2　SSCI和A&HCI收录中国台湾跨学科领域论文数量

1995年，SSCI和A&HCI收录的我国台湾论文中，属于跨学科领域的论文有4篇，占3.9%（见表5）。

3 SSCI 和 A&HCI 收录中国香港和台湾地区论文的机构分布

3.1 SSCI 和 A&HCI 收录中国香港和台湾地区各类机构论文数量

3.1.1 SSCI 和 A&HCI 收录中国香港各类机构论文数量

1995 年，SSCI 和 A&HCI 共收录我国香港各类机构论文 130 篇，其中高等院校 118 篇，占 90.8%；研究机构 3 篇，占 2.3%；医疗机构 2 篇，占 1.5%；其他机构 7 篇，占 5.4%（见表 6）。

表 6 1995 年 SSCI 和 A&HCI 收录中国香港和台湾地区各类机构论文数量

机构类型	中国香港		中国台湾	
	论文（篇）	比例（%）	论文（篇）	比例（%）
高等院校	118	90.8	77	75.5
研究机构	3	2.3	14	13.7
医疗机构	2	1.5	7	6.9
其他机构	7	5.4	4	3.9

3.1.2 SSCI 和 A&HCI 收录中国台湾各类机构论文数量

1995 年，SSCI 和 A&HCI 共收录我国台湾各类机构论文 102 篇，其中高等院校 77 篇，占 75.5%；研究机构 14 篇，占 13.7%；医疗机构 7 篇，占 6.9%；其他机构 4 篇，占 3.9%（见表 6）。

3.2 SSCI 和 A&HCI 收录论文数量较多的中国香港和台湾地区高等院校

3.2.1 SSCI 和 A&HCI 收录论文数量较多的中国香港高等院校

1995 年，SSCI 和 A&HCI 收录我国香港论文的高等院校有 8 所，其中论文数量较多的 5 所高等院校是香港大学、香港中文大学、香港科技大学、香港城市大学和香港理工大学，其论文合计 109 篇，占我国香港高等院校同类论文总数的 92.4%（见表 7）。

3.2.2 SSCI 和 A&HCI 收录论文数量较多的中国台湾高等院校

1995 年，SSCI 和 A&HCI 收录我国台湾论文的高等院校有 26 所，其中论文数量较多的 5 所高等院校是台湾大学、成功大学、“中央”大学、中原大学和台湾清华大学，其论文合计45篇，占我国台湾高等院校同类论文总数的58.4%（见表7）。

表7 1995年SSCI和A&HCI收录论文较多的中国香港和台湾地区高等院校

中国香港		中国台湾	
高等院校	论文（篇）	高等院校	论文（篇）
香港大学	43	台湾大学	23
香港中文大学	33	成功大学	9
香港科技大学	18	“中央”大学	5
香港城市大学	8	中原大学	4
香港理工大学	7	台湾清华大学	4

4 SSCI和A&HCI收录中国香港和台湾地区论文的期刊分布

4.1 SSCI和A&HCI收录中国香港和台湾地区论文的国家（地区）期刊分布

4.1.1 SSCI和A&HCI收录中国香港论文的国家（地区）期刊分布

1995年，SSCI和A&HCI共收录我国香港论文130篇，这些论文分别发表在8个国家（地区）的101种期刊上。其中，有57篇论文发表在美国的45种期刊上，46篇论文发表在英国的36种期刊上，18篇论文发表在荷兰的13种期刊上。另外，有1篇论文发表在中国台湾的期刊上（见表8）。

表8 1995年SSCI和A&HCI收录中国香港和台湾地区论文的国家（地区）期刊分布

中国香港			中国台湾		
国家（地区）	期刊（种）	论文（篇）	国家（地区）	期刊（种）	论文（篇）
美国	45	57	美国	47	53
英国	36	46	英国	20	27

续表

中国香港			中国台湾		
国家（地区）	期刊（种）	论文（篇）	国家（地区）	期刊（种）	论文（篇）
荷兰	13	18	荷兰	9	10
瑞士	3	4	瑞士	3	3
加拿大	1	2	爱尔兰	2	2
中国台湾	1	1	中国台湾	1	3
德国	1	1	新加坡	1	1
澳大利亚	1	1	丹麦	1	1
			加拿大	1	1

注：本年度有1篇我国台湾论文无法确定其来源刊的国别。

4.1.2 SSCI 和 A&HCI 收录中国台湾论文的国家（地区）期刊分布

1995 年，SSCI 和 A&HCI 共收录我国台湾论文 102 篇，这些论文分别发表在 9 个国家（地区）的 85 种期刊上。其中，有 53 篇论文发表在美国的 47 种期刊上，27 篇论文发表在英国的 20 种期刊上，10 篇论文发表在荷兰的 9 种期刊上。另外，有 3 篇论文发表在中国台湾的 1 种期刊上（见表 8）。

4.2 SSCI 和 A&HCI 收录发表中国香港和台湾地区论文较多的期刊

4.2.1 SSCI 和 A&HCI 收录发表中国香港论文较多的期刊

表 9 显示 1995 年 SSCI 和 A&HCI 收录的发表我国香港论文较多的期刊，其中发表该地区论文最多的期刊是荷兰的 *Journal of Real Estate Finance and Economics*，有 4 篇论文在该期刊上发表。

4.2.2 SSCI 和 A&HCI 收录发表中国台湾论文较多的期刊

表 9 显示 1995 年 SSCI 和 A&HCI 收录的发表我国台湾论文较多的期刊，其中发表该地区论文最多的期刊是英国的 *Applied Economics*、美国的 *Journal of Futures Markets* 和 *Journal of the American Geriatrics Society*，各有 4 篇论文在这些期刊上发表。

表9 1995年SSCI和A&HCI收录发表中国香港和台湾地区论文较多的期刊

中国香港			中国台湾		
国家（地区）	期刊名称	论文（篇）	国家（地区）	期刊名称	论文（篇）
荷兰	*Journal of Real Estate Finance and Economics*	4	英国	*Applied Economics*	4
英国	*Computers & Operations Research*	3	美国	*Journal of Futures Markets*	4
英国	*Social Science & Medicine*	3	美国	*Journal of the American Geriatrics Society*	4
美国	*Chinese Studies in History*	3	中国台湾	*Issues & Studies*	3

5 SSCI和A&HCI收录中国香港和台湾地区论文的合著情况

5.1 SSCI和A&HCI收录中国香港和台湾地区合著论文数量

5.1.1 SSCI和A&HCI收录中国香港合著与独著论文数量

1995年，SSCI和A&HCI收录我国香港论文130篇，其中合著论文104篇，占80%；独著论文26篇，占20%（见表10）。

表10 1995年SSCI和A&HCI收录中国香港和台湾地区合著与独著论文数量

地区	论文（篇）	合著论文		独著论文	
		（篇）	（%）	（篇）	（%）
中国香港	130	104	80.0	26	20.0
中国台湾	102	95	93.1	7	6.9

5.1.2 SSCI和A&HCI收录中国台湾合著与独著论文数量

1995年，SSCI和A&HCI收录我国台湾论文102篇，其中合著论文95篇，占93.1%；独著论文7篇，占6.9%（见表10）。

5.2 SSCI 和 A&HCI 收录中国香港和台湾地区内以及与其他国家（地区）间合著论文数量

5.2.1 SSCI 和 A&HCI 收录中国香港地区内以及与其他国家（地区）间合著论文数量

1995 年，SSCI 和 A&HCI 收录我国香港合著论文 104 篇，其中地区内合著论文 79 篇，占 76%；与其他国家（地区）间合著论文 25 篇，占 24%（见表 11）。

表 11　1995 年 SSCI 和 A&HCI 收录中国香港和台湾地区内以及与其他国家（地区）间合著论文数量

地区	合著论文（篇）	地区内合著		国家（地区）间合著	
		（篇）	（%）	（篇）	（%）
中国香港	104	79	76.0	25	24.0
中国台湾	95	70	73.7	25	26.3

5.2.2 SSCI 和 A&HCI 收录中国台湾地区内以及与其他国家（地区）间合著论文数量

1995 年，SSCI 和 A&HCI 收录我国台湾合著论文 95 篇，其中地区内合著论文 70 篇，占 73.7%；与其他国家（地区）间合著论文 25 篇，占 26.3%（见表 11）。

5.3 SSCI 和 A&HCI 收录中国香港和台湾地区内以及与其他国家（地区）间合著论文的合作形式

5.3.1 SSCI 和 A&HCI 收录中国香港地区内以及与其他国家（地区）间合著论文的合作形式

1995 年，SSCI 和 A&HCI 收录我国香港地区内以及与其他国家（地区）间合著论文 25 篇，其中双方合著论文 24 篇，占 96%；三方合著论文 1 篇，占 4%（见表 12）。

5.3.2 SSCI 和 A&HCI 收录中国台湾地区内以及与其他国家（地区）间合著论文的合作形式

1995 年，SSCI 和 A&HCI 收录我国台湾地区内以及与其他国家（地区）间合著论文 25 篇，其中双方合著论文 24 篇，占 96%；多方合著论文 1 篇，占 4%（见表 12）。

表 12　1995 年 SSCI 和 A&HCI 收录中国香港和台湾地区内以及与其他国家（地区）间合著论文的合作形式

地区	国家（地区）间合著（篇）	双方合著		三方合著		多方合著	
		（篇）	（%）	（篇）	（%）	（篇）	（%）
中国香港	25	24	96.0	1	4.0	0	0
中国台湾	25	24	96.0	0	0.0	1	4

6　SSCI 和 A&HCI 收录中国香港和台湾地区论文被引用情况

6.1　SSCI 和 A&HCI 收录中国香港和台湾地区论文被引用数量

6.1.1　SSCI 和 A&HCI 收录中国香港论文被引用数量

1995 年，SSCI 和 A&HCI 共收录我国香港论文 130 篇，其中有 107 篇论文被引用，占总数的 82.3%；这些论文共被引用 783 次，篇均被引 6 次，被引用论文篇均被引 7.3 次（见表 13）。

表 13　1995 年 SSCI 和 A&HCI 收录中国香港和台湾地区论文被引用数量

地区	论文（篇）	总被引			篇均被引（次）	被引论文篇均被引（次）
		（篇）	（%）	（次）		
中国香港	130	107	82.3	783	6.0	7.3
中国台湾	102	81	79.4	813	8.0	10.0

6.1.2　SSCI 和 A&HCI 收录中国台湾论文被引用数量

1995 年，SSCI 和 A&HCI 共收录我国台湾论文 102 篇，其中有 81 篇论文被引用，占总数的 79.4%；这些论文共被引用 813 次，篇均被引 8 次，被引用论文篇均被引 10 次（见表 13）。

6.2　SSCI 和 A&HCI 收录中国香港和台湾地区部分学科领域论文被引用数量

6.2.1　SSCI 和 A&HCI 收录中国香港部分学科领域论文被引用数量

表 14 显示 1995 年 SSCI 和 A&HCI 收录我国香港论文较多的 10 个学科领域论文被引用情况，从中可以看出，经济学、医药卫生、管理学、心理

学、社会学和教育学6个学科领域被引用论文数量较多，教育学、政治学、统计学、管理学、医药卫生和社会学6个学科领域被引用论文所占比例较高，教育学、医药卫生、心理学、管理学和经济学5个学科领域论文篇均被引次数较多，教育学、医药卫生、心理学、管理学和经济学5个学科领域被引用论文篇均被引次数较多。

表14　1995年SSCI和A&HCI收录中国香港部分学科领域论文被引用数量

学科领域	论文	总被引			篇均被引	被引论文篇均被引
	(篇)	(篇)	(%)	(次)	(次)	(次)
经济学	40	29	72.5	217	5.4	7.5
医药卫生	20	18	90.0	162	8.1	9.0
管理学	17	16	94.1	95	5.6	5.9
心理学	14	12	85.7	101	7.2	8.4
教育学	9	9	100.0	100	11.1	11.1
社会学	10	9	90.0	53	5.3	5.9
语言学	5	4	80.0	23	4.6	5.8
政治学	3	3	100.0	9	3.0	3.0
统计学	3	3	100.0	8	2.7	2.7
历史学	3	0	0.0	0	0.0	0.0

6.2.2　SSCI和A&HCI收录中国台湾部分学科领域论文被引用数量

表15显示1995年SSCI和A&HCI收录我国台湾论文较多的11个学科领域论文被引用情况，从中可以看出，医药卫生、经济学、社会学、心理学和管理学5个学科领域被引用论文数量较多，医药卫生、社会学、心理学、教育学和管理学5个学科领域被引用论文所占比例较高，社会学、心理学、医药卫生、统计学和教育学5个学科领域论文篇均被引次数较多，社会学、心理学、统计学、医药卫生和教育学5个学科领域被引用篇均被引次数较多。

6.3　SSCI和A&HCI收录中国香港和台湾地区各类机构论文被引用数量

6.3.1　SSCI和A&HCI收录中国香港各类机构论文被引用数量

1995年，SSCI和A&HCI共收录我国香港各类机构被引用论文107篇，其中高等院校被引用论文98篇，占总数的91.6%。高等院校的论文和被引用论文数量均占明显优势（见表16）。

表15　1995年SSCI和A&HCI收录中国台湾部分学科领域论文被引用数量

学科领域	论文	总被引			篇均被引	被引论文篇均被引
	（篇）	（篇）	（%）	（次）	（次）	（次）
医药卫生	20	20	100.0	266	13.3	13.3
经济学	25	17	68.0	87	3.5	5.1
社会学	13	13	100.0	192	14.8	14.8
心理学	10	10	100.0	141	14.1	14.1
管理学	11	8	72.7	38	3.5	4.8
教育学	5	4	80.0	26	5.2	6.5
统计学	3	2	66.7	28	9.3	14.0
政治学	4	2	50.0	10	2.5	5.0
语言学	2	1	50.0	8	4.0	8.0
环境科学	2	1	50.0	7	3.5	7.0
计算机科学	2	0	0.0	0	0.0	0.0

表16　1995年SSCI和A&HCI收录中国香港各类机构论文被引用数量

机构类型	论文	总被引			篇均被引	被引论文篇均被引
	（篇）	（篇）	（%）	（次）	（次）	（次）
高等院校	118	98	83.1	733	6.2	7.5
研究机构	3	2	66.7	7	2.3	3.5
医疗机构	2	2	100.0	10	5.0	5.0
其他机构	7	5	71.4	33	4.7	6.6

6.3.2　SSCI和A&HCI收录中国台湾各类机构论文被引用数量

1995年，SSCI和A&HCI收录我国台湾各类机构被引用论文81篇，其中高等院校被引用论文60篇，占总数的74.1%。高等院校的论文和被引用论文数量均占优势（见表17）。

表 17　1995 年 SSCI 和 A&HCI 收录中国台湾各类机构论文被引用数量

机构类型	论文（篇）	总被引			篇均被引（次）	被引论文篇均被引（次）
		（篇）	（%）	（次）		
高等院校	77	60	77.9	571	7.4	9.5
研究机构	14	11	78.6	111	7.9	10.1
医疗机构	7	7	100.0	121	17.3	17.3
其他机构	4	3	75.0	10	2.5	3.3

7　SSCI 和 A&HCI 收录中国香港和台湾地区论文引用文献情况

7.1　SSCI 和 A&HCI 收录中国香港和台湾地区论文引用文献数量

7.1.1　SSCI 和 A&HCI 收录中国香港论文引用文献数量

1995 年，SSCI 和 A&HCI 共收录我国香港论文 130 篇，其中有引文的论文 124 篇，占总数的 95.4%；这些论文共引用文献 3304 次，有引文的论文篇均引用 26.6 次（见表 18）。

表 18　1995 年 SSCI 和 A&HCI 收录中国香港和台湾地区论文引用文献数量

地区	论文（篇）	总引用			有引文的论文篇均引用（次）
		（篇）	（%）	（次）	
中国香港	130	124	95.4	3304	26.6
中国台湾	102	99	97.1	2758	27.9

7.1.2　SSCI 和 A&HCI 收录中国台湾论文引用文献数量

1995 年，SSCI 和 A&HCI 共收录我国台湾论文 102 篇，其中有引文的论文 99 篇，占总数的 97.1%；这些有引文的论文共引用文献 2758 次，有引文的论文篇均引用 27.9 次（见表 18）。

7.2　SSCI 和 A&HCI 收录中国香港和台湾地区部分学科领域论文引用文献数量

7.2.1　SSCI 和 A&HCI 收录中国香港部分学科领域论文引用文献数量

表 19 显示 1995 年 SSCI 和 A&HCI 收录我国香港论文较多的 10 个学科

领域论文引用文献的情况，从中可以看出，经济学、医药卫生、管理学、心理学和社会学5个学科领域有引文的论文数量较多，医药卫生、管理学、社会学、教育学、语言学、政治学和统计学7个学科领域有引文的论文所占比例均为100%，历史学、政治学、管理学、经济学和社会学5个学科领域有引文的论文篇均引用次数较多。

表19　1995年SSCI和A&HCI收录中国香港部分学科领域论文引用文献数量

学科领域	论文（篇）	总引用			有引文的论文篇均引用（次）
		（篇）	（%）	（次）	
经济学	40	38	95.0	1033	27.2
医药卫生	20	20	100.0	486	24.3
管理学	17	17	100.0	557	32.8
心理学	14	12	85.7	274	22.8
社会学	10	10	100.0	265	26.5
教育学	9	9	100.0	237	26.3
语言学	5	5	100.0	109	21.8
政治学	3	3	100.0	110	36.7
统计学	3	3	100.0	51	17.0
历史学	3	1	33.3	51	51

7.2.2　SSCI和A&HCI收录中国台湾部分学科领域论文引用文献数量

表20显示1995年SSCI和A&HCI收录我国台湾论文较多的11个学科领域论文引用文献的情况，从中可以看出，经济学、医药卫生、社会学、管理学和心理学5个学科领域有引文的论文数量较多，医药卫生、社会学、管理学、教育学、统计学、环境科学、语言学和计算机科学8个学科领域有引文的论文所占比例均为100%，社会学、教育学、心理学、环境科学和医药卫生5个学科领域有引文的论文篇均引用次数较多。

7.3　SSCI和A&HCI收录中国香港和台湾地区各类机构论文引用文献数量

7.3.1　SSCI和A&HCI收录中国香港各类机构论文引用文献数量

1995年，SSCI和A&HCI收录我国香港各类机构有引文的论文124篇，其中高等院校有引文的论文 113 篇，占总数的 91.1%。高等院校的论文和有引文的论文数量均占明显优势（见表 21)。

表 20　1995 年 SSCI 和 A&HCI 收录中国台湾部分学科领域论文引用文献数量

学科领域	论文	总引用			有引文的论文
	（篇）	（篇）	（%）	（次）	篇均引用（次）
经济学	25	24	96.0	461	19.2
医药卫生	20	20	100.0	489	24.5
社会学	13	13	100.0	671	51.6
管理学	11	11	100.0	240	21.8
心理学	10	9	90.0	279	31.0
教育学	5	5	100.0	182	36.4
统计学	3	3	100.0	61	20.3
政治学	4	3	75.0	66	22.0
环境科学	2	2	100.0	56	28.0
语言学	2	2	100.0	46	23.0
计算机科学	2	2	100.0	37	18.5

表 21　1995 年 SSCI 和 A&HCI 收录中国香港各类机构论文引用文献数量

机构类型	论文	总引用			有引文的论文
	（篇）	（篇）	（%）	（次）	篇均引用（次）
高等院校	118	113	95.8	3037	26.9
研究机构	3	3	100.0	49	16.3
医疗机构	2	2	100.0	58	29.0
其他机构	7	6	85.7	160	26.7

7.3.2　SSCI 和 A&HCI 收录中国台湾各类机构论文引用文献数量

1995 年，SSCI 和 A&HCI 收录我国台湾各类机构有引文的论文 99 篇，其中高等院校有引文的论文 75 篇，占总数的 75.8%。高等院校的论文和有引文的论文数量均占优势（见表 22)。

表 22　1995 年 SSCI 和 A&HCI 收录中国台湾各类机构论文引用文献数量

机构类型	论文（篇）	总引用			有引文的论文篇均引用（次）
		（篇）	（%）	（次）	
高等院校	77	75	97.4	2076	27.7
研究机构	14	13	92.9	417	32.1
医疗机构	7	7	100.0	177	25.3
其他机构	4	4	100.0	88	22.0

1996 年
SSCI、A&HCI 和 ISSHP 收录中国香港和台湾地区论文统计分析年度报告

1　三大检索工具收录中国香港和台湾地区论文概况

1.1　三大检索工具收录中国香港和台湾地区论文数量和排名

1.1.1　三大检索工具收录中国香港论文数量和排名

1996 年，SSCI、A&HCI 和 ISSHP 三大国际检索工具（简称三大检索工具）共收录我国香港论文 664 篇，比上一年的 591 篇增加 73 篇，增长 12.3%。按三大检索工具收录论文数量的国家（地区）排名，我国香港排名第 25 位（见表 1）。

表 1　　1996 年三大检索工具收录中国香港和台湾地区论文数量和排名

地区	论文			排名
	（篇）	增加（篇）	增长（%）	
中国香港	664	73	12.4	25
中国台湾	378	11	3.0	28

1.1.2　三大检索工具收录中国台湾论文数量和排名

1996 年，SSCI、A&HCI 和 ISSHP 三大检索工具共收录我国台湾论文 378 篇，比上一年的 367 篇增加 11 篇，增长 3.0%。按三大检索工具收录

论文数量的国家（地区）排名，我国台湾排名第28位（见表1）。

1.2 SSCI和A&HCI收录中国香港和台湾地区论文数量

1.2.1 SSCI和A&HCI收录中国香港论文数量

1996年，SSCI和A&HCI收录我国香港论文（作者机构栏中有“Hong Kong”的论文）241篇，比上一年的170篇增加71篇，增长41.8%。其中，我国香港第一作者论文189篇，占总数的78.4%，比上一年增长45.4%（见表2）。

表2　1996年SSCI和A&HCI收录中国香港和台湾地区论文数量

地区	SSCI和A&HCI论文			第一作者论文		
	（篇）	增加（篇）	增长（%）	（篇）	（%）	增长（%）
中国香港	241	71	41.8	189	78.4	45.4
中国台湾	152	27	21.6	117	77.0	14.7

1.2.2 SSCI和A&HCI收录中国台湾论文数量

1996年，SSCI和A&HCI收录我国台湾论文（作者机构栏中有“Taiwan”的论文）152篇，比上一年的125篇增加27篇，增长21.6%。其中，我国台湾第一作者论文117篇，占总数的77%，比上一年增长14.7%（见表2）。

1.3 ISSHP收录中国香港和台湾地区论文数量

1.3.1 ISSHP收录中国香港论文数量

1996年，ISSHP收录我国香港论文（作者机构栏中有“Hong Kong”的论文）38篇，比上一年的59篇减少21篇，减少35.6%。其中，我国香港第一作者论文36篇，占总数的94.7%，比上一年减少37.9%（见表3）。

1.3.2 ISSHP收录中国台湾论文数量

1996年，ISSHP收录我国台湾论文（作者机构栏中有“Taiwan”的论文）24篇，比上一年的40篇减少16篇，减少40%。其中，我国台湾第一作者论文23篇，占总数的95.8%，比上一年减少42.5%（见表3）。

表 3　　1996 年 ISSHP 收录中国香港和台湾地区论文数量

地区	ISSHP 论文			第一作者论文		
	（篇）	增加（篇）	增长（%）	（篇）	（%）	增长（%）
中国香港	38	-21	-35.6	36	94.7	-37.9
中国台湾	24	-16	-40.0	23	95.8	-42.5

需要说明的是，以下将以三大检索工具收录我国香港和台湾地区第一作者论文情况作为统计分析的重点。在没有特指的情况下，“我国香港论文”或“我国台湾论文”均指其第一作者论文。

2　SSCI 和 A&HCI 收录中国香港和台湾地区论文的学科分布

2.1　SSCI 和 A&HCI 收录中国香港和台湾地区学科领域论文数量

2.1.1　SSCI 和 A&HCI 收录中国香港学科领域论文数量

1996 年，SSCI 和 A&HCI 共收录我国香港各学科领域论文 189 篇，这些论文涵盖 15 个学科领域。论文数量比较集中的学科领域是：社会学、经济学、医药卫生、心理学、管理学、教育学、图书馆情报与文献学、哲学、政治学和交通运输，这 10 个学科领域论文合计 181 篇，占总数的 95.8%（见表 4）。

表 4　　1996 年 SSCI 和 A&HCI 收录中国香港部分学科领域论文数量

学科领域	中国香港论文	
	（篇）	（%）
社会学	44	23.3
经济学	43	22.8
医药卫生	29	15.3
心理学	20	10.6
管理学	15	7.9
教育学	14	7.4
图书馆情报与文献学	7	3.7

续表

学科领域	中国香港论文	
	（篇）	（%）
哲学	3	1.6
政治学	3	1.6
交通运输	3	1.6

2.1.2 SSCI和A&HCI收录中国台湾学科领域论文数量

1996年，SSCI和A&HCI共收录我国台湾各学科领域论文117篇，这些论文涵盖16个学科领域。论文数量比较集中的学科领域是：医药卫生、经济学、心理学、管理学、社会学、教育学、图书馆情报与文献学、政治学和新闻学与传播学，这9个学科领域论文合计110篇，占总数的94%（见表5）。

表5　1996年SSCI和A&HCI收录中国台湾部分学科领域论文数量

学科领域	中国台湾论文	
	（篇）	（%）
医药卫生	29	24.8
经济学	26	22.2
心理学	19	16.2
管理学	13	11.1
社会学	11	9.4
教育学	5	4.3
图书馆情报与文献学	3	2.6
政治学	2	1.7
新闻学与传播学	2	1.7

2.2 SSCI和A&HCI收录中国香港和台湾地区跨学科领域论文数量

2.2.1 SSCI和A&HCI收录中国香港跨学科领域论文数量

按照SSCI和A&HCI收录论文的原始学科分类，有一部分论文属于跨学科领域。1996年，SSCI和A&HCI收录的我国香港论文中，属于这类跨学科领域的论文有54篇，占28.6%；比上一年增加41篇，增长315.4%（见表6）。

表6 1996 年 SSCI 和 A&HCI 收录中国香港和台湾地区跨学科领域论文数量

地区	论文			
	（篇）	（%）	增加（篇）	增长（%）
中国香港	54	28.6	41	315.4
中国台湾	25	21.4	21	525.0

2.2.2 SSCI 和 A&HCI 收录中国台湾跨学科领域论文数量

1996 年，SSCI 和 A&HCI 收录的我国台湾论文中，属于跨学科领域的论文有 25 篇，占 21.4%；比上一年增加 21 篇，增长 525%（见表6）。

3 SSCI 和 A&HCI 收录中国香港和台湾地区论文的机构分布

3.1 SSCI 和 A&HCI 收录中国香港和台湾地区各类机构论文数量

3.1.1 SSCI 和 A&HCI 收录中国香港各类机构论文数量

1996 年，SSCI 和 A&HCI 共收录我国香港各类机构论文 189 篇，其中高等院校 167 篇，占 88.4%，比上一年增加 49 篇；研究机构 9 篇，占 4.8%，比上一年增加 6 篇；医疗机构 6 篇，占 3.2%，比上一年增加 4 篇；其他机构 7 篇，占 3.7%，与上一年相同（见表7）。

表7 1996 年 SSCI 和 A&HCI 收录中国香港和台湾地区各类机构论文数量

机构类型	中国香港			中国台湾		
	论文（篇）	比例（%）	增加（篇）	论文（篇）	比例（%）	增加（篇）
高等院校	167	88.4	49	91	77.8	14
研究机构	9	4.8	6	17	14.5	3
医疗机构	6	3.2	4	5	4.3	-2
其他机构	7	3.7	0	4	3.4	0

3.1.2 SSCI 和 A&HCI 收录中国台湾各类机构论文数量

1996 年，SSCI 和 A&HCI 共收录我国台湾各类机构论文 117 篇，其中高等院校 91 篇，占 77.8%，比上一年增加 14 篇；研究机构 17 篇，占 14.5%，比上一年增加 3 篇；医疗机构 5 篇，占 4.3%，比上一年减少 2 篇；其他机构 4 篇，占 3.4%，与上一年相同（见表7）。

3.2 SSCI和A&HCI收录论文数量较多的中国香港和台湾地区高等院校

3.2.1 SSCI和A&HCI收录论文数量较多的中国香港高等院校

1996年，SSCI和A&HCI收录我国香港论文的高等院校有14所，其中论文数量较多的5所高等院校是香港中文大学、香港大学、香港科技大学、香港城市大学和香港理工大学，其论文合计153篇，占我国香港高等院校同类论文总数的91.6%（见表8）。

表8 1996年SSCI和A&HCI收录论文较多的中国香港和台湾地区高等院校

中国香港		中国台湾	
高等院校	论文（篇）	高等院校	论文（篇）
香港中文大学	64	台湾大学	28
香港大学	45	台湾交通大学	8
香港科技大学	18	中正大学	6
香港城市大学	16	成功大学	5
香港理工大学	10	中原大学	4

3.2.2 SSCI和A&HCI收录论文数量较多的中国台湾高等院校

1996年，SSCI和A&HCI收录我国台湾论文的高等院校有32所，其中论文数量较多的5所高等院校是台湾大学、台湾交通大学、中正大学、成功大学和中原大学，其论文合计51篇，占中国台湾高等院校同类论文总数的56%（见表8）。

4 SSCI和A&HCI收录中国香港和台湾地区论文的期刊分布

4.1 SSCI和A&HCI收录中国香港和台湾地区论文的国家（地区）期刊分布

4.1.1 SSCI和A&HCI收录中国香港论文的国家（地区）期刊分布

1996年，SSCI和A&HCI共收录我国香港论文189篇，这些论文分别发表在13个国家（地区）的131种期刊上。其中，有84篇论文发表在英国的43种期刊上，67篇论文发表在美国的56种期刊上，16篇论文发表在荷兰的13种期刊上（见表9）。

表9　1996年SSCI和A&HCI收录中国香港和台湾地区论文的国家（地区）期刊分布

中国香港			中国台湾		
国家（地区）	期刊（种）	论文（篇）	国家（地区）	期刊（种）	论文（篇）
英国	43	84	美国	43	51
美国	56	67	英国	21	39
荷兰	13	16	荷兰	13	16
瑞士	6	7	瑞士	3	4
德国	2	3	中国台湾	2	2
丹麦	2	3	爱尔兰	2	2
加拿大	2	2	中国	1	1
澳大利亚	2	2	加拿大	1	1
南非	1	1	澳大利亚	1	1
新加坡	1	1			
新西兰	1	1			
日本	1	1			
意大利	1	1			

4.1.2　SSCI和A&HCI收录中国台湾论文的国家（地区）期刊分布

1996年，SSCI和A&HCI共收录我国台湾论文117篇，这些论文分别发表在9个国家（地区）的87种期刊上。其中，有51篇论文发表在美国的43种期刊上，39篇论文发表在英国的21种期刊上，16篇论文发表在荷兰的13种期刊上。另外，有2篇论文发表在中国台湾的2种期刊上，有1篇论文发表在中国（内地）的期刊上（见表9）。

4.2　SSCI和A&HCI收录发表中国香港和台湾地区论文较多的期刊

4.2.1　SSCI和A&HCI收录发表中国香港论文较多的期刊

表10显示1996年SSCI和A&HCI收录的发表我国香港论文较多的期刊，其中发表该地区论文最多的期刊是英国的*International Journal of Psychology*，有35篇论文在该期刊上发表。

4.2.2　SSCI和A&HCI收录发表中国台湾论文较多的期刊

表10显示1996年SSCI和A&HCI收录的发表我国台湾论文较多的期

刊，其中发表该地区论文最多的期刊是英国的 *International Journal of Psychology*，有 15 篇论文在该期刊上发表。

表 10 1996 年 SSCI 和 A&HCI 收录发表中国香港和台湾地区论文较多的期刊

中国香港			中国台湾		
国家（地区）	期刊名称	论文（篇）	国家（地区）	期刊名称	论文（篇）
英国	*International Journal of Psychology*	35	英国	*International Journal of Psychology*	15
美国	*Annals of the American Academy of Political and Social Science*	5	美国	*American Journal of Agricultural Economics*	4
美国	*International Journal of Eating Disorders*	3			
荷兰	*European Journal of Operational Research*	3			
英国	*Journal of Information Technology*	3			

5 SSCI 和 A&HCI 收录中国香港和台湾地区论文的合著情况

5.1 SSCI 和 A&HCI 收录中国香港和台湾地区合著论文数量

5.1.1 SSCI 和 A&HCI 收录中国香港合著与独著论文数量

1996 年，SSCI 和 A&HCI 收录我国香港论文 189 篇，其中合著论文 144 篇，占 76.2%；独著论文 45 篇，占 23.8%（见表 11）。

表 11 1996 年 SSCI 和 A&HCI 收录中国香港和台湾地区合著与独著论文数量

地区	论文（篇）	合著论文		独著论文	
		（篇）	（%）	（篇）	（%）
中国香港	189	144	76.2	45	23.8
中国台湾	117	103	88.0	14	12.0

5.1.2 SSCI 和 A&HCI 收录中国台湾合著与独著论文数量

1996 年，SSCI 和 A&HCI 收录我国台湾论文 117 篇，其中合著论文 103 篇，占 88%；独著论文 14 篇，占 12%（见表 11）。

5.2 SSCI 和 A&HCI 收录中国香港和台湾地区内以及与其他国家（地区）间合著论文数量

5.2.1 SSCI 和 A&HCI 收录中国香港地区内以及与其他国家（地区）间合著论文数量

1996 年，SSCI 和 A&HCI 收录我国香港合著论文 144 篇，其中地区内合著论文 112 篇，占 77.8%；与其他国家（地区）间合著论文 32 篇，占 22.2%（见表 12）。

表 12　1996 年 SSCI 和 A&HCI 收录中国香港和台湾地区内以及与其他国家（地区）间合著论文数量

地区	合著论文（篇）	地区内合著		国家（地区）间合著	
		（篇）	（%）	（篇）	（%）
中国香港	144	112	77.8	32	22.2
中国台湾	103	79	76.7	24	23.3

5.2.2 SSCI 和 A&HCI 收录中国台湾地区内以及与其他国家（地区）间合著论文数量

1996 年，SSCI 和 A&HCI 收录我国台湾合著论文 103 篇，其中地区内合著论文 79 篇，占 76.7%；与其他国家（地区）间合著论文 24 篇，占 23.3%（见表 12）。

5.3 SSCI 和 A&HCI 收录中国香港和台湾地区内以及与其他国家（地区）间合著论文的合作形式

5.3.1 SSCI 和 A&HCI 收录中国香港地区内以及与其他国家（地区）间合著论文的合作形式

1996 年，SSCI 和 A&HCI 收录我国香港地区内以及与其他国家（地区）间合著论文 32 篇，其中双方合著论文 27 篇，占 84.4%；三方合著论文 4 篇，占 12.5%；多方合著论文 1 篇，占 3.1%（见表 13）。

表 13　　1996 年 SSCI 和 A&HCI 收录中国香港和台湾地区内以及与其他国家（地区）间合著论文的合作形式

地区	国家（地区）间合著（篇）	双方合著		三方合著		多方合著	
		（篇）	（%）	（篇）	（%）	（篇）	（%）
中国香港	32	27	84.4	4	12.5	1	3.1
中国台湾	24	24	100.0	0	0.0	0	0.0

5.3.2　SSCI 和 A&HCI 收录中国台湾地区内以及与其他国家（地区）间合著论文的合作形式

1996 年，SSCI 和 A&HCI 收录我国台湾地区内以及与其他国家（地区）间合著论文 24 篇，这些论文均为双方合著论文（见表 13）。

6　SSCI 和 A&HCI 收录中国香港和台湾地区论文被引用情况

6.1　SSCI 和 A&HCI 收录中国香港和台湾地区论文被引用数量

6.1.1　SSCI 和 A&HCI 收录中国香港论文被引用数量

1996 年，SSCI 和 A&HCI 共收录我国香港论文 189 篇，其中有 125 篇论文被引用，占总数的 66.1%；这些论文共被引用 1317 次，篇均被引 7 次，被引用论文篇均被引 10.5 次（见表 14）。

表 14　1996 年 SSCI 和 A&HCI 收录中国香港和台湾地区论文被引用数量

地区	论文（篇）	总被引			篇均被引（次）	被引论文篇均被引（次）
		（篇）	（%）	（次）		
中国香港	189	125	66.1	1317	7.0	10.5
中国台湾	117	72	61.5	669	5.7	9.3

6.1.2　SSCI 和 A&HCI 收录中国台湾论文被引用数量

1996 年，SSCI 和 A&HCI 共收录我国台湾论文 117 篇，其中有 72 篇论文被引用，占总数的 61.5%；这些论文共被引用 669 次，篇均被引 5.7 次，被引用论文篇均被引 9.3 次（见表 14）。

6.2 SSCI 和 A&HCI 收录中国香港和台湾地区部分学科领域论文被引用数量

6.2.1 SSCI 和 A&HCI 收录中国香港部分学科领域论文被引用数量

表 15 显示 1996 年 SSCI 和 A&HCI 收录我国香港论文较多的 10 个学科领域论文被引用情况，从中可以看出，经济学、社会学、医药卫生、管理学和心理学 5 个学科领域被引用论文数量较多，政治学、交通运输、医药卫生、图书馆情报与文献学和经济学 5 个学科领域被引用论文所占比例较高，经济学、社会学、医药卫生、交通运输和教育学 5 个学科领域论文篇均被引次数较多，社会学、教育学、经济学、心理学和医药卫生 5 个学科领域被引用论文篇均被引次数较多。

表 15 1996 年 SSCI 和 A&HCI 收录中国香港部分学科领域论文被引用数量

学科领域	论文	总被引			篇均被引	被引论文篇均被引
	(篇)	(篇)	(%)	(次)	(次)	(次)
经济学	43	33	76.7	427	9.9	12.9
社会学	44	26	59.1	382	8.7	14.7
医药卫生	29	26	89.7	236	8.1	9.1
管理学	15	10	66.7	27	1.8	2.7
心理学	20	7	35.0	78	3.9	11.1
教育学	14	6	42.9	86	6.1	14.3
图书馆情报与文献学	7	6	85.7	28	4.0	4.7
交通运输	3	3	100.0	20	6.7	6.7
政治学	3	3	100.0	6	2.0	2.0
哲学	3	1	33.3	9	3.0	9.0

6.2.2 SSCI 和 A&HCI 收录中国台湾部分学科领域论文被引用数量

表 16 显示 1996 年 SSCI 和 A&HCI 收录我国台湾论文较多的 9 个学科领域论文被引用情况，从中可以看出，医药卫生、经济学、管理学、社会学和教育学 5 个学科领域被引用论文数量较多，政治学、新闻学与传播学、医药卫生、教育学和管理学 5 个学科领域被引用论文所占比例较高，医药卫生、政治学、管理学、教育学和社会学 5 个学科领域论文篇均被引次数较多，医药卫生、心理学、管理学、政治学和社会学 5 个学科领域被

引用论文篇均被引次数较多。

表 16 1996 年 SSCI 和 A&HCI 收录中国台湾部分学科领域论文被引用数量

学科领域	论文	总被引			篇均被引	被引论文篇均被引
	（篇）	（篇）	（%）	（次）	（次）	（次）
医药卫生	29	25	86.2	381	13.1	15.2
经济学	26	14	53.8	52	2.0	3.7
管理学	13	10	76.9	91	7.0	9.1
社会学	11	7	63.6	42	3.8	6.0
教育学	5	4	80.0	22	4.4	5.5
心理学	19	3	15.8	36	1.9	12.0
政治学	2	2	100.0	18	9.0	9.0
图书馆情报与文献学	3	2	66.7	5	1.7	2.5
新闻学与传播学	2	2	100.0	4	2.0	2.0

6.3 SSCI 和 A&HCI 收录中国香港和台湾地区各类机构论文被引用数量

6.3.1 SSCI 和 A&HCI 收录中国香港各类机构论文被引用数量

1996 年，SSCI 和 A&HCI 收录我国香港各类机构被引用论文 125 篇，其中高等院校被引用论文 110 篇，占总数的 88%。高等院校的论文和被引用论文数量均占明显优势（见表 17）。

表 17 1996 年 SSCI 和 A&HCI 收录中国香港各类机构论文被引用数量

机构类型	论文	总被引			篇均被引	被引论文篇均被引
	（篇）	（篇）	（%）	（次）	（次）	（次）
高等院校	167	110	65.9	1151	6.9	10.5
研究机构	9	4	44.4	41	4.6	10.3
医疗机构	6	5	83.3	47	7.8	9.4
其他机构	7	6	85.7	78	11.1	13.0

6.3.2 SSCI 和 A&HCI 收录中国台湾各类机构论文被引用数量

1996 年，SSCI 和 A&HCI 收录我国台湾各类机构被引用论文 72 篇，其中高等院校被引用论文 54 篇，占总数的 75%。高等院校的论文和被引用数量均占优势。

表 18　1996 年 SSCI 和 A&HCI 收录中国台湾各类机构论文被引用数量

机构类型	论文（篇）	总被引			篇均被引（次）	被引论文篇均被引（次）
		（篇）	（%）	（次）		
高等院校	91	54	59.3	423	4.6	7.8
研究机构	17	11	64.7	183	10.8	16.6
医疗机构	5	5	100.0	58	11.6	11.6
其他机构	4	2	50.0	5	1.3	2.5

7　SSCI 和 A&HCI 收录中国香港和台湾地区论文引用文献情况

7.1　SSCI 和 A&HCI 收录中国香港和台湾地区论文引用文献数量

7.1.1　SSCI 和 A&HCI 收录中国香港论文引用文献数量

1996 年，SSCI 和 A&HCI 共收录我国香港论文 189 篇，其中有引文的论文 148 篇，占总数的 78.3%；这些论文共引用文献 4471 次，有引文的论文篇均引用 30.2 次（见表 19）。

表 19　1996 年 SSCI 和 A&HCI 收录中国香港和台湾地区论文引用文献数量

地区	论文（篇）	总引用			有引文的论文篇均引用（次）
		（篇）	（%）	（次）	
中国香港	189	148	78.3	4471	30.2
中国台湾	117	92	78.6	2317	25.2

7.1.2　SSCI 和 A&HCI 收录中国台湾论文引用文献数量

1996 年，SSCI 和 A&HCI 共收录我国台湾论文 117 篇，其中有引文的论文 92 篇，占总数的 78.6%；这些论文共引用文献 2317 次，有引文的论文篇均引用 25.2 次（见表 19）。

7.2 SSCI 和 A&HCI 收录中国香港和台湾地区部分学科领域论文引用文献数量

7.2.1 SSCI 和 A&HCI 收录中国香港部分学科领域论文引用文献数量

表 20 显示 1996 年 SSCI 和 A&HCI 收录我国香港论文较多的 10 个学科领域论文引用文献情况，从中可以看出，经济学、社会学、医药卫生、管理学和教育学 5 个学科领域有引文的论文数量较多，图书馆情报与文献学、哲学、政治学、交通运输和经济学 5 个学科领域有引文的论文所占比例较高，心理学、图书馆情报与文献学、社会学、管理学和教育学 5 个学科领域有引文的论文篇均引用次数较多。

表 20 1996 年 SSCI 和 A&HCI 收录中国香港部分学科领域论文引用文献数量

学科领域	论文	总引用			有引文的论文
	（篇）	（篇）	（%）	（次）	篇均引用（次）
经济学	43	42	97.7	1209	28.8
社会学	44	28	63.6	923	33.0
医药卫生	29	27	93.1	736	27.3
管理学	15	13	86.7	428	32.9
教育学	14	8	57.1	254	31.8
心理学	20	7	35.0	268	38.3
图书馆情报与文献学	7	7	100.0	246	35.1
哲学	3	3	100.0	77	25.7
交通运输	3	3	100.0	42	14.0
政治学	3	3	100.0	36	12.0

7.2.2 SSCI 和 A&HCI 收录中国台湾部分学科领域论文引用文献数量

表 21 显示 1996 年 SSCI 和 A&HCI 收录我国台湾论文较多的 9 个学科领域论文引用文献情况，从中可以看出，医药卫生、经济学、管理学和社会学 4 个学科领域有引文的论文数量较多，教育学、政治学、新闻学与传播学、医药卫生和管理学 5 个学科领域有引文的论文所占比例较高，心理学、医药卫生、政治学、社会学和经济学 5 个学科领域有引文的论文篇均引用次数较多。

表21 1996年SSCI和A&HCI收录中国台湾部分学科领域论文引用文献数量

学科领域	论文	总引用			有引文的论文
	(篇)	(篇)	(%)	(次)	篇均引用(次)
医药卫生	29	27	93.1	811	30.0
经济学	26	21	80.8	481	22.9
管理学	13	12	92.3	239	19.9
社会学	11	9	81.8	224	24.9
教育学	5	5	100.0	101	20.2
心理学	19	5	26.3	163	32.6
政治学	2	2	100.0	50	25.0
新闻学与传播学	2	2	100.0	37	18.5
图书馆情报与文献学	3	2	66.7	48	16.0

7.3 SSCI和A&HCI收录中国香港和台湾地区各类机构论文引用文献数量

7.3.1 SSCI和A&HCI收录中国香港各类机构论文引用文献数量

1996年，SSCI和A&HCI收录我国香港各类机构有引文的论文148篇，其中高等院校有引文的论文128篇，占总数的86.5%。高等院校的论文和有引文的论文数量均占明显优势（见表22）。

表22 1996年SSCI和A&HCI收录中国香港各类机构论文引用文献数量

机构类型	论文	总引用			有引文的论文
	(篇)	(篇)	(%)	(次)	篇均引用(次)
高等院校	167	128	76.6	3948	30.8
研究机构	9	7	77.8	162	23.1
医疗机构	6	6	100.0	143	23.8
其他机构	7	7	100.0	218	31.1

7.3.2 SSCI和A&HCI收录中国台湾各类机构论文引用文献数量

1996年，SSCI和A&HCI收录我国台湾各类机构有引文的论文92篇，其中高等院校有引文的论文66篇，占总数的71.7%。高等院校的论文和有引文的论文数量均占优势（见表23）。

表 23　1996 年 SSCI 和 A&HCI 收录中国台湾各类机构论文引用文献数量

机构类型	论文（篇）	总引用（篇）	（%）	（次）	有引文的论文篇均引用（次）
高等院校	91	66	72.5	1709	25.9
研究机构	17	17	100.0	347	20.4
医疗机构	5	5	100.0	134	26.8
其他机构	4	4	100.0	127	31.8

1997年
SSCI、A&HCI和ISSHP收录中国香港和台湾地区论文统计分析年度报告

1　三大检索工具收录中国香港和台湾地区论文概况

1.1　三大检索工具收录中国香港和台湾地区论文数量和排名

1.1.1　三大检索工具收录中国香港论文数量和排名

1997年，SSCI、A&HCI和ISSHP三大国际检索工具（简称三大检索工具）共收录我国香港论文800篇，比上一年的664篇增加136篇，增长20.5%。按三大检索工具收录论文数量的国家（地区）排名，我国香港排名第22位（见表1）。

表1　1997年三大检索工具收录中国香港和台湾地区论文数量和排名

地区	论文			排名
	（篇）	增加（篇）	增长（%）	
中国香港	800	136	20.5	22
中国台湾	367	-11	-2.9	28

1.1.2　三大检索工具收录中国台湾论文数量和排名

1997年，SSCI、A&HCI和ISSHP三大检索工具共收录我国台湾论文367篇，比上一年的378篇减少11篇，减少2.9%。按三大检索工具收录

论文数量的国家（地区）排名，我国台湾排名第28位（见表1）。

1.2 SSCI和A&HCI收录中国香港和台湾地区论文数量

1.2.1 SSCI和A&HCI收录中国香港论文数量

1997年，SSCI和A&HCI收录我国香港论文（作者机构栏中有"Hong Kong"的论文）239篇，比上一年的241篇减少2篇，减少0.8%。其中，我国香港第一作者论文184篇，占总数的77%，比上一年减少2.6%（见表2）。

表2　1997年SSCI和A&HCI收录中国香港和台湾地区论文数量

地区	论文			第一作者论文		
	（篇）	增加（篇）	增长（%）	（篇）	（%）	增长（%）
中国香港	239	-2	-0.8	184	77.0	-2.6
中国台湾	147	-5	-3.3	119	81.0	1.7

1.2.2 SSCI和A&HCI收录中国台湾论文数量

1997年，SSCI和A&HCI收录我国台湾论文（作者机构栏中有"Taiwan"的论文）147篇，比上一年的152篇减少5篇，减少3.3%。其中，我国台湾第一作者论文119篇，占总数的81%，比上一年增长1.7%（见表2）。

1.3 ISSHP收录中国香港和台湾地区论文数量

1.3.1 ISSHP收录中国香港论文数量

1997年，ISSHP收录我国香港论文（作者机构栏中有"Hong Kong"的论文）42篇，比上一年的38篇增加4篇，增长10.5%。其中，我国香港第一作者论文39篇，占总数的92.9%，比上一年增长8.3%（见表3）。

表3　1997年ISSHP收录中国香港和台湾地区论文数量

地区	论文			第一作者论文		
	（篇）	增加（篇）	增长（%）	（篇）	（%）	增长（%）
中国香港	42	4	10.5	39	92.9	8.3
中国台湾	17	-7	-29.2	16	94.1	-30.4

1.3.2 ISSHP 收录中国台湾论文数量

1997 年，ISSHP 收录我国台湾论文（作者机构栏中有“Taiwan”的论文）17 篇，比上一年的 24 篇减少 7 篇，减少 29.2%。其中，我国台湾第一作者论文 16 篇，占总数的 94.1%，比上一年减少 30.4%（见表3）。

需要说明的是，以下将以三大检索工具收录我国香港和台湾地区第一作者论文情况作为统计分析的重点。在没有特指的情况下，“我国香港论文”或“我国台湾论文”均指其第一作者论文。

2 SSCI 和 A&HCI 收录中国香港和台湾地区论文的学科分布

2.1 SSCI 和 A&HCI 收录中国香港和台湾地区学科领域论文数量

2.1.1 SSCI 和 A&HCI 收录中国香港学科领域论文数量

1997 年，SSCI 和 A&HCI 共收录我国香港各学科领域论文 184 篇，这些论文涵盖 16 个学科领域。论文数量比较集中的学科领域是：经济学、社会学、医药卫生、心理学、管理学、教育学、语言学、统计学和交通运输，这 9 个学科领域论文合计 174 篇，占总数的 94.6%（见表4）。

表4　1997 年 SSCI 和 A&HCI 收录中国香港部分学科领域论文数量

学科领域	中国香港论文	
	（篇）	（%）
经济学	42	22.8
社会学	34	18.5
医药卫生	31	16.8
心理学	22	12.0
管理学	20	10.9
教育学	9	4.9
语言学	7	3.8
统计学	5	2.7
交通运输	4	2.2

2.1.2 SSCI 和 A&HCI 收录中国台湾学科领域论文数量

1997 年，SSCI 和 A&HCI 共收录我国台湾各学科领域论文 119 篇，这些论文涵盖13个学科领域。论文数量比较集中的学科领域是：医药卫生、管理学、社会学、经济学、心理学、教育学、政治学和图书馆情报与文献学，这8个学科领域论文合计110篇，占总数的92.4%（见表5）。

表5 1997年SSCI和A&HCI收录中国台湾部分学科领域论文数量

学科领域	中国台湾论文	
	（篇）	（%）
医药卫生	31	26.1
管理学	23	19.3
社会学	16	13.4
经济学	14	11.8
心理学	10	8.4
教育学	6	5.0
政治学	5	4.2
图书馆情报与文献学	5	4.2

2.2 SSCI和A&HCI收录中国香港和台湾地区跨学科领域论文数量

2.2.1 SSCI和A&HCI收录中国香港跨学科领域论文数量

按照SSCI和A&HCI收录论文的原始学科分类，有一部分论文属于跨学科领域论文。1997年，SSCI和A&HCI收录的我国香港论文中，属于这类跨学科领域的论文有22篇，占12%；比上一年减少32篇，减少59.3%（见表6）。

表6 1997年SSCI和A&HCI收录中国香港和台湾地区多学科领域论文数量

地区	论文			
	（篇）	（%）	增加（篇）	增长（%）
中国香港	22	12.0	-32	-59.3
中国台湾	14	11.8	-11	-44.0

2.2.2 SSCI和A&HCI收录中国台湾跨学科领域论文数量

1997年，SSCI和A&HCI收录的我国台湾论文中，属于跨学科领域的论文有14篇，占11.8%；比上一年减少11篇，减少44%（见表6）。

3 SSCI 和 A&HCI 收录中国香港和台湾地区论文的机构分布

3.1 SSCI 和 A&HCI 收录中国香港和台湾地区各类机构论文数量

3.1.1 SSCI 和 A&HCI 收录中国香港各类机构论文数量

1997 年，SSCI 和 A&HCI 共收录我国香港各类机构论文 184 篇，其中高等院校 167 篇，占 90.8%，与上一年篇数相同；研究机构 2 篇，占 1.1%，比上一年减少 7 篇；医疗机构 10 篇，占 5.4%，比上一年增加 4 篇；其他机构 5 篇，占 2.7%，比上一年减少 2 篇（见表 7）。

表 7　1997 年 SSCI 和 A&HCI 收录中国香港和台湾地区各类机构论文数量

机构类型	中国香港			中国台湾		
	论文（篇）	比例（%）	增加（篇）	论文（篇）	比例（%）	增加（篇）
高等院校	167	90.8	0	89	74.8	-2
研究机构	2	1.1	-7	15	12.6	-2
医疗机构	10	5.4	4	12	10.1	7
其他机构	5	2.7	-2	3	2.5	-1

3.1.2 SSCI 和 A&HCI 收录中国台湾各类机构论文数量

1997 年，SSCI 和 A&HCI 共收录我国台湾各类机构论文 119 篇，其中高等院校 89 篇，占 74.8%，比上一年减少 2 篇；研究机构 15 篇，占 12.6%，比上一年减少 2 篇；医疗机构 12 篇，占 10.1%，比上一年增加 7 篇；其他机构 3 篇，占 2.5%，比上一年减少 1 篇（见表 7）。

3.2 SSCI 和 A&HCI 收录论文数量较多的中国香港和台湾地区高等院校

3.2.1 SSCI 和 A&HCI 收录论文数量较多的中国香港高等院校

1997 年，SSCI 和 A&HCI 收录我国香港论文的高等院校有 10 所，其中论文数量较多的 5 所高等院校是香港中文大学、香港大学、香港科技大学、香港城市大学和香港理工大学，其论文合计 151 篇，占我国香港高等院校同类论文总数的 90.4%（见表 8）。

表8 1997年SSCI和A&HCI收录论文较多的中国香港和台湾地区高等院校

中国香港		中国台湾	
高等院校	论文（篇）	高等院校	论文（篇）
香港中文大学	56	台湾大学	13
香港大学	39	台湾交通大学	9
香港科技大学	29	阳明大学	6
香港城市大学	14	台湾清华大学	6
香港理工大学	13	辅仁大学	5
		成功大学	5

3.2.2 SSCI和A&HCI收录论文数量较多的中国台湾高等院校

1997年，SSCI和A&HCI收录我国台湾论文的高等院校有37所，其中论文数量较多的6所高等院校是台湾大学、台湾交通大学、阳明大学、台湾清华大学、辅仁大学和成功大学，其论文合计44篇，占我国台湾高等院校同类论文总数的49.4%（见表8）。

4 SSCI和A&HCI收录中国香港和台湾地区论文的期刊分布

4.1 SSCI和A&HCI收录中国香港和台湾地区论文的国家（地区）期刊分布

4.1.1 SSCI和A&HCI收录中国香港论文的国家（地区）期刊分布

1997年，SSCI和A&HCI共收录我国香港论文184篇，这些论文分别发表在12个国家（地区）的146种期刊上。其中，有71篇论文发表在美国的60种期刊上，59篇论文发表在英国的47种期刊上，28篇论文发表在荷兰的22种期刊上。另外，有1篇论文发表在中国（内地）的期刊上（见表9）。

4.1.2 SSCI和A&HCI收录中国台湾论文的国家（地区）期刊分布

1997年，SSCI和A&HCI共收录我国台湾论文119篇，这些论文分别发表在11个国家（地区）的94种期刊上。其中，有69篇论文发表在美国的56种期刊上，22篇论文发表在英国的19种期刊上。另外，有4篇论文发表在中国台湾的2种期刊上（见表9）。

表 9　1997 年 SSCI 和 A&HCI 收录中国香港和台湾地区论文的国家（地区）期刊分布

中国香港			中国台湾		
国家（地区）	期刊（种）	论文（篇）	国家（地区）	期刊（种）	论文（篇）
美国	60	71	美国	56	69
英国	47	59	英国	19	22
荷兰	22	28	荷兰	6	8
瑞士	4	4	爱尔兰	3	4
加拿大	3	5	中国台湾	2	4
日本	3	4	瑞士	2	3
澳大利亚	2	3	德国	2	2
新加坡	1	4	丹麦	1	3
中国（内地）	1	1	挪威	1	1
新西兰	1	1	加拿大	1	1
法国	1	1	澳大利亚	1	1
丹麦	1	1			

注：本年度有 2 篇我国香港的论文和 1 篇我国台湾的论文无法确定其来源刊国别。

4.2　SSCI 和 A&HCI 收录发表中国香港和台湾地区论文较多的期刊

4.2.1　SSCI 和 A&HCI 收录发表中国香港论文较多的期刊

表 10 显示 1997 年 SSCI 和 A&HCI 收录的发表我国香港论文较多的期刊，其中发表该地区论文最多的期刊是新加坡的 *Asia Pacific Journal of Social Work*，有 4 篇论文在该期刊上发表。

表 10　1997 年 SSCI 和 A&HCI 收录发表中国香港和台湾地区论文较多的期刊

中国香港			中国台湾		
国家（地区）	期刊名称	论文（篇）	国家（地区）	期刊名称	论文（篇）
新加坡	*Asia Pacific Journal of Social Work*	4	美国	*American Journal of Agricultural Economics*	5
英国	*Journal of the Operational Research Society*	3	美国	*Biological Psychiatry*	4

续表

中国香港			中国台湾		
国家（地区）	期刊名称	论文（篇）	国家（地区）	期刊名称	论文（篇）
英国	*International Journal of Geriatric Psychiatry*	3	荷兰	*International Journal of Industrial Ergonomics*	3
英国	*International Social Work*	3	美国	*Journal of the American Medical Informatics Association*	3
美国	*Journal of Genetic Psychology*	3	中国台湾	*Journal of the Formosan Medical Association*	3
英国	*Journal of Advanced Nursing*	3	英国	*Journal of Forecasting*	3
			丹麦	*Acta Psychiatrica Scandinavica*	3

4.2.2 SSCI 和 A&HCI 收录发表中国台湾论文较多的期刊

表 10 显示 1997 年 SSCI 和 A&HCI 收录的发表我国台湾论文较多的期刊，其中发表该地区论文最多的期刊是美国的 *American Journal of Agricultural Economics*，有 5 篇论文在该期刊上发表。

5 SSCI 和 A&HCI 收录中国香港和台湾地区论文的合著情况

5.1 SSCI 和 A&HCI 收录中国香港和台湾地区合著论文数量

5.1.1 SSCI 和 A&HCI 收录中国香港合著与独著论文数量

1997 年，SSCI 和 A&HCI 收录我国香港论文 184 篇，其中合著论文 156 篇，占 84.8%；独著论文 28 篇，占 15.2%（见表 11）。

表 11 1997 年 SSCI 和 A&HCI 收录中国香港和台湾地区合著与独著论文数量

地区	论文（篇）	合著论文		独著论文	
		（篇）	（%）	（篇）	（%）
中国香港	184	156	84.8	28	15.2
中国台湾	119	107	89.9	12	10.1

5.1.2 SSCI 和 A&HCI 收录中国台湾合著与独著论文数量

1997 年，SSCI 和 A&HCI 收录我国台湾论文 119 篇，其中合著论文 107 篇，占 89.9%；独著论文 12 篇，占 10.1%（见表 11）。

5.2 SSCI 和 A&HCI 收录中国香港和台湾地区内以及与其他国家（地区）间合著论文数量

5.2.1 SSCI 和 A&HCI 收录中国香港地区内以及与其他国家（地区）间合著论文数量

1997 年，SSCI 和 A&HCI 收录我国香港合著论文 156 篇，其中地区内合著论文 124 篇，占 79.5%；与其他国家（地区）间合著论文 32 篇，占 20.5%（见表 12）。

表 12　1997 年 SSCI 和 A&HCI 收录中国香港和台湾地区内以及与其他国家（地区）间合著论文数量

地区	合著论文（篇）	地区内合著		国家（地区）间合著	
		（篇）	（%）	（篇）	（%）
中国香港	156	124	79.5	32	20.5
中国台湾	107	80	74.8	27	25.2

5.2.2 SSCI 和 A&HCI 收录中国台湾地区内以及与其他国家（地区）间合著论文数量

1997 年，SSCI 和 A&HCI 收录我国台湾合著论文 107 篇，其中地区内合著论文 80 篇，占 74.8%；与其他国家（地区）间合著论文 27 篇，占 25.2%（见表 12）。

5.3 SSCI 和 A&HCI 收录中国香港和台湾地区内以及与其他国家（地区）间合著论文的合作形式

5.3.1 SSCI 和 A&HCI 收录中国香港地区内以及与其他国家（地区）间合著论文的合作形式

1997 年，SSCI 和 A&HCI 收录我国香港地区内以及与其他国家（地区）间合著论文 32 篇，其中双方合著论文 26 篇，占 81.3 %；三方合著论文 3 篇，占 9.4%；多方合著论文 3 篇，占 9.4%（见表 13）。

表 13 1997 年 SSCI 和 A&HCI 收录中国香港和台湾地区内以及与其他国家（地区）间合著论文的合作形式

地区	国家（地区）间合著（篇）	双方合著		三方合著		多方合著	
		（篇）	（%）	（篇）	（%）	（篇）	（%）
中国香港	32	26	81.3	3	9.4	3	9.4
中国台湾	27	26	96.3	1	3.7	0	0.0

5.3.2 SSCI 和 A&HCI 收录中国台湾地区内以及与其他国家（地区）间合著论文的合作形式

1997 年，SSCI 和 A&HCI 收录我国台湾地区内以及与其他国家（地区）间合著论文 27 篇，其中双方合著论文 26 篇，占 96.3%；三方合著论文 1 篇，占 3.7%（见表 13）。

6 SSCI 和 A&HCI 收录中国香港和台湾地区论文被引用情况

6.1 SSCI 和 A&HCI 收录中国香港和台湾地区论文被引用数量

6.1.1 SSCI 和 A&HCI 收录中国香港论文被引用数量

1997 年，SSCI 和 A&HCI 共收录我国香港论文 184 篇，其中有 141 篇论文被引用，占总数的 76.6%；这些论文共被引用 1120 次，篇均被引 6.1 次，被引用论文篇均被引 7.9 次（见表 14）。

表 14 1997 年 SSCI 和 A&HCI 收录中国香港和台湾地区论文被引用数量

地区	论文（篇）	总被引			篇均被引（次）	被引论文篇均被引（次）
		（篇）	（%）	（次）		
中国香港	184	141	76.6	1120	6.1	7.9
中国台湾	119	93	78.2	725	6.1	7.8

6.1.2 SSCI 和 A&HCI 收录中国台湾论文被引用数量

1997 年，SSCI 和 A&HCI 共收录我国台湾论文 119 篇，其中有 93 篇论文被引用，占总数的 78.2%；这些论文共被引用 725 次，篇均被引 6.1 次，被引用论文篇均被引 7.8 次（见表 14）。

6.2 SSCI 和 A&HCI 收录中国香港和台湾地区部分学科领域论文被引用数量

6.2.1 SSCI 和 A&HCI 收录中国香港部分学科领域论文被引用数量

表 15 显示 1997 年 SSCI 和 A&HCI 收录我国香港论文较多的 9 个学科领域论文被引用情况，从中可以看出，经济学、社会学、医药卫生、心理学和管理学 5 个学科领域被引用论文数量较多，统计学、语言学、经济学、医药卫生和社会学 5 个学科领域被引用论文所占比例较高，社会学、心理学、医药卫生、经济学、管理学和教育学 6 个学科领域论文篇均被引次数较多，社会学、心理学、教育学、医药卫生和管理学 5 个学科领域被引用论文篇均被引次数较多。

表 15　1997 年 SSCI 和 A&HCI 收录中国香港部分学科领域论文被引用数量

学科领域	论文	总被引			篇均被引	被引论文篇均被引
	(篇)	(篇)	(%)	(次)	(次)	(次)
社会学	34	26	76.5	264	7.8	10.2
心理学	22	16	72.7	145	6.6	9.1
医药卫生	31	24	77.4	198	6.4	8.3
经济学	42	35	83.3	245	5.8	7.0
管理学	20	15	75.0	116	5.8	7.7
教育学	9	6	66.7	52	5.8	8.7
语言学	7	6	85.7	36	5.1	6.0
统计学	5	5	100.0	23	4.6	4.6
交通运输	4	2	50.0	17	4.3	8.5

6.2.2 SSCI 和 A&HCI 收录中国台湾部分学科领域论文被引用数量

表 16 显示 1997 年 SSCI 和 A&HCI 收录我国台湾论文较多的 8 个学科领域论文被引用情况，从中可以看出，医药卫生、管理学、社会学、心理学、经济学和教育学 6 个学科领域被引用论文数量较多，教育学、医药卫生、心理学、管理学和政治学 5 个学科领域被引用论文所占比例较高，心理学、医药卫生、社会学、教育学、管理学和经济学 6 个学科领域论文篇均被引次数较多，心理学、医药卫生、社会学、经济学和教育学 5 个学科领域被引用论文篇均被引次数较多。

表 16 1997 年 SSCI 和 A&HCI 收录中国台湾部分学科领域论文被引用数量

学科领域	论文（篇）	总被引（篇）	总被引（%）	总被引（次）	篇均被引（次）	被引论文篇均被引（次）
医药卫生	31	28	90.3	314	10.1	11.2
管理学	23	20	87.0	65	2.8	3.3
社会学	16	11	68.8	96	6.0	8.7
心理学	10	9	90.0	130	13.0	14.4
教育学	6	6	100.0	21	3.5	3.5
经济学	14	6	42.9	39	2.8	6.5
政治学	5	4	80.0	10	2.0	2.5
图书馆情报与文献学	5	2	40.0	6	1.2	3.0

6.3 SSCI 和 A&HCI 收录中国香港和台湾地区各类机构论文被引用数量

6.3.1 SSCI 和 A&HCI 收录中国香港各类机构论文被引用数量

1997 年，SSCI 和 A&HCI 收录我国香港各类机构被引用论文 141 篇，其中高等院校被引用论文 128 篇，占总数的 90.8%。高等院校的论文和被引用论文数量均占明显优势（见表 17）。

表 17 1997 年 SSCI 和 A&HCI 收录中国香港各类机构论文被引用数量

机构类型	论文（篇）	总被引（篇）	总被引（%）	总被引（次）	篇均被引（次）	被引论文篇均被引（次）
高等院校	167	128	76.6	1045	6.3	8.2
研究机构	2	0	0.0	0	0.0	0.0
医疗机构	10	8	80.0	58	5.8	7.3
其他机构	5	5	100.0	17	3.4	3.4

6.3.2 SSCI 和 A&HCI 收录中国台湾各类机构论文被引用数量

1997 年，SSCI 和 A&HCI 收录我国台湾各类机构被引用论文 93 篇，其中高等院校被引用论文 68 篇，占总数的 73.1%。高等院校的论文和被引用论文数量均占优势（见表 18）。

表 18 1997 年 SSCI 和 A&HCI 收录中国台湾各类机构被引用论文数量

机构类型	论文（篇）	总被引			篇均被引（次）	被引论文篇均被引（次）
		（篇）	（%）	（次）		
高等院校	89	68	76.4	506	5.7	7.4
研究机构	15	12	80.0	87	5.8	7.3
医疗机构	12	11	91.7	101	8.4	9.2
其他机构	3	2	66.7	31	10.3	15.5

7 SSCI 和 A&HCI 收录中国香港和台湾地区论文引用文献情况

7.1 SSCI 和 A&HCI 收录中国香港和台湾地区论文引用文献数量

7.1.1 SSCI 和 A&HCI 收录中国香港论文引用文献数量

1997 年，SSCI 和 A&HCI 共收录我国香港论文 184 篇，其中有引文的论文 174 篇，占总数的 94.6%；这些论文共引用文献 5453 次，有引文的论文篇均引用 31.3 次（见表 19）。

表 19 1997 年 SSCI 和 A&HCI 收录中国香港和台湾地区论文引用文献数量

地区	论文（篇）	总引用			有引文的论文篇均引用（次）
		（篇）	（%）	（次）	
中国香港	184	174	94.6	5453	31.3
中国台湾	119	112	94.1	3034	27.1

7.1.2 SSCI 和 A&HCI 收录中国台湾论文引用文献数量

1997 年，SSCI 和 A&HCI 共收录我国台湾论文 119 篇，其中有引文的论文 112 篇，占总数的 94.1%；这些论文共引用文献 3034 次，有引文的论文篇均引用 27.1 次（见表 19）。

7.2 SSCI 和 A&HCI 收录中国香港和台湾地区部分学科领域论文引用文献数量

7.2.1 SSCI 和 A&HCI 收录中国香港部分学科领域论文引用文献数量

表 20 显示 1997 年 SSCI 和 A&HCI 收录我国香港论文较多的 9 个学科

领域论文引用文献情况，从中可以看出，经济学、社会学、医药卫生、管理学和心理学5个学科领域有引文的论文数量较多，管理学、教育学、语言学、统计学和交通运输5个学科领域有引文的论文所占比例较高，社会学、心理学、语言学、管理学和经济学5个学科领域有引文的论文篇均引用次数较多。

表20 1997年SSCI和A&HCI收录中国香港部分学科领域论文引用文献数量

学科领域	论文（篇）	总引用			有引文的论文篇均引用（次）
		（篇）	（%）	（次）	
经济学	42	41	97.6	1290	31.5
社会学	34	32	94.1	1187	37.1
医药卫生	31	30	96.8	793	26.4
管理学	20	20	100.0	664	33.2
心理学	22	17	77.3	599	35.2
教育学	9	9	100.0	221	24.6
语言学	7	7	100.0	246	35.1
统计学	5	5	100.0	90	18.0
交通运输	4	4	100.0	42	10.5

7.2.2 SSCI和A&HCI收录中国台湾部分学科领域论文引用文献数量

表21显示1997年SSCI和A&HCI收录我国台湾论文较多的8个学科领域论文引用文献情况，从中可以看出，医药卫生、管理学、社会学、经济学和心理学5个学科领域有引文的论文数量较多，管理学、心理学、教育学、政治学和社会学5个学科领域有引文的论文所占比例较高，政治学、心理学、管理学、社会学和教育学5个学科领域有引文的论文篇均引用次数较多。

表21 1997年SSCI和A&HCI收录中国台湾部分学科领域论文引用文献数量

学科领域	论文（篇）	总引用			有引文的论文篇均引用（次）
		（篇）	（%）	（次）	
医药卫生	31	29	93.5	692	23.9
管理学	23	23	100.0	615	26.7

续表

学科领域	论文（篇）	总引用			有引文的论文篇均引用（次）
		（篇）	（%）	（次）	
社会学	16	15	93.8	379	25.3
经济学	14	11	78.6	254	23.1
心理学	10	10	100.0	347	34.7
教育学	6	6	100.0	151	25.2
政治学	5	5	100.0	220	44.0
图书馆情报与文献学	5	4	80.0	99	24.8

7.3 SSCI 和 A&HCI 收录中国香港和中国台湾各类机构论文引用文献数量

7.3.1 SSCI 和 A&HCI 收录中国香港各类机构论文引用文献数量

1997 年，SSCI 和 A&HCI 收录我国香港各类机构有引文的论文 174 篇，其中高等院校有引文的论文 158 篇，占总数的 90.8%。高等院校的论文及有引文的论文数量均占明显优势（见表 22）。

表 22　1997 年 SSCI 和 A&HCI 收录中国香港各类机构论文引用文献数量

机构类型	论文（篇）	总引用			有引文的论文篇均引用（次）
		（篇）	（%）	（次）	
高等院校	167	158	94.6	5099	32.3
研究机构	2	1	50.0	12	12.0
医疗机构	10	10	100.0	254	25.4
其他机构	5	5	100.0	88	17.6

7.3.2 SSCI 和 A&HCI 收录中国台湾各类机构论文引用文献数量

1997 年，SSCI 和 A&HCI 收录我国台湾各类机构有引文的论文 112 篇，其中高等院校有引文的论文 82 篇，占总数的 73.2%。高等院校的论文及有引文的论文数量均占优势（见表 23）。

表 23　1997 年 SSCI 和 A&HCI 收录中国台湾各类机构论文引用文献数量

机构类型	论文（篇）	总引用			有引文的论文篇均引用（次）
		（篇）	（%）	（次）	
高等院校	89	82	92.1	2327	28.4
研究机构	15	15	100.0	418	27.9
医疗机构	12	12	100.0	224	18.7
其他机构	3	3	100.0	65	21.7

1998 年
SSCI、A&HCI 和 ISSHP 收录中国香港和台湾地区论文统计分析年度报告

1 三大检索工具收录中国香港和台湾地区论文概况

1.1 三大检索工具收录中国香港和台湾地区论文数量和排名

1.1.1 三大检索工具收录中国香港论文数量和排名

1998 年，SSCI、A&HCI 和 ISSHP 三大国际检索工具（简称三大检索工具）共收录我国香港论文 876 篇，比上一年的 800 篇增加 76 篇，增长 9.5%。按三大检索工具收录论文数量的国家（地区）排名，我国香港排名第 22 位（见表 1）。

表 1　1998 年三大检索工具收录中国香港和台湾地区论文数量和排名

地区	论文			排名
	（篇）	增加（篇）	增长（%）	
中国香港	876	76	9.5	22
中国台湾	387	20	5.4	28

1.1.2 三大检索工具收录中国台湾论文数量和排名

1998 年，SSCI、A&HCI 和 ISSHP 三大检索工具共收录我国台湾论文 387 篇，比上一年的 367 篇增加 20 篇，增长 5.4%。按三大检索工具收录

论文数量的国家（地区）排名，我国台湾排名第28位（见表1）。

1.2 SSCI和A&HCI收录中国香港和台湾地区论文数量

1.2.1 SSCI和A&HCI收录中国香港论文数量

1998年，SSCI和A&HCI收录我国香港论文（作者机构栏中有"Hong Kong"的论文）751篇，比上一年的239篇增加512篇，增长214.2%。其中，我国香港第一作者论文627篇，占总数的83.5%，比上一年增长240.8%（见表2）。

表2 1998年SSCI和A&HCI收录中国香港和台湾地区论文数量

地区	论文			第一作者论文		
	（篇）	增加（篇）	增长（%）	（篇）	（%）	增长（%）
中国香港	751	512	214.2	627	83.5	240.8
中国台湾	304	157	106.8	245	80.6	105.9

1.2.2 SSCI和A&HCI收录中国台湾论文数量

1998年，SSCI和A&HCI收录我国台湾论文（作者机构栏中有"Taiwan"的论文）304篇，比上一年的147篇增加157篇，增长106.8%。其中，我国台湾第一作者论文245篇，占总数的80.6%，比上一年增长105.9%（见表2）。

1.3 ISSHP收录中国香港和台湾地区论文数量

1.3.1 ISSHP收录中国香港论文数量

1998年，ISSHP收录我国香港论文（作者机构栏中有"Hong Kong"的论文）103篇，比上一年的42篇增加61篇，增长145.2%。其中，我国香港第一作者论文92篇，占总数的89.3%，比上一年增长135.9%（见表3）。

1.3.2 ISSHP收录中国台湾论文数量

1998年，ISSHP收录我国台湾论文（作者机构栏中有"Taiwan"的论文）73篇，比上一年的17篇增加56篇，增长329.4%。其中，我国台湾第一作者论文68篇，占总数的93.2%，比上一年增长325%（见表3）。

表3　　1998 年 ISSHP 收录中国香港和台湾地区论文数量

地区	论文			第一作者论文		
	(篇)	增加(篇)	增长(%)	(篇)	(%)	增长(%)
中国香港	103	61	145.2	92	89.3	135.9
中国台湾	73	56	329.4	68	93.2	325.0

需要说明的是，以下将以三大检索工具收录我国香港和台湾地区第一作者论文情况作为统计分析的重点。在没有特指的情况下，“我国香港论文”或“我国台湾论文”均指其第一作者论文。

2　SSCI 和 A&HCI 收录中国香港和台湾地区论文的学科分布

2.1　SSCI 和 A&HCI 收录中国香港和台湾地区学科领域论文数量

2.1.1　SSCI 和 A&HCI 收录中国香港学科领域论文数量

1998 年，SSCI 和 A&HCI 共收录我国香港各学科领域论文 627 篇，这些论文涵盖 26 个学科领域。论文数量比较集中的学科领域是：社会学、管理学、经济学、医药卫生、教育学、政治学、心理学、语言学、哲学、地理学和交通运输，这 11 个学科领域论文合计 538 篇，占总数的 85.8%(见表4)。

表4　　1998 年 SSCI 和 A&HCI 收录中国香港部分学科领域论文数量

学科领域	中国香港论文	
	(篇)	(%)
社会学	115	18.3
管理学	102	16.3
经济学	75	12.0
医药卫生	66	10.5
教育学	41	6.5
政治学	38	6.1
心理学	34	5.4

续表

学科领域	中国香港论文	
	（篇）	（%）
语言学	25	4.0
哲学	16	2.6
地理学	13	2.1
交通运输	13	2.1

2.1.2 SSCI 和 A&HCI 收录中国台湾学科领域论文数量

1998 年，SSCI 和 A&HCI 共收录我国台湾各学科领域论文 245 篇，这些论文涵盖 19 个学科领域。论文数量比较集中的学科领域是：医药卫生、管理学、经济学、心理学、社会学、历史学、教育学、语言学、哲学和文学，这 10 个学科领域论文合计 216 篇，占总数的 88.2%（见表 5）。

表 5　1998 年 SSCI 和 A&HCI 收录中国台湾部分学科领域论文数量

学科领域	中国台湾	
	（篇）	（%）
医药卫生	49	20.0
管理学	44	18.0
经济学	44	18.0
心理学	20	8.2
社会学	19	7.8
历史学	11	4.5
教育学	8	3.3
语言学	7	2.9
哲学	7	2.9
文学	7	2.9

2.2 SSCI 和 A&HCI 收录中国香港和台湾地区跨学科领域论文数量

2.2.1 SSCI 和 A&HCI 收录中国香港跨学科领域论文数量

按照 SSCI 和 A&HCI 收录论文的原始学科分类，有一部分论文属于跨学科领域论文。1998 年，SSCI 和 A&HCI 收录的我国香港论文中，属于这类跨学科领域的论文有 80 篇，占 12.8%；比上一年增加 58 篇，增长 263.6%（见表 6）。

表 6 1998 年 SSCI 和 A&HCI 收录中国香港和台湾地区跨学科领域论文数量

地区	论文			
	（篇）	（%）	增加（篇）	增长（%）
中国香港	80	12.8	58	263.6
中国台湾	24	9.8	10	71.4

2.2.2 SSCI 和 A&HCI 收录中国台湾跨学科领域论文数量

1998 年，SSCI 和 A&HCI 收录的我国台湾论文中，属于跨学科领域的论文有 24 篇，占 9.8%；比上一年增加 10 篇，增长 71.4%（见表 6）。

3 SSCI 和 A&HCI 收录中国香港和台湾地区论文的机构分布

3.1 SSCI 和 A&HCI 收录中国香港和台湾地区各类机构论文数量

3.1.1 SSCI 和 A&HCI 收录中国香港各类机构论文数量

1998 年，SSCI 和 A&HCI 共收录我国香港各类机构论文 627 篇，其中高等院校 593 篇，占 94.6%，比上一年增加 426 篇；研究机构 11 篇，占 1.8%，比上一年增加 9 篇；医疗机构 11 篇，占 1.8%，比上一年增加 1 篇；其他机构 12 篇，占 1.9%，比上一年增加 7 篇（见表 7）。

表 7 1998 年 SSCI 和 A&HCI 收录中国香港和台湾地区各类机构论文数量

机构类型	中国香港			中国台湾		
	论文（篇）	比例（%）	增加（篇）	论文（篇）	比例（%）	增加（篇）
高等院校	593	94.6	426	195	79.6	106
研究机构	11	1.8	9	31	12.7	16
医疗机构	11	1.8	1	17	6.9	5
其他机构	12	1.9	7	2	0.8	-1

3.1.2 SSCI 和 A&HCI 收录中国台湾各类机构论文数量

1998 年，SSCI 和 A&HCI 共收录我国台湾各类机构论文 245 篇，其中高等院校 195 篇，占 79.6%，比上一年增加 106 篇；研究机构 31 篇，占 12.7%，比上一年增加 16 篇；医疗机构 17 篇，占 6.9%，比上一年增加 5 篇；其他机构 2 篇，占 0.8%，比上一年减少 1 篇（见表 7）。

3.2 SSCI 和 A&HCI 收录论文数量较多的中国香港和台湾地区高等院校

3.2.1 SSCI 和 A&HCI 收录论文数量较多的中国香港高等院校

1998 年，SSCI 和 A&HCI 收录我国香港论文的高等院校有 13 所，其中论文数量较多的 5 所高等院校是香港中文大学、香港大学、香港城市大学、香港科技大学和香港理工大学，其论文合计 526 篇，占我国香港高等院校同类论文总数的 88.7%（见表 8）。

3.2.2 SSCI 和 A&HCI 收录论文数量较多的中国台湾高等院校

1998 年，SSCI 和 A&HCI 收录我国台湾论文的高等院校有 42 所，其中论文数量较多的 5 所高等院校是台湾大学、台湾交通大学、成功大学、台湾清华大学和政治大学，其论文合计 104 篇，占我国台湾高等院校同类论文总数的 53.3%（见表 8）。

表 8 1998 年 SSCI 和 A&HCI 收录论文较多的中国香港和台湾地区高等院校

中国香港		中国台湾	
高等院校	论文（篇）	高等院校	论文（篇）
香港中文大学	190	台湾大学	45
香港大学	138	台湾交通大学	18
香港城市大学	75	成功大学	16
香港科技大学	71	台湾清华大学	15
香港理工大学	52	政治大学	10

4 SSCI 和 A&HCI 收录中国香港和台湾地区论文的期刊分布

4.1 SSCI 和 A&HCI 收录中国香港和台湾论文的国家（地区）期刊分布

4.1.1 SSCI 和 A&HCI 收录中国香港论文的国家（地区）期刊分布

1998 年，SSCI 和 A&HCI 共收录我国香港论文 627 篇，这些论文分别发表在18个国家（地区）的346种期刊上。其中，有240篇论文发表在美国的144种期刊上，250篇论文发表在英国的135种期刊上，57篇论文发表在荷兰的34种期刊上，15篇论文发表在加拿大的8种期刊上。另外，有9篇论文发表在中国台湾的2种期刊上，有5篇论文发表在中国香港的1种期刊上，有1篇论文发表在中国（内地）的1种期刊上（见表9）。

表9　1998年SSCI和A&HCI收录中国香港和台湾地区论文的国家（地区）期刊分布

中国香港			中国台湾		
国家（地区）	期刊（种）	论文（篇）	国家（地区）	期刊（种）	论文（篇）
美国	144	240	美国	64	96
英国	135	250	英国	53	78
荷兰	34	57	荷兰	24	30
加拿大	8	15	瑞士	5	7
德国	6	7	中国台湾	4	18
瑞士	3	5	加拿大	4	4
新西兰	2	9	德国	2	2
中国台湾	2	9	澳大利亚	2	2
澳大利亚	2	6	爱尔兰	1	2
爱尔兰	2	2	法国	1	2
日本	1	9	斯洛文尼亚	1	1
中国香港	1	5	新加坡	1	1
新加坡	1	4	新西兰	1	1
菲律宾	1	3			
中国	1	1			
法国	1	1			
挪威	1	1			
印度	1	1			

注：本年度有2篇我国香港论文和1篇我国台湾论文无法确定其来源刊的国别。

4.1.2　SSCI和A&HCI收录中国台湾论文的国家（地区）期刊分布

1998年，SSCI和A&HCI共收录我国台湾论文245篇，这些论文分别发表在13个国家（地区）的163种期刊上。其中，有96篇论文发表在美国的64种期刊上，78篇论文发表在英国的53种期刊上，30篇论文发表在荷兰的24种期刊上。另外，有18篇论文发表在中国台湾的4种期刊上（见表9）。

4.2 SSCI和A&HCI收录发表中国香港和台湾地区论文较多的期刊

4.2.1 SSCI和A&HCI收录发表中国香港论文较多的期刊

表10显示1998年SSCI和A&HCI收录的发表我国香港论文较多的期刊，其中发表该地区论文最多的期刊是美国的*China Quarterly*，有12篇论文在该期刊上发表。

表10 1998年SSCI和A&HCI收录发表中国香港和台湾地区论文较多的期刊

中国香港			中国台湾		
国家（地区）	期刊名称	论文（篇）	国家（地区）	期刊名称	论文（篇）
美国	*China Quarterly*	12	中国台湾	*Bulletin of the Institute of History and Philology Academia Sinica*	9
英国	*Journal of Advanced Nursing*	12	美国	*Perceptual and Motor Skills*	6
英国	*Modern Language Review*	11	英国	*Environment and Planning B-Planning & Design*	4
美国	*Journal of Asian Studies*	11	荷兰	*European Journal of Operational Research*	4
美国	*Word-Journal of the International Linguistic Association*	9	中国台湾	*Journal of the Formosan Medical Association*	4
日本	*Psychologia*	9	英国	*Public Health*	4

4.2.2 SSCI和A&HCI收录发表中国台湾论文较多的期刊

表10显示1998年SSCI和A&HCI收录的发表我国台湾论文较多的期刊，其中发表该地区论文最多的期刊是中国台湾的*Bulletin of the Institute of History and Philology Academia Sinica*，有9篇论文在该期刊上发表。

5 SSCI 和 A&HCI 收录中国香港和台湾地区论文的合著情况

5.1 SSCI 和 A&HCI 收录中国香港和台湾地区合著论文数量

5.1.1 SSCI 和 A&HCI 收录中国香港合著与独著论文数量

1998 年，SSCI 和 A&HCI 收录我国香港论文 627 篇，其中合著论文 270 篇，占 43.1%；独著论文 357 篇，占 56.9%（见表 11）。

表 11 1998 年 SSCI 和 A&HCI 收录中国香港和台湾地区合著与独著论文数量

地区	论文（篇）	合著论文		独著论文	
		（篇）	（%）	（篇）	（%）
中国香港	627	270	43.1	357	56.9
中国台湾	245	144	58.8	101	41.2

5.1.2 SSCI 和 A&HCI 收录中国台湾合著与独著论文数量

1998 年，SSCI 和 A&HCI 收录我国台湾论文 245 篇，其中合著论文 144 篇，占 58.8%；独著论文 101 篇，占 41.2%（见表 11）。

5.2 SSCI 和 A&HCI 收录中国香港和台湾地区内以及与其他国家（地区）间合著论文数量

5.2.1 SSCI 和 A&HCI 收录中国香港地区内以及与其他国家（地区）间合著论文数量

1998 年，SSCI 和 A&HCI 收录我国香港合著论文 270 篇，其中地区内合著论文 158 篇，占 58.5%；与其他国家（地区）间合著论文 112 篇，占 41.5%（见表 12）。

5.2.2 SSCI 和 A&HCI 收录中国台湾地区内以及与其他国家（地区）间合著论文数量

1998 年，SSCI 和 A&HCI 收录我国台湾合著论文 144 篇，其中地区内合著论文 117 篇，占 81.3%；与其他国家（地区）间合著论文 27 篇，占 18.8%（见表 12）。

表12　　1998年SSCI和A&HCI收录中国香港和台湾地区内以及与其他国家（地区）间合著论文数量

地区	合著论文（篇）	地区内合著		国家（地区）间合著	
		（篇）	（%）	（篇）	（%）
中国香港	270	158	58.5	112	41.5
中国台湾	144	117	81.3	27	18.8

5.3 SSCI和A&HCI收录中国香港和台湾地区内以及与其他国家（地区）间合著论文的合作形式

5.3.1 SSCI和A&HCI收录中国香港地区内以及与其他国家（地区）间合著论文的合作形式

1998年，SSCI和A&HCI收录我国香港地区内以及与其他国家（地区）间合著论文112篇，其中双方合著论文104篇，占92.9%；三方合著论文6篇，占5.4%；多方合著论文2篇，占1.8%（见表13）。

表13　　1998年SSCI和A&HCI收录中国香港和台湾地区内以及与其他国家（地区）间合著论文的合作形式

地区	国家（地区）间合著（篇）	双方合著		三方合著		多方合著	
		（篇）	（%）	（篇）	（%）	（篇）	（%）
中国香港	112	104	92.9	6	5.4	2	1.8
中国台湾	27	27	100.0	0	0.0	0	0.0

5.3.2 SSCI和A&HCI收录中国台湾地区内以及与其他国家（地区）间合著论文的合作形式

1998年，SSCI和A&HCI收录我国台湾地区内以及与其他国家（地区）间合著论文27篇，均为双方合著论文（见表13）。

6 SSCI和A&HCI收录中国香港和台湾地区论文被引用情况

6.1 SSCI和A&HCI收录中国香港和台湾地区论文被引用数量

6.1.1 SSCI和A&HCI收录中国香港论文被引用数量

1998年，SSCI和A&HCI共收录我国香港论文627篇，其中有386篇论文被引用，占总数的61.6%；这些论文共被引用2396次，篇均被引3.8次，被引用论文篇均被引6.2次（见表14）。

表14　1998年SSCI和A&HCI收录中国香港和台湾地区论文被引用数量

地区	论文（篇）	被引用论文（篇）	被引用论文（%）	总被引（次）	篇均被引（次）	被引论文篇均被引（次）
中国香港	627	386	61.6	2396	3.8	6.2
中国台湾	245	167	68.2	913	3.7	5.5

6.1.2　SSCI和A&HCI收录中国台湾论文被引用数量

1998年，SSCI和A&HCI共收录我国台湾论文245篇，其中有167篇论文被引用，占总数的68.2%；这些论文共被引用913次，篇均被引3.7次，被引用论文篇均被引5.5次（见表14）。

6.2　SSCI和A&HCI收录中国香港和台湾地区部分学科领域论文被引用数量

6.2.1　SSCI和A&HCI收录中国香港部分学科领域论文被引用数量

表15显示1998年SSCI和A&HCI收录我国香港论文较多的11个学科领域论文被引用情况，从中可以看出，社会学、管理学、经济学、医药卫生和心理学5个学科领域被引用论文数量较多，交通运输、心理学、医药卫生、经济学和社会学5个学科领域被引用论文所占比例较高，交通运输、心理学、医药卫生、经济学和管理学5个学科领域论文篇均被引次数较多，交通运输、心理学、经济学、医药卫生和地理学5个学科领域被引用论文篇均被引次数较多。

表15　1998年SSCI和A&HCI收录中国香港部分学科领域论文被引用数量

学科领域	论文（篇）	总被引（篇）	总被引（%）	总被引（次）	篇均被引（次）	被引论文篇均被引（次）
社会学	115	85	73.9	434	3.8	5.1
管理学	102	68	66.7	402	3.9	5.9
经济学	75	56	74.7	419	5.6	7.5

续表

学科领域	论文（篇）	总被引			篇均被引（次）	被引论文篇均被引（次）
		（篇）	（%）	（次）		
医药卫生	66	52	78.8	385	5.8	7.4
心理学	34	29	85.3	223	6.6	7.7
教育学	41	22	53.7	101	2.5	4.6
交通运输	13	12	92.3	98	7.5	8.2
地理学	13	6	46.2	42	3.2	7.0
哲学	16	6	37.5	35	2.2	5.8
政治学	38	5	13.2	18	0.5	3.6
语言学	25	4	16.0	23	0.9	5.8

6.2.2 SSCI和A&HCI收录中国台湾部分学科领域论文被引用数量

表16显示1998年SSCI和A&HCI收录我国台湾论文较多的10个学科领域论文被引用情况，从中可以看出，医药卫生、管理学、经济学、心理学和社会学5个学科领域被引用论文数量较多，教育学、医药卫生、管理学、心理学和社会学5个学科领域被引用论文所占比例较高，哲学、医药卫生、教育学、社会学和心理学5个学科领域论文篇均被引次数较多，医药卫生、教育学、社会学、心理学和管理学5个学科领域被引用论文篇均被引次数较多。

表16 1998年SSCI和A&HCI收录中国台湾部分学科领域论文被引用数量

学科领域	论文（篇）	总被引			篇均被引（次）	被引论文篇均被引（次）
		（篇）	（%）	（次）		
哲学	7	3	42.9	6	8.6	2.0
医药卫生	49	41	83.7	370	7.6	9.0
教育学	8	7	87.5	51	6.4	7.3
社会学	19	13	68.4	86	4.5	6.6
心理学	20	15	75.0	62	3.1	4.1
管理学	44	35	79.5	132	3.0	3.8
经济学	44	29	65.9	107	2.4	3.7
语言学	7	4	57.1	7	1.0	1.8
文学	7	1	14.3	1	0.1	1.0
历史学	11	1	9.1	1	0.1	1.0

6.3 SSCI 和 A&HCI 收录中国香港和台湾地区各类机构论文被引用数量

6.3.1 SSCI 和 A&HCI 收录中国香港各类机构论文被引用数量

1998 年，SSCI 和 A&HCI 收录我国香港各类机构被引用论文 386 篇，其中高等院校被引用论文 370 篇，占总数的 95.9%。高等院校的论文及被引用论文数量均占明显优势（见表 17）。

表 17　1998 年 SSCI 和 A&HCI 收录中国香港各类机构论文被引用数量

机构类型	论文（篇）	总被引			篇均被引（次）	被引论文篇均被引（次）
		（篇）	（%）	（次）		
高等院校	593	370	62.4	2313	3.9	6.3
研究机构	11	8	72.7	33	3.0	4.1
医疗机构	11	6	54.5	43	3.9	7.2
其他机构	12	2	16.7	7	0.6	3.5

6.3.2 SSCI 和 A&HCI 收录中国台湾各类机构论文被引用数量

1998 年，SSCI 和 A&HCI 收录我国台湾各类机构被引用论文 167 篇，其中高等院校被引用论文 136 篇，占总数的 81.4%。高等院校的论文及被引用论文数量均占优势（见表 18）。

表 18　1998 年 SSCI 和 A&HCI 收录中国台湾各类机构论文被引用数量

机构类型	论文（篇）	总被引			篇均被引（次）	被引论文篇均被引（次）
		（篇）	（%）	（次）		
高等院校	195	136	69.7	748	3.8	5.5
研究机构	31	15	48.4	69	2.2	4.6
医疗机构	17	15	88.2	94	5.5	6.3
其他机构	2	1	50.0	2	1.0	2.0

7 SSCI 和 A&HCI 收录中国香港和台湾地区论文引用文献情况

7.1 SSCI 和 A&HCI 收录中国香港和台湾地区论文引用文献数量

7.1.1 SSCI 和 A&HCI 收录中国香港论文引用文献数量

1998 年，SSCI 和 A&HCI 共收录我国香港论文 627 篇，其中有引文的论文601篇，占总数的95.9%；这些论文共引用文献16018次，有引文的论文篇均引用26.7次（见表19）。

表19 1998年SSCI和A&HCI收录中国香港和台湾地区论文引用文献数量

地区	论文（篇）	总引用			有引文的论文篇均引用（次）
		（篇）	（%）	（次）	
中国香港	627	601	95.9	16018	26.7
中国台湾	245	231	94.3	5180	22.4

7.1.2 SSCI和A&HCI收录中国台湾论文引用文献数量

1998年，SSCI和A&HCI共收录我国台湾论文245篇，其中有引文的论文231篇，占总数的94.3%；这些论文共引用文献5180次，有引文的论文篇均引用22.4次（见表19）。

7.2 SSCI和A&HCI收录中国香港和台湾地区部分学科领域论文引用文献数量

7.2.1 SSCI和A&HCI收录中国香港部分学科领域论文引用文献数量

表20显示1998年SSCI和A&HCI收录我国香港论文较多的11个学科领域论文引用文献情况，从中可以看出，社会学、管理学、经济学、医药卫生和教育学5个学科领域有引文的论文数量较多，教育学、心理学、哲学、交通运输和经济学5个学科领域有引文的论文所占比例较高，心理学、社会学、经济学、管理学和医药卫生5个学科领域有引文的论文篇均引用次数较多。

表20 1998年SSCI和A&HCI收录中国香港部分学科领域论文引用文献数量

学科领域	论文（篇）	总引用			有引文的论文篇均引用（次）
		（篇）	（%）	（次）	
社会学	115	113	98.3	3485	30.8
管理学	102	97	95.1	2770	28.6
经济学	75	74	98.7	2171	29.3
医药卫生	66	57	86.4	1569	27.5

续表

学科领域	论文（篇）	总引用			有引文的论文篇均引用（次）
		（篇）	（%）	（次）	
教育学	41	41	100.0	1043	25.4
心理学	34	34	100.0	1351	39.7
政治学	38	34	89.5	495	14.6
语言学	25	24	96.0	258	10.8
哲学	16	16	100.0	350	21.9
交通运输	13	13	100.0	304	23.4
地理学	13	11	84.6	147	13.4

7.2.2 SSCI 和 A&HCI 收录中国台湾部分学科领域论文引用文献数量

表 21 显示 1998 年 SSCI 和 A&HCI 收录我国台湾论文较多的 10 个学科领域论文引用文献情况，从中可以看出，医药卫生、管理学、经济学、心理学和社会学 5 个学科领域有引文的论文数量较多，管理学、心理学、社会学、医药卫生和经济学 5 个学科领域有引文的论文所占比例较高，社会学、文学、医药卫生、心理学和教育学 5 个学科领域有引文的论文篇均引用次数较多。

表 21 1998 年 SSCI 和 A&HCI 收录中国台湾部分学科领域论文引用文献数量

学科领域	论文（篇）	总引用			有引文的论文篇均引用（次）
		（篇）	（%）	（次）	
医药卫生	49	47	95.9	1311	27.9
管理学	44	44	100.0	919	20.9
经济学	44	40	90.9	752	18.8
心理学	20	20	100.0	479	24.0
社会学	19	19	100.0	613	32.3
历史学	11	10	90.9	109	10.9
教育学	8	7	87.5	160	22.9
语言学	7	6	85.7	126	21.0
文学	7	5	71.4	156	31.2
哲学	7	4	57.1	53	13.3

7.3 SSCI 和 A&HCI 收录中国香港和台湾地区各类机构论文引用文献数量

7.3.1 SSCI 和 A&HCI 收录中国香港各类机构论文引用文献数量

1998 年，SSCI 和 A&HCI 收录我国香港各类机构有引文的论文 601 篇，其中高等院校有引文的论文 576 篇，占总数的 95.8%。高等院校的论文及有引文的论文数量均占明显优势（见表 22）。

表 22 1998 年 SSCI 和 A&HCI 收录中国香港各类机构论文引用文献数量

学科领域	论文（篇）	总引用			有引文的论文篇均引用（次）
		（篇）	（%）	（次）	
高等院校	593	576	97.1	15490	26.9
研究机构	11	11	100.0	319	29.0
医疗机构	11	10	90.9	174	17.4
其他机构	12	4	33.3	35	8.8

7.3.2 SSCI 和 A&HCI 收录中国台湾各类机构论文引用文献数量

1998 年，SSCI 和 A&HCI 收录我国台湾各类机构有引文的论文 231 篇，其中高等院校有引文的论文 185 篇，占总数的 80.1%。高等院校的论文和有引文的论文数量均占优势（见表 23）。

表 23 1998 年 SSCI 和 A&HCI 收录中国台湾各类机构论文引用文献数量

学科领域	论文（篇）	总引用			有引文的论文篇均引用（次）
		（篇）	（%）	（次）	
高等院校	195	185	94.9	4355	23.5
研究机构	31	27	87.1	437	16.2
医疗机构	17	17	100.0	365	21.5
其他机构	2	2	100.0	23	11.5

1999 年
SSCI、A&HCI 和 ISSHP 收录中国香港和台湾地区论文统计分析年度报告

1 三大检索工具收录中国香港和台湾地区论文概况

1.1 三大检索工具收录中国香港和台湾地区论文数量和排名

1.1.1 三大检索工具收录中国香港论文数量和排名

1999 年，SSCI、A&HCI 和 ISSHP 三大国际检索工具（简称三大检索工具）共收录我国香港论文 876 篇，与上一年相同。按三大检索工具收录论文数量的国家（地区）排名，我国香港排名第 22 位（见表 1）。

表 1　1999 年三大检索工具收录中国香港和台湾地区论文数量和排名

地区	论文			排名
	（篇）	增加（篇）	增长（%）	
中国香港	876	0	0.0	22
中国台湾	475	88	22.7	27

1.1.2 三大检索工具收录中国台湾论文数量和排名

1999 年，SSCI、A&HCI 和 ISSHP 三大检索工具共收录我国台湾论文 475 篇，比上一年的 387 篇增加 88 篇，增长 22.7%。按三大检索工具收录论文数量的国家（地区）排名，我国台湾排名第 27 位（见表 1）。

1.2 SSCI 和 A&HCI 收录中国香港和台湾地区论文数量

1.2.1 SSCI 和 A&HCI 收录中国香港论文数量

1999 年，SSCI 和 A&HCI 收录我国香港论文（作者机构栏中有“Hong Kong”的论文）803 篇，比上一年的 751 篇增加 52 篇，增长 6.9%。其中，我国香港第一作者论文 674 篇，占总数的 83.9%，比上一年增长 7.5%（见表 2）。

表 2　　1999 年 SSCI 和 A&HCI 收录中国香港和台湾地区论文数量

地区	论文			第一作者论文		
	（篇）	增加（篇）	增长（%）	（篇）	（%）	增长（%）
中国香港	803	52	6.9	674	83.9	7.5
中国台湾	412	108	35.5	337	81.8	37.6

1.2.2 SSCI 和 A&HCI 收录中国台湾论文数量

1999 年，SSCI 和 A&HCI 收录我国台湾论文（作者机构栏中有“Taiwan”的论文）412 篇，比上一年的 304 篇增加 108 篇，增长 35.5%。其中，我国台湾第一作者论文 337 篇，占总数的 81.8%，比上一年增长 37.6%（见表 2）。

1.3 ISSHP 收录中国香港和台湾地区论文数量

1.3.1 ISSHP 收录中国香港论文数量

1999 年，ISSHP 收录我国香港论文（作者机构栏中有“Hong Kong”的论文）57 篇，比上一年的 103 篇减少 46 篇，减少 44.7%。其中，我国香港第一作者论文 51 篇，占总数的 89.5%，比上一年减少 44.6%（见表 3）。

表 3　　1999 年 ISSHP 收录中国香港和台湾地区论文数量

地区	论文			第一作者论文		
	（篇）	增加（篇）	增长（%）	（篇）	（%）	增长（%）
中国香港	57	-46	-44.7	51	89.5	-44.6
中国台湾	61	-12	-16.4	53	86.9	-22.1

1.3.2 ISSHP 收录中国台湾论文数量

1999 年，ISSHP 收录我国台湾论文（作者机构栏中有“Taiwan”的论文）61 篇，比上一年的 73 篇减少 12 篇，减少 16.4%。其中，我国台湾第一作者论文 53 篇，占总数的 86.9%，比上一年减少 22.1%（见表3）。

需要说明的是，以下将以三大检索工具收录我国香港和台湾地区第一作者论文情况作为统计分析的重点。在没有特指的情况下，“我国香港论文”或“我国台湾论文”均指其第一作者论文。

2 SSCI 和 A&HCI 收录中国香港和台湾地区论文的学科分布

2.1 SSCI 和 A&HCI 收录中国香港和台湾地区学科领域论文数量

2.1.1 SSCI 和 A&HCI 收录中国香港学科领域论文数量

1999 年，SSCI 和 A&HCI 共收录我国香港各学科领域论文 674 篇，这些论文涵盖 25 个学科领域。论文数量比较集中的学科领域是：管理学、社会学、医药卫生、经济学、教育学、心理学、政治学、语言学、文学、哲学和历史学，这 11 个学科领域论文合计 606 篇，占总数的 89.9%（见表4）。

表4　1999 年 SSCI 和 A&HCI 收录中国香港部分学科领域论文数量

学科领域	中国香港论文	
	（篇）	（%）
管理学	148	22.0
社会学	114	16.9
医药卫生	78	11.6
经济学	74	11.0
教育学	45	6.7
心理学	38	5.6
政治学	36	5.3
语言学	32	4.7
文学	17	2.5
哲学	12	1.8
历史学	12	1.8

2.1.2 SSCI 和 A&HCI 收录中国台湾学科领域论文数量

1999 年，SSCI 和 A&HCI 共收录我国台湾各学科领域论文 337 篇，这些论文涵盖 22 个学科领域。论文数量比较集中的学科领域是：管理学、医药卫生、经济学、教育学、社会学、语言学、历史学、心理学、政治学和文学，这 10 个学科领域论文合计 299 篇，占总数的 88.7%（见表 5）。

表 5　1999 年 SSCI 和 A&HCI 收录中国台湾部分学科领域论文数量

学科领域	中国台湾	
	（篇）	（%）
管理学	79	23.4
医药卫生	66	19.6
经济学	55	16.3
教育学	22	6.5
社会学	15	4.5
语言学	15	4.5
历史学	15	4.5
心理学	14	4.2
政治学	10	3.0
文学	8	2.4

2.2 SSCI 和 A&HCI 收录中国香港和台湾地区跨学科领域论文数量

2.2.1 SSCI 和 A&HCI 收录中国香港跨学科领域论文数量

按照 SSCI 和 A&HCI 收录论文的原始学科分类，有一部分论文属于跨学科领域论文。1999 年，SSCI 和 A&HCI 收录的我国香港论文中，属于这类跨学科领域的论文有 73 篇，占 10.8%；比上一年减少 7 篇，减少 8.8%（见表 6）。

表 6　1999 年 SSCI 和 A&HCI 收录中国香港和台湾地区跨学科领域论文数量

地区	论文			
	（篇）	（%）	增加（篇）	增长（%）
中国香港	73	10.8	-7	-8.8
中国台湾	27	8.0	3	12.5

2.2.2 SSCI 和 A&HCI 收录中国台湾跨学科领域论文数量

1999 年，SSCI 和 A&HCI 收录的我国台湾论文中，属于跨学科领域的论文有 27 篇，占 8%；比上一年增加 3 篇，增长 12.5%（见表 6）。

3 SSCI 和 A&HCI 收录中国香港和台湾地区论文的机构分布

3.1 SSCI 和 A&HCI 收录中国香港和台湾地区各类机构论文数量

3.1.1 SSCI 和 A&HCI 收录中国香港各类机构论文数量

1999 年，SSCI 和 A&HCI 共收录我国香港各类机构论文 674 篇，其中高等院校 646 篇，占 95.8%，比上一年增加 53 篇；研究机构 4 篇，占 0.6%，比上一年减少 7 篇；医疗机构 16 篇，占 2.4%，比上一年增加 5 篇；其他机构 8 篇，占 1.2%，比上一年减少 4 篇（见表 7）。

表 7　1999 年 SSCI 和 A&HCI 收录中国香港和台湾地区各类机构论文数量

机构类型	中国香港			中国台湾		
	论文（篇）	比例（%）	增加（篇）	论文（篇）	比例（%）	增加（篇）
高等院校	646	95.8	53	274	81.3	79
研究机构	4	0.6	-7	33	9.8	2
医疗机构	16	2.4	5	22	6.5	5
其他机构	8	1.2	-4	8	2.4	6

3.1.2 SSCI 和 A&HCI 收录中国台湾各类机构论文数量

1999 年，SSCI 和 A&HCI 共收录我国台湾各类机构论文 337 篇，其中高等院校 274 篇，占 81.3%，比上一年增加 79 篇；研究机构 33 篇，占 9.8%，比上一年增加 2 篇；医疗机构 22 篇，占 6.5%，比上一年增加 5 篇；其他机构 8 篇，占 2.4%，比上一年增加 6 篇（见表 7）。

3.2 SSCI 和 A&HCI 收录论文数量较多的中国香港和台湾地区高等院校

3.2.1 SSCI 和 A&HCI 收录论文数量较多的中国香港高等院校

1999 年，SSCI 和 A&HCI 收录我国香港论文的高等院校有 14 所，其中论文数量较多的 5 所高等院校是香港中文大学、香港大学、香港科技大学、香港城市大学和香港理工大学，其论文合计577篇，占我国香港高等院校同类论文总数的89.3%（见表8）。

表8 1999年SSCI和A&HCI收录论文较多的中国香港和中国台湾高等院校

中国香港		中国台湾	
高等院校	论文（篇）	高等院校	论文（篇）
香港中文大学	190	台湾大学	49
香港大学	143	台湾交通大学	19
香港科技大学	83	成功大学	18
香港城市大学	81	台湾清华大学	18
香港理工大学	80	中正大学	17

3.2.2 SSCI和A&HCI收录论文数量较多的中国台湾高等院校

1999年，SSCI和A&HCI收录我国台湾论文的高等院校有60所，其中论文数量较多的5所高等院校是台湾大学、台湾交通大学、成功大学、台湾清华大学和中正大学，其论文合计121篇，占我国台湾高等院校同类论文总数的44.2%（见表8）。

4 SSCI和A&HCI收录中国香港和台湾地区论文的期刊分布

4.1 SSCI和A&HCI收录中国香港和台湾地区论文的国家（地区）期刊分布

4.1.1 SSCI和A&HCI收录中国香港论文的国家（地区）期刊分布

1999年，SSCI和A&HCI共收录我国香港论文674篇，这些论文分别发表在18个国家（地区）的367种期刊上。其中，有267篇论文发表在美国的157种期刊上，249篇论文发表在英国的139种期刊上，59篇论文发表在荷兰的35种期刊上。另外，有8篇论文发表在中国台湾的2种期刊上（见表9）。

4.1.2 SSCI和A&HCI收录中国台湾论文的国家（地区）期刊分布

1999年，SSCI和A&HCI共收录我国台湾论文337篇，这些论文分别发表在17个国家（地区）的206种期刊上。其中，有129篇论文发表在美国的93种期刊上，95篇论文发表在英国的59种期刊上，45篇论文发表在荷兰的24种期刊上。另外，有27篇论文发表在中国台湾的4种期刊上（见表9）。

表9　1999年SSCI和A&HCI收录中国香港和台湾地区论文的国家（地区）期刊分布

中国香港			中国台湾		
国家（地区）	期刊（种）	论文（篇）	国家（地区）	期刊（种）	论文（篇）
美国	157	267	美国	93	129
英国	139	249	英国	59	95
荷兰	35	59	荷兰	24	45
加拿大	9	23	中国台湾	4	27
澳大利亚	4	9	瑞士	4	11
瑞士	4	7	澳大利亚	4	4
爱尔兰	3	3	加拿大	3	8
日本	2	14	爱尔兰	2	3
中国台湾	2	8	韩国	2	3
丹麦	2	7	德国	2	3
新西兰	2	5	法国	2	2
德国	2	2	日本	2	2
菲律宾	1	7	新加坡	1	1
新加坡	1	6	丹麦	1	1
意大利	1	1	瑞典	1	1
韩国	1	1	奥地利	1	1
瑞典	1	1	印度	1	1
印度	1	1			

注：本年度有4篇我国香港的论文无法确定其来源刊的国别。

4.2　SSCI和A&HCI收录发表中国香港和台湾地区论文较多的期刊

4.2.1　SSCI和A&HCI收录发表中国香港论文较多的期刊

表10显示1999年SSCI和A&HCI收录的发表我国香港论文较多的期刊，其中发表该地区论文最多的期刊是英国的*Journal of Advanced Nursing*，有15篇论文在该期刊上发表。

表 10　1999 年 SSCI 和 A&HCI 收录发表中国香港和台湾地区论文较多的期刊

中国香港			中国台湾		
国家（地区）	期刊名称	论文（篇）	国家（地区）	期刊名称	论文（篇）
英国	*Journal of Advanced Nursing*	15	中国台湾	*Bulletin of the Institute of History and Philology Academia Sinica*	17
美国	*China Quarterly*	12	荷兰	*International Journal of Industrial Ergonomics*	15
日本	*Psychologia*	12	英国	*Journal of the Operational Research Society*	7
加拿大	*Pacific Affairs*	10	加拿大	*Canadian Review of Comparative Literature-Revue Canadienne de Litterature Comparee*	6
美国	*Tesol Quarterly*	10	中国台湾	*Issues & Studies*	5

4.2.2　SSCI 和 A&HCI 收录发表中国台湾论文较多的期刊

表 10 显示 1999 年 SSCI 和 A&HCI 收录的发表我国台湾论文较多的期刊，其中发表该地区论文最多的期刊是中国台湾的 *Bulletin of the Institute of History and Philology Academia Sinica*，有 17 篇论文在该期刊上发表。

5　SSCI 和 A&HCI 收录中国香港和台湾地区论文的合著情况

5.1　SSCI 和 A&HCI 收录中国香港和台湾地区合著论文数量

5.1.1　SSCI 和 A&HCI 收录中国香港合著与独著论文数量

1999 年，SSCI 和 A&HCI 收录我国香港论文 674 篇，其中合著论文 344 篇，占 51%；独著论文 330 篇，占 49%（见表 11）。

表 11 1999 年 SSCI 和 A&HCI 收录中国香港和台湾地区合著与独著论文数量

地区	论文（篇）	合著论文		独著论文	
		（篇）	（%）	（篇）	（%）
中国香港	674	344	51.0	330	49.0
中国台湾	337	203	60.2	134	39.8

5.1.2 SSCI和A&HCI收录中国台湾合著与独著论文数量

1999年，SSCI和A&HCI收录我国台湾论文337篇，其中合著论文203篇，占60.2%；独著论文134篇，占39.8%（见表11）。

5.2 SSCI和A&HCI收录中国香港和台湾地区内以及与其他国家（地区）间合著论文数量

5.2.1 SSCI和A&HCI收录中国香港地区内以及与其他国家（地区）间合著论文数量

1999年，SSCI和A&HCI收录我国香港合著论文344篇，其中地区内合著论文221篇，占64.2%；与其他国家（地区）间合著论文123篇，占35.8%（见表12）。

表12　1999年SSCI和A&HCI收录中国香港和台湾地区内以及与其他国家（地区）间合著论文数量

地区	合著论文（篇）	地区内合著		国家（地区）间合著	
		（篇）	（%）	（篇）	（%）
中国香港	344	221	64.2	123	35.8
中国台湾	203	157	77.3	46	22.7

5.2.2 SSCI和A&HCI收录中国台湾地区内以及与其他国家（地区）间合著论文数量

1999年，SSCI和A&HCI收录我国台湾合著论文203篇，其中地区内合著论文157篇，占77.3%；与其他国家（地区）间合著论文46篇，占22.7%（见表12）。

5.3 SSCI和A&HCI收录中国香港和台湾地区内以及与其他国家（地区）间合著论文的合作形式

5.3.1 SSCI和A&HCI收录中国香港地区内以及与其他国家（地区）间合著论文的合作形式

1999年，SSCI和A&HCI收录我国香港地区内以及与其他国家（地区）间合著论文123篇，其中双方合著论文111篇，占90.2%；三方合著论文10篇，占8.1%；多方合著论文2篇，占1.6%（见表13）。

表 13　1999 年 SSCI 和 A&HCI 收录中国香港和台湾地区内以及与其他国家（地区）间合著论文的合作形式

地区	国家（地区）间合著（篇）	双方合著		三方合著		多方合著	
		（篇）	（%）	（篇）	（%）	（篇）	（%）
中国香港	123	111	90.2	10	8.1	2	1.6
中国台湾	46	44	95.7	1	2.2	1	2.2

5.3.2　SSCI 和 A&HCI 收录中国台湾地区内以及与其他国家（地区）间合著论文的合作形式

1999 年，SSCI 和 A&HCI 收录我国台湾地区内以及与其他国家（地区）间合著论文 46 篇，其中双方合著论文 44 篇，占 95.7%；三方合著论文 1 篇，占 2.2%；多方合著论文 1 篇，占 2.2%（见表 13）。

6　SSCI 和 A&HCI 收录中国香港和台湾地区论文被引用情况

6.1　SSCI 和 A&HCI 收录中国香港和台湾地区论文被引用数量

6.1.1　SSCI 和 A&HCI 收录中国香港论文被引用数量

1999 年，SSCI 和 A&HCI 共收录我国香港论文 674 篇，其中有 422 篇论文被引用，占总数的 62.6%；这些论文共被引用 2034 次，篇均被引 3 次，被引用论文篇均被引 4.8 次（见表 14）。

表 14　1999 年 SSCI 和 A&HCI 收录中国香港和台湾地区论文被引用数量

地区	论文（篇）	总被引			篇均被引（次）	被引论文篇均被引（次）
		（篇）	（%）	（次）		
中国香港	674	422	62.6	2034	3.0	4.8
中国台湾	337	204	60.5	966	2.9	4.7

6.1.2　SSCI 和 A&HCI 收录中国台湾论文被引用数量

1999 年，SSCI 和 A&HCI 共收录我国台湾论文 337 篇，其中有 204 篇论文被引用，占总数的 60.5%；这些论文共被引用 966 次，篇均被引 2.9 次，被引用论文篇均被引 4.7 次（见表 14）。

6.2 SSCI 和 A&HCI 收录中国香港和台湾地区部分学科领域论文被引用数量

6.2.1 SSCI 和 A&HCI 收录中国香港部分学科领域论文被引用数量

表 15 显示 1999 年 SSCI 和 A&HCI 收录我国香港论文较多的 11 个学科领域论文被引用情况，从中可以看出，管理学、社会学、医药卫生、经济学和教育学 5 个学科领域被引用论文数量较多，心理学、医药卫生、管理学、教育学和社会学 5 个学科领域被引用论文所占比例较高，心理学、医药卫生、管理学、社会学和经济学 5 个学科领域论文篇均被引次数较多，心理学、医药卫生、管理学、哲学和社会学 5 个学科领域被引用论文篇均被引次数较多。

表 15 1999 年 SSCI 和 A&HCI 收录中国香港部分学科领域论文被引用数量

学科领域	论文	总被引			篇均被引	被引论文篇均被引
	(篇)	(篇)	(%)	(次)	(次)	(次)
管理学	148	108	73.0	566	3.8	5.2
社会学	114	74	64.9	338	3.0	4.7
医药卫生	78	58	74.4	358	4.6	6.2
经济学	74	44	59.5	190	2.6	4.3
教育学	45	30	66.7	106	2.4	3.5
心理学	38	29	76.3	217	5.7	7.5
语言学	32	14	43.8	35	1.1	2.5
政治学	36	12	33.3	22	0.6	1.8
哲学	12	5	41.7	26	2.2	5.2
文学	17	3	17.6	3	0.2	1.0
历史学	12	2	16.7	2	0.2	1.0

6.2.2 SSCI 和 A&HCI 收录中国台湾部分学科领域论文被引用数量

表 16 显示 1999 年 SSCI 和 A&HCI 收录我国台湾论文较多的 10 个学科领域论文被引用情况，从中可以看出，管理学、医药卫生、经济学、教育学和社会学 5 个学科领域被引用论文数量较多，医药卫生、管理学、社会学、心理学和教育学 5 个学科领域被引用论文所占比例较高，医药卫生、社会学、管理学、教育学和心理学 5 个学科领域论文篇均被引次数较多，

医药卫生、社会学、教育学、管理学和心理学 5 个学科领域被引用论文篇均被引次数较多。

表 16 1999 年 SSCI 和 A&HCI 收录中国台湾部分学科领域论文被引用数量

学科领域	论文（篇）	总被引			篇均被引（次）	被引论文篇均被引（次）
		（篇）	（%）	（次）		
医药卫生	66	55	83.3	389	5.9	7.1
社会学	15	10	66.7	54	3.6	5.4
管理学	79	56	70.9	232	2.9	4.1
教育学	22	14	63.6	61	2.8	4.4
心理学	14	9	64.3	37	2.6	4.1
经济学	55	33	60.0	94	1.7	2.8
语言学	15	5	33.3	16	1.1	3.2
政治学	10	2	20.0	11	1.1	5.5
历史学	15	1	6.7	1	0.1	1.0
文学	8	0	0.0	0	0.0	0.0

6.3 SSCI 和 A&HCI 收录中国香港和台湾地区各类机构论文被引用数量

6.3.1 SSCI 和 A&HCI 收录中国香港各类机构论文被引用数量

1999 年，SSCI 和 A&HCI 收录我国香港各类机构被引用论文 422 篇，其中高等院校被引用论文 404 篇，占总数的 95.7%。高等院校的论文和被引用论文数量均占明显优势（见表 17）。

表 17 1999 年 SSCI 和 A&HCI 收录中国香港各类机构论文被引用数量

机构类型	论文（篇）	总被引			篇均被引（次）	被引论文篇均被引（次）
		（篇）	（%）	（次）		
高等院校	646	404	62.5	1965	3.0	4.9
研究机构	4	2	50.0	2	0.5	1.0
医疗机构	16	10	62.5	39	2.4	3.9
其他机构	8	6	75.0	28	3.5	4.7

6.3.2 SSCI 和 A&HCI 收录中国台湾各类机构论文被引用数量

1999 年，SSCI 和 A&HCI 收录我国台湾各类机构被引用论文 204 篇，其中高等院校被引用论文 169 篇，占总数的 82.8%。高等院校的论文及被引用论文数量均占优势（见表 18）。

表 18 1999 年 SSCI 和 A&HCI 收录中国台湾各类机构论文被引用数量

机构类型	论文（篇）	总被引			篇均被引（次）	被引论文篇均被引（次）
		（篇）	（%）	（次）		
高等院校	274	169	61.7	732	2.7	4.3
研究机构	33	11	33.3	64	1.9	5.8
医疗机构	22	20	90.9	153	7.0	7.7
其他机构	8	4	50.0	17	2.1	4.3

7 SSCI 和 A&HCI 收录中国香港和台湾地区论文引用文献情况

7.1 SSCI 和 A&HCI 收录中国香港和台湾地区论文引用文献数量

7.1.1 SSCI 和 A&HCI 收录中国香港论文引用文献数量

1999 年，SSCI 和 A&HCI 共收录我国香港论文 674 篇，其中有引文的论文 650 篇，占总数的 96.4%；这些论文共引用文献 18388 次，有引文的论文篇均引用 28.3 次（见表 19）。

表 19 1999 年 SSCI 和 A&HCI 收录中国香港和台湾地区论文引用文献数量

地区	论文（篇）	总引用			有引文的论文篇均引用（次）
		（篇）	（%）	（次）	
中国香港	674	650	96.4	18388	28.3
中国台湾	337	319	94.7	8115	25.4

7.1.2 SSCI 和 A&HCI 收录中国台湾论文引用文献数量

1999 年，SSCI 和 A&HCI 共收录我国台湾论文 337 篇，其中有引文的论文 319 篇，占总数的 94.7%；这些论文共引用文献 8115 次，有引文的论文篇均引用 25.4 次（见表 19）。

7.2 SSCI 和 A&HCI 收录中国香港和台湾地区部分学科领域论文引用文献数量

7.2.1 SSCI 和 A&HCI 收录中国香港部分学科领域论文引用文献数量

表 20 显示 1999 年 SSCI 和 A&HCI 收录我国香港论文较多的 11 个学科领域论文引用文献情况，从中可以看出，管理学、社会学、经济学、医药卫生和教育学 5 个学科领域有引文的论文数量较多，教育学、心理学、文学、哲学和管理学 5 个学科领域有引文的论文所占比例较高，心理学、管理学、社会学、政治学、历史学和医药卫生 6 个学科领域有引文的论文篇均引用次数较多。

表 20 1999 年 SSCI 和 A&HCI 收录中国香港部分学科领域论文引用文献数量

学科领域	论文	总引用			有引文的论文
	（篇）	（篇）	（%）	（次）	篇均引用（次）
管理学	148	147	99.3	4684	31.9
社会学	114	107	93.9	3284	30.7
经济学	74	73	98.6	1811	24.8
医药卫生	78	70	89.7	1938	27.7
教育学	45	45	100.0	1138	25.3
心理学	38	38	100.0	1321	34.8
政治学	36	34	94.4	959	28.2
语言学	32	31	96.9	772	24.9
文学	17	17	100.0	282	16.6
哲学	12	12	100.0	277	23.1
历史学	12	11	91.7	305	27.7

7.2.2 SSCI 和 A&HCI 收录中国台湾部分学科领域论文引用文献数量

表 21 显示 1999 年 SSCI 和 A&HCI 收录我国台湾论文较多的 10 个学科领域论文引用文献情况，从中可以看出，管理学、医药卫生、经济学和教育学 4 个学科领域有引文的论文数量较多，教育学、心理学、政治学、医药卫生和管理学 5 个学科领域有引文的论文所占比例较高，政治学、语言学、医药卫生、教育学和社会学 5 个学科领域有引文的论文篇均引用次数较多。

表 21 1999 年 SSCI 和 A&HCI 收录中国台湾部分学科领域论文引用文献数量

学科领域	论文（篇）	总引用（篇）	总引用（%）	总引用（次）	有引文的论文篇均引用（次）
管理学	79	77	97.5	1807	23.5
医药卫生	66	65	98.5	1886	29.0
经济学	55	50	90.9	1222	24.4
教育学	22	22	100.0	590	26.8
社会学	15	14	93.3	343	24.5
心理学	14	14	100.0	318	22.7
语言学	15	13	86.7	489	37.6
历史学	15	13	86.7	113	8.7
政治学	10	10	100.0	496	49.6
文学	8	6	75.0	102	17.0

7.3 SSCI 和 A&HCI 收录中国香港和中国台湾各类机构论文引用文献数量

7.3.1 SSCI 和 A&HCI 收录中国香港各类机构论文引用文献数量

1999 年，SSCI 和 A&HCI 收录我国香港各类机构有引文的论文 650 篇，其中高等院校有引文的论文 626 篇，占总数的 96.3%。高等院校的论文和有引文的论文数量均占明显优势（见表 22)。

表 22 1999 年 SSCI 和 A&HCI 收录中国香港各类机构论文引用文献数量

机构类型	论文（篇）	总引用（篇）	总引用（%）	总引用（次）	有引文的论文篇均引用（次）
高等院校	646	626	96.9	17885	28.6
研究机构	4	4	100.0	60	15.0
医疗机构	16	14	87.5	299	21.4
其他机构	8	6	75.0	144	24.0

7.3.2 SSCI 和 A&HCI 收录中国台湾各类机构论文引用文献数量

1999 年，SSCI 和 A&HCI 收录我国台湾各类机构有引文的论文 319 篇，其中高等院校有引文的论文 263 篇，占总数的 82.4%。高等院校的论文和有引文的论文数量均占优势（见表23）。

表23　1999年SSCI和A&HCI收录中国台湾各类机构论文引用文献数量

机构类型	论文（篇）	总引用			有引文的论文篇均引用（次）
		（篇）	（%）	（次）	
高等院校	274	263	96.0	6915	26.3
研究机构	33	29	87.9	506	17.4
医疗机构	22	21	95.5	567	27.0
其他机构	8	6	75.0	127	21.2

2000年
SSCI、A&HCI和ISSHP收录中国香港和台湾地区论文统计分析年度报告

1　三大检索工具收录中国香港和台湾地区论文概况

1.1　三大检索工具收录中国香港和台湾地区论文数量和排名

1.1.1　三大检索工具收录中国香港论文数量和排名

2000年，SSCI、A&HCI和ISSHP三大国际检索工具（简称三大检索工具）共收录我国香港论文955篇，比上一年的876篇增加79篇，增长9%。按三大检索工具收录论文数量的国家（地区）排名，我国香港排名第21位（见表1）。

表1　2000年三大检索工具收录中国香港和台湾地区论文数量和排名

地区	论文			排名
	（篇）	增加（篇）	增长（%）	
中国香港	955	79	9.0	21
中国台湾	508	33	6.9	27

1.1.2　三大检索工具收录中国台湾论文数量和排名

2000年，SSCI、A&HCI和ISSHP三大检索工具共收录我国台湾论文508篇，比上一年的475篇增加33篇，增长6.9%。按三大检索工具收录

论文数量的国家（地区）排名，我国台湾排名第27位（见表1）。

1.2 SSCI和A&HCI收录中国香港和台湾地区论文数量

1.2.1 SSCI和A&HCI收录中国香港论文数量

2000年，SSCI和A&HCI收录我国香港论文（作者机构栏中有“Hong Kong”的论文）845篇，比上一年的803篇增加42篇，增长5.2%。其中，我国香港第一作者论文692篇，占总数的81.9%，比上一年增长2.7%（见表2）。

表2　2000年SSCI和A&HCI收录中国香港和台湾地区论文数量

地区	论文			第一作者论文		
	（篇）	增加（篇）	增长（%）	（篇）	（%）	增长（%）
中国香港	845	42	5.2	692	81.9	2.7
中国台湾	444	32	7.8	385	86.7	14.2

1.2.2 SSCI和A&HCI收录中国台湾论文数量

2000年，SSCI和A&HCI收录我国台湾论文（作者机构栏中有“Taiwan”的论文）444篇，比上一年的412篇增加32篇，增长7.8%。其中，我国台湾第一作者论文385篇，占总数的86.7%，比上一年增长14.2%（见表2）。

1.3 ISSHP收录中国香港和台湾地区论文数量

1.3.1 ISSHP收录中国香港论文数量

2000年，ISSHP收录我国香港论文（作者机构栏中有“Hong Kong”的论文）99篇，比上一年的57篇增加42篇，增长73.7%。其中，我国香港第一作者论文86篇，占总数的86.9%，比上一年增长68.6%（见表3）。

1.3.2 ISSHP收录中国台湾论文数量

2000年，ISSHP收录我国台湾论文（作者机构栏中有“Taiwan”的论文）59篇，比上一年的61篇减少2篇，减少3.3%。其中，我国台湾第一作者论文56篇，占总数的94.9%，比上一年增长5.7%（见表3）。

表3　　2000 年 ISSHP 收录中国香港和台湾地区论文数量

地区	论文			第一作者论文		
	(篇)	增加 (篇)	增长 (%)	(篇)	(%)	增长 (%)
中国香港	99	42	73.7	86	86.9	68.6
中国台湾	59	-2	-3.3	56	94.9	5.7

需要说明的是，以下将以三大检索工具收录我国香港和台湾地区第一作者论文情况作为统计分析的重点。在没有特指的情况下，“我国香港论文”或“我国台湾论文”均指其第一作者论文。

2　SSCI 和 A&HCI 收录中国香港和台湾地区论文的学科分布

2.1　SSCI 和 A&HCI 收录中国香港和台湾地区学科领域论文数量

2.1.1　SSCI 和 A&HCI 收录中国香港学科领域论文数量

2000 年，SSCI 和 A&HCI 共收录我国香港各学科领域论文 692 篇，这些论文涵盖 25 个学科领域。论文数量比较集中的学科领域是：管理学、社会学、经济学、心理学、医药卫生、教育学、政治学、语言学、哲学和统计学，这 10 个学科领域论文合计 623 篇，占总数的 90% (见表 4)。

表4　　2000 年 SSCI 和 A&HCI 收录中国香港部分学科领域论文数量

学科领域	中国香港论文	
	(篇)	(%)
管理学	144	20.8
社会学	117	16.9
经济学	95	13.7
心理学	64	9.2
医药卫生	63	9.1
教育学	51	7.4
政治学	39	5.6
语言学	25	3.6
哲学	13	1.9
统计学	12	1.7

2.1.2 SSCI 和 A&HCI 收录中国台湾学科领域论文数量

2000 年，SSCI 和 A&HCI 共收录我国台湾各学科领域论文 385 篇，这些论文共涵盖 24 个学科领域。论文数量比较集中的学科领域是：管理学、医药卫生、经济学、社会学、教育学、政治学、心理学、图书馆情报与文献学、历史学、哲学和文学，这 11 个学科领域论文合计 355 篇，占总数的 92.2%（见表 5）。

表 5　2000 年 SSCI 和 A&HCI 收录中国台湾部分学科领域论文数量

学科领域	中国台湾	
	（篇）	（%）
管理学	86	22.3
医药卫生	72	18.7
经济学	63	16.4
社会学	31	8.1
教育学	28	7.3
政治学	21	5.5
心理学	17	4.4
图书馆情报与文献学	16	4.2
历史学	9	2.3
哲学	6	1.6
文学	6	1.6

2.2 SSCI 和 A&HCI 收录中国香港和台湾地区跨学科领域论文数量

2.2.1 SSCI 和 A&HCI 收录中国香港跨学科领域论文数量

按照 SSCI 和 A&HCI 论文的原始学科分类，有一部分论文属于跨学科领域论文。2000 年，SSCI 和 A&HCI 收录的我国香港论文中，属于这类跨学科领域的论文有 81 篇，占 11.7%；比上一年增加 8 篇，增长 11%（见表 6）。

表 6　2000 年 SSCI 和 A&HCI 收录中国香港和台湾地区跨学科领域论文数量

地区	论文			
	（篇）	（%）	增加（篇）	增长（%）
中国香港	81	11.7	8	11.0
中国台湾	28	7.3	1	3.7

2.2.2 SSCI 和 A&HCI 收录中国台湾跨学科领域论文数量

2000 年，SSCI 和 A&HCI 收录的我国台湾论文中，属于跨学科领域的论文有 28 篇，占 7.3%；比上一年增加 1 篇，增长 3.7%（见表 6）。

3 SSCI 和 A&HCI 收录中国香港和台湾地区论文的机构分布

3.1 SSCI 和 A&HCI 收录中国香港和台湾地区各类机构论文数量

3.1.1 SSCI 和 A&HCI 收录中国香港各类机构论文数量

2000 年，SSCI 和 A&HCI 共收录我国香港各类机构论文 692 篇，其中高等院校 662 篇，占 95.7%，比上一年增加 16 篇；研究机构 11 篇，占 1.6%，比上一年增加 7 篇；医疗机构 13 篇，占 1.9%，比上一年减少 3 篇；其他机构 6 篇，占 0.9%，比上一年减少 2 篇（见表 7）。

表 7 2000 年 SSCI 和 A&HCI 收录中国香港和台湾地区各类机构论文数量

机构类型	中国香港			中国台湾		
	论文（篇）	比例（%）	增加（篇）	论文（篇）	比例（%）	增加（篇）
高等院校	662	95.7	16	301	78.2	27
研究机构	11	1.6	7	56	14.5	23
医疗机构	13	1.9	-3	25	6.5	3
其他机构	6	0.9	-2	3	0.8	-5

3.1.2 SSCI 和 A&HCI 收录中国台湾各类机构论文数量

2000 年，SSCI 和 A&HCI 共收录我国台湾各类机构论文 385 篇，其中高等院校 301 篇，占 78.2 %，比上一年增加 27 篇；研究机构 56 篇，占 14.5%，比上一年增加 23 篇；医疗机构 25 篇，占 6.5%，比上一年增加 3 篇；其他机构 3 篇，占 0.8%，比上一年减少 5 篇（见表 7）。

3.2 SSCI 和 A&HCI 收录论文数量较多的中国香港和台湾地区高等院校

3.2.1 SSCI 和 A&HCI 收录论文数量较多的中国香港高等院校

2000 年，SSCI 和 A&HCI 收录我国香港论文的高等院校有 14 所，其中论文数量较多的5所高等院校是香港中文大学、香港大学、香港城市大学、香港理工大学和香港科技大学，其论文合计579篇，占我国香港高等院校同类论文总数的87.5%（见表8）。

表8 2000年SSCI和A&HCI收录论文较多的中国香港和台湾地区高等院校

中国香港		中国台湾	
高等院校	论文（篇）	高等院校	论文（篇）
香港中文大学	178	台湾大学	43
香港大学	159	成功大学	22
香港城市大学	95	台湾交通大学	21
香港理工大学	74	“中央”大学	17
香港科技大学	73	淡江大学	17

3.2.2 SSCI和A&HCI收录论文数量较多的中国台湾高等院校

2000年，SSCI和A&HCI收录我国台湾论文的高等院校有60所，其中论文数量较多的5所高等院校是台湾大学、成功大学、台湾交通大学、“中央”大学和淡江大学，其论文合计120篇，占我国台湾高等院校同类论文总数的39.8%（见表8）。

4 SSCI和A&HCI收录中国香港和台湾地区论文的期刊分布

4.1 SSCI和A&HCI收录中国香港和台湾地区论文的国家（地区）期刊分布

4.1.1 SSCI和A&HCI收录中国香港论文的国家（地区）期刊分布

2000年，SSCI和A&HCI共收录我国香港论文692篇，这些论文分别发表在17个国家（地区）的409种期刊上。其中，有288篇论文发表在美国的191种期刊上，253篇论文发表在英国的143种期刊上，75篇论文发表在荷兰的40种期刊上。另外，有7篇论文发表在中国台湾的3种期刊上，有2篇论文发表在中国香港的1种期刊上（见表9）。

表9　　2000 年 SSCI 和 A&HCI 收录中国香港和台湾地区论文的国家（地区）期刊分布

中国香港			中国台湾		
国家（地区）	期刊（种）	论文（篇）	国家（地区）	期刊（种）	论文（篇）
美国	191	288	美国	97	145
英国	143	253	英国	75	128
荷兰	40	75	荷兰	32	56
瑞士	6	13	瑞士	6	9
爱尔兰	5	7	中国台湾	4	21
德国	5	5	日本	4	5
澳大利亚	3	10	新加坡	3	4
加拿大	3	9	爱尔兰	3	3
中国台湾	3	7	德国	2	2
新西兰	2	7	加拿大	2	2
丹麦	2	5	丹麦	1	3
日本	1	4	澳大利亚	1	2
法国	1	2	中国香港	1	2
菲律宾	1	2	韩国	1	1
奥地利	1	2	法国	1	1
中国香港	1	2	印度	1	1
韩国	1	1			

4.1.2　SSCI 和 A&HCI 收录中国台湾论文的国家（地区）期刊分布

2000 年，SSCI 和 A&HCI 共收录我国台湾论文 385 篇，这些论文分别发表在 16 个国家（地区）的 234 种期刊上。其中，有 145 篇论文发表在美国的 97 种期刊上，128 篇论文发表在英国的 75 种期刊上，56 篇论文发表在荷兰的 32 种期刊上。另外，有 21 篇论文发表在中国台湾的 4 种期刊上，有 2 篇论文发表在中国香港的 1 种期刊上（见表 9）。

4.2　SSCI 和 A&HCI 收录发表中国香港和台湾地区论文较多的期刊

4.2.1　SSCI 和 A&HCI 收录发表中国香港论文较多的期刊

表 10 显示 2000 年 SSCI 和 A&HCI 收录的发表我国香港论文较多的期

刊，其中发表该地区论文最多的期刊是荷兰的 *Schizophrenia Research*，有 9 篇论文在该期刊上发表。

表 10 2000 年 SSCI 和 A&HCI 收录发表中国香港和台湾地区论文较多的期刊

中国香港			中国台湾		
国家（地区）	期刊名称	论文（篇）	国家（地区）	期刊名称	论文（篇）
荷兰	*Schizophrenia Research*	9	荷兰	*International Journal of Industrial Ergonomics*	13
美国	*China Quarterly*	8	中国台湾	*Issue & Studies*	10
英国	*Journal of the Operational Research Society*	8	中国台湾	*Bulletin of the Institute of History and Philology Academia Sinica*	9
英国	*Environment and Planning A*	8	荷兰	*European Journal of Operational Research*	7
英国	*International affairs*	8			
英国	*International Journal of Human Resource Management*	8			

4.2.2 SSCI 和 A&HCI 收录发表中国台湾论文较多的期刊

表 10 显示 2000 年 SSCI 和 A&HCI 收录的发表我国台湾论文较多的期刊，其中发表该地区论文最多的期刊是荷兰的 *International Journal of Industrial Ergonomics*，有 13 篇论文在该期刊上发表。

5 SSCI 和 A&HCI 收录中国香港和台湾地区论文的合著情况

5.1 SSCI 和 A&HCI 收录中国香港和台湾地区合著论文数量

5.1.1 SSCI 和 A&HCI 收录中国香港合著与独著论文数量

2000 年，SSCI 和 A&HCI 收录我国香港论文 692 篇，其中合著论文 398 篇，占 57.5%；独著论文 294 篇，占 42.5%（见表 11）。

表 11　2000 年 SSCI 和 A&HCI 收录中国香港和台湾地区合著与独著论文数量

地区	论文（篇）	合著论文		独著论文	
		（篇）	（%）	（篇）	（%）
中国香港	692	398	57.5	294	42.5
中国台湾	385	225	58.4	160	41.6

5.1.2　SSCI 和 A&HCI 收录中国台湾合著与独著论文数量

2000 年，SSCI 和 A&HCI 收录我国台湾论文 385 篇，其中合著论文 225 篇，占 58.4%；独著论文 160 篇，占 41.6%（见表 11）。

5.2　SSCI 和 A&HCI 收录中国香港和台湾地区内以及与其他国家（地区）间合著论文数量

5.2.1　SSCI 和 A&HCI 收录中国香港地区内以及与其他国家（地区）间合著论文数量

2000 年，SSCI 和 A&HCI 收录我国香港合著论文 398 篇，其中地区内合著论文 259 篇，占 65.1%；与其他国家（地区）间合著论文 139 篇，占 34.9%（见表 12）。

表 12　2000 年 SSCI 和 A&HCI 收录中国香港和台湾地区内以及与其他国家（地区）间合著论文数量

地区	合著论文（篇）	地区内合著		国家（地区）间合著	
		（篇）	（%）	（篇）	（%）
中国香港	398	259	65.1	139	34.9
中国台湾	225	171	76.0	54	24.0

5.2.2　SSCI 和 A&HCI 收录中国台湾地区内以及与其他国家（地区）间合著论文数量

2000 年，SSCI 和 A&HCI 收录我国台湾合著论文 225 篇，其中地区内合著论文 171 篇，占 76%；与其他国家（地区）间合著论文 54 篇，占 24%（见表 12）。

5.3 SSCI 和 A&HCI 收录中国香港和台湾地区内以及与其他国家（地区）间合著论文的合作形式

5.3.1 SSCI 和 A&HCI 收录中国香港地区内以及与其他国家（地区）间合著论文的合作形式

2000 年，SSCI 和 A&HCI 收录我国香港地区内以及与其他国家（地区）间合著论文 139 篇，其中双方合著论文 121 篇，占 87.1%；三方合著论文 18 篇，占 12.9%（见表 13）。

表 13　　2000 年 SSCI 和 A&HCI 收录中国香港和台湾地区内以及与其他国家（地区）间合著论文的合作形式

地区	国家（地区）间合著（篇）	双方合著		三方合著		多方合著	
		（篇）	（%）	（篇）	（%）	（篇）	（%）
中国香港	139	121	87.1	18	12.9	0	0
中国台湾	54	53	98.1	1	1.9	0	0

5.3.2 SSCI 和 A&HCI 收录中国台湾地区内以及与其他国家（地区）间合著论文的合作形式

2000 年，SSCI 和 A&HCI 收录我国台湾地区内以及与其他国家（地区）间合著论文 54 篇，其中双方合著论文 53 篇，占 98.1%；三方合著论文 1 篇，占 1.9%（见表 13）。

6 SSCI 和 A&HCI 收录中国香港和台湾地区论文被引用情况

6.1 SSCI 和 A&HCI 收录中国香港和台湾地区论文被引用数量

6.1.1 SSCI 和 A&HCI 收录中国香港论文被引用数量

2000 年，SSCI 和 A&HCI 共收录我国香港论文 692 篇，其中有 442 篇论文被引用，占总数的 63.9%；这些论文共被引用 2231 次，篇均被引 3.2 次，被引用论文篇均被引 5 次（见表 14）。

6.1.2 SSCI 和 A&HCI 收录中国台湾论文被引用数量

2000 年，SSCI 和 A&HCI 共收录我国台湾论文 385 篇，其中有 230 篇论文被引用，占总数的 59.7%；这些论文共被引用 1086 次，篇均被引 2.8

次，被引用论文篇均被引 4.7 次（见表 14）。

表 14　2000 年 SSCI 和 A&HCI 收录中国香港和台湾地区论文被引用数量

地区	论文（篇）	总被引（篇）	总被引（%）	总被引（次）	篇均被引（次）	被引论文篇均被引（次）
中国香港	692	442	63.9	2231	3.2	5.0
中国台湾	385	230	59.7	1086	2.8	4.7

6.2　SSCI 和 A&HCI 收录中国香港和台湾地区部分学科领域论文被引用数量

6.2.1　SSCI 和 A&HCI 收录中国香港部分学科领域论文被引用数量

表 15 显示 2000 年 SSCI 和 A&HCI 收录我国香港论文较多的 10 个学科领域论文被引用情况，从中可以看出，管理学、社会学、经济学、医药卫生和心理学 5 个学科领域被引用论文数量较多，医药卫生、管理学、经济学、哲学和社会学 5 个学科领域被引用论文所占比例较高，统计学、医药卫生、心理学、社会学和管理学 5 个学科领域论文篇均被引次数较多，统计学、医药卫生、心理学、社会学和政治学 5 个学科领域被引用论文篇均被引次数较多。

表 15　2000 年 SSCI 和 A&HCI 收录中国香港部分学科领域论文被引用数量

学科领域	论文（篇）	总被引（篇）	总被引（%）	总被引（次）	篇均被引（次）	被引论文篇均被引（次）
管理学	144	106	73.6	460	3.2	4.3
社会学	117	79	67.5	443	3.8	5.6
经济学	95	69	72.6	299	3.1	4.3
医药卫生	63	49	77.8	329	5.2	6.7
心理学	64	42	65.6	273	4.3	6.5
教育学	51	31	60.8	99	1.9	3.2
政治学	39	10	25.6	44	1.1	4.4
哲学	13	9	69.2	20	1.5	2.2
语言学	25	9	36.0	38	1.5	4.2
统计学	12	7	58.3	85	7.1	12.1

6.2.2 SSCI 和 A&HCI 收录中国台湾部分学科领域论文被引用数量

表16 显示2000 年SSCI 和A&HCI 收录我国台湾论文较多的11 个学科领域论文被引用情况，从中可以看出，医药卫生、管理学、经济学、社会学和教育学5 个学科领域被引用论文数量较多，医药卫生、图书馆情报与文献学、社会学、经济学和教育学5 个学科领域被引用论文所占比例较高，医药卫生、图书馆情报与文献学、社会学、教育学和心理学5 个学科领域论文篇均被引次数较多，医药卫生、哲学、图书馆情报与文献学、社会学和经济学5 个学科领域被引用论文篇均被引次数较多。

表16 2000 年SSCI 和A&HCI 收录中国台湾部分学科领域论文被引用数量

学科领域	论文（篇）	总被引			篇均被引（次）	被引论文篇均被引（次）
		（篇）	（%）	（次）		
医药卫生	72	58	80.6	511	7.1	8.8
管理学	86	51	59.3	115	1.3	2.3
经济学	63	32	50.8	120	1.9	3.8
社会学	31	22	71.0	96	3.1	4.4
教育学	28	19	67.9	67	2.4	3.5
图书馆情报与文献学	16	12	75.0	60	3.8	5.0
心理学	17	12	70.6	40	2.4	3.3
政治学	21	11	52.4	26	1.2	2.4
哲学	6	1	16.7	8	1.3	8.0
文学	6	1	16.7	2	0.3	2.0
历史学	9	0	0.0	0	0.0	0.0

6.3 SSCI 和 A&HCI 收录中国香港和台湾地区各类机构论文被引用数量

6.3.1 SSCI 和 A&HCI 收录中国香港各类机构论文被引用数量

2000 年，SSCI 和A&HCI 收录我国香港各类机构被引用论文442 篇，其中高等院校被引用论文426 篇，占总数的96.4%。高等院校的论文和被引用论文数量均占明显优势（见表17）。

表 17　2000 年 SSCI 和 A&HCI 收录中国香港各类机构论文被引用数量

机构类型	论文	总被引			篇均被引	被引论文篇均被引
	(篇)	(篇)	(%)	(次)	(次)	(次)
高等院校	662	426	64.4	2181	3.3	5.1
研究机构	11	8	72.7	27	2.5	3.4
医疗机构	13	7	53.8	20	1.5	2.9
其他机构	6	1	16.7	3	0.5	3.0

6.3.2　SSCI 和 A&HCI 收录中国台湾各类机构论文被引用数量

2000 年，SSCI 和 A&HCI 收录我国台湾各类机构被引用论文 230 篇，其中高等院校被引用论文 187 篇，占总数的 81.3%。高等院校的论文和被引用论文数量均占明显优势（见表 18）。

表 18　2000 年 SSCI 和 A&HCI 收录中国台湾各类机构论文被引用数量

机构类型	论文	总被引			篇均被引	被引论文篇均被引
	(篇)	(篇)	(%)	(次)	(次)	(次)
高等院校	301	187	62.1	717	2.4	3.8
研究机构	56	25	44.6	133	2.4	5.3
医疗机构	25	17	68.0	228	9.1	13.4
其他机构	3	1	33.3	8	2.7	8.0

7　SSCI 和 A&HCI 收录中国香港和台湾地区论文引用文献情况

7.1　SSCI 和 A&HCI 收录中国香港和台湾地区论文引用文献数量

7.1.1　SSCI 和 A&HCI 收录中国香港论文引用文献数量

2000 年，SSCI 和 A&HCI 共收录我国香港论文 692 篇，其中有引文的论文 657 篇，占总数的 94.9%；这些论文共引用文献 19962 次，有引文的论文篇均引用 30.4 次（见表 19）。

7.1.2　SSCI 和 A&HCI 收录中国台湾论文引用文献数量

2000 年，SSCI 和 A&HCI 收录我国台湾论文 385 篇，其中有引文的论文 366 篇，占总数的 95.1%；这些论文共引用文献 9455 次，有引文的论文篇均引用 25.8 次（见表 19）。

表 19 2000 年 SSCI 和 A&HCI 收录中国香港和台湾地区论文引用文献数量

地区	论文（篇）	总引用			有引文的论文篇均引用（次）
		（篇）	（%）	（次）	
中国香港	692	657	94.9	19962	30.4
中国台湾	385	366	95.1	9455	25.8

7.2 SSCI 和 A&HCI 收录中国香港和台湾地区部分学科领域论文引用文献数量

7.2.1 SSCI 和 A&HCI 收录中国香港部分学科领域论文引用文献数量

表 20 显示 2000 年 SSCI 和 A&HCI 收录我国香港论文较多的 10 个学科领域论文引用文献情况，从中可以看出，管理学、社会学、经济学、心理学和医药卫生 5 个学科领域有引文的论文数量较多，经济学、统计学、社会学、教育学和管理学 5 个学科领域有引文的论文所占比例较高，教育学、管理学、医药卫生、社会学和心理学 5 个学科领域有引文的论文篇均引用次数较多。

表 20 2000 年 SSCI 和 A&HCI 收录中国香港部分学科领域论文引用文献数量

学科领域	论文（篇）	总引用			有引文的论文篇均引用（次）
		（篇）	（%）	（次）	
管理学	144	140	97.2	4905	35.0
社会学	117	115	98.3	3715	32.3
经济学	95	95	100.0	2551	26.9
医药卫生	63	54	85.7	1830	33.9
心理学	64	54	84.4	1668	30.9
教育学	51	50	98.0	1809	36.2
政治学	39	37	94.9	967	26.1
语言学	25	24	96.0	424	17.7
统计学	12	12	100.0	334	27.8
哲学	13	12	92.3	238	19.8

7.2.2 SSCI 和 A&HCI 收录中国台湾部分学科领域论文引用文献数量

表 21 显示 2000 年 SSCI 和 A&HCI 收录我国台湾论文较多的 11 个学科领域论文的引文情况，从中可以看出，管理学、医药卫生、经济学、教育学和社会学 5 个学科领域有引文的论文数量较多，政治学、图书馆情报与文献学、哲学、文学和管理学 5 个学科领域有引文的论文所占比例较高，政治学、心理学、社会学、医药卫生和教育学 5 个学科领域有引文的论文篇均引用次数较多。

表 21 2000 年 SSCI 和 A&HCI 收录中国台湾部分学科领域论文引用文献数量

学科领域	论文（篇）	总引用			有引文的论文篇均引用（次）
		（篇）	（%）	（次）	
管理学	86	85	98.8	2088	24.6
医药卫生	72	67	93.1	1827	27.3
经济学	63	61	96.8	1393	22.8
教育学	28	27	96.4	696	25.8
社会学	31	26	83.9	730	28.1
政治学	21	21	100.0	867	41.3
心理学	17	16	94.1	464	29.0
图书馆情报与文献学	16	16	100.0	400	25.0
历史学	9	8	88.9	145	18.1
哲学	6	6	100.0	108	18.0
文学	6	6	100.0	53	8.8

7.3 SSCI 和 A&HCI 收录中国香港和台湾地区各类机构论文引用文献数量

7.3.1 SSCI 和 A&HCI 收录中国香港各类机构论文引用文献数量

2000 年，SSCI 和 A&HCI 收录我国香港各类机构有引文的论文 657 篇，其中高等院校有引文的论文 631 篇，占总数的 96%。高等院校的论文和有引文的论文数量均占明显优势（见表 22）。

表 22 2000 年 SSCI 和 A&HCI 收录中国香港各类机构论文引用文献数量

机构类型	论文	总引用			有引文的论文
	（篇）	（篇）	（%）	（次）	篇均引用（次）
高等院校	662	631	95.3	19256	30.5
研究机构	11	11	100.0	358	32.5
医疗机构	13	12	92.3	301	25.1
其他机构	6	3	50.0	47	15.7

7.3.2 SSCI 和 A&HCI 收录中国台湾各类机构论文引用文献数量

2000 年，SSCI 和 A&HCI 收录我国台湾各类机构有引文的论文 366 篇，其中高等院校有引文的论文 287 篇，占总数的 78.4%。高等院校的论文及有引文的论文数量均占优势（见表 23）。

表 23 2000 年 SSCI 和 A&HCI 收录中国台湾各类机构论文引用文献数量

机构类型	论文	总引用			有引文的论文
	（篇）	（篇）	（%）	（次）	篇均引用（次）
高等院校	301	287	95.3	7683	26.8
研究机构	56	53	94.6	1260	23.8
医疗机构	25	23	92.0	451	19.6
其他机构	3	3	100.0	61	20.3

2001年
SSCI、A&HCI和ISSHP收录中国香港和台湾地区论文统计分析年度报告

1　三大检索工具收录中国香港和台湾地区论文概况

1.1　三大检索工具收录中国香港和台湾地区论文数量和排名

1.1.1　三大检索工具收录中国香港论文数量和排名

2001年，SSCI、A&HCI和ISSHP三大国际检索工具（简称三大检索工具）共收录我国香港论文1208篇，比上一年的955篇增加253篇，增长26.5%。按三大检索工具收录论文数量的国家（地区）排名，我国香港排名第19位（见表1）。

表1　2001年三大检索工具收录中国香港和台湾地区论文数量和排名

地区	论文			排名
	（篇）	增加（篇）	增长（%）	
中国香港	1208	253	26.5	19
中国台湾	592	84	16.5	27

1.1.2　三大检索工具收录中国台湾论文数量和排名

2001年，SSCI、A&HCI和ISSHP三大检索工具共收录我国台湾论文592篇，比上一年的508篇增加84篇，增长16.5%。按三大检索工具收录论文数量的国家（地区）排名，我国台湾排名第27位（见表1）。

1.2 SSCI 和 A&HCI 收录中国香港和台湾地区论文数量

1.2.1 SSCI 和 A&HCI 收录中国香港论文数量

2001 年，SSCI 和 A&HCI 收录我国香港论文（作者机构栏中有“Hong Kong”的论文）1080 篇，比上一年的 845 篇增加 235 篇，增长 27.8%。其中，我国香港第一作者论文 894 篇，占总数的 82.8%，比上一年增长 29.2%（见表 2）。

表 2　2001 年 SSCI 和 A&HCI 收录中国香港和台湾地区论文数量

地区	论文			第一作者论文		
	（篇）	增加（篇）	增长（%）	（篇）	（%）	增长（%）
中国香港	1080	235	27.8	894	82.8	29.2
中国台湾	550	106	23.9	464	84.4	20.5

1.2.2 SSCI 和 A&HCI 收录中国台湾论文数量

2001 年，SSCI 和 A&HCI 收录我国台湾论文（作者机构栏中有“Taiwan”的论文）550 篇，比上一年的 444 篇增加 106 篇，增长 23.9%。其中，我国台湾第一作者论文 464 篇，占总数的 84.4%，比上一年增长 20.5%（见表 2）。

1.3 ISSHP 收录中国香港和台湾地区论文数量

1.3.1 ISSHP 收录中国香港论文数量

2001 年，ISSHP 收录我国香港论文（作者机构栏中有“Hong Kong”的论文）104 篇，比上一年的 99 篇增加 5 篇，增长 5.1%。其中，我国香港第一作者论文 91 篇，占总数的 87.5%，比上一年增长 5.8%（见表 3）。

表 3　2001 年 ISSHP 收录中国香港和台湾地区论文数量

地区	论文			第一作者论文		
	（篇）	增加（篇）	增长（%）	（篇）	（%）	增长（%）
中国香港	104	5	5.1	91	87.5	5.8
中国台湾	39	-20	-33.9	34	87.2	-39.3

1.3.2 ISSHP 收录中国台湾论文数量

2001 年，ISSHP 收录我国台湾论文（作者机构栏中有“Taiwan”的论文）39 篇，比上一年的 59 篇减少 20 篇，减少 33.9%。其中，我国台湾第一作者论文 34 篇，占总数的 87.2%，比上一年减少 39.3%（见表 3）。

需要说明的是，以下将以三大检索工具收录我国香港和台湾地区第一作者论文情况作为统计分析的重点。在没有特指的情况下，“我国香港论文”或“我国台湾论文”均指其第一作者论文。

2 SSCI 和 A&HCI 收录中国香港和台湾地区论文的学科分布

2.1 SSCI 和 A&HCI 收录中国香港和台湾地区学科领域论文数量

2.1.1 SSCI 和 A&HCI 收录中国香港学科领域论文数量

2001 年，SSCI 和 A&HCI 共收录我国香港各学科领域论文 894 篇，这些论文涵盖 24 个学科领域。论文数量比较集中的学科领域是：经济学、社会学、管理学、医药卫生、教育学、心理学、政治学、语言学、文学和民族学与人类学，这 10 个学科领域论文合计 802 篇，占总数的 89.7%(见表4)。

表 4　2001 年 SSCI 和 A&HCI 收录中国香港部分学科领域论文数量

学科领域	中国香港论文	
	(篇)	(%)
经济学	165	18.5
社会学	166	18.6
管理学	130	14.5
医药卫生	122	13.6
教育学	76	8.5
心理学	55	6.2
政治学	34	3.8
语言学	25	2.8
文学	15	1.7
民族学与人类学	14	1.6

2.1.2 SSCI 和 A&HCI 收录中国台湾学科领域论文数量

2001 年，SSCI 和 A&HCI 共收录我国台湾各学科领域论文 464 篇，这些论文涵盖 23 个学科领域。论文数量比较集中的学科领域是：管理学、医药卫生、经济学、教育学、社会学、心理学、政治学、语言学、历史学和统计学，这 10 个学科领域论文合计 420 篇，占总数的 90.5%（见表 5）。

表 5　2001 年 SSCI 和 A&HCI 收录中国台湾部分学科领域论文数量

学科领域	中国台湾	
	（篇）	（%）
管理学	108	23.3
医药卫生	85	18.3
经济学	71	15.3
教育学	43	9.3
社会学	33	7.1
心理学	31	6.7
政治学	16	3.4
语言学	12	2.6
历史学	12	2.6
统计学	9	1.9

2.2 SSCI 和 A&HCI 收录中国香港和台湾地区跨学科领域论文数量

2.2.1 SSCI 和 A&HCI 收录中国香港跨学科领域论文数量

按照 SSCI 和 A&HCI 收录论文的原始学科分类，有一部分论文属于跨学科领域论文。2001 年，SSCI 和 A&HCI 收录的我国香港论文中，属于这类跨学科领域的论文有 144 篇，占 16.1%；比上一年增加 63 篇，增长 77.8%（见表 6）。

表 6　2001 年 SSCI 和 A&HCI 收录中国香港和台湾地区跨学科领域论文数量

地区	论文			
	（篇）	（%）	增加（篇）	增长（%）
中国香港	144	16.1	63	77.8
中国台湾	61	13.1	33	117.9

2.2.2 SSCI 和 A&HCI 收录中国台湾跨学科领域论文数量

2001 年，SSCI 和 A&HCI 收录的我国台湾论文中，属于跨学科领域的论文有 61 篇，占 13.1%；比上一年增加 33 篇，增长 117.9%（见表 6）。

3 SSCI 和 A&HCI 收录中国香港和台湾地区论文的机构分布

3.1 SSCI 和 A&HCI 收录中国香港和台湾地区各类机构论文数量

3.1.1 SSCI 和 A&HCI 收录中国香港各类机构论文数量

2001 年，SSCI 和 A&HCI 共收录我国香港各类机构论文 894 篇，其中高等院校 854 篇，占 95.5%，比上一年增加 192 篇；研究机构 13 篇，占 1.5%，比上一年增加 2 篇；医疗机构 16 篇，占 1.8%，比上一年增加 3 篇；其他机构 11 篇，占 1.2%，比上一年增加 5 篇（见表 7）。

表 7　2001 年 SSCI 和 A&HCI 收录中国香港和台湾地区各类机构论文数量

机构类型	中国香港			中国台湾		
	论文（篇）	比例（%）	增加（篇）	论文（篇）	比例（%）	增加（篇）
高等院校	854	95.5	192	389	83.8	88
研究机构	13	1.5	2	42	9.1	-14
医疗机构	16	1.8	3	25	5.4	0
其他机构	11	1.2	5	8	1.7	5

3.1.2 SSCI 和 A&HCI 收录中国台湾各类机构论文数量

2001 年，SSCI 和 A&HCI 共收录我国台湾各类机构论文 464 篇，其中高等院校 389 篇，占 83.8%，比上一年增加 88 篇；研究机构 42 篇，占 9.1%，比上一年减少 14 篇；医疗机构 25 篇，占 5.4%，与上一年相同；其他机构 8 篇，占 1.7%，比上一年增加 5 篇（见表 7）。

3.2 SSCI 和 A&HCI 收录论文数量较多的中国香港和台湾地区高等院校

3.2.1 SSCI 和 A&HCI 收录论文数量较多的中国香港高等院校

2001 年，SSCI 和 A&HCI 收录我国香港论文的高等院校有 10 所，其中论文数量较多的 5 所高等院校是香港中文大学、香港大学、香港城市大学、香港理工大学和香港科技大学，其论文合计757篇，占我国香港高等院校同类论文总数的88.6%（见表8）。

表8 2001年SSCI和A&HCI收录论文较多的中国香港和台湾地区高等院校

中国香港		中国台湾	
高等院校	论文（篇）	高等院校	论文（篇）
香港中文大学	236	台湾大学	52
香港大学	216	成功大学	41
香港城市大学	113	台湾交通大学	31
香港理工大学	109	中正大学	30
香港科技大学	83	“中央”大学	16

3.2.2 SSCI和A&HCI收录论文数量较多的中国台湾高等院校

2001年，SSCI和A&HCI收录我国台湾论文的高等院校有70所，其中论文数量较多的5所高等院校是台湾大学、成功大学、台湾交通大学、中正大学和“中央”大学，其论文合计170篇，占我国台湾高等院校同类论文总数的43.7%（见表8）。

4 SSCI和A&HCI收录中国香港和台湾地区论文的期刊分布

4.1 SSCI和A&HCI收录中国香港和台湾地区论文的国家（地区）期刊分布

4.1.1 SSCI和A&HCI收录中国香港论文的国家（地区）期刊分布

2001年，SSCI和A&HCI共收录我国香港论文894篇，这些论文分别发表在19个国家（地区）的452种期刊上。其中，有317篇论文发表在美国的195种期刊上，406篇论文发表在英国的171种期刊上，77篇论文发表在荷兰的48种期刊上。另外，有1篇论文发表在中国台湾的1种期刊上（见表9）。

4.1.2 SSCI和A&HCI收录中国台湾论文的国家（地区）期刊分布

2001年，SSCI和A&HCI共收录我国台湾论文464篇，这些论文分别发表在15个国家（地区）的259种期刊上。其中，有145篇论文发表在美国的 108 种期刊上，203 篇论文发表在英国的 90 种期刊上，56 篇论文发表在荷兰的 31 种期刊上。另外，有 29 篇论文发表在中国台湾的 7 种期刊上（见表 9）。

表 9　2001 年 SSCI 和 A&HCI 收录中国香港和台湾地区论文的国家（地区）期刊分布

中国香港			中国台湾		
国家（地区）	期刊（种）	论文（篇）	国家（地区）	期刊（种）	论文（篇）
美国	195	317	美国	108	145
英国	171	406	英国	90	203
荷兰	48	77	荷兰	31	56
加拿大	5	12	中国台湾	7	29
德国	5	7	瑞士	5	11
爱尔兰	5	6	日本	4	4
澳大利亚	4	16	德国	3	4
瑞士	4	13	加拿大	3	4
法国	2	5	法国	2	2
新西兰	2	3	菲律宾	1	1
丹麦	2	2	新加坡	1	1
意大利	2	2	澳大利亚	1	1
新加坡	1	14	芬兰	1	1
日本	1	5	奥地利	1	1
菲律宾	1	4	爱尔兰	1	1
韩国	1	2			
斯洛文尼亚	1	1			
中国台湾	1	1			
奥地利	1	1			

4.2　SSCI 和 A&HCI 收录发表中国香港和台湾地区论文较多的期刊

4.2.1　SSCI 和 A&HCI 收录发表中国香港论文较多的期刊

表 10 显示 2001 年 SSCI 和 A&HCI 收录的发表我国香港论文较多的期刊，其中发表该地区论文最多的期刊是英国的 *International Journal of Psychology*，有 54 篇论文在该期刊上发表。

表10 2001年SSCI和A&HCI收录发表中国香港和中国台湾论文较多的期刊

中国香港			中国台湾		
国家（地区）	期刊名称	论文（篇）	国家（地区）	期刊名称	论文（篇）
英国	*International Journal of Psychology*	54	英国	*International Journal of Psychology*	17
新加坡	*Asia Pacific Journal of Social Work*	14	中国台湾	*Bulletin of the Institute of History and Philology Academia Sinica*	12
英国	*Journal of Advanced Nursing*	12	中国台湾	*Issues & Studies*	8
美国	*China Quarterly*	10	英国	*Journal of Advanced Nursing*	8
英国	*Modern Language Review*	10	英国	*Applied Economics Letters*	8
澳大利亚	*China Journal*	10	英国	*Journal of Computer Assisted Learning*	8

4.2.2 SSCI和A&HCI收录发表中国台湾论文较多的期刊

表10显示2001年SSCI和A&HCI收录的发表我国台湾论文较多的期刊，其中发表该地区论文最多的期刊与我国香港的相同，也是英国的*International Journal of Psychology*，有17篇论文在该期刊上发表。

5 SSCI和A&HCI收录中国香港和台湾地区论文的合著情况

5.1 SSCI和A&HCI收录中国香港和台湾地区合著论文数量

5.1.1 SSCI和A&HCI收录中国香港合著与独著论文数量

2001年，SSCI和A&HCI收录我国香港论文894篇，其中合著论文493篇，占55.1%；独著论文401篇，占44.9%（见表11）。

表11 2001年SSCI和A&HCI收录中国香港和台湾地区合著与独著论文数量

地区	论文	合著论文		独著论文	
	（篇）	（篇）	（%）	（篇）	（%）
中国香港	894	493	55.1	401	44.9
中国台湾	464	278	59.9	186	40.1

5.1.2　SSCI 和 A&HCI 收录中国台湾合著与独著论文数量

2001 年，SSCI 和 A&HCI 收录我国台湾论文 464 篇，其中合著论文 278 篇，占 59.9%；独著论文 186 篇，占 40.1%（见表 11）。

5.2　SSCI 和 A&HCI 收录中国香港和台湾地区内以及与其他国家（地区）间合著论文数量

5.2.1　SSCI 和 A&HCI 收录中国香港地区内以及与其他国家（地区）间合著论文数量

2001 年，SSCI 和 A&HCI 收录我国香港合著论文 493 篇，其中地区内合著论文 341 篇，占 69.2%；与其他国家（地区）间合著论文 152 篇，占 30.8%（见表 12）。

表 12　2001 年 SSCI 和 A&HCI 收录中国香港和台湾地区内以及与其他国家（地区）间合著论文数量

地区	合著论文	地区内合著		国家（地区）间合著	
	（篇）	（篇）	（%）	（篇）	（%）
中国香港	493	341	69.2	152	30.8
中国台湾	278	220	79.1	58	20.9

5.2.2　SSCI 和 A&HCI 收录中国台湾地区内以及与其他国家（地区）间合著论文数量

2001 年，SSCI 和 A&HCI 收录我国台湾合著论文 278 篇，其中地区内合著论文 220 篇，占 79.1%；与其他国家（地区）间合著论文 58 篇，占 20.9%（见表 12）。

5.3　SSCI 和 A&HCI 收录中国香港和台湾地区内以及与其他国家（地区）间合著论文的合作形式

5.3.1　SSCI 和 A&HCI 收录中国香港地区内以及与其他国家（地区）间合著论文的合作形式

2001 年，SSCI 和 A&HCI 收录我国香港地区内以及与其他国家（地区）间合著论文 152 篇，其中双方合著论文 137 篇，占 90.1%；三方合著论文 14 篇，占 9.2%；多方合著论文 1 篇，占 0.7%（见表 13）。

表 13　2001 年 SSCI 和 A&HCI 收录中国香港和台湾地区内以及与其他国家（地区）间合著论文的合作形式

地区	国家（地区）间合著（篇）	双方合著		三方合著		多方合著	
		（篇）	（%）	（篇）	（%）	（篇）	（%）
中国香港	152	137	90.1	14	9.2	1	0.7
中国台湾	58	55	94.8	3	5.2	0	0.0

5.3.2　SSCI 和 A&HCI 收录中国台湾地区内以及与其他国家（地区）间合著论文的合作形式

2001 年，SSCI 和 A&HCI 收录我国台湾地区内以及与其他国家（地区）间合著论文 58 篇，其中双方合著论文 55 篇，占 94.8%；三方合著论文 3 篇，占 5.2%（见表 13）。

6　SSCI 和 A&HCI 收录中国香港和台湾地区论文被引用情况

6.1　SSCI 和 A&HCI 收录中国香港和台湾地区论文被引用数量

6.1.1　SSCI 和 A&HCI 收录中国香港论文被引用数量

2001 年，SSCI 和 A&HCI 共收录我国香港论文 894 篇，其中有 464 篇论文被引用，占总数的 51.9%；这些论文共被引用 1739 次，篇均被引 1.9 次，被引用论文篇均被引 3.7 次（见表 14）。

表 14　2001 年 SSCI 和 A&HCI 收录中国香港和台湾地区论文被引用数量

地区	论文（篇）	被引用论文		总被引（次）	篇均被引（次）	被引论文篇均被引（次）
		（篇）	（%）			
中国香港	894	464	51.9	1739	1.9	3.7
中国台湾	464	243	52.4	712	1.5	2.9

6.1.2　SSCI 和 A&HCI 收录中国台湾论文被引用数量

2001 年，SSCI 和 A&HCI 共收录我国台湾论文 464 篇，其中有 243 篇论文被引用，占总数的 52.4%；这些论文共被引用 712 次，篇均被引 1.5 次，被引用论文篇均被引 2.9 次（见表 14）。

6.2 SSCI 和 A&HCI 收录中国香港和台湾地区部分学科领域论文被引用数量

6.2.1 SSCI 和 A&HCI 收录中国香港部分学科领域论文被引用数量

表 15 显示 2001 年 SSCI 和 A&HCI 收录我国香港论文较多的 10 个学科领域论文被引用情况，从中可以看出，经济学、医药卫生、社会学、管理学和教育学 5 个学科领域被引用论文数量较多，医药卫生、管理学、经济学、心理学和社会学 5 个学科领域被引用论文所占比例较高，医药卫生、心理学、管理学、社会学和经济学 5 个学科领域论文篇均被引次数较多，心理学、医药卫生、社会学、管理学和经济学 5 个学科领域被引用论文篇均被引次数较多。

表 15 2001 年 SSCI 和 A&HCI 收录中国香港部分学科领域论文被引用数量

学科领域	论文	总被引			篇均被引	被引论文篇均被引
	(篇)	(篇)	(%)	(次)	(次)	(次)
经济学	165	95	57.6	299	1.8	3.1
医药卫生	122	89	73.0	407	3.3	4.6
管理学	130	79	60.8	264	2.0	3.3
社会学	166	79	47.6	327	2.0	4.1
教育学	76	31	40.8	71	0.9	2.3
心理学	55	27	49.1	131	2.4	4.9
语言学	25	8	32.0	20	0.8	2.5
政治学	34	7	20.6	11	0.3	1.6
民族学与人类学	14	2	14.3	5	0.4	2.5
文学	15	0	0.0	0	0.0	0.0

6.2.2 SSCI 和 A&HCI 收录中国台湾部分学科领域论文被引用数量

表 16 显示 2001 年 SSCI 和 A&HCI 收录我国台湾论文较多的 10 个学科领域论文被引用情况，从中可以看出，医药卫生、管理学、经济学、教育学和社会学 5 个学科领域被引用论文数量较多，教育学、医药卫生、管理学、社会学和经济学 5 个学科领域被引用论文所占比例较高，医药卫生、教育学、心理学、管理学和政治学 5 个学科领域论文篇均被引次数较多，医药卫生、心理学、政治学、管理学、教育学和语言学 6 个学科领域被引用论文篇均被引次数较多。

表 16 2001 年 SSCI 和 A&HCI 收录中国台湾部分学科领域论文被引用数量

学科领域	论文（篇）	总被引			篇均被引（次）	被引论文篇均被引（次）
		（篇）	（%）	（次）		
医药卫生	85	56	65.9	267	3.1	4.8
管理学	108	54	50.0	131	1.2	2.4
经济学	71	33	46.5	70	1.0	2.1
教育学	43	29	67.4	71	1.7	2.4
社会学	33	16	48.5	31	0.9	1.9
心理学	31	14	45.2	54	1.7	3.9
政治学	16	7	43.8	18	1.1	2.6
语言学	12	5	41.7	12	1.0	2.4
统计学	9	3	33.3	3	0.3	1.0
历史学	12	2	16.7	2	0.2	1.0

6.3 SSCI 和 A&HCI 收录中国香港和台湾地区各类机构论文被引用数量

6.3.1 SSCI 和 A&HCI 收录中国香港各类机构论文被引用数量

2001 年，SSCI 和 A&HCI 收录我国香港各类机构被引用论文 464 篇，其中高等院校被引用论文 448 篇，占总数的 96.6%。高等院校的论文和被引用论文数量均占明显优势（见表 17）。

表 17 2001 年 SSCI 和 A&HCI 收录中国香港各类机构论文被引用数量

机构类型	论文（篇）	总被引			篇均被引（次）	被引论文篇均被引（次）
		（篇）	（%）	（次）		
高等院校	854	448	52.5	1698	2.0	3.8
研究机构	13	0	0.0	0	0.0	0.0
医疗机构	16	14	87.5	36	2.3	2.6
其他机构	11	2	18.2	5	0.5	2.5

6.3.2 SSCI 和 A&HCI 收录中国台湾各类机构论文被引用数量

2001 年，SSCI 和 A&HCI 收录我国台湾各类机构被引用论文 243 篇，其中高等院校被引用论文 206 篇，占总数的 84.8%。高等院校的论文和被引用论文数量均占明显优势（见表 18）。

表18　2001年SSCI和A&HCI收录中国台湾各类机构论文被引用数量

机构类型	论文(篇)	总被引(篇)	总被引(%)	总被引(次)	篇均被引(次)	被引论文篇均被引(次)
高等院校	389	206	53.0	528	1.4	2.6
研究机构	42	14	33.3	45	1.1	3.2
医疗机构	25	18	72.0	99	4.0	5.5
其他机构	8	5	62.5	40	5.0	8.0

7　SSCI和A&HCI收录中国香港和台湾地区论文引用文献情况

7.1　SSCI和A&HCI收录中国香港和台湾地区论文引用文献数量

7.1.1　SSCI和A&HCI收录中国香港论文引用文献数量

2001年，SSCI和A&HCI共收录我国香港论文894篇，其中有引文的论文810篇，占总数的90.6%；这些论文共引用文献27005次，有引文的论文篇均引用33.3次（见表19）。

表19　2001年SSCI和A&HCI收录中国香港和台湾地区论文引用文献数量

地区	论文(篇)	总引用(篇)	总引用(%)	总引用(次)	有引文的论文篇均引用（次）
中国香港	894	810	90.6	27005	33.3
中国台湾	464	436	94.0	11872	27.2

7.1.2　SSCI和A&HCI收录中国台湾论文引用文献数量

2001年，SSCI和A&HCI共收录我国台湾论文464篇，其中有引文的论文436篇，占总数的94%；这些论文共引用文献11872次，有引文的论文篇均引用27.2次（见表19）。

7.2　SSCI和A&HCI收录中国香港和台湾地区部分学科领域论文引用文献数量

7.2.1　SSCI和A&HCI收录中国香港部分学科领域论文引用文献数量

表20显示2001年SSCI和A&HCI收录我国香港论文较多的10个学科

领域引用文献情况，从中可以看出，经济学、社会学、管理学、医药卫生和教育学5个学科领域有引文的论文数量较多，管理学、语言学、经济学、政治学和民族学与人类学5个学科领域有引文的论文所占比例较高，民族学与人类学、管理学、社会学、经济学和心理学5个学科领域有引文的论文篇均引用次数较多。

表20　2001年SSCI和A&HCI收录中国香港部分学科领域论文引用文献数量

学科领域	论文（篇）	总引用			有引文的论文篇均引用（次）
		（篇）	（%）	（次）	
经济学	165	161	97.6	5625	34.9
社会学	166	135	81.3	4781	35.4
管理学	130	130	100.0	4848	37.3
医药卫生	122	110	90.2	3611	32.8
教育学	76	69	90.8	2257	32.7
心理学	55	34	61.8	1130	33.2
政治学	34	33	97.1	607	18.4
语言学	25	25	100.0	714	28.6
民族学与人类学	14	13	92.9	570	43.8
文学	15	12	80.0	151	12.6

7.2.2　SSCI和A&HCI收录中国台湾部分学科领域论文引用文献数量

表21显示2001年SSCI和A&HCI收录我国台湾论文较多的10个学科领域论文引用文献情况，从中可以看出，管理学、医药卫生、经济学、教育学和社会学5个学科领域有引文的论文数量较多，经济学、教育学、政治学、语言学和统计学5个学科领域有引文的论文所占比例较高，心理学、教育学、政治学、语言学和医药卫生5个学科领域有引文的论文篇均引用次数较多。

表21　2001年SSCI和A&HCI收录中国台湾部分学科领域论文引用文献数量

学科领域	论文（篇）	总引用			有引文的论文篇均引用（次）
		（篇）	（%）	（次）	
管理学	108	106	98.1	2659	25.1
医药卫生	85	82	96.5	2462	30.0

续表

学科领域	论文（篇）	总引用			有引文的论文篇均引用（次）
		（篇）	（%）	（次）	
经济学	71	71	100.0	1680	23.7
教育学	43	43	100.0	1330	30.9
社会学	33	32	97.0	912	28.5
心理学	31	16	51.6	546	34.1
政治学	16	16	100.0	492	30.8
语言学	12	12	100.0	361	30.1
统计学	9	9	100.0	185	20.6
历史学	12	5	41.7	91	18.2

7.3 SSCI 和 A&HCI 收录中国香港和台湾地区各类机构论文引用文献数量

7.3.1 SSCI 和 A&HCI 收录中国香港各类机构论文引用文献数量

2001 年，SSCI 和 A&HCI 收录我国香港各类机构有引文的论文 810 篇，其中高等院校有引文的论文 783 篇，占总数的 96.7%。高等院校的论文和有引文的论文数量均占明显优势（见表 22）。

表 22 2001 年 SSCI 和 A&HCI 收录中国香港各类机构论文引用文献数量

机构类型	论文（篇）	总引用			有引文的论文篇均引用（次）
		（篇）	（%）	（次）	
高等院校	854	783	91.7	26331	33.6
研究机构	13	6	46.2	205	34.2
医疗机构	16	16	100.0	343	21.4
其他机构	11	5	45.5	126	25.2

7.3.2 SSCI 和 A&HCI 收录中国台湾各类机构论文引用文献数量

2001 年，SSCI 和 A&HCI 收录我国台湾各类机构有引文的论文 436 篇，其中高等院校有引文的论文 369 篇，占总数的 84.6%。高等院校的论文和有引文的论文数量均占明显优势（见表 23）。

表 23 2001 年 SSCI 和 A&HCI 收录中国台湾各类机构论文引用文献数量

机构类型	论文（篇）	总引用			有引文的论文篇均引用（次）
		（篇）	（%）	（次）	
高等院校	389	369	94.9	10132	27.5
研究机构	42	36	85.7	866	24.1
医疗机构	25	24	96.0	645	26.9
其他机构	8	7	87.5	229	32.7

2002年
SSCI、A&HCI和ISSHP收录中国香港和台湾地区论文统计分析年度报告

1　三大检索工具收录中国香港和台湾地区论文概况

1.1　三大检索工具收录中国香港和台湾地区论文数量和排名

1.1.1　三大检索工具收录中国香港论文数量和排名

2002年，SSCI、A&HCI和ISSHP三大国际检索工具（简称三大检索工具）共收录我国香港论文1088篇，比上一年的1208篇减少120篇，减少9.9%。按三大检索工具收录论文数量的国家（地区）排名，我国香港排名第19位（见表1）。

表1　2002年三大检索工具收录中国香港和台湾地区论文数量和排名

地区	论文			排名
	（篇）	增加（篇）	增长（%）	
中国香港	1088	-120	-9.9	19
中国台湾	686	94	15.9	27

1.1.2　三大检索工具收录中国台湾论文数量和排名

2002年，SSCI、A&HCI和ISSHP三大检索工具共收录我国台湾论文686篇，比上一年的592篇增加94篇，增长15.9%。按三大检索工具收录论文数量的国家（地区）排名，我国台湾排名第27位（见表1）。

1.2 SSCI 和 A&HCI 收录中国香港和台湾地区论文数量

1.2.1 SSCI 和 A&HCI 收录中国香港论文数量

2002 年，SSCI 和 A&HCI 收录我国香港论文（作者机构栏中有“Hong Kong”的论文）980 篇，比上一年的 1080 篇减少 100 篇，减少 9.3%。其中，我国香港第一作者论文 805 篇，占总数的 82.1%，比上一年减少 10%（见表 2）。

表 2　　2002 年 SSCI 和 A&HCI 收录中国香港和台湾地区论文数量

地区	论文			第一作者论文		
	（篇）	增加（篇）	增长（%）	（篇）	（%）	增长（%）
中国香港	980	-100	-9.3	805	82.1	-10.0
中国台湾	542	-8	-1.5	456	84.1	-1.7

1.2.2 SSCI 和 A&HCI 收录中国台湾论文数量

2002 年，SSCI 和 A&HCI 收录我国台湾论文（作者机构栏中有“Taiwan”的论文）542 篇，比上一年的 550 篇减少 8 篇，减少 1.5%。其中，我国台湾第一作者论文 456 篇，占总数的 84.1%，比上一年减少 1.7%（见表 2）。

1.3 ISSHP 收录中国香港和台湾地区论文数量

1.3.1 ISSHP 收录中国香港论文数量

2002 年，ISSHP 收录我国香港论文（作者机构栏中有“Hong Kong”的论文）94 篇，比上一年的 104 篇减少 10 篇，减少 9.6%。其中，我国香港第一作者论文 86 篇，占总数的 91.5%，比上一年减少 5.5%（见表 3）。

表 3　　2002 年 ISSHP 收录中国香港和台湾地区论文数量

地区	论文			第一作者论文		
	（篇）	增加（篇）	增长（%）	（篇）	（%）	增长（%）
中国香港	94	-10	-9.6	86	91.5	-5.5
中国台湾	88	49	125.6	84	95.5	147.1

1.3.2 ISSHP 收录中国台湾论文数量

2002 年，ISSHP 收录我国台湾论文（作者机构栏中有“Taiwan”的论文）88 篇，比上一年的 39 篇增加 49 篇，增长 125.6%。其中，我国台湾第一作者论文 84 篇，占总数的 95.5%，比上一年增长 147.1%（见表 3）。

需要说明的是，以下将以三大检索工具收录我国香港和台湾地区第一作者论文情况作为统计分析的重点。在没有特指的情况下，“我国香港论文”或“我国台湾论文”均指其第一作者论文。

2 SSCI 和 A&HCI 收录中国香港和台湾地区论文的学科分布

2.1 SSCI 和 A&HCI 收录中国香港和台湾地区学科领域论文数量

2.1.1 SSCI 和 A&HCI 收录中国香港学科领域论文数量

2002 年，SSCI 和 A&HCI 共收录我国香港各学科领域论文 805 篇，这些论文涵盖 24 个学科领域。论文数量比较集中的学科领域是：经济学、社会学、管理学、医药卫生、教育学、心理学、政治学、语言学、文学和图书馆情报与文献学，这 10 个学科领域论文合计 710 篇，占总数的 88.2%（见表 4）。

表 4　2002 年 SSCI 和 A&HCI 收录中国香港部分学科领域论文数量

学科领域	中国香港论文	
	（篇）	（%）
经济学	160	19.9
社会学	146	18.1
管理学	130	16.1
医药卫生	113	14.0
教育学	43	5.3
心理学	31	3.9
政治学	26	3.2
语言学	24	3.0
文学	21	2.6
图书馆情报与文献学	16	2.0

2.1.2　SSCI和A&HCI收录中国台湾学科领域论文数量

2002年，SSCI和A&HCI共收录我国台湾各学科领域论文456篇，这些论文涵盖25个学科领域。论文数量比较集中的学科领域是：管理学、医药卫生、经济学、社会学、教育学、心理学、历史学、政治学、图书馆情报与文献学和环境科学，这10个学科领域论文合计418篇，占总数的91.7%（见表5）。

表5　2002年SSCI和A&HCI收录中国台湾部分学科领域论文数量

学科领域	中国台湾	
	（篇）	（%）
管理学	100	21.9
医药卫生	87	19.1
经济学	75	16.4
社会学	44	9.6
教育学	35	7.7
心理学	27	5.9
历史学	16	3.5
政治学	15	3.3
图书馆情报与文献学	13	2.9
环境科学	6	1.3

2.2　SSCI和A&HCI收录中国香港和台湾地区跨学科领域论文数量

2.2.1　SSCI和A&HCI收录中国香港跨学科领域论文数量

按照SSCI和A&HCI收录论文的原始学科分类，有一部分论文属于跨学科领域论文。2002年，SSCI和A&HCI收录的我国香港论文中，属于这类跨学科领域的论文有69篇，占8.6%；比上一年减少75篇，减少52.1%（见表6）。

表6　2002年SSCI和A&HCI收录中国香港和台湾地区跨学科领域论文数量

地区	论文			
	（篇）	（%）	增加（篇）	增长（%）
中国香港	69	8.6	-75	-52.1
中国台湾	44	9.6	-17	-27.9

2.2.2 SSCI 和 A&HCI 收录中国台湾跨学科领域论文数量

2002 年，SSCI 和 A&HCI 收录的我国台湾论文中，属于跨学科领域的论文有 44 篇，占 9.6%；比上一年减少 17 篇，减少 27.9%（见表 6）。

3 SSCI 和 A&HCI 收录中国香港和台湾地区论文的机构分布

3.1 SSCI 和 A&HCI 收录中国香港和台湾地区各类机构论文数量

3.1.1 SSCI 和 A&HCI 收录中国香港各类机构论文数量

2002 年，SSCI 和 A&HCI 共收录我国香港各类机构论文 805 篇，其中高等院校 773 篇，占 96%，比上一年减少 81 篇；研究机构 3 篇，占 0.4%，比上一年减少 10 篇；医疗机构 22 篇，占 2.7%，比上一年增加 6 篇；其他机构 7 篇，占 0.9%，比上一年减少 4 篇（见表 7）。

表 7　2002 年 SSCI 和 A&HCI 收录中国香港和台湾地区各类机构论文数量

机构类型	中国香港			中国台湾		
	论文（篇）	比例（%）	增加（篇）	论文（篇）	比例（%）	增加（篇）
高等院校	773	96.0	-81	379	83.1	-10
研究机构	3	0.4	-10	45	9.9	3
医疗机构	22	2.7	6	27	5.9	2
其他机构	7	0.9	-4	5	1.1	-3

3.1.2 SSCI 和 A&HCI 收录中国台湾各类机构论文数量

2002 年，SSCI 和 A&HCI 共收录我国台湾各类机构论文 456 篇，其中高等院校 379 篇，占 83.1%，比上一年减少 10 篇；研究机构 45 篇，占 9.9%，比上一年增加 3 篇；医疗机构 27 篇，占 5.9%，比上一年增加 2 篇；其他机构 5 篇，占 1.1%，比上一年减少 3 篇（见表 7）。

3.2 SSCI 和 A&HCI 收录论文数量较多的中国香港和台湾地区高等院校

3.2.1 SSCI 和 A&HCI 收录论文数量较多的中国香港高等院校

2002 年，SSCI 和 A&HCI 收录我国香港论文的高等院校有 12 所，其中论文数量较多的5所高等院校是香港中文大学、香港大学、香港城市大学、香港理工大学和香港科技大学，其论文合计677篇，占我国香港高等院校同类论文总数的87.6%（见表8）。

表8 2002年SSCI和A&HCI收录论文较多的中国香港和台湾地区高等院校

中国香港		中国台湾	
高等院校	数量（篇）	高等院校	论文（篇）
香港中文大学	191	台湾大学	45
香港大学	191	台湾交通大学	33
香港城市大学	110	成功大学	23
香港理工大学	106	政治大学	17
香港科技大学	79	中正大学	16

3.2.2 SSCI和A&HCI收录论文数量较多的中国台湾高等院校

2002年，SSCI和A&HCI收录我国台湾论文的高等院校有79所，其中论文数量较多的5所高等院校是台湾大学、台湾交通大学、成功大学、政治大学和中正大学，其论文合计134篇，占我国台湾高等院校同类论文总数的35.4%（见表8）。

4 SSCI和A&HCI收录中国香港和台湾地区论文的期刊分布

4.1 SSCI和A&HCI收录中国香港和台湾地区论文的国家（地区）期刊分布

4.1.1 SSCI和A&HCI收录中国香港论文的国家（地区）期刊分布

2002年，SSCI和A&HCI共收录我国香港论文805篇，这些论文分别发表在19个国家（地区）的441种期刊上。其中，有324篇论文发表在美国的207种期刊上，308篇论文发表在英国的156种期刊上，70篇论文发表在荷兰的35种期刊上。此外，有3篇论文发表在中国香港的1种期刊上，有1篇论文发表在中国台湾的1种期刊上（见表9）。

表9　2002年SSCI和A&HCI收录中国香港和台湾地区论文的国家（地区）期刊分布

中国香港			中国台湾		
国家（地区）	期刊（种）	论文（篇）	国家（地区）	期刊（种）	论文（篇）
美国	207	324	美国	114	162
英国	156	308	英国	79	168
荷兰	35	70	荷兰	29	51
加拿大	8	15	中国台湾	6	32
澳大利亚	5	29	瑞士	5	10
瑞士	5	9	日本	5	7
日本	4	9	德国	5	6
爱尔兰	4	5	爱尔兰	3	4
德国	4	4	加拿大	3	3
韩国	2	4	澳大利亚	1	3
新加坡	2	4	菲律宾	1	2
新西兰	2	3	法国	1	2
菲律宾	1	11	挪威	1	1
中国香港	1	3	新西兰	1	1
斯洛文尼亚	1	2	新加坡	1	1
奥地利	1	2	韩国	1	1
中国台湾	1	1	中国香港	1	1
挪威	1	1	丹麦	1	1
法国	1	1			

4.1.2　SSCI和A&HCI收录中国台湾论文的国家（地区）期刊分布

2002年，SSCI和A&HCI共收录我国台湾论文456篇，这些论文分别发表在18个国家（地区）的258种期刊上。其中，有162篇论文发表在美国的114种期刊上，168篇论文发表在英国的79种期刊上，51篇论文发表在荷兰的29种期刊上。此外，有32篇论文发表在中国台湾的6种期刊上，有1篇论文发表在中国香港的1种期刊上（见表9）。

4.2 SSCI 和 A&HCI 收录发表中国香港和台湾地区论文较多的期刊

4.2.1 SSCI 和 A&HCI 收录发表中国香港论文较多的期刊

表 10 显示 2002 年 SSCI 和 A&HCI 收录的发表我国香港论文较多的期刊，其中发表该地区论文最多的期刊是英国的 *International Journal of Human Resource Management*，有 18 篇论文在该期刊上发表。

表 10 2002 年 SSCI 和 A&HCI 收录发表中国香港和台湾地区论文较多的期刊

中国香港			中国台湾		
国家（地区）	期刊名称	论文（篇）	国家（地区）	期刊名称	论文（篇）
英国	*International Journal of Human Resource Management*	18	美国	*Journal of Sport & Exercise Psychology*	16
英国	*Journal of Advanced Nursing*	13	中国台湾	*Bulletin of the Institute of History and Philology Academia Sinica*	13
美国	*China Quarterly*	13	英国	*International Journal of Nursing Studies*	12
澳大利亚	*Westerly*	12	中国台湾	*Issues & Studies*	10
菲律宾	*Journal of Contemporary Asia*	11	英国	*Applied Economics Letters*	9
澳大利亚	*China Journal*	11	英国	*Journal of the Operational Research Society*	8
荷兰	*Schizophrenia Research*	10	英国	*Journal of Computer Assisted Learning*	8
美国	*Research on Social Work Practice*	9	英国	*Journal of Advanced Nursing*	8

4.2.2 SSCI 和 A&HCI 收录发表中国台湾论文较多的期刊

表 10 显示 2002 年 SSCI 和 A&HCI 收录的发表我国台湾论文较多的期刊，其中发表该地区论文最多的期刊是美国的 *Journal of Sport & Exercise Psychology*，有 16 篇论文在该期刊上发表。

5 SSCI和A&HCI收录中国香港和台湾地区论文的合著情况

5.1 SSCI和A&HCI收录中国香港和台湾地区合著论文数量

5.1.1 SSCI和A&HCI收录中国香港合著与独著论文数量

2002年，SSCI和A&HCI收录我国香港论文805篇，其中合著论文473篇，占58.8%；独著论文332篇，占41.2%（见表11）。

表11 2002年SSCI和A&HCI收录中国香港和台湾地区合著与独著论文数量

地区	论文	合著论文		独著论文	
	（篇）	（篇）	（%）	（篇）	（%）
中国香港	805	473	58.8	332	41.2
中国台湾	456	293	64.3	163	35.7

5.1.2 SSCI和A&HCI收录中国台湾合著与独著论文数量

2002年，SSCI和A&HCI收录我国台湾论文456篇，其中，合著论文293篇，占64.3%，独著论文163篇，占35.7%（见表11）。

5.2 SSCI和A&HCI收录中国香港和台湾地区内以及与其他国家（地区）间合著论文数量

5.2.1 SSCI和A&HCI收录中国香港地区内以及与其他国家（地区）间合著论文数量

2002年，SSCI和A&HCI收录我国香港合著论文473篇，其中地区内合著论文301篇，占63.6%；与其他国家（地区）间合著论文172篇，占36.4%（见表12）。

表12 2002年SSCI和A&HCI收录中国香港和台湾地区内以及与其他国家（地区）间合著论文数量

地区	合著论文	地区内合著		国家（地区）间合著	
	（篇）	（篇）	（%）	（篇）	（%）
中国香港	473	301	63.6	172	36.4
中国台湾	293	227	77.5	66	22.5

5.2.2 SSCI和A&HCI收录中国台湾地区内以及与其他国家（地区）间合著论文数量

2002年，SSCI和A&HCI收录我国台湾合著论文293篇，其中地区内合著论文227篇，占77.5%；与其他国家（地区）间合著论文66篇，占22.5%（见表12）。

5.3 SSCI和A&HCI收录中国香港和台湾地区内以及与其他国家（地区）间合著论文的合作形式

5.3.1 SSCI和A&HCI收录中国香港地区内以及与其他国家（地区）间合著论文的合作形式

2002年，SSCI和A&HCI收录我国香港地区内以及与其他国家（地区）间合著论文172篇，其中双方合著论文152篇，占88.4%；三方合著论文18篇，占10.5%；多方合著论文2篇，占1.2%（见表13）。

表13　2002年SSCI和A&HCI收录中国香港和台湾地区内以及与其他国家（地区）间合著论文的合作形式

地区	国家（地区）间合著（篇）	双方合著		三方合著		多方合著	
		（篇）	（%）	（篇）	（%）	（篇）	（%）
中国香港	172	152	88.4	18	10.5	2	1.2
中国台湾	66	62	93.9	2	3.0	2	3.0

5.3.2 SSCI和A&HCI收录中国台湾地区内以及与其他国家（地区）间合著论文的合作形式

2002年，SSCI和A&HCI收录我国台湾地区内以及与其他国家（地区）间合著论文66篇，其中双方合著论文62篇，占93.9%；三方合著论文2篇，占3%；多方合著论文2篇，占3%（见表13）。

6 SSCI和A&HCI收录中国香港和台湾地区论文被引用情况

6.1 SSCI和A&HCI收录中国香港和台湾地区论文被引用数量

6.1.1 SSCI和A&HCI收录中国香港论文被引用数量

2002年，SSCI和A&HCI共收录我国香港论文805篇，其中有386篇论文被引用，占总数的48%；这些论文共被引用987次，篇均被引1.2次，被引用论文篇均被引2.6次（见表14）。

表14　2002年SSCI和A&HCI收录中国香港和台湾地区论文被引用数量

地区	论文（篇）	总被引			篇均被引（次）	被引论文篇均被引（次）
		（篇）	（%）	（次）		
中国香港	805	386	48.0	987	1.2	2.6
中国台湾	456	210	46.1	512	1.1	2.4

6.1.2　SSCI和A&HCI收录中国台湾论文被引用数量

2002年，SSCI和A&HCI共收录我国台湾论文456篇，其中有210篇论文被引用，占总数的46.1%；这些论文共被引用512次，篇均被引1.1次，被引用论文篇均被引2.4次（见表14）。

6.2　SSCI和A&HCI收录中国香港和台湾地区部分学科领域论文被引用数量

6.2.1　SSCI和A&HCI收录中国香港部分学科领域论文被引用数量

表15显示2002年SSCI和A&HCI收录我国香港论文较多的10个学科领域论文被引用情况，从中可以看出，管理学、经济学、社会学、医药卫生和教育学5个学科领域被引用论文数量较多，心理学、语言学、图书馆情报与文献学、管理学和医药卫生5个学科领域被引用论文所占比例较高，心理学、图书馆情报与文献学、医药卫生、语言学和管理学5个学科领域论文篇均被引次数较多，政治学、心理学、图书馆情报与文献学和医药卫生4个学科领域被引用论文篇均被引次数较多。

表15　2002年SSCI和A&HCI收录中国香港部分学科领域论文被引用数量

学科领域	论文（篇）	总被引			篇均被引（次）	被引论文篇均被引（次）
		（篇）	（%）	（次）		
管理学	130	73	56.2	184	1.4	2.5
社会学	146	71	48.6	174	1.2	2.5
经济学	160	71	44.4	148	0.9	2.1

续表

学科领域	论文（篇）	总被引（篇）	（%）	（次）	篇均被引（次）	被引论文篇均被引（次）
医药卫生	113	62	54.9	195	1.7	3.1
教育学	43	23	53.5	47	1.1	2.0
心理学	31	20	64.5	66	2.1	3.3
语言学	24	15	62.5	37	1.5	2.5
图书馆情报与文献学	16	10	62.5	31	1.9	3.1
政治学	26	3	11.5	10	0.4	3.3
文学	21	0	0.0	0	0.0	0.0

6.2.2　SSCI 和 A&HCI 收录中国台湾部分学科领域论文被引用数量

表 16 显示 2002 年 SSCI 和 A&HCI 收录我国台湾论文较多的 10 个学科领域论文被引用情况，从中可以看出，医药卫生、管理学、经济学、社会学和教育学 5 个学科领域被引用论文数量较多，医药卫生、图书馆情报与文献学、社会学、管理学和教育学 5 个学科领域被引用论文所占比例较高，医药卫生、社会学、图书馆情报与文献学、管理学和经济学 5 个学科领域论文篇均被引次数较多，医药卫生、社会学、经济学、心理学、管理学和图书馆情报与文献学 6 个学科领域被引用论文篇均被引次数较多。

表 16　2002 年 SSCI 和 A&HCI 收录中国台湾部分学科领域论文被引用数量

学科领域	论文（篇）	总被引（篇）	（%）	（次）	篇均被引（次）	被引论文篇均被引（次）
医药卫生	87	59	67.8	192	2.2	3.3
管理学	100	46	46.0	86	0.9	1.9
经济学	75	28	37.3	67	0.9	2.4
社会学	44	22	50.0	55	1.3	2.5
教育学	35	16	45.7	25	0.7	1.7
心理学	27	9	33.3	22	0.8	2.4
图书馆情报与文献学	13	8	61.5	15	1.2	1.9
政治学	15	2	13.3	2	0.1	1.0
历史学	16	2	12.5	2	0.1	1.0
环境科学	6	1	16.7	2	0.3	2.0

6.3 SSCI 和 A&HCI 收录中国香港和台湾地区各类机构论文被引用数量

6.3.1 SSCI 和 A&HCI 收录中国香港各类机构论文被引用数量

2002 年，SSCI 和 A&HCI 收录我国香港各类机构被引用论文 386 篇，其中高等院校被引用论文 368 篇，占总数的 95.3%。高等院校的论文和被引用论文数量均占明显优势（见表 17）。

表 17 2002 年 SSCI 和 A&HCI 收录中国香港各类机构论文被引用数量

机构类型	论文（篇）	总被引			篇均被引（次）	被引论文篇均被引（次）
		（篇）	（%）	（次）		
高等院校	773	368	47.6	924	1.2	2.5
研究机构	3	2	66.7	4	1.3	2.0
医疗机构	22	11	50.0	43	2.0	3.9
其他机构	7	5	71.4	16	2.3	3.2

6.3.2 SSCI 和 A&HCI 收录中国台湾各类机构论文被引用数量

2002 年，SSCI 和 A&HCI 收录我国台湾各类机构被引用论文 210 篇，其中高等院校被引用论文 173 篇，占总数的 82.4%。高等院校的论文和被引用论文数量均占明显优势（见表 18）。

表 18 2002 年 SSCI 和 A&HCI 收录中国台湾各类机构论文被引用数量

机构类型	论文（篇）	总被引			篇均被引（次）	被引论文篇均被引（次）
		（篇）	（%）	（次）		
高等院校	379	173	45.6	403	1.1	2.3
研究机构	45	19	42.2	50	1.1	2.6
医疗机构	27	17	63.0	58	2.1	3.4
其他机构	5	1	20.0	1	0.2	1.0

7 SSCI 和 A&HCI 收录中国香港和台湾地区论文引用文献情况

7.1 SSCI 和 A&HCI 收录中国香港和台湾地区论文引用文献数量

7.1.1 SSCI 和 A&HCI 收录中国香港论文引用文献数量

2002 年，SSCI 和 A&HCI 共收录我国香港论文 805 篇，其中有引文的论文776篇，占总数的96.4%；这些有引文的论文共引用文献24515次，有引文的论文篇均引用31.6次（见表19）。

表19 2002年SSCI和A&HCI收录中国香港和台湾地区论文引用文献数量

地区	论文（篇）	总引用			有引文的论文篇均引用（次）
		（篇）	（%）	（次）	
中国香港	805	776	96.4	24515	31.6
中国台湾	456	427	93.6	12831	30.0

7.1.2 SSCI和A&HCI收录中国台湾论文引用文献数量

2002年，SSCI和A&HCI共收录我国台湾论文456篇，其中有引文的论文427篇，占总数的93.6%；这些论文共引用文献12831次，有引文的论文篇均引用30次（见表19）。

7.2 SSCI和A&HCI收录中国香港和台湾地区部分学科领域论文引用文献数量

7.2.1 SSCI和A&HCI收录中国香港部分学科领域论文引用文献数量

表20显示2002年SSCI和A&HCI收录我国香港论文较多的10个学科领域论文引用文献情况，从中可以看出，经济学、社会学、管理学、医药卫生和教育学5个学科领域有引文的论文数量较多，管理学、社会学、教育学、经济学和心理学5个学科领域有引文的论文所占比例较高，图书馆情报与文献学、心理学、管理学、医药卫生和教育学5个学科领域有引文的论文篇均引用次数较多。

表20 2002年SSCI和A&HCI收录中国香港部分学科领域论文引用文献数量

学科领域	论文（篇）	总引用			有引文的论文篇均引用（次）
		（篇）	（%）	（次）	
经济学	160	156	97.5	4271	27.4
社会学	146	144	98.6	4372	30.4
管理学	130	130	100.0	5125	39.4
医药卫生	113	99	87.6	3336	33.7

续表

学科领域	论文 （篇）	总引用			有引文的论文 篇均引用（次）
		（篇）	（%）	（次）	
教育学	43	42	97.7	1360	32.4
心理学	31	30	96.8	1278	42.6
政治学	26	24	92.3	615	25.6
语言学	24	23	95.8	642	27.9
文学	21	18	85.7	154	8.6
图书馆情报与文献学	16	15	93.8	814	54.3

7.2.2　SSCI 和 A&HCI 收录中国台湾部分学科领域论文引用文献数量

表 21 显示 2002 年 SSCI 和 A&HCI 收录我国台湾论文较多的 10 个学科领域论文引用文献情况，从中可以看出，管理学、医药卫生、经济学、社会学和教育学 5 个学科领域有引文的论文数量较多，管理学、经济学、社会学、政治学和环境科学 5 个学科领域有引文的论文所占比例较高，社会学、心理学、教育学、管理学和图书馆情报与文献学 5 个学科领域有引文的论文篇均引用次数较多。

表 21　2002 年 SSCI 和 A&HCI 收录中国台湾部分学科领域论文引用文献数量

学科领域	论文 （篇）	总引用			有引文的论文 篇均引用（次）
		（篇）	（%）	（次）	
管理学	100	100	100.0	3194	31.9
医药卫生	87	83	95.4	2412	29.1
经济学	75	75	100.0	1874	25.0
社会学	44	44	100.0	1591	36.2
教育学	35	32	91.4	1111	34.7
政治学	15	15	100.0	217	14.5
心理学	27	14	51.9	494	35.3
图书馆情报与文献学	13	12	92.3	362	30.2
历史学	16	11	68.8	316	28.7
环境科学	6	6	100.0	154	25.7

7.3 SSCI 和 A&HCI 收录中国香港和台湾地区各类机构论文引用文献数量

7.3.1 SSCI 和 A&HCI 收录中国香港各类机构论文引用文献数量

2002 年，SSCI 和 A&HCI 收录我国香港各类机构有引文的论文 776 篇，其中高等院校有引文的论文 749 篇，占总数的 96.5%。高等院校的论文和有引文的论文数量均占明显优势（见表 22）。

表 22 2002 年 SSCI 和 A&HCI 收录中国香港各类机构论文引用文献数量

机构类型	论文（篇）	总引用			有引文的论文篇均引用（次）
		（篇）	（%）	（次）	
高等院校	773	749	96.9	23940	32.0
研究机构	3	3	100.0	66	22.0
医疗机构	22	18	81.8	406	22.6
其他机构	7	6	85.7	103	17.2

7.3.2 SSCI 和 A&HCI 收录中国台湾各类机构论文引用文献数量

2002 年，SSCI 和 A&HCI 收录我国台湾各类机构有引文的论文 427 篇，其中高等院校有引文的论文 358 篇，占总数的 83.8%。高等院校的论文和有引文的论文数量均占优势（见表 23）。

表 23 2002 年 SSCI 和 A&HCI 收录中国台湾各类机构论文引用文献数量

机构类型	论文（篇）	总引用			有引文的论文篇均引用（次）
		（篇）	（%）	（次）	
高等院校	379	358	94.5	10859	30.3
研究机构	45	39	86.7	1134	29.1
医疗机构	27	25	92.6	745	29.8
其他机构	5	5	100.0	93	18.6

2003 年
SSCI、A&HCI 和 ISSHP 收录中国香港和台湾地区
论文统计分析年度报告

1　三大检索工具收录中国香港和台湾地区论文概况

1.1　三大检索工具收录中国香港和台湾地区论文数量和排名

1.1.1　三大检索工具收录中国香港论文数量和排名

2003 年，SSCI、A&HCI 和 ISSHP 三大国际检索工具（简称三大检索工具）共收录我国香港论文 1269 篇，比上一年的 1088 篇增加 181 篇，增长 16.6%。按三大检索工具收录论文数量的国家（地区）排名，我国香港排名第 17 位（见表 1）。

表 1　2003 年三大检索工具收录中国香港和台湾地区论文数量和排名

地区	论文			排名
	（篇）	增加（篇）	增长（%）	
中国香港	1269	181	16.6	17
中国台湾	892	206	30.0	25

1.1.2　三大检索工具收录中国台湾论文数量和排名

2003 年，SSCI、A&HCI 和 ISSHP 三大检索工具共收录我国台湾论文 892 篇，比上一年的 686 篇增加 206 篇，增长 30%。按三大检索工具收录论文数量的国家（地区）排名，我国台湾排名第 25 位（见表 1）。

1.2 SSCI 和 A&HCI 收录中国香港和台湾地区论文数量

1.2.1 SSCI 和 A&HCI 收录中国香港论文数量

2003 年，SSCI 和 A&HCI 收录我国香港论文（作者机构栏中有“Hong Kong”的论文）1030 篇，比上一年的 980 篇增加 50 篇，增长 5.1%。其中，我国香港第一作者论文 840 篇，占总数的 81.6%，比上一年增长 4.3%（见表 2）。

表 2　　2003 年 SSCI 和 A&HCI 收录中国香港和台湾地区论文数量

地区	论文			第一作者论文		
	（篇）	增加（篇）	增长（%）	（篇）	（%）	增长（%）
中国香港	1030	50	5.1	840	81.6	4.3
中国台湾	746	204	37.6	653	87.5	43.2

1.2.2 SSCI 和 A&HCI 收录中国台湾论文数量

2003 年，SSCI 和 A&HCI 收录我国台湾论文（作者机构栏中有“Taiwan”的论文）746 篇，比上一年的 542 篇增加 204 篇，增长 37.6%。其中，我国台湾第一作者论文 653 篇，占总数的 87.5%，比上一年增长 43.2%（见表 2）。

1.3 ISSHP 收录中国香港和台湾地区论文数量

1.3.1 ISSHP 收录中国香港论文数量

2003 年，ISSHP 收录我国香港论文（作者机构栏中有“Hong Kong”的论文）144 篇，比上一年的 94 篇增加 50 篇，增长 53.2%。其中，我国香港第一作者论文 131 篇，占总数的 91%，比上一年增长 52.3%（见表 3）。

表 3　　2003 年 ISSHP 收录中国香港和台湾地区论文数量

地区	论文			第一作者论文		
	（篇）	增加（篇）	增长（%）	（篇）	（%）	增长（%）
中国香港	144	50	53.2	131	91.0	52.3
中国台湾	133	45	51.1	130	97.7	54.8

1.3.2 ISSHP 收录中国台湾论文数量

2003 年，ISSHP 收录我国台湾论文（作者机构栏中有“Taiwan”的论文）133 篇，比上一年的 88 篇增加 45 篇，增长 51.1%。其中，我国台湾第一作者论文 130 篇，占总数的 97.7%，比上一年增长 54.8%（见表 3）。

需要说明的是，以下将以三大检索工具收录我国香港和台湾地区第一作者论文情况作为统计分析的重点。在没有特指的情况下，“我国香港论文”或“我国台湾论文”均指其第一作者论文。

2 SSCI 和 A&HCI 收录中国香港和台湾地区论文的学科分布

2.1 SSCI 和 A&HCI 收录中国香港和台湾地区学科领域论文数量

2.1.1 SSCI 和 A&HCI 收录中国香港学科领域论文数量

2003 年，SSCI 和 A&HCI 共收录我国香港各学科领域论文 840 篇，这些论文涵盖 25 个学科领域。论文数量比较集中的学科领域是：医药卫生、经济学、管理学、社会学、心理学、教育学、政治学、语言学、历史学和交通运输，这 10 个学科领域论文合计 739 篇，占总数的 88%（见表 4）。

表 4 2003 年 SSCI 和 A&HCI 收录中国香港部分学科领域论文数量

学科领域	中国香港论文	
	（篇）	（%）
医药卫生	149	17.7
经济学	141	16.8
管理学	110	13.1
社会学	87	10.4
心理学	87	10.4
教育学	63	7.5
政治学	39	4.6
语言学	30	3.6
历史学	17	2.0
交通运输	16	1.9

2.1.2 SSCI和A&HCI收录中国台湾学科领域论文数量

2003年，SSCI和A&HCI共收录我国台湾各学科领域论文653篇，这些论文涵盖25个学科领域。论文数量比较集中的学科领域是：医药卫生、经济学、管理学、社会学、心理学、教育学、图书馆情报与文献学、历史学、语言学和政治学，这10个学科领域论文合计609篇，占总数的93.3%（见表5）。

表5 2003年SSCI和A&HCI收录中国台湾部分学科领域论文数量

学科领域	中国台湾	
	（篇）	（%）
医药卫生	143	21.9
经济学	122	18.7
管理学	84	12.9
社会学	54	8.3
心理学	52	8.0
教育学	51	7.8
图书馆情报与文献学	46	7.0
历史学	23	3.5
语言学	18	2.8
政治学	16	2.5

2.2 SSCI和A&HCI收录中国香港和台湾地区跨学科领域论文数量

2.2.1 SSCI和A&HCI收录中国香港跨学科领域论文数量

按照SSCI和A&HCI收录论文的原始学科分类，有一部分论文属于跨学科领域论文。2003年，SSCI和A&HCI收录的我国香港论文中，属于这类跨学科领域的论文有108篇，占12.9%；比上一年增加39篇，增长56.5%（见表6）。

表6 2003年SSCI和A&HCI收录中国香港和台湾地区跨学科领域论文数量

地区	论文			
	（篇）	（%）	增加（篇）	增长（%）
中国香港	108	12.9	39	56.5
中国台湾	51	7.8	7	15.9

2.2.2 SSCI 和 A&HCI 收录中国台湾跨学科领域论文数量

2003 年，SSCI 和 A&HCI 收录的我国台湾论文中，属于跨学科领域的论文有 51 篇，占 7.8%；比上一年增加 7 篇，增长 15.9%（见表6）。

3 SSCI 和 A&HCI 收录中国香港和台湾地区论文的机构分布

3.1 SSCI 和 A&HCI 收录中国香港和台湾地区各类机构论文数量

3.1.1 SSCI 和 A&HCI 收录中国香港各类机构论文数量

2003 年，SSCI 和 A&HCI 共收录我国香港各类机构论文 840 篇，其中高等院校 798 篇，占 95%，比上一年增加 25 篇；研究机构 11 篇，占 1.3%，比上一年增加 8 篇；医疗机构 21 篇，占 2.5%，比上一年减少 1 篇；其他机构 10 篇，占 1.2%，比上一年增加 3 篇（见表7）。

表7 2003 年 SSCI 和 A&HCI 收录中国香港和台湾地区各类机构论文数量

机构类型	中国香港			中国台湾		
	论文（篇）	比例（%）	增加（篇）	论文（篇）	比例（%）	增加（篇）
高等院校	798	95.0	25	554	84.8	175
研究机构	11	1.3	8	51	7.8	6
医疗机构	21	2.5	-1	42	6.4	15
其他机构	10	1.2	3	6	0.9	1

3.1.2 SSCI 和 A&HCI 收录中国台湾各类机构论文数量

2003 年，SSCI 和 A&HCI 共收录我国台湾各类机构论文 653 篇，其中高等院校 554 篇，占 84.8%，比上一年增加 175 篇；研究机构 51 篇，占 7.8%，比上一年增加 6 篇；医疗机构 42 篇，占 6.4%，比上一年增加 15 篇；其他机构 6 篇，占 0.9%，比上一年增加 1 篇（见表7）。

3.2 SSCI 和 A&HCI 收录论文数量较多的中国香港和台湾地区高等院校

3.2.1 SSCI 和 A&HCI 收录论文数量较多的中国香港高等院校

2003 年，SSCI 和 A&HCI 收录我国香港论文的高等院校有 10 所，其中论文数量较多的 5 所高等院校是香港中文大学、香港大学、香港理工大学、香港城市大学和香港科技大学，其论文合计708篇，占我国香港高等院校同类论文总数的88.7%（见表8）。

表8 2003年SSCI和A&HCI收录论文较多的中国香港和台湾地区高等院校

中国香港		中国台湾	
高等院校	论文（篇）	高等院校	论文（篇）
香港中文大学	216	台湾大学	88
香港大学	206	台湾交通大学	46
香港理工大学	113	台湾清华大学	30
香港城市大学	107	成功大学	26
香港科技大学	66	台湾师范大学	21

3.2.2 SSCI和A&HCI收录论文数量较多的中国台湾高等院校

2003年，SSCI和A&HCI收录我国台湾论文的高等院校有102所，其中论文数量较多的5所高等院校是台湾大学、台湾交通大学、台湾清华大学、成功大学和台湾师范大学，其论文合计211篇，占我国台湾高等院校同类论文总数的38.1%（见表8）。

4 SSCI和A&HCI收录中国香港和台湾地区论文的期刊分布

4.1 SSCI和A&HCI收录中国香港和台湾地区论文的国家（地区）期刊分布

4.1.1 SSCI和A&HCI收录中国香港论文的国家（地区）期刊分布

2003年，SSCI和A&HCI共收录我国香港论文840篇，这些论文分别发表在18个国家（地区）的456种期刊上。其中，有341篇论文发表在美国的205种期刊上，328篇论文发表在英国的175种期刊上，61篇论文发表在荷兰的33种期刊上。此外，有6篇论文发表在中国台湾的2种期刊上，有1篇论文发表在中国香港的1种期刊上（见表9）。

表 9　2003 年 SSCI 和 A&HCI 收录中国香港和台湾地区论文的国家（地区）期刊分布

中国香港			中国台湾		
国家（地区）	期刊（种）	论文（篇）	国家（地区）	期刊（种）	论文（篇）
美国	205	341	美国	141	244
英国	175	328	英国	105	245
荷兰	33	61	荷兰	37	81
加拿大	9	13	瑞士	8	11
瑞士	7	20	爱尔兰	6	7
德国	5	8	德国	5	6
爱尔兰	4	7	日本	5	6
新加坡	3	5	中国台湾	4	35
日本	3	4	加拿大	3	3
澳大利亚	2	23	澳大利亚	2	5
中国台湾	2	6	新加坡	2	3
丹麦	2	4	奥地利	1	3
菲律宾	1	15	菲律宾	1	1
新西兰	1	1	挪威	1	1
韩国	1	1	丹麦	1	1
法国	1	1	克罗地亚	1	1
奥地利	1	1			
中国香港	1	1			

4.1.2　SSCI 和 A&HCI 收录中国台湾论文的国家（地区）期刊分布

2003 年，SSCI 和 A&HCI 共收录我国台湾论文 653 篇，这些论文分别发表在 16 个国家（地区）的 323 种期刊上。其中，有 244 篇论文发表在美国的 141 种期刊上，245 篇论文发表在英国的 105 种期刊上，81 篇论文发表在荷兰的 37 种期刊上。此外，有 35 篇论文发表在中国台湾的 4 种期刊上（见表 9）。

4.2　SSCI 和 A&HCI 收录发表中国香港和台湾地区论文较多的期刊

4.2.1　SSCI 和 A&HCI 收录发表中国香港论文较多的期刊

表 10 显示 2003 年 SSCI 和 A&HCI 收录的发表我国香港论文较多的期刊，

其中发表该地区论文最多的期刊是菲律宾的 *Journal of Contemporary Asia*，有 15 篇论文在该期刊上发表。

表 10 2003 年 SSCI 和 A&HCI 收录发表中国香港和台湾地区论文较多的期刊

中国香港			中国台湾		
国家（地区）	期刊名称	论文（篇）	国家（地区）	期刊名称	论文（篇）
菲律宾	*Journal of Contemporary Asia*	15	美国	*Journal of Sport & Exercise Psychology*	18
美国	*China Quarterly*	14	中国台湾	*Bulletin of the Institute of History and Philology Academia Sinica*	16
澳大利亚	*Australian Journal of Psychology*	13	英国	*Perception*	13
美国	*Value in Health*	12	英国	*Total Quality Management & Business Excellence*	12
英国	*Journal of Advanced Nursing*	12	美国	*Gerontologist*	12
英国	*Psycho-Oncology*	12			

4.2.2 SSCI 和 A&HCI 收录发表中国台湾论文较多的期刊

表 10 显示 2003 年 SSCI 和 A&HCI 收录的发表我国台湾论文较多的期刊，其中发表该地区论文最多的期刊是美国的 *Journal of Sport & Exercise Psychology*，有 18 篇论文在该期刊上发表。

5 SSCI 和 A&HCI 收录中国香港和台湾地区论文的合著情况

5.1 SSCI 和 A&HCI 收录中国香港和台湾地区合著论文数量

5.1.1 SSCI 和 A&HCI 收录中国香港合著与独著论文数量

2003 年，SSCI 和 A&HCI 收录我国香港论文 840 篇，其中合著论文 502 篇，占 59.8%；独著论文 338 篇，占 40.2%（见表 11）。

表 11 2003 年 SSCI 和 A&HCI 收录中国香港和台湾地区合著与独著论文数量

地区	论文（篇）	合著论文		独著论文	
		（篇）	（%）	（篇）	（%）
中国香港	840	502	59.8	338	40.2
中国台湾	653	425	65.1	228	34.9

5.1.2　SSCI 和 A&HCI 收录中国台湾合著与独著论文数量

2003 年，SSCI 和 A&HCI 收录我国台湾论文 653 篇，其中合著论文 425 篇，占 65.1%；独著论文 228 篇，占 34.9%（见表 11）。

5.2　SSCI 和 A&HCI 收录中国香港和台湾地区内以及与其他国家（地区）间合著论文数量

5.2.1　SSCI 和 A&HCI 收录中国香港地区内以及与其他国家（地区）间合著论文数量

2003 年，SSCI 和 A&HCI 收录我国香港合著论文 502 篇，其中地区内合著论文 349 篇，占 69.5%；与其他国家（地区）间合著论文 153 篇，占 30.5%（见表 12）。

表 12　2003 年 SSCI 和 A&HCI 收录中国香港和台湾地区内以及与其他国家（地区）间合著论文数量

地区	合著论文（篇）	地区内合著		国家（地区）间合著	
		（篇）	（%）	（篇）	（%）
中国香港	502	349	69.5	153	30.5
中国台湾	425	350	82.4	75	17.6

5.2.2　SSCI 和 A&HCI 收录中国台湾地区内以及与其他国家（地区）间合著论文数量

2003 年，SSCI 和 A&HCI 收录我国台湾合著论文 425 篇，其中地区内合著论文 350 篇，占 82.4%；与其他国家（地区）间合著论文 75 篇，占 17.6%（见表 12）。

5.3 SSCI 和 A&HCI 收录中国香港和台湾地区内以及与其他国家（地区）间合著论文的合作形式

5.3.1 SSCI 和 A&HCI 收录中国香港地区内以及与其他国家（地区）间合著论文的合作形式

2003 年，SSCI 和 A&HCI 收录我国香港地区内以及与其他国家（地区）间合著论文 153 篇，其中双方合著论文 127 篇，占 83%；三方合著论文 25 篇，占 16.3%；多方合著论文 1 篇，占 0.7%（见表 13）。

表 13　2003 年 SSCI 和 A&HCI 收录中国香港和台湾地区内以及与其他国家（地区）间合著论文的合作形式

地区	国家（地区）间合著（篇）	双方合著		三方合著		多方合著	
		（篇）	（%）	（篇）	（%）	（篇）	（%）
中国香港	153	127	83.0	25	16.3	1	0.7
中国台湾	75	73	97.3	2	2.7	0	0

5.3.2 SSCI 和 A&HCI 收录中国台湾地区内以及与其他国家（地区）间合著论文的合作形式

2003 年，SSCI 和 A&HCI 收录我国台湾地区内以及与其他国家（地区）间合著论文 75 篇，其中双方合著论文 73 篇，占 97.3%；三方合著论文 2 篇，占 2.7%（见表 13）。

6 SSCI 和 A&HCI 收录中国香港和台湾地区论文被引用情况

6.1 SSCI 和 A&HCI 收录中国香港和台湾地区论文被引用数量

6.1.1 SSCI 和 A&HCI 收录中国香港论文被引用数量

2003 年，SSCI 和 A&HCI 共收录我国香港论文 840 篇，其中有 207 篇论文被引用，占总数的 24.6%；这些论文共被引用 374 次，篇均被引 0.4 次，被引用论文篇均被引 1.8 次（见表 14）。

6.1.2 SSCI 和 A&HCI 收录中国台湾论文被引用数量

2003 年，SSCI 和 A&HCI 共收录我国台湾论文 653 篇，其中有 192 篇论文被引用，被引用论文所占比例为 29.4%。这些论文共被引用 307 次，篇均被引用0.5次，被引用论文篇均被引用1.6次（见表14）。

表14　2003年SSCI和A&HCI收录中国香港和台湾地区论文被引用数量

地区	论文	被引用论文		总被引	篇均被引	被引论文篇均被引
	（篇）	（篇）	（%）	（次）	（次）	（次）
中国香港	840	207	24.6	374	0.4	1.8
中国台湾	653	192	29.4	307	0.5	1.6

6.2　SSCI和A&HCI收录中国香港和台湾地区部分学科领域论文被引用数量

6.2.1　SSCI和A&HCI收录中国香港部分学科领域论文被引用数量

表15显示2003年SSCI和A&HCI收录我国香港论文较多的10个学科领域论文被引用情况，从中可以看出，医药卫生、经济学、心理学、管理学和社会学5个学科领域被引用论文数量较多，心理学、医药卫生、交通运输、经济学和管理学5个学科领域被引用论文所占比例较高，心理学、医药卫生、交通运输、经济学和社会学5个学科领域论文篇均被引次数较多，心理学、交通运输、社会学、医药卫生和经济学5个学科领域被引用论文篇均被引次数较多。

表15　2003年SSCI和A&HCI收录中国香港部分学科领域论文被引用数量

学科领域	论文	总被引			篇均被引	被引论文篇均被引
	（篇）	（篇）	（%）	（次）	（次）	（次）
医药卫生	149	52	34.9	90	0.6	1.7
经济学	141	33	23.4	53	0.4	1.6
心理学	87	31	35.6	63	0.7	2.0
管理学	110	24	21.8	36	0.3	1.5
社会学	87	17	19.5	32	0.4	1.9
教育学	63	10	15.9	11	0.2	1.1
交通运输	16	4	25.0	8	0.5	2.0
语言学	30	4	13.3	4	0.1	1.0
政治学	39	3	7.7	3	0.1	1.0
历史学	17	0	0.0	0	0.0	0.0

6.2.2 SSCI 和 A&HCI 收录中国台湾部分学科领域论文被引用数量

表 16 显示 2003 年 SSCI 和 A&HCI 收录我国台湾论文较多的 10 个学科领域论文被引用情况，从中可以看出，医药卫生、经济学、管理学、社会学和教育学 5 个学科领域被引用论文数量较多，医药卫生、社会学、教育学、管理学和图书馆情报与文献学 5 个学科领域被引用论文所占比例较高，医药卫生、社会学、教育学、心理学和管理学 5 个学科领域论文篇均被引次数较多，心理学、医药卫生、教育学、管理学和图书馆情报与文献学 5 个学科领域被引用论文篇均被引次数较多。

表 16　2003 年 SSCI 和 A&HCI 收录中国台湾部分学科领域论文被引用数量

学科领域	论文（篇）	总被引			篇均被引（次）	被引论文篇均被引（次）
		（篇）	（%）	（次）		
医药卫生	143	69	48.3	133	0.9	1.9
经济学	122	28	23.0	33	0.3	1.2
管理学	84	25	29.8	36	0.4	1.4
社会学	54	20	37.0	26	0.5	1.3
教育学	51	16	31.4	24	0.5	1.5
心理学	52	12	23.1	26	0.5	2.2
图书馆情报与文献学	46	11	23.9	15	0.3	1.4
政治学	16	2	12.5	2	0.1	1.0
语言学	18	2	11.1	2	0.1	1.0
历史学	23	0	0.0	0	0.0	0.0

6.3 SSCI 和 A&HCI 收录中国香港和台湾地区各类机构论文被引用数量

6.3.1 SSCI 和 A&HCI 收录中国香港各类机构论文被引用数量

2003 年，SSCI 和 A&HCI 收录我国香港各类机构被引用论文 207 篇，其中高等院校被引用论文 196 篇，占总数的 94.7%。高等院校的论文和被引用论文数量均占明显优势（见表 17）。

6.3.2 SSCI 和 A&HCI 收录中国台湾各类机构论文被引用数量

2003 年，SSCI 和 A&HCI 收录我国台湾各类机构被引用论文 192 篇，其中高等院校被引用论文 167 篇，占总数的 87%。高等院校的论文和被引用论文数量均占明显优势（见表 18）。

表 17 2003 年 SSCI 和 A&HCI 收录中国香港各类机构论文被引用数量

机构类型	论文（篇）	总被引			篇均被引（次）	被引论文篇均被引（次）
		（篇）	（%）	（次）		
高等院校	798	196	24.6	355	0.4	1.8
研究机构	11	0	0.0	0	0.0	0.0
医疗机构	21	10	47.6	18	0.9	1.8
其他机构	10	1	10.0	1	0.1	1.0

表 18 2003 年 SSCI 和 A&HCI 收录中国台湾各类机构论文被引用数量

机构类型	论文（篇）	总被引			篇均被引（次）	被引论文篇均被引（次）
		（篇）	（%）	（次）		
高等院校	554	167	30.1	259	0.5	1.6
研究机构	51	9	17.6	15	0.3	1.7
医疗机构	42	16	38.1	33	0.8	2.1
其他机构	6	0	0.0	0	0.0	0.0

7 SSCI 和 A&HCI 收录中国香港和台湾地区论文引用文献情况

7.1 SSCI 和 A&HCI 收录中国香港和台湾地区论文引用文献数量

7.1.1 SSCI 和 A&HCI 收录中国香港论文引用文献数量

2003 年，SSCI 和 A&HCI 共收录我国香港论文 840 篇，其中有引文的论文 769 篇，占总数的 91.5%；这些论文共引用文献 24579 次，有引文的论文篇均引用 32 次（见表 19）。

表 19 2003 年 SSCI 和 A&HCI 收录中国香港和台湾地区论文引用文献数量

地区	论文（篇）	总引用			篇均引用（次）
		（篇）	（%）	（次）	
中国香港	840	769	91.5	24579	32.0
中国台湾	653	580	88.8	16288	28.1

7.1.2　SSCI 和 A&HCI 收录中国台湾论文引用文献数量

2003 年，SSCI 和 A&HCI 共收录我国台湾论文 653 篇，其中有引文的论文 580 篇，占总数的 88.8%；这些论文共引用文献 16288 次，有引文的论文篇均引用 28.1 次（见表 19）。

7.2　SSCI 和 A&HCI 收录中国香港和台湾地区部分学科领域论文引用文献数量

7.2.1　SSCI 和 A&HCI 收录中国香港部分学科领域论文引用文献数量

表 20 显示 2003 年 SSCI 和 A&HCI 收录我国香港论文较多的 10 个学科领域论文引用文献情况，从中可以看出，经济学、医药卫生、管理学、社会学和心理学 5 个学科领域有引文的论文数量较多，语言学、历史学、交通运输、经济学和政治学 5 个学科领域有引文的论文所占比例较高，教育学、社会学、心理学、管理学和经济学 5 个学科领域有引文的论文篇均引用次数较多。

表 20　2003 年 SSCI 和 A&HCI 收录中国香港部分学科领域论文引用文献数量

学科领域	论文（篇）	总引用			有引文的论文篇均引用（次）
		（篇）	（%）	（次）	
经济学	141	138	97.9	4424	32.1
医药卫生	149	121	81.2	3801	31.4
管理学	110	103	93.6	3687	35.8
社会学	87	81	93.1	3127	38.6
心理学	87	69	79.3	2591	37.6
教育学	63	61	96.8	2408	39.5
政治学	39	38	97.4	681	17.9
语言学	30	30	100.0	538	17.9
历史学	17	17	100.0	220	12.9
交通运输	16	16	100.0	381	23.8

7.2.2　SSCI 和 A&HCI 收录中国台湾部分学科领域论文引用文献数量

表 21 显示 2003 年 SSCI 和 A&HCI 收录我国台湾论文较多的 10 个学科领域论文引用文献情况，从中可以看出，医药卫生、经济学、管理学、教育学

和图书馆情报与文献学5个学科领域有引文的论文数量较多，图书馆情报与文献学、语言学、管理学、经济学和政治学5个学科领域有引文的论文所占比例较高，语言学、政治学、社会学、心理学和医药卫生5个学科领域有引文的论文篇均引用次数较多。

表21 2003年SSCI和A&HCI收录中国台湾部分学科领域论文引用文献数量

学科领域	论文（篇）	总引用（篇）	总引用（%）	总引用（次）	有引文的论文篇均引用（次）
医药卫生	143	126	88.1	3611	28.7
经济学	122	120	98.4	3047	25.4
管理学	84	83	98.8	2307	27.8
教育学	51	47	92.2	1257	26.7
图书馆情报与文献学	46	46	100.0	1207	26.2
社会学	54	45	83.3	1581	35.1
心理学	52	24	46.2	830	34.6
语言学	18	18	100.0	736	40.9
政治学	16	15	93.8	602	40.1
历史学	23	14	60.9	171	12.2

7.3 SSCI和A&HCI收录中国香港和台湾地区各类机构论文引用文献数量

7.3.1 SSCI和A&HCI收录中国香港各类机构论文引用文献数量

2003年，SSCI和A&HCI收录我国香港各类机构有引文的论文769篇，其中高等院校有引文的论文732篇，占总数的95.2%。高等院校论文和有引文的论文数量均占明显优势（见表22）。

表22 2003年SSCI和A&HCI收录中国香港各类机构论文引用文献数量

机构类型	论文（篇）	总引用（篇）	总引用（%）	总引用（次）	有引文的论文篇均引用（次）
高等院校	798	732	91.7	23449	32.0
研究机构	11	11	100.0	309	28.1
医疗机构	21	19	90.5	618	32.5
其他机构	10	7	70.0	203	29.0

7.3.2 SSCI 和 A&HCI 收录中国台湾各类机构论文引用文献数量

2003 年，SSCI 和 A&HCI 收录我国台湾各类机构有引文的论文 580 篇，其中高等院校有引文的论文 497 篇，占总数的 85.7%。高等院校论文和有引文的论文数量均占明显优势（见表 23）。

表 23 2003 年 SSCI 和 A&HCI 收录中国台湾各类机构论文引用文献数量

机构类型	论文（篇）	总引用			有引文的论文篇均引用（次）
		（篇）	（%）	（次）	
高等院校	554	497	89.7	13988	28.1
研究机构	51	43	84.3	1094	25.4
医疗机构	42	37	88.1	1141	30.8
其他机构	6	3	50.0	65	21.7

2004 年
SSCI、A&HCI 和 ISSHP 收录中国香港和台湾地区
论文统计分析年度报告

1　三大检索工具收录中国香港和台湾地区论文概况

1.1　三大检索工具收录中国香港和台湾地区论文数量和排名

1.1.1　三大检索工具收录中国香港论文数量和排名

2004 年，SSCI、A&HCI 和 ISSHP 三大国际检索工具（简称三大检索工具）共收录我国香港论文 1216 篇，比上一年的 1269 篇减少 53 篇，减少 4.2%。按三大检索工具收录论文数量的国家（地区）排名，我国香港排名第 18 位（见表 1）。

表 1　2004 年三大检索工具收录中国香港和台湾地区论文数量和排名

地区	论文			排名
	（篇）	增加（篇）	增长（%）	
中国香港	1216	-53	-4.2	18
中国台湾	865	-27	-3.0	24

1.1.2　三大检索工具收录中国台湾论文数量和排名

2004 年，SSCI、A&HCI 和 ISSHP 三大检索工具共收录我国台湾论文 865 篇，比上一年的 892 篇减少 27 篇，减少 3%。按三大检索工具收录论文数量的

国家（地区）排名，我国台湾排名第24位（见表1）。

1.2 SSCI和A&HCI收录中国香港和台湾地区论文数量

1.2.1 SSCI和A&HCI收录中国香港论文数量

2004年，SSCI和A&HCI收录我国香港论文（作者机构栏中有“Hong Kong”的论文）1078篇，比上一年的1030篇增加48篇，增长4.7%。其中，我国香港第一作者论文875篇，占总数的81.2%，比上一年增长4.2%（见表2）。

表2　2004年SSCI和A&HCI收录中国香港和台湾地区论文数量

地区	论文			第一作者论文		
	（篇）	增加（篇）	增长（%）	（篇）	（%）	增长（%）
中国香港	1078	48	4.7	875	81.2	4.2
中国台湾	711	-35	-4.7	632	88.9	-3.2

1.2.2 SSCI和A&HCI收录中国台湾论文数量

2004年，SSCI和A&HCI收录我国台湾论文（作者机构栏中有“Taiwan”的论文）711篇，比上一年的746篇减少35篇，减少4.7%。其中，我国台湾第一作者论文632篇，占总数的88.9%，比上一年减少3.2%（见表2）。

1.3 ISSHP收录中国香港和台湾地区论文数量

1.3.1 ISSHP收录中国香港论文数量

2004年，ISSHP收录我国香港论文（作者机构栏中有“Hong Kong”的论文）126篇，比上一年的144篇减少18篇，减少12.5%。其中，我国香港第一作者论文109篇，占总数的86.5%，比上一年减少16.8%（见表3）。

表3　2004年ISSHP收录中国香港和台湾地区论文数量

地区	论文			第一作者论文		
	（篇）	增加（篇）	增长（%）	（篇）	（%）	增长（%）
中国香港	126	-18	-12.5	109	86.5	-16.8
中国台湾	148	15	11.3	139	93.9	6.9

1.3.2 ISSHP 收录中国台湾论文数量

2004 年，ISSHP 收录我国台湾论文（作者机构栏中有“Taiwan”的论文）148 篇，比上一年的 133 篇增加 15 篇，增长 11.3%。其中，我国台湾第一作者论文 139 篇，占总数的 93.9%，比上一年增长 6.9%（见表3）。

需要说明的是，以下将以三大检索工具收录我国香港和台湾地区第一作者论文情况作为统计分析的重点。在没有特指的情况下，“我国香港论文”或“我国台湾论文”均指其第一作者论文。

2 SSCI 和 A&HCI 收录中国香港和台湾地区论文的学科分布

2.1 SSCI 和 A&HCI 收录中国香港和台湾地区学科领域论文数量

2.1.1 SSCI 和 A&HCI 收录中国香港学科领域论文数量

2004 年，SSCI 和 A&HCI 共收录我国香港各学科领域论文 875 篇，这些论文涵盖 27 个学科领域。论文数量比较集中的学科领域是：经济学、医药卫生、社会学、管理学、教育学、语言学、政治学、心理学、哲学和图书馆情报与文献学，这 10 个学科领域论文合计 758 篇，占总数的 86.6%（见表4）。

表4 2004 年 SSCI 和 A&HCI 收录中国香港部分学科领域论文数量

学科领域	中国香港论文	
	（篇）	（%）
经济学	179	20.5
医药卫生	157	17.9
社会学	149	17.0
管理学	91	10.4
教育学	54	6.2
语言学	43	4.9
政治学	26	3.0
心理学	23	2.6
哲学	19	2.2
图书馆情报与文献学	17	1.9

2.1.2 SSCI 和 A&HCI 收录中国台湾学科领域论文数量

2004 年，SSCI 和 A&HCI 共收录我国台湾各学科领域论文 632 篇，这些论文涵盖 27 个学科领域。论文数量比较集中的学科领域是：医药卫生、经济学、管理学、社会学、教育学、图书馆情报与文献学、语言学、历史学、心理学和政治学，这 10 个学科领域论文合计 590 篇，占总数的 93.4%（见表 5）。

表 5 2004 年 SSCI 和 A&HCI 收录中国台湾部分学科领域论文数量

学科领域	中国台湾	
	（篇）	（%）
医药卫生	139	22.0
经济学	117	18.5
管理学	106	16.8
社会学	77	12.2
教育学	58	9.2
图书馆情报与文献学	22	3.5
语言学	21	3.3
历史学	19	3.0
心理学	18	2.8
政治学	13	2.1

2.2 SSCI 和 A&HCI 收录中国香港和台湾地区跨学科领域论文数量

2.2.1 SSCI 和 A&HCI 收录中国香港跨学科领域论文数量

按照 SSCI 和 A&HCI 收录论文的原始学科分类，有一部分论文属于跨学科领域论文。2004 年，SSCI 和 A&HCI 收录的我国香港论文中，属于这类跨学科领域的论文有 74 篇，占 8.5%；比上一年减少 34 篇，减少 31.5%（见表 6）。

表 6 2004 年 SSCI 和 A&HCI 收录中国香港和台湾地区跨学科领域论文数量

地区	论文			
	（篇）	（%）	增加（篇）	增长（%）
中国香港	74	8.5	-34	-31.5
中国台湾	72	11.4	21	41.2

2.2.2 SSCI 和 A&HCI 收录中国台湾跨学科领域论文数量

2004 年，SSCI 和 A&HCI 收录的我国台湾论文中，属于跨学科领域的论文有 72 篇，占 11.4%；比上一年增加 21 篇，增长 41.2%（见表 6）。

3 SSCI 和 A&HCI 收录中国香港和台湾地区论文的机构分布

3.1 SSCI 和 A&HCI 收录中国香港和台湾地区各类机构论文数量

3.1.1 SSCI 和 A&HCI 收录中国香港各类机构论文数量

2004 年，SSCI 和 A&HCI 共收录我国香港各类机构论文 875 篇，其中高等院校 820 篇，占 93.7%，比上一年增加 22 篇；研究机构 13 篇，占 1.5%，比上一年增加 2 篇；医疗机构 29 篇，占 3.3%，比上一年增加 8 篇；其他机构 13 篇，占 1.5%，比上一年增加 3 篇（见表 7）。

表 7　2004 年 SSCI 和 A&HCI 收录中国香港和台湾地区各类机构论文数量

机构类型	中国香港			中国台湾		
	论文（篇）	比例（%）	增加（篇）	论文（篇）	比例（%）	增加（篇）
高等院校	820	93.7	22	511	80.9	-43
研究机构	13	1.5	2	68	10.8	17
医疗机构	29	3.3	8	44	7.0	2
其他机构	13	1.5	3	9	1.4	3

3.1.2 SSCI 和 A&HCI 收录中国台湾各类机构论文数量

2004 年，SSCI 和 A&HCI 共收录我国台湾各类机构论文 632 篇，其中高等院校 511 篇，占 80.9%，比上一年减少 43 篇；研究机构 68 篇，占 10.8%，比上一年增加 17 篇；医疗机构 44 篇，占 7%，比上一年增加 2 篇；其他机构 9 篇，占 1.4%，比上一年增加 3 篇（见表 7）。

3.2 SSCI 和 A&HCI 收录论文数量较多的中国香港和台湾地区高等院校

3.2.1 SSCI 和 A&HCI 收录论文数量较多的中国香港高等院校

2004 年，SSCI 和 A&HCI 收录我国香港论文的高等院校有 10 所，其中论文数量较多的 5 所高等院校是香港中文大学、香港大学、香港理工大学、香港城市大学和香港科技大学，其论文合计714篇，占我国香港高等院校同类论文总数的87.1%（见表8）。

表8 2004年SSCI和A&HCI收录论文较多的中国香港和台湾地区高等院校

中国香港		中国台湾	
高等院校	论文（篇）	高等院校	论文（篇）
香港中文大学	215	台湾大学	68
香港大学	190	成功大学	31
香港理工大学	120	政治大学	30
香港城市大学	105	台湾交通大学	26
香港科技大学	84	中正大学	25

3.2.2 SSCI和A&HCI收录论文数量较多的中国台湾高等院校

2004年，SSCI和A&HCI收录我国台湾论文的高等院校有83所，其中论文数量较多的5所高等院校是台湾大学、成功大学、政治大学、台湾交通大学和中正大学，其论文合计180篇，占我国台湾高等院校同类论文总数的35.2%（见表8）。

4 SSCI和A&HCI收录中国香港和台湾地区论文的期刊分布

4.1 SSCI和A&HCI收录中国香港和台湾地区论文的国家（地区）期刊分布

4.1.1 SSCI和A&HCI收录中国香港论文的国家（地区）期刊分布

2004年，SSCI和A&HCI共收录我国香港论文875篇，这些论文分别发表在17个国家（地区）的470种期刊上。其中，有367篇论文发表在美国的207种期刊上，355篇论文发表在英国的187种期刊上，78篇论文发表在荷兰的40种期刊上。此外，有6篇论文发表在中国台湾的2种期刊上（见表9）。

4.1.2 SSCI和A&HCI收录中国台湾论文的国家（地区）期刊分布

2004年，SSCI和A&HCI共收录我国台湾论文632篇，这些论文分别发表在15个国家（地区）的327种期刊上。其中，有229篇论文发表在美国的 146 种期刊上，252 篇论文发表在英国的 107 种期刊上，80 篇论文发表在荷兰的 37 种期刊上。此外，有 22 篇论文发表在中国台湾的 4 种期刊上（见表 9）。

表 9　2004 年 SSCI 和 A&HCI 收录中国香港和台湾地区论文的国家（地区）期刊分布

中国香港			中国台湾		
国家（地区）	期刊（种）	论文（篇）	国家（地区）	期刊（种）	论文（篇）
美国	207	367	美国	146	229
英国	187	355	英国	107	252
荷兰	40	78	荷兰	37	80
加拿大	10	15	瑞士	6	12
瑞士	5	9	爱尔兰	5	8
德国	4	5	中国台湾	4	22
爱尔兰	3	3	加拿大	4	6
澳大利亚	2	8	新加坡	4	5
中国台湾	2	6	德国	4	4
丹麦	2	5	澳大利亚	3	4
法国	2	2	新西兰	2	4
菲律宾	1	10	韩国	2	2
新加坡	1	5	菲律宾	1	2
日本	1	3	日本	1	1
韩国	1	2	法国	1	1
俄罗斯	1	1			
意大利	1	1			

4.2　SSCI 和 A&HCI 收录发表中国香港和台湾地区论文较多的期刊

4.2.1　SSCI 和 A&HCI 收录发表中国香港论文较多的期刊

表 10 显示 2004 年 SSCI 和 A&HCI 收录的发表我国香港论文较多的期刊，其中发表该地区论文最多的期刊是美国的 *Journal of the American Geriatrics Society*，有 18 篇论文在该期刊上发表。

表 10 2004 年 SSCI 和 A&HCI 收录发表中国香港和台湾地区论文较多的期刊

中国香港			中国台湾		
国家（地区）	期刊名称	论文（篇）	国家（地区）	期刊名称	论文（篇）
美国	*Journal of the American Geriatrics Society*	18	中国台湾	*Bulletin of the Institute of History and Philology Academia Sinica*	14
美国	*China Quarterly*	18	荷兰	*International Journal of Industrial Ergonomics*	11
荷兰	*Schizophrenia Research*	14	英国	*Journal of Advanced Nursing*	10
英国	*Journal of Clinical Nursing*	13	英国	*Tourism Management*	10
菲律宾	*Journal of Contemporary Asia*	10			

4.2.2 SSCI 和 A&HCI 收录发表中国台湾论文较多的期刊

表 10 显示 2004 年 SSCI 和 A&HCI 收录的发表我国台湾论文较多的期刊，其中发表该地区论文最多的期刊是中国台湾的 *Bulletin of the Institute of History and Philology Academia Sinica*，有 14 篇论文在该期刊上发表。

5 SSCI 和 A&HCI 收录中国香港和台湾地区论文的合著情况

5.1 SSCI 和 A&HCI 收录中国香港和台湾地区合著论文数量

5.1.1 SSCI 和 A&HCI 收录中国香港合著与独著论文数量

2004 年，SSCI 和 A&HCI 收录我国香港论文 875 篇，其中合著论文 547 篇，占 62.5%；独著论文 328 篇，占 37.5%（见表 11）。

表 11 2004 年 SSCI 和 A&HCI 收录中国香港和台湾地区合著与独著论文数量

地区	论文	合著论文		独著论文	
	（篇）	（篇）	（%）	（篇）	（%）
中国香港	875	547	62.5	328	37.5
中国台湾	632	426	67.4	206	32.6

5.1.2 SSCI 和 A&HCI 收录中国台湾合著与独著论文数量

2004 年，SSCI 和 A&HCI 收录我国台湾论文 632 篇，其中合著论文 426 篇，占 67.4%；独著论文 206 篇，占 32.6%（见表 11）。

5.2 SSCI 和 A&HCI 收录中国香港和台湾地区内以及与其他国家（地区）间合著论文数量

5.2.1 SSCI 和 A&HCI 收录中国香港地区内以及与其他国家（地区）间合著论文数量

2004 年，SSCI 和 A&HCI 收录我国香港合著论文 547 篇，其中地区内合著论文 336 篇，占 61.4 %；与其他国家（地区）间合著论文 211 篇，占 38.6%（见表 12）。

表 12　2004 年 SSCI 和 A&HCI 收录中国香港和台湾地区内以及与其他国家（地区）间合著论文数量

地区	合著论文（篇）	地区内合著		国家（地区）间合著	
		（篇）	（%）	（篇）	（%）
中国香港	547	336	61.4	211	38.6
中国台湾	426	348	81.7	78	18.3

5.2.2 SSCI 和 A&HCI 收录中国台湾地区内以及与其他国家（地区）间合著论文数量

2004 年，SSCI 和 A&HCI 收录我国台湾合著论文 426 篇，其中地区内合著论文 348 篇，占 81.7%；与其他国家（地区）间合著论文 78 篇，占 18.3%（见表 12）。

5.3 SSCI 和 A&HCI 收录中国香港和台湾地区内以及与其他国家（地区）间合著论文的合作形式

5.3.1 SSCI 和 A&HCI 收录中国香港地区内以及与其他国家（地区）间合著论文的合作形式

2004 年，SSCI 和 A&HCI 收录我国香港地区内以及与其他国家（地区）间合著论文 211 篇，其中双方合著论文 180 篇，占 85.3 %；三方合著论文 27 篇，占 12.8 %；多方合著论文 4 篇，占 1.9 %（见表 13）。

表 13　2004 年 SSCI 和 A&HCI 收录中国香港和台湾地区内以及与其他国家（地区）间合著论文的合作形式

地区	国家（地区）间合著（篇）	双方合著		三方合著		多方合著	
		（篇）	（%）	（篇）	（%）	（篇）	（%）
中国香港	211	180	85.3	27	12.8	4	1.9
中国台湾	78	71	91.0	6	7.7	1	1.3

5.3.2　SSCI 和 A&HCI 收录中国台湾地区内以及与其他国家（地区）间合著论文的合作形式

2004 年，SSCI 和 A&HCI 收录我国台湾地区内以及与其他国家（地区）间合著论文 78 篇，其中双方合著论文 71 篇，占 91%；三方合著论文 6 篇，占 7.7%；多方合著论文 1 篇，占 1.3%（见表 13）。

6　SSCI 和 A&HCI 收录中国香港和台湾地区论文被引用情况

6.1　SSCI 和 A&HCI 收录中国香港和台湾地区论文被引用数量

6.1.1　SSCI 和 A&HCI 收录中国香港论文被引用数量

2004 年，SSCI 和 A&HCI 共收录我国香港论文 875 篇，其中有 64 篇论文被引用，占总数的 7.3%；这些论文共被引用 89 次，篇均被引 0.1 次，被引用论文篇均被引 1.4 次（见表 14）。

表 14　2004 年 SSCI 和 A&HCI 收录中国香港和台湾地区论文被引用数量

地区	论文（篇）	总被引			篇均被引（次）	被引论文篇均被引（次）
		（篇）	（%）	（次）		
中国香港	875	64	7.3	89	0.1	1.4
中国台湾	632	41	6.5	55	0.1	1.3

6.1.2　SSCI 和 A&HCI 收录中国台湾论文被引用数量

2004 年，SSCI 和 A&HCI 共收录我国台湾论文 632 篇，其中有 41 篇论文被引用，被引用论文所占比例为 6.5%。这些论文共被引用 55 次，篇均被引 0.1 次，被引用论文篇均被引 1.3 次（见表 14）。

6.2 SSCI 和 A&HCI 收录中国香港和台湾地区部分学科领域论文被引用数量

6.2.1 SSCI 和 A&HCI 收录中国香港部分学科领域论文被引用数量

表 15 显示 2004 年 SSCI 和 A&HCI 收录我国香港论文较多的 10 个学科领域论文的被引用情况，从中可以看出，社会学、经济学、医药卫生、管理学和心理学 5 个学科领域被引用论文数量较多，心理学、社会学、哲学、经济学和管理学 5 个学科领域被引用论文所占比例较高。

表 15 2004 年 SSCI 和 A&HCI 收录中国香港部分学科领域论文被引用数量

学科领域	论文	总被引			篇均被引	被引论文篇均被引
	（篇）	（篇）	（%）	（次）	（次）	（次）
社会学	149	19	12.8	26	0.2	1.4
经济学	179	14	7.8	19	0.1	1.4
医药卫生	157	10	6.4	14	0.1	1.4
管理学	91	6	6.6	9	0.1	1.5
心理学	23	5	21.7	6	0.3	1.2
哲学	19	2	10.5	4	0.1	2.0
教育学	54	2	3.7	4	0.1	2.0
图书馆情报与文献学	17	1	5.9	2	0.1	2.0
语言学	43	1	2.3	1	0.0	1.0
政治学	26	0	0.0	0	0.0	0.0

6.2.2 SSCI 和 A&HCI 收录中国台湾部分学科领域论文被引用数量

表 16 显示 2004 年 SSCI 和 A&HCI 收录我国台湾论文较多的 10 个学科领域论文被引用情况，从中可以看出，医药卫生、社会学、管理学、政治学、经济学和教育学 6 个学科领域被引用论文数量较多，政治学、医药卫生、心理学、社会学和教育学 5 个学科领域被引用论文所占比例较高。

6.3 SSCI 和 A&HCI 收录中国香港和台湾地区各类机构论文被引用数量

6.3.1 SSCI 和 A&HCI 收录中国香港各类机构论文被引用数量

2004 年，SSCI 和 A&HCI 收录我国香港各类机构被引用论文 64 篇，其中高等院校被引用论文62篇，占总数的96.9%。高等院校的论文和被引用论文数量均占明显优势（见表17）。

表16 2004年SSCI和A&HCI收录中国台湾部分学科领域论文被引用数量

学科领域	论文（篇）	总被引（篇）	总被引（%）	总被引（次）	篇均被引（次）	被引论文篇均被引（次）
医药卫生	139	16	11.5	20	0.1	1.3
社会学	77	7	9.1	9	0.1	1.3
政治学	13	4	30.8	5	0.4	1.3
管理学	106	4	3.8	5	0.1	1.3
教育学	58	3	5.2	4	0.1	1.3
经济学	117	3	2.6	3	0.0	1.0
心理学	18	2	11.1	2	0.1	1.0
图书馆情报与文献学	22	1	4.5	6	0.3	6.0
语言学	21	1	4.8	1	0.1	1.0
历史学	19	0	0.0	0	0.0	0.0

表17 2004年SSCI和A&HCI收录中国香港各类机构论文被引用数量

机构类型	论文（篇）	总被引（篇）	总被引（%）	总被引（次）	篇均被引（次）	被引论文篇均被引（次）
高等院校	820	62	7.6	84	0.1	1.4
研究机构	13	0	0.0	0	0.0	0.0
医疗机构	29	1	3.4	2	0.1	2.0
其他机构	13	1	7.7	3	0.2	3.0

6.3.2 SSCI和A&HCI收录中国台湾各类机构论文被引用数量

2004年，SSCI和A&HCI收录我国台湾各类机构被引用论文41篇，其中高等院校被引用论文34篇，占总数的82.9%。高等院校的论文和被引用论文数量均占明显优势（见表18）。

表 18　2004 年 SSCI 和 A&HCI 收录中国台湾各类机构论文被引用数量

机构类型	论文（篇）	总被引（篇）	总被引（%）	总被引（次）	篇均被引（次）	被引论文篇均被引（次）
高等院校	511	34	6.7	47	0.1	1.4
研究机构	68	2	2.9	3	0.0	1.5
医疗机构	44	4	9.1	4	0.1	1.0
其他机构	9	1	11.1	1	0.1	1.0

7　SSCI 和 A&HCI 收录中国香港和台湾地区论文引用文献情况

7.1　SSCI 和 A&HCI 收录中国香港和台湾地区论文引用文献数量

7.1.1　SSCI 和 A&HCI 收录中国香港论文引用文献数量

2004 年，SSCI 和 A&HCI 共收录我国香港论文 875 篇，其中有引文的论文 812 篇，占总数的 92.8%；这些论文共引用文献 28416 次，有引文的论文篇均引用 35 次（见表 19）。

表 19　2004 年 SSCI 和 A&HCI 收录中国香港和台湾地区论文引用文献数量

地区	论文（篇）	总引用（篇）	总引用（%）	总引用（次）	有引文的论文篇均引用（次）
中国香港	875	812	92.8	28416	35.0
中国台湾	632	597	94.5	18452	30.9

7.1.2　SSCI 和 A&HCI 收录中国台湾论文引用文献数量

2004 年，SSCI 和 A&HCI 共收录我国台湾论文 632 篇，其中有引文的论文 597 篇，占总数的 94.5%；这些论文共引用文献 18452 次，有引文的论文篇均引用 30.9 次（见表 19）。

7.2　SSCI 和 A&HCI 收录中国香港和台湾地区部分学科领域论文引用文献数量

7.2.1　SSCI 和 A&HCI 收录中国香港部分学科领域论文引用文献数量

表 20 显示 2004 年 SSCI 和 A&HCI 收录我国香港论文较多的 10 个学科

领域论文引用文献情况，从中可以看出，经济学、社会学、医药卫生、管理学和教育学5个学科领域有引文的论文数量较多，政治学、心理学、哲学、管理学和教育学5个学科领域有引文的论文所占比例较高，心理学、管理学、教育学、社会学和政治学5个学科领域有引文的论文篇均引用次数较多。

表20　2004年SSCI和A&HCI收录中国香港部分学科领域论文引用文献数量

学科领域	论文（篇）	总引用			有引文的论文篇均引用（次）
		（篇）	（%）	（次）	
经济学	179	174	97.2	5965	34.3
社会学	149	139	93.3	5249	37.8
医药卫生	157	122	77.7	3689	30.2
管理学	91	90	98.9	3941	43.8
教育学	54	53	98.1	2017	38.1
语言学	43	41	95.3	1022	24.9
政治学	26	26	100.0	929	35.7
心理学	23	23	100.0	1126	49.0
哲学	19	19	100.0	440	23.2
图书馆情报与文献学	17	15	88.2	426	28.4

7.2.2　SSCI和A&HCI收录中国台湾部分学科领域论文引用文献数量

表21显示2004年SSCI和A&HCI收录我国台湾论文较多的10个学科领域论文引用文献情况，从中可以看出，医药卫生、经济学、管理学、社会学和教育学5个学科领域有引文的论文数量较多，管理学、语言学、政治学、经济学和图书馆情报与文献学5个学科领域有引文的论文所占比例较高，心理学、语言学、社会学、教育学和管理学5个学科领域有引文的论文篇均引用次数较多。

7.3　SSCI和A&HCI收录中国香港和台湾地区各类机构论文引用文献数量

7.3.1　SSCI和A&HCI收录中国香港各类机构论文引用文献数量

2004年，SSCI和A&HCI收录我国香港各类机构有引文的论文812篇，其中高等院校有引文的论文 770 篇，占总数的 94.8%。高等院校的论文和有引文的论文数量均占明显优势（见表 22）。

表 21　2004 年 SSCI 和 A&HCI 收录中国台湾部分学科领域论文引用文献数量

学科领域	论文（篇）	总引用			有引文的论文篇均引用（次）
		（篇）	（%）	（次）	
医药卫生	139	132	95.0	4090	31.0
经济学	117	115	98.3	3315	28.8
管理学	106	106	100.0	3464	32.7
社会学	77	70	90.9	2300	32.9
教育学	58	51	87.9	1674	32.8
语言学	21	21	100.0	697	33.2
图书馆情报与文献学	22	21	95.5	521	24.8
心理学	18	13	72.2	592	45.5
政治学	13	13	100.0	381	29.3
历史学	19	13	68.4	307	23.6

表 22　2004 年 SSCI 和 A&HCI 收录中国香港各类机构论文引用文献数量

机构类型	论文（篇）	总引用			有引文的论文篇均引用（次）
		（篇）	（%）	（次）	
高等院校	820	770	93.9	27210	35.3
研究机构	13	12	92.3	385	32.1
医疗机构	29	21	72.4	443	21.1
其他机构	13	9	69.2	378	42.0

7.3.2　SSCI 和 A&HCI 收录中国台湾各类机构论文引用文献数量

2004 年，SSCI 和 A&HCI 收录我国台湾各类机构有引文的论文 597 篇，其中高等院校有引文的论文 491 篇，占总数的 82.2%。高等院校的论文和有引文的论文数量均占优势（见表 23）。

表 23 2004 年 SSCI 和 A&HCI 收录中国台湾各类机构论文引用文献数量

机构类型	论文（篇）	总引用			有引文的论文篇均引用（次）
		（篇）	（%）	（次）	
高等院校	511	491	96.1	15528	31.6
研究机构	68	57	83.8	1662	29.2
医疗机构	44	43	97.7	1165	27.1
其他机构	9	6	66.7	97	16.2

参考文献

1. Thomson Scientific，Social Science Citation Index（Web of Science Edition）.

2. Thomson Scientific，Arts & Humanities Citation Index（Web of Science Edition）.

3. Thomson Scientific，Index to Social Sciences & Humanities Proceedings（Web of Science Edition）.

4. Eugene Garfield，“The Significant Scientific Literature Appears In A Small Core of Journals”，*The Scientis*，Vol：10（17）p. 13，September 2，1996.

5. 中国科学技术信息研究所：《2003 年度中国科技论文统计与分析年度研究报告》，科学技术文献出版社 2005 年版。

6. 中国科学技术信息研究所：《2004 年度中国科技论文统计结果》，2005 年。

7. 郑海燕：“增强竞争意识　促进我国人文社科研究走向世界——1996 年国际三大检索工具收录我国人文社科论文统计分析”，《社会科学管理》1998 年第 3—4 期。